I0043060

RÉPERTOIRE

UNIVERSEL ET RAISONNÉ

DE JURISPRUDENCE

CIVILE, CRIMINELLE,

CANONIQUE ET BÉNÉFICIALE.

OUVRAGE DE PLUSIEURS JURISCONSULTES:

Publié & mis en ordre par M. GUYOT, Écuyer, ancien Magistrat.

TOME TROISIÈME.

A PARIS,

Chez J. D. DOREZ, Libraire, rue Saint Jacques, près Saint-Yves.

Et se trouve chez les principaux Libraires de France.

M. DCC. LXXV.

Avec Approbation & Privilége du Roi.

RÉPERTOIRE

UNIVERSEL ET RAISONNÉ

DE JURISPRUDENCE

CIVILE, CRIMINELLE,

CANONIQUE ET BÉNÉFICIALE.

A

RMOIRIES. On appelle ainfi certaines marques d'honneur & de dignité compofées d'émaux, de couleurs & de figures déterminées, accordées ou autorifées par les fouverains pour la diftinction des perfonnes & des maifons.

On n'eft pas d'accord fur l'origne des Armoiries. Favyn prétend qu'elles ont été dès le commencement du monde ; Segoin, du tems des enfans de Noé ; d'autres, du tems d'Ofiris, ce qui eft appuyé par quelques paffages de Diodore de Sicile ; d'autres, du tems des Hébreux, parce qu'on a donné des armes à Moyfe, à Jofué, aux

douze Tribus, à Efther, à David, à Judith, &c.
& d'autres, dès les temps héroïques, & fous
l'empire des Affyriens, des Mèdes, & des Per-
fes ; ceux-ci s'appuyent fur Philoftrate, Xéno-
phon & Quinte - Curce. Quelques-uns prétendent qu'Alexandre régla les Armoiries & l'ufage
du blafon. Le P. Monet veut qu'elles ayent
commencé fous l'empire d'Augufte ; d'autres,
pendant les inondations des Gots ; & d'autres,
fous l'empire de Charlemagne. Chorier, dans
fon hiftoire du Dauphiné, remarque que chaque foldat Gaulois faifoit peindre fur fon bou-
clier quelque marque qui lui étoit propre ,
& par la vûe de laquelle il pouvoit être reconnu
entre fes compagnons : il cite fur cela Paufanias,
qui le dit en effet ; & c'eft-là , felon Chorier,
l'origine des armes des familles nobles. Il dit
ailleurs qu'il y auroit de l'ignorance à croire que
les Romains ayent entièrement manqué d'Armoiries ; mais qu'il n'y en auroit guère moins
à foutenir qu'ils en ayent eu qui fuffent propres
à chaque famille. Spelman dit que ce font les
Saxons, les Danois & les Normands qui les ont
apportées du Nord en Angleterre , & de-là en
France. Il eft certain que de temps immémorial,
il y a eu parmi les hommes des marques fym-
boliques pour fe diftinguer dans les armées,
& qu'on en a fait des ornemens de boucliers
& d'enfeignes : mais ces marques ont été
prifes indifféremment pour devifes , emblêmes, hyéroglyphes, &c. & ce n'étoient point
des marques héréditaires de la nobleffe d'une
maifon, réglées felon l'art du blafon, & accordées ou approuvées par les fouverains. Ainfi
avant Marius l'aigle n'étoit point l'enfeigne per-

pétuelle des généraux Romains ; ils portoient indifféremment dans leurs étendarts ou un loup, ou un léopard, ou une aigle, selon le choix de celui qui commandoit. On remarque la même diversité à l'égard des François ; ce qui fait que les auteurs sont partagés lorsqu'ils parlent des Armoiries de France.

Ceux qui prétendent qu'elles doivent leur origine aux tournois & aux carousels, disent qu'anciennement dans les spectacles, les cava-liers faisoient peindre sur leurs boucliers, des chiffres ou devises & emblêmes, pour marquer leurs belles actions, leurs inclinations, leurs passions, ou quelquautre chose à leur avanta-ge, ou à celui de leurs dames : que dans ces occasions ils portoient, comme un témoignage public de leur passion, les couleurs pour lesquelles leurs dames s'étoient déclarées, & qu'ils en parsemoient ou partageoient leur écu. Quoi qu'il en soit, les Armoiries sont devenues par la suite le signe distinctif des différentes maisons & familles nobles.

Pour maintenir l'ordre & la police dans le port des Armoiries, & prévenir les usurpations à cet égard, Philippe Auguste créa un roi d'armes de France, dont les fonctions furent de tenir sous l'inspection & surintendance du connétable & des maréchaux de France, des registres de toutes les familles nobles, de leurs Armoiries blasonnées, & du nom, surnom & qualité de quiconque avoit droit d'en porter. Mais Charles V ayant par sa chartre de l'an 1371, accordé aux Parisiens les privilèges de la noblesse, ils se virent autorisés à porter des Ar-

moiries, & fur cet exemple les notables bourgeois des autres villes en prirent auffi.

Charles VIII voulant reprimer les abus qui
s'étoient introduits à cet égard, créa en 1487,
un máréchal d'armes de France auquel il attri-
bua les mêmes fonctions que l'ancien roi d'armes avoit négligé d'exercer.

Les rois fucceffeurs de ce prince firent dans
le même efprit différens règlemens fur ce fujet,
comme le prouve l'article 90 de l'ordonnance
d'Orléans, publiée fous Charles IX, l'article
257 de celle de Blois, publiée fous Henri III, &
la déclaration de Henri IV du 23 août 1598.
Mais la licence des temps ayant rendu ces règlemens fans effet, la nobleffe de France fupplia
Louis XIII en 1614, *de faire faire une recherche
de ceux qui avoient ufurpé des Armoiries au préjudice de l'honneur & du rang des grandes maifons
& anciennes familles.*

Sur ces remontrances, il fut créé par édit du
mois de juin 1615, un juge d'armes de la nobleffe de France auquel toute juridiction fut attribuée pour connoître du fait des Armoiries &
des conteftations qui pourroient en naître, à la
charge de l'appel en dernier reffort par-devant
les maréchaux de France. Cet officier fut en
même-temps chargé de dreffer des regiftres uni-
verfels pour y inférer le nom & les armes des
perfonnes nobles; & il fut ordonné à celles-ci
de fournir aux baillis & fénéchaux les blafons &
armes de leurs maifons, pour y être envoyés. Il
fut d'ailleurs fait défenfe à quiconque feroit à
l'avenir honoré du titre de nobleffe, de porter
des Armoiries qu'elles n'euffent été reçues par

le juge d'armes & qu'il n'en eût donné son attache.

Louis XIV ayant reconnu qu'à défaut d'autorité sur les baillis & sénéchaux, le juge d'armes n'avoit pu former des registres assez authentiques pour conserver le lustre des Armoiries des grandes & anciennes maisons & fixer celles des autres maisons qui avoient droit d'en porter, prit le parti de supprimer l'office de juge d'armes & d'établir un dépôt public où devoient être enregistrées toutes les Armoiries. Il créa en conséquence différentes maitrises particulières, lesquelles devoient connoître chacune dans son district, de tout ce qui auroit rapport aux Armoiries, à la charge de l'appel en derniere instance par-devant une grande maitrise générale & souveraine à Paris. Mais les offices créés pour composer ces maitrises n'ayant point été levés, cet établissement ne put avoir lieu, & par édit du mois d'avril 1701, l'office de juge d'armes fut rétabli.

Louis XV ayant voulu effectuer le projet formé par Louis XIV, rendit le 29 juillet 1760, une ordonnance dont nous allons rapporter le précis.

Suivant l'article 1er. il devoit être établi à Paris un dépôt des armes & blason dans lequel les armes du roi, celles de la reine & de la famille royale, celles des princes du sang & en général celles de tous les particuliers, corps & communautés ayant droit d'Armoiries, devoient être enregistrées dans des registres tenus pour cet effet.

Suivant l'article second, ces registres devoient, à mesure qu'ils auroient été faits & arrêtés, se déposer dans la bibliothèque du roi à Paris, à la fuite des titres, chartes & généalogies qui y font confervés, & le juge d'armes auroit pu fe les faire communiquer en cas de befoin.

Pour maintenir la police fur le fait des Armoiries, l'article 3 ordonnoit qu'il feroit établi une commiffion à laquelle préfideroient les maréchaux de France & qui feroit en outre compofée des commiffaires du confeil nommés par le roi, d'un procureur général & d'un greffier.

Par l'article 4 il étoit ordonné à tous ceux qui compofent l'ordre de la nobleffe de remettre dans l'efpace de fix mois aux commiffaires du confeil défignés dans l'article 3, & aux intendans des provinces, des mémoires ou déclarations fignés d'eux contenant leurs noms, furnoms, titres & qualités, ceux de leurs enfans nés en légitime mariage, le blafon de leurs Armoiries, & fi la nobleffe leur étoit acquife avant ou depuis l'an 1700, en vertu de lettres d'annobliffement ou d'offices auxquels le privilége de nobleffe eft attribué.

Suivant l'article 5 tous les nobles en général, foit d'extraction, foit ceux à qui la nobleffe étoit acquife avant l'an 1700, ne devoient payer qu'un fimple droit d'enregiftrement de leurs Armoiries : il en étoit de même de ceux qui étant annoblis depuis 1700, avoient obtenu un jugement ou règlement pour leurs Armoiries : mais ceux de cette claffe qui ne fe feroient pas trouvés en état de produire le règlement de leurs armes, devoient payer outre le droit d'enregiftrement, un droit de règlement entre les mains du tréfo-

rier général des parties casuelles , ou de ses préposés dans les provinces (*).

Les articles 6 , 7 & 8 règlent les formalités
qui devoient être observées pour l'exécution des
articles précédens , & pour la remise des déclarations des nobles entre les mains des commissaires du conseil ou du procureur général de la
commission.

L'article 9 est relatif aux réformes que le juge
d'armes auroit trouvées à faire dans les Armoiries
déclarées.

L'article 10 règle ce qui devoit être fait pour
avertir de l'enregistrement de leurs Armoiries ,
les nobles compris sur les états des commissaires
départis dans les provinces

Les articles 11 & 12 règlent ce que devoient
faire les nobles , les intendans & autres officiers,
ainsi que le juge d'armes touchant la représentation & la délivrance des règlemens d'Armoiries.

Par l'article 13 il étoit défendu à tous ceux
qui avoient acquis la noblesse depuis 1700 , &
qui n'étoient pas en état de produire de règlement d'Armoiries , ou qui ne se feroient pas
pourvus pour en obtenir dans les six mois accordés par l'article 4 , de continuer de porter des
Armoiries , à peine de mille livres d'amende &
d'être condamnés par la commission comme usurpateurs d'Armoiries.

L'article 14 concerne les états des Armoiries
des provinces , villes , chapitres , abbayes , &c.
que les intendans devoient envoyer au contrôleur général des finances pour être ensuite enre-

_____

(*) Le droit d'enrégistrement étoit fixé à trente livres , &
celui de reglement à cent vingt livres.

giftrés d'après l'ordonnance des commiffaires du confeil. Suivant cet article, le droit d'enregiftrement devoit être payé dans le délai de fix mois, à peine de révocation du droit d'Armoirie (*).

Suivant l'article 15, aucune perfonne ne devoit plus être admife à faire preuve de nobleffe pour être reçue dans un ordre, chapitre ou charge auxquels la nobleffe héréditaire & le titre d'écuyer font attribués, qu'au préalable leurs Armoiries n'euffent été enrégiftrées dans le délai fixé par l'article 4.

_____

(*) On devoit payer pour faire enrégiftrer & confirmer les Armoiries des provinces, pays d'états, & grands gouvernemens, la fomme de fix cens livres.

Pour celles des villes où il y a cour fupérieure, bureau des finances, archevêché ou évêché, trois cens livres.

Pour celles des autres villes, cent livres.

Pour celles des comtés, marquifats, vicomtés, Baronies & vidamies, quatre-vingt livres.

Pour celles des fiefs & terres qui ont haute, moyenne & baffe juftice, trente livres.

Pour celles des fimples fiefs, vingt livres.

Pour celles des archevêchés, maifons chefs-d'ordre & univerfités, deux cens livres.

Pour celles des évêchés, chapitres des cathédrales & abbayes, cent livres.

Pour celles des autres chapitres, des prieurés & maifons conventuelles & régulières, & autres bénéfices qui ont droit de nomination & autres droits publics, cinquante livres.

Pour celles des autres bénéfices, trente livres.

Pour celles des corps de ville, offices & communautés laïques & féculières, & d'arts & métiers établis dans les villes où il y a archevêché, évêché ou campagnie fupérieure, cent livres.

Pour celles des autres corps, compagnies, confrairies & communautés, cinquante livres.

Il étoit ordonné par l'article 16 que l'enregistrement des Armoiries des particuliers non aggrégés au corps de la noblesse, ne pourroit en aucun cas être admis pour preuve de noblesse; & que ceux qui auroient fait faire un tel enregistrement comme s'ils étoient nobles, seroient poursuivis devant les commissaires du conseil à la requête du procureur général de la commission, comme usurpateurs de noblesse, & condamnés en conséquence à une amende de six mille livres.

Par l'article 17, il étoit défendu en exécution des édits, déclarations & règlemens rendus sur le fait des Armoiries, à tout particulier non noble de prendre ou porter à l'avenir des Armoiries timbrées de casque & de lambrequins qui ne sont propres qu'à la noblesse, à peine de trois mille livres d'amende. Le même article défendoit aussi sous les mêmes peines à ceux qui par la suite acquerroient la noblesse, de porter des Armoiries timbrées avant qu'elles eussent été réglées par le juge d'armes de France, & que l'enregistrement n'en eût été fait sur les registres qui devoient être mis en dépôt à la bibliothèque du roi.

L'article 18 concernoit les bourgeois de la ville de Paris : il les maintenoit & confirmoit dans le droit & privilège de porter des Armoiries timbrées, à la charge néanmoins d'en obtenir un réglement & d'en payer le droit ainsi que celui d'enregistrement. Ceux qui auroient négligé de remplir ces formalités dans le délai de six mois, devoient être déchus du privilège de porter des Armoiries.

A l'égard des personnes non nobles des autres

villes du royaume, la diſtinction d'avoir des Armoiries devoit, ſuivant l'article 19, demeurer reſtreinte aux particuliers qui ſervent dans les troupes en qualité d'officiers, aux officiers de la maiſon du roi, de la reine & des maiſons royales, & à ceux qui à cauſe de leurs charges jouiſſent du titre d'écuyer; aux préſidens, lieutenans, conſeillers, avocats, procureurs du roi, & greffiers en chef des juridictions royales, ordinaires & extraordinaires; aux fermiers généraux, directeurs, tréſoriers & receveurs des deniers royaux, receveurs généraux & particuliers des finances, & à leurs contrôleurs; aux ſubdélégués des intendans & commiſſaires départis, & aux maires, lieutenans des maires, avocats & procureurs du roi des villes. Toutes les perſonnes qu'on vient de déſigner pouvoient, en payant les droits de règlement & d'enregiſtrement, obtenir des Armoiries, mais qui ne devoient point être timbrées : l'écu pouvoit ſeulement être orné d'un cartouche, & les armes des familles non nobles ne devoient pas être ſemblables à celles des familles nobles de même nom.

L'article 20 défendoit à toutes perſonnes non nobles de ſe ſervir d'aucun ſceau qui lui fût propre pour ſceller des actes publics, & de prendre ou porter publiquement des Armoiries, avant qu'elles euſſent été réglées & enregiſtrées.

Suivant l'article 21, les Armoiries enregiſtrées devoient être patrimoniales & héréditaires, & les particuliers qui en auroient obtenu la conceſſion, auroient pu les faire poſer & peindre ſur leurs bâtimens, ſur leurs équipages,

fur leur vaiffelle, fur les vitres |des églifes pa-
roiffiales où les droits honorifiques leur auroient
appartenu, &c.

L'article 22 autorifoit tous ceux qui étoient
dans le cas de faire régler leurs Armoiries, de
demander qu'elles le fuffent telles qu'ils les
avoient toujours portées, en déclarant néanmoins que ce n'étoit les armes d'aucune famille
noble de même nom, à peine contre les con-
trevenans de trois mille livres d'amende.

L'article 23 défendoit au juge d'armes de
donner, après le délai de fix mois expiré, aucun
règlement d'Armoiries aux perfonnes qui étoient
alors pourvues de charges ou d'emplois propres
à faire obtenir le droit de porter des Armoiries, à moins qu'on ne lui repréfentât un ordre
ou permiffion du roi.

Par l'article 24, il étoit défendu à tout noble, quelque rang qu'il tînt dans l'ordre de la
nobleffe, de rien changer à fes Armoiries,
écuffons, émaux, &c. excepté pour caufe d'alliance ou autres circonftances particulières qui
l'obligeroient d'ajouter à fes armes ou de porter
celles de quelqu'autre maifon. Dans ces cas, il
auroit fallu qu'il fe pourvut au juge d'armes
pour obtenir fon règlement.

L'article 25 attribue au tribunal des maréchaux de France la connoiffance des différends
& conteftations relatifs à l'ordonnance dont il
s'agit.

Cette ordonnance ayant été lue en l'affemblée des maréchaux de France, le cinq août
1760, le tribunal ordonna qu'elle feroit enregiftrée, publiée & affichée, pour être exécutée
felon fa forme & teneur : mais le 22 du même

mois, le parlement de Paris, toutes les chambres affemblées, fit un arrêté portant qu'il feroit fait au roi de très-humbles & très-refpectueufes remontrances, tant fur le fond que fur la forme de cette ordonnance. Et par provifion, il fut fait défenfe, fous le bon plaifir du roi, d'exécuter aucune loi ou ordonnance concernant le fait des Armoiries, qu'elle n'eût été vérifiée en la cour, conformément aux lois, maximes & ufages du royaume.

Depuis ce temps les chofes font demeurées dans l'état où elles étoient avant l'ordonnance du 29 juillet 1760, qui n'a point eu d'exécution.

On appelle *Armoiries pures & pleines*, celles qui n'ont aucune autre pièce de blafon, que celles qu'elles doivent avoir. Telles font les armes de France, *d'Azur aux trois fleurs-de-lys d'or ;* & il n'y a dans tout le royaume, que le roi feul & fon fucceffeur légitime qui les puiffent porter pures & pleines, c'eft-à-dire, fans brifures & écartelures. Les aînés des premières maifons de France portent auffi les armes de leurs familles pures & pleines ; les puînés les brifent de quelque pièce de blafon.

D'Expilly rapporte un ancien arrêt du 9 mai 1499, par lequel des puînés furent condamnés à quitter les armes pleines & à y mettre les différences ordinaires, quoiqu'ils euffent une poffeffion de foixante années. La Rocheflavin cite un arrêt du parlement de Touloufe qui jugea de même le 14 août 1509.

Les *armes brifées* font celles auxquelles on a ajouté quelque pièce pour brifure ; comme celles de M. le duc d'Orléans, qui porte les armes de France brifées d'un lambel d'argent.

Les *armes d'alliance* font celles que les familles prennent & ajoutent aux leurs pour connoître les alliances qui fe font par les mariages.

Les *armes de conceſſion* font celles qui font données & autorifées par un prince & fouvent prifes de quelque partie des fiennes pour être ajoutées à celles de la perfonne qu'ils en veulent honorer en récompenfe de quelque fervice fignalé.

Les *armes aſſomptives* font celles qu'un homme a droit de prendre en vertu de quelque action honorable & d'éclat. En Angleterre, un guerrier qui n'eſt pas noble & qui fait prifonnier de guerre un gentilhomme ou un prince, a droit de porter les armes de fon prifonnier, & de les tranfmettre à fa poſtérité.

Les *armes chargées* font celles auxquelles on ajoute quelque pièce pour quelque action glorieufe. Et l'on appelle *armes diffamées* ou *déchargées*, celles dont on a retranché quelque pièce ou partie, pour punition de quelque délit ; comme il arriva fous S. Louis à Jean d'Avènes, qui pour avoir injurié fa mère Marguerite, comteſſe de Flandre, en préfence de ce roi, fut condamné à portèr le lion de fes armes morné, c'eſt-à-dire fans ongles & fans langue.

Suivant l'article 197 de l'ordonnance de 1629, les bâtards nobles doivent, ainfi que leurs defcendans, porter dans leurs armoiries une barre qui les diſtingue d'avec les légitimes.

Les filles qui fe marient perdent le nom, les armes, le rang & la nobleſſe des maifons dont elles font forties. Elles perdent la nobleſſe, fi elles fe marient à un roturier ; elles perdent le rang qu'elles avoient avant leur mariage, fi le mari qu'elles époufent n'a pas le droit d'en jouir : leur nom fe perd auffi, & ne fe communique point à leurs enfans, qui fuivent toujours la condition du père, & non celle de la mère ; elles prennent le nom de leur mari, & fi elles confervent les armes de leur famille, c'eft précifément pour faire connoître de quel fang elles font iffues : pour que cela ne caufe point de confufion, elles font obligées de placer les armes de la famille de leur mari au côté droit, & celles de la famille d'où elles fortent, au côté gauche.

Lorfqu'il ne refte plus de mâles portant le nom & les armes d'une famille illuftre, perfonne ne peut, fans l'autorité du Prince, ftipuler dans un contrat de mariage, dans des teftamens ou autres actes, que des enfans à naître, ou même des perfonnes défignées, porteront le nom & les armes de cette famille. La raifon de cette règle eft, que l'ordre public, la nature & la loi, obligent les enfans de porter le nom & les armes de leur père ; & qu'on ne peut, par des conventions particulières, déroger à l'ordre public, fans l'autorité du fouverain qui permette ce changement.

Dans les lettres patentes du mois de novembre 1572, enregiftrées le 23 du même mois, par lefquelles il fut permis à Antoine de Blanchefort de porter le nom & les armes de Créquy, le roi s'exprime ainfi : *à nous feuls appartient de permettre la mutation & changement de cri, noms & armes de grandes & illuftres maifons, &c.*

Quand des lettres patentes permettent à quelqu'un de porter le nom & les armes d'une maifon dont il n'eft pas forti par les mâles, s'il fubfifte

fifte encore des mâles de la maifon dont le nom
eft ainfi communiqué, ils peuvent s'oppofer à
l'enregiftrement des lettres ; parce qu'en les accordant, le roi n'entend pas préjudicier aux
droits des tiers : il y a fur cela des loix précifes
dans le digefte. D'ailleurs on trouve dans prefque
toutes les lettres de chancellerie, la claufe de
ftyle, *fauf notre droit en autre chofe*, & *l'autrui en
tout*, laquelle conferve les droits de ceux qui
peuvent être intéreffés à la grace accordée par
les lettres.

Les feigneurs hauts jufticiers & les patrons
peuvent faire mettre leurs Armoiries dans leurs
juftices ou fondations, mais celles du patron
doivent être placées au-deffus de celles du haut
jufticier. Le Prêtre rapporte un arrêt qui l'a ainfi
jugé le 23 août 1614.

Quoique le patronage & les droits honorifiques foient tranfmis par la vente de la terre à
laquelle ils font attachés, l'acquéreur n'eft point
pour cela autorifé à ôter les Armoiries des patrons, parce que ce feroit faire une injure à
leur famille. La chambre de l'édit l'a ainfi jugé
par arrêt du 22 mai 1658, en défendant à l'acquéreur d'une terre où il y avoit un couvent de
cordeliers fondé par les aïeux du duc de Rohan,
d'ôter de deffus *les vîtres* & autres endroits les
Armoiries des fondateurs. C'eft que ces marques
d'honneur étant tout à la fois des monumens de
libéralité & de reconnaiffance, doivent bien
moins être confidérées comme réelles que comme perfonnelles. Il en feroit autrement des litres
& ceintures funèbres peintes fur les murs d'une
églife paroiffiale ; le feigneur moderne pourroit
faire effacer celles des anciens feigneurs. Il au-

roit le même droit à l'égard des Armoiries qui feroient fur des édifices particuliers.

Un autre arrêt du 5 juin 1644, rapporté par Bafnage, a condamné les religieufes de Villarceaux à rétablir les Armoiries des feigneurs de ce lieu qu'elles avoient fait ôter de deſſus la porte & principale entrée de leur églife, enfemble plufieurs infcriptions & titres qui juftifioient que les feigneurs de Villarceaux avoient réédifié l'églife de ces religieufes.

Les Armoiries peintes fur les vîtres ne font que des marques d'honneur & non de feigneurie, à moins qu'elles ne foient feules à la maîtreſſe vître.

Un arrêt du 1er. avril 1623, rapporté au quatrième tome du journal des audiences, a jugé qu'un gentilhomme ne pouvoit même avec une poſſeſſion immémoriale, avoir fes Armoiries aux vîtres d'une chapelle, à moins qu'il ne conftât d'une rétribution payée à la fabrique pour cet effet.

Les bienfaiteurs d'une églife ne peuvent faire mettre leurs Armoiries qu'à quelque tableau, image ou ornement dans le chœur, & non aux vîtres du chœur, ni au corps de l'églife.

Par arrêt du 11 août 1622, le parlement de Touloufe a autorifé un curé, nonobftant l'oppofition du feigneur haut jufticier, à recevoir des tableaux où étoient peintes les Armoiries de ceux qui les avoient donnés pour qu'on les plaçât fur les autels de l'églife.

Le feigneur qui a fes Armoiries gravées fur les cloches, n'a pas le droit d'obliger les marguilliers & les habitans à les faire remettre lorfqu'on refond les cloches. Voyez *les ordonnances d'Orléans, & de Blois ; la déclaration du 23 août 1598 ; les édits de juin 1615, janvier 1634, décembre 1656, & mars 1706 ; l'ordonnance du 29 juillet 1760 ; l'arrêté du parlement de Paris du 22 août suivant ; le journal des audiences ; Basnage sur la coutume de Normandie ; d'Olive en ses actions forenses ; le traité des droits honorifiques ; les arrêts de le Prêtre ; la Rocheflavin, des droits seigneuriaux ; le traité de gloria mundi du président Chassanée ; Loyseau, traité des ordres ; Dumoulin sur la coutume de Bourbonnois ; les arrêts d'Expilly ; l'ordonnance de Henri II de 1555,* &c. Voyez aussi les articles LITRE, NOBLESSE, CONFIRMATION, PATRON, ENGAGISTE, JUSTICE, NOM, &c.

ARPENTAGE, ARPENTEUR. L'Arpentage est l'art ou l'action de mesurer les terres. Et l'on appelle *Arpenteur*, celui qui mesure ou dont l'état est de mesurer les terres (*).

_____

(*) *Provisions d'un office d'arpenteur.* Louis, par la grace de Dieu, roi de France & de Navarre, à tous ceux qui ces présentes verront, salut : savoir faisons que pour le bon & louable rapport qui nous a été fait de la personne de notre amé Cyr Carruelle & de ses sens, suffisance, loyauté, prud'hommie, capacité & expérience ; pour ces causes & autres, nous lui avons donné & octroyé, donnons & octroyons par ces présentes l'office d'arpenteur-priseur & mesureur de terre, prés, vignes, bois, eaux & forêts en la paroisse d'Acheux près Doulens généralité d'Amiens, créé par édit du mois de mai mil sept cent deux, vérifié où besoin a été, auquel n'a encore été pourvu, duquel office sont désunis les fonctions de notaire par la déclaration du 22 décembre mil sept cent trois, dont la finance nous a été payée par Denis Boucher, lequel ne desirant s'en faire pourvoir s'en seroit demis en faveur dudit Carruelle par acte passé devant les notaires royaux à Amiens le 26 février

Il y avoit autrefois une charge de grand Arpenteur de France. Le dernier titulaire a été

---

dernier, pour ledit office avoir, tenir & dorenavant exercer, en jouir & ufer par ledit Carruelle héréditairement conformément à l'arrêt du 5 feptembre mil fept cent cinquante-un & lettres-patentes expédiées fur icelui ledit jour, & faire à l'exclufion de tous autres dans l'étendue de la juridiction de Doullens tous Arpentages & prifées de terre, prés, vignes, bois, eaux & forêts avec attribution de trois livres par vacation dans les lieux de fa réfidence & de cinq livres lorfqu'il fera obligé de fe tranfporter hors l'étendue d'iceux, & jouir des même droits, privilèges & exemptions dont jouiffent ou doivent jouir les pourvus de pareils offices dans l'étendue du royaume, le tout ainfi qu'il eft plus au long porté par ledit édit, & fuivant l'arrêt du confeil du vingt-neuf janvier dernier, à condition toutefois que ledit Carruelle ait atteint l'âge de vingt-cinq ans accomplis, requis par nos ordonnances, fuivant fon extrait baptiftaire du deux feptembre mil fept cent cinq, duement légalifé ci joint, avec ladite quittance de finance & autres pièces attachées fous le contre-fcel de notre chancellerie, à peine de perte dudit office, nullité des préfentes & de fa réception. Si donnons en mandement au bailli d'Amiens ou fon lieutenant général & autres nos officiers & jufticiers qu'il appartiendra, que leur étant apparu des bonnes vie & mœurs, âge fufdit de vingt-cinq ans accomplis, & religion catholique, apoftolique & romaine dudit Carruelle, & de lui pris & reçu le ferment requis & accoutumé, ils le reçoivent, mettent & inftituent de par nous en poffeffion dudit office, & l'en faffent jouir & ufer pleinement, paifiblement & héréditairement aux honneurs, pouvoirs, libertés, fonctions, autorités, privilèges, exemptions, droits, fruits, profits, revenus & émolumens fufdits & y appartenans, & lui faffent obéir & entendre de tous ceux & ainfi qu'il appartiendra ez chofes touchant & concernant ledit office. Car tel eft notre plaifir : en témoin de quoi nous avons fait mettre notre fcel à fes préfentes. Donné à Verfailles le premier jour de mars l'an de grace mil fept cens cinquante-deux & de notre regne le trente-feptième.

Adrien le Hardi, marquis de la Trouffe, chevalier des ordres du roi & lieutenant-général de
fes armées. C'etoit de lui que la plupart des
Arpenteurs des provinces recevoient leurs provifions.

Les barons qui étoient anciennement les premières dignités du royaume, avoient auffi le
droit d'établir dans leurs terres des Arpenteurs.
Cela eft prouvé par l'édit de Henri II du mois
de février 1554, qui créa des Arpenteurs dans
chaque bailliage & fénéchauffée avec la claufe
que c'étoit fans préjudicier aux droits des barons.

La charge de grand Arpenteur de France
ayant enfuite été fupprimée par arrêt du confeil
d'état, du 21 feptembre 1688, il fut ordonné
par un autre arrêt du 2 juillet 1689, que les
Arpenteurs qui avoient exercé fur la nomination
de cet officier prendroient des provifions du roi.

On diftingue aujourd'hui deux fortes d'Arpenteurs : les premiers qui font partie des officiers
des maîtrifes des eaux & forêts, & qui ne font
pas moins anciens, que les maîtrifes elles-mêmes ; & les feconds qui ont été créés en titre
d'office par édit du mois de mai 1702, au nombre de deux dans chaque bailliage ou juridiction
royale, & d'un pour chaque autre ville ou bourg
du royaume. Ces derniers Arpenteurs font communément appelés *Arpenteurs experts*, parce
qu'ils ont été unis aux jurés experts des bâtimens
par différens édits.

Il faut qu'un Arpenteur fache bien l'arithmé-
tique & la géométrie pratiques ; on ne devroit
même jamais en recevoir à moins qu'ils ne fuffent
inftruits de la théorie de leur art. Celui qui ne
fait que la pratique eft l'efclave de fes règles ;

si la mémoire lui manque, ou s'il se présen
quelque circonstance imprévue, son art l'aba
donne, ou il s'expose à commettre de très
grandes erreurs : mais quand on est muni d'un
bonne théorie, c'est-à-dire, quand on est bie
rempli des raisons & des principes de son art
on trouve alors des ressources ; on voit claire
ment si la nouvelle route que l'on va suivr
conduit droit au but, ou jusqu'à quel point ell
peut en écarter.

Suivant l'article premier du règlement des A
penteurs fait par le grand Arpenteur de France
& enregistré au siège de la table de marbre d
Paris le 25 mai 1586, il ne devoit être reçu au
cun Arpenteur qu'il ne connût les ordonnances
les us & coutumes des lieux, qu'il n'eût ét
pendant huit mois au moins apprenti chez de
maîtres experts, & qu'il n'eût fait preuve de s
capacité dans l'art de l'Arpentage.

Les Arpenteurs ne peuvent être reçus qu'a
près une information de vie & de mœurs, &
ceux des maîtrises doivent en outre donner cau
tion jusqu'à la concurrence de mille livres, pou
répondre des abus & malversations qu'on pourr
leur imputer dans l'exercice de leurs fonctions
Cela est ainsi prescrit par l'article 2 du titre 1
de l'ordonnance des eaux & forêts.

Suivant l'article 4 du même titre, les Arpenteurs attachés aux maîtrises des eaux & forêt
avoient le droit de faire par préférence à tou
autres les Arpentages des bois, fonds & domaines du roi, & des ecclésiastiques, communautés, ou gens de main-morte, ainsi que le
mesurages ordonnés par justice pour quelque
cause que ce fût : il n'y avoit que les particuliers

qui puſſent employer d'autres Arpenteurs , & ſeulement pour faire des Arpentages, meſurages & délivrances volontaires.

Ces diſpoſitions avoient été confirmées par pluſieurs arrêts du conſeil, entr'autres ceux des 13 mars 1693 & 17 ſeptembre 1697 qui avoient maintenu les Arpenteurs des maîtriſes au droit de faire dans leur diſtrict les Arpentages & meſurages tant des bois du roi que de ceux des eccléſiaſtiques , &c. par préférence à tous autres Arpenteurs , à peine de nullité & de mille livres d'amende.

Quant aux bois des particuliers , il étoit ordonné que les Arpenteurs des maîtriſes en pourroient faire les Arpentages concurremment avec les experts Arpenteurs jurés des bailliages, ſoit à l'amiable ou par autorité de juſtice , ſans néanmoins que les Arpenteurs des maîtriſes puſſent en aucun cas faire des meſurages de terres , prés , ou vignes au préjudice des experts Arpenteurs jurés , à peine de nullité & de mille livres d'amende.

Mais l'édit du mois de mai 1702 ayant attribué aux Arpenteurs qu'il créoit en titre d'office le droit de faire à l'excluſion de tous autres les Arpentages & priſées des terres , prés , bois, vignes, eaux & forêts , il s'éleva des conteſtations entre ces nouveaux Arpenteurs & ceux des maîtriſes : ces derniers prétendoient être ſeuls en droit de faire les Arpentages non-ſeulement des bois du roi, mais encore de ceux des eccléſiaſtiques & des communautés : les nouveaux Arpenteurs oppoſoient à cette prétention leur édit de création : ſur ce différent, le conſeil rendit un arrêt le 18 ſeptembre 1703 , qui or-

B iv

donna que les Arpenteurs créés par l'édit de 1702 pourroient faire les mesurages & Arpentages des bois appartenans aux ecclésiastiques, communautés & particuliers, lorsqu'ils ne se feroient pas en vertu d'ordonnances des grands maîtres ou des officiers des maîtrises : & qu'à l'égard des arpentages ordonnés par ces officiers, soit dans les bois des ecclésiastiques, des communautés & des particuliers, ou dans ceux du roi, ils ne seroient faits que par les Arpenteurs des maîtrises, qui ne pourroient être troublés par les autres à peine de tous dépens, dommages & intérêts.

Suivant l'article 14 du titre 27 de l'ordonnance des eaux & forêts, on ne doit employer pour mesure dans les bois du royaume que l'arpent composé de cent perches, la perche de vingt-deux pieds, le pied de douze pouces, & le pouce de douze lignes, à peine de mille livres d'amende.

Cette disposition donna lieu en 1690 à une contestation dont voici l'espèce :

Le sieur & la dame Scarron de Varres vendirent à Noël Agis & Michel Jarry, marchands de bois, une partie de deux cens arpens de bois dans leur forêt de Marigny, située en la maîtrise de Villers-Cotterêts, pour le prix de 150 livres l'arpent sous la réserve de seize baliveaux par arpent.

Les bois exploités, il fut procédé au mesurage du terrein, & les vendeurs le firent arpenter à la perche de la coutume des lieux, qui est de vingt pieds, ensorte que cette vente fut fixée à 78 arpens 15 perches.

Les adjudicataires de ces bois prétendirent

que cet Arpentage n'avoit pû fe faire à autre
mefure que celle fixée par l'ordonnance, &
qu'il devoit être réduit à 64 arpens 62 perches
dont la différence fur le prix montoit à environ
2000 livres.

Cette contestation fut portée au châtelet de
Paris ; les adjudicataires fondoient leurs raifon-
nemens, 1°. fur le texte de l'ordonnance, qui
porte, *fans avoir égard à tous ufages & poffeffions*
contraires auxquels il eft dérogé.

2°. Sur le marché où étoit ftipulée la réferve
de feize baliveaux par arpent, conformément à
l'ordonnance.

3°. Sur ce qu'étant marchands de bois de
Paris, & les bois étant deftinés pour l'aprovi-
fionnement de cette ville, où l'on ne connoît
que la mefure de l'ordonnance, tout devoit
s'y référer ; & qu'enfin ils n'avoient enchéri &
pouffé l'arpent de ces bois à 150 livres, que
parce qu'ils avoient compté que la fuperficie
s'arpenteroit à la mefure fixée par l'ordonnance.

Cependant malgré ces raifons, la fentence qui
intervint condamna les marchands, & ordonna
que l'Arpentage fait fuivant l'ufage des lieux
auroit lieu, à raifon de 20 pieds par perche.

Les Adjudicataires s'étant rendu appelans de
cette fentence, la cour, par arrêt du 3 mars
1690, ordonna l'exécution de l'ordonnance de
1669, & déclara bonnes & valables les offres
faites par les appelans de payer le prix des bois
fuivant la mefure portée par l'ordonnance.

Le 25 avril 1760, on plaida à la grand'chambre du parlement de Paris une caufe de l'efpèce
de celle dont on vient de parler. Il s'agiffoit de
favoir fi l'Arpentage de bois taillis fitués près de
Sézane vendus par le comte de Montmort à des

marchands de bois, par acte sous seing-privé ,
devoit se faire à raison de vingt pieds la perche
suivant la mesure du lieu, ou de vingt-deux pieds
suivant la mesure fixée par l'ordonnance des
eaux & forêts. La difficulté naissoit de ce que
l'écrit contenant la vente n'exprimoit pas à quelle
mesure l'Arpentage devoit se faire. Le comte de
Montmort disoit qu'il n'étoit pas possible de présumer que les parties eussent eu intention de
vendre & d'acheter à une autre mesure que
celle du lieu ; & diverses circonstances sem-
bloient l'annoncer. Cependant la cour confirma
la sentence de la table de marbre qui avoit ordonné que l'Arpentage seroit fait à la mesure
fixée par l'ordonnance des eaux & forêts.

Ces décisions sont dans les vrais principes ,
parce que les personnes qui contractent ne sont
présumées le faire que suivant la loi générale ,
laquelle est censée connue de tous les regnicoles.

Il n'en est pas de même des héritages des particuliers : ils se mesurent selon la mesure (*) du

-----

(*) *Voici un état des mesures communes qui servent dans
le royaume à mesurer les terres & les forêts.*
L'arpent de Paris contient 100 perches carrées ; la perche , 18 pieds ou trois toises ; la toise 6 pieds , le pied
douze pouces & le pouce douze lignes ; il y a des lieux où
la perche a vingt pieds , & d'autres où elle en a vingt-deux.
L'arpent de Montargis a 100 cordes , & la corde a so
pieds.
L'arpent de Bourgogne contient 440 perches , la perche
9 pieds & demi , le pied 12 pouces ; on ne se sert de
cette mesure que pour les bois.
Les terres , les vignes & les prés , se mesurent au journal qui contient 360 perches , de 9 pieds $\frac{1}{2}$ chacune.
L'arpent de Bourbonnois pour les bois contient 4 toises,

lieu où ces héritages font fitués, & pour mettre

---

la toife 6 pieds, le pied douze pouces ; par conféquent l'arpent contient 40 toifes fur chaque côté du carré.

Les terres, les vignes & les prés fe mefurent dans cette province à la fepterée, quartelée, quar onnée, bichetée, coupée & boiffelée, c'eft-à-dire, l'étendue de terrein qui reçoit la femaille en gros grains, de ces différentes mefures ; & comme cette étendue eft arbitraire, tant par ce qu'il peut entrer dans une pièce de terre plus ou moins de grains fui- vant le laboureur qui la feme, que parce qu'il faut avoir égard aux terreins que l'on diftingue en trois claffes, fa- voir la bonne & forte terre qui fe trouve ordinairement le long des grandes rivières, que l'on appelle le *chambonnage* (pour dire de bons champs), la terre commune ou mé- diocre qui fe feme d'un cinquième de moins & la mauvaife qui fe feme d'un fixième de moins que la commune, il en réfulte une différence qui donne toujours lieu à mettre dans les ventes & terriers, un environ ayant pour objet le plus ou le moins.

L'arpent de Touraine eft de 100 chaînes ou perches, la perche de 25 pieds, le pied de 12 pouces.

L'arpent d'Orléans eft de 100 perches carrées, la perche de 20 pieds, le pied de 12 pouces.

L'arpent de Nivernois eft de 4 quartiers, le quartier de dix toifes, la toife de 6 pieds, & le pied de 12 pouces : ainfi le quartier eft de dix toifes fur chaque face.

L'arpent de Poitou eft de 80 pas en carré, chaque pas valant 5 pieds, qui eft le pas géométrique.

L'arpent de la province de la Marche eft égal à la fepte- rée qui doit être prife à la mefure de la châtellenie où elle eft affife.

L'arpent de Dunois a 100 perches, la perche 20 pieds, le pied 12 pouces, & eft égale à la fepterée de terre, ex- cepté à Marchenoir & à Freteval, lieux de la même cou- tume, qui ont leur arpent de 100 cordes dont chacun eft de 22 pieds.

L'arpent du pays de Perche contient 100 perches, la perche 24 pieds, & le pied 13 pouces, ce qui eft égal à la fepterée qui vaut quatre boiffelées.

L'arpent de Clermont en Beauvoifis eft de 100 pieds,

les juges en état de décider de l'étendue du

& dans quelques endroits de la même province, on ne mesure qu'à 72 verges pour arpent.

On mesure encore les terres & les autres héritages de cette province à la mine qui a 60 verges, la verge de 22 pieds, & le pied de 11 pouces.

La mesure du Lyonnois est la bicherée qui contient 196 toises, la toise de 7 pieds & demi, le pied de 12 pouces, & le pouce de 12 lignes ; mais cependant ce pied n'est point égal au pied de roi, il se trouve plus long de 7 lignes & demi.

La bicherée Lyonnoise se divise & mesure encore en pas, & en contient 1764 en carré ; le pas a 2 pieds & demi de longueur.

En Beaujolois & aux environs de Lyon, la bicherée qui est la mesure ordinaire est de 1600 pas, & le pas de deux pieds & demi.

Ville franche en Beaujolois a un pied plus court de quatre lignes que celui de Lyon, par conséquent encore plus long de 3 lignes & demi que celui de roi, & la toise y est toujours de sept pieds & demi de longueur.

En Dauphiné, on mesure à la septerée, au journal, & à la quartelée : la septerée contient 900 toises carrées, & le journal 600 toises carrées : les deux septerées font trois journaux, la septerée fait 4 quattelées, la quartelée 4 civadiers, le civadier 4 picotins ; le pied delphinal est égal au pied de la ville de Lyon, & la toise est de 6 pieds.

En Languedoc on mesure les héritages à la saumée, qui est composée de 1600 cannes carrées, la canne de 8 pans, & le pan de 8 pouces 9 lignes.

En Provence, la saumée est de 150 cannes carrées, la saumée de 2 quartelées & demi, la quartelée de 4 civadiers, le civadier de 4 picotins.

En Normandie les terres & les prés se mesurent par acre, les bois & bocages par arpent, & les vignes & les verges par quartiers.

L'acre a 160 perches, l'arpent a 100 perches, le quartier a 25 perches : l'acre est composé de quatre vergées, la vergée de 40 perches, la perche de 22 pieds.

terrain, l'Arpenteur doit détailler dans son procès-verbal la quantité de perches ou verges dont l'arpent, le journal, la bicherée ou autre mesure est composée, la longueur de la perche, verge ou corde, & combien de pieds de roi elle contient.

Quand il n'est question que d'Arpentage ou de mesurage, les experts Arpenteurs ne font pas obligés de se servir du ministère d'un greffier de l'écritoire; ils peuvent eux-mêmes rédiger leurs procès-verbaux d'Arpentage & rapport, & en délivrer des expéditions aux parties suivant l'édit du mois de décembre 1690. Les édits des mois de mai & juillet de la même année portent la même chose.

Les juges doivent nommer pour experts Arpenteurs ceux qui ont acquis des offices de cette espèce.

Un arrêt rendu le 16 septembre 1756 entre le sieur Mansart seigneur de Levy en Nivernois, & des marchands auxquels il avoit vendu une coupe de bois considérable, ayant ordonné l'Ar-

---

En Bretagne, on mesure les héritages au journal, lequel contient 22 seillons un tiers; le seillon à 6 raies, la raie deux gaules & demi, la gaule 12 pieds.

L'arpent & le journal de cette province font la même chose; on leur donne 20 cordes en longueur & 4 en largeur; chaque corde est de 20 pieds.

Dans la coutume du Maine l'arpent est de 100 perches, la perche de 22 pieds, le pied de 12 pouces.

En Xaintonge, les bois se mesurent à la brasse & la brasse est de 6 pieds communs.

En Lorraine, le journal a 250 toises quarrées, la toise est de dix pieds, le pied de dix pouces.

Le pas géométrique vaut 5 pieds; le pas commun vaut trois pieds de roi.

pentage de ces bois par deux Arpenteurs royaux,
le fieur Manfart en nomma un qui avoit cette
qualité ; mais les acquéreurs de ces bois nom-
mèrent le fieur Goyard, qui n'étoit pourvu que
par commiffion du grand-maître des eaux &
forêts.

Après que ces deux Arpenteurs eurent commencé l'opération, le fieur Manfart recufa Goyard fur le fondement de fon défaut de qualité,
& les marchands le foutinrent non-recevable.

L'incident fut jugé au parlement, & par ar-
rêt du 18 avril 1758, il fut ordonné que les
opérations feroient continuées par un autre
Arpenteur royàl, conjointement avec le fieur
Fouré, expert Arpenteur, nommé par le fieur
Manfart.

Les vacations des experts Arpenteurs font
fixées par l'édit de 1702, à trois livres chacune
dans le lieu de leur réfidence, & à cinq livres
lorfqu'ils font obligés de fe tranfporter ailleurs.

Le même édit leur a enjoint fous les peines
portées par les édits & règlemens relatifs à la perception des droits de contrôle des actes des notaires, de faire contrôler dans les temps fixés,
tous les actes qu'ils pourront paffer.

L'Article 72 du tarif du 29 feptembre 1722
fixe à dix fous le droit de contrôle des procès-
verbaux de rapports d'experts & de ceux d'Arpentage, mefurage, prifée, vérification, eftimation de réparations & dégradations & autres
de pareille nature, reçus par les notaires, greffiers Arpenteurs royaux, greffiers des experts
où de l'écritoire, & autres qui ont la faculté de
dreffer des actes de ce genre.

Les procès-verbaux dont le droit eft fixé par

'article cité font ceux par lefquels l'Arpenteur ou l'expert parle feul, pour conftater un fait de fon miniftère, fans que les parties interviennent pour faire aucun règlement entre elles ou fe foumettre à ceux faits par l'Arpenteur : car fi les parties faifoient quelque arrangement dans ces fortes d'actes, le droit de contrôle feroit dû relativement à cet arrangement.

C'eft d'après ce principe que par arrêt du 12 février 1746, le confeil a confirmé une ordonnance d'un fubdélégué de l'intendant de Soiffons, par laquelle Jacques le Quint Arpenteur à Ribemont, avoit été condamné à une amende de deux cens livres, pour n'avoir pas fait contrôler dans la quinzaine un acte d'Arpentage & de fubdivifion de biens.

Par un autre arrêt du 21 décembre 1748, le confeil a confirmé une ordonnance de l'intendant d'Orléans rendue contre Jean Bourgogne Arpenpenteur pour n'avoir pas fait contrôler plufieurs procès-verbaux d'Arpentage. Ce fut en vain que ce particulier repréfenta qu'il n'étoit pas Arpenteur royal & que la plûpart de fes procès - verbaux n'étoient que des mefurages faits à l'amiable & fans contradicteur.

Un autre arrêt du 9 décembre 1751, a condamné le nommé Rouffel, Arpenteur en la maîtrife de Noyon, à payer les droits de contrôle de deux procès - verbaux d'Arpentage de bois, & à quatre cens livres d'amende pour ne les avoir pas fait contrôler dans la quinzaine. Il oppofa inutilement à la demande du fermier qu'il n'étoit pas notaire, & qu'il ne s'agiffoit que de plans qu'il avoit faits à la requifition du procureur du roi de la maîtrife.

Un feigneur a-t-il le droit de faire arpenter les héritages de fes cenfitaires, & de leur reprendre ce qui, par l'événement de l'Arpentage, fe trouve avoir été ufurpé fur lui, en laiffant à fes vaffaux l'étendue de terrein portée par leur titre? Cette queftion fe préfenta il y a environ vingt ans, entre le fieur Graffin & les nommés Brelets. Le fieur Graffin demandoit l'Arpentage du terrein des Brelets, & foutenoit qu'ils avoient ufurpé fur fa feigneurie 37 journaux de terrein qu'il révendiquoit; les Brelets repréfentoient leur contrat d'acquifition originaire, qui portoit 75 journaux trois quarts & demi, plus ou moins, fi plus ou moins y a, « ainfi que le tout con- » fifte, s'étend & fe comporte plus oumoins, » fi plus ou moins y a, & fans que le vendeur » foit tenu d'en faire aucun mefurage, tradition » ni délivrance à l'acquéreur ».

Les Brelets oppofoient de plus une poffeffion de 96 ans, & difoient que les confins de leur héritage étoient immuables; que par conféquent l'Arpentage étoit inutile, puifqu'il étoit impoffible qu'ils euffent ufurpé une partie de la terre du fieur Graffin; néanmoins, par fentence du bailliage de Chaumont du 18 août 1753, confirmée par arrêt rendu le 5 mai 1756, l'Arpentage provifoire fut ordonné.

Il y a des provinces, telles que la Franche-Comté & la Lorraine, où les Arpentages généraux font en ufage (*). Les juges les ordonnent

---

(*) Voic ce que prefcrit fur cette manière, l'ordonnance du mois de Novembre 1707, donnée par le duc Léopold de Lorraine pour l'inftruction de la procédure civile.

lorfqu'un

lorſqu'un grand nombre d'habitans ſe plaignent

Titre premier des ajournemens & aſſignations.

ARTICLE VIII. Aucune partie ne pourra demander
que tous les détenteurs d'un ban ou finage ſoient tenus de
repréſenter leur titres ni faire procéder à un Arpentage ou
liviaiſon générale, pour recouvrer la poſſeſſion d'un héritage ; & ſera tenue de procéder en ce cas, par action ordinaire, ſoit au pétitoire, ſoit au poſſeſſoire, ſans préjudice néanmoins des lettres de terrier, qui pourront être
accordées par nous aux ſeigneurs, pour le recouvrement
ou la conſervation de leurs droits ſeigneuriaux ; & ſans
préjudice aux communautés en corps, à ſe pourvoir à notre cour ſouveraine, pour demander un Arpentage ou remembrement général du finage ; à charge que la commiſſion ſera adreſſée à l'un des juges du bailliage où le ban
eſt ſitué, qui ſera tenu de faire rapport de ſon ouvrage
à ſa compagnie, pour y ſtatuer, ſauf l'appel a notredite
Cour.

ART. IX. Pourront néanmoins les juges ordonner, à
la requête d'une partie qui ſe plaindra de l'uſurpation de
ſon héritage ſans en pouvoir préciſément déſigner le dé-
tenteur à cauſe des mutations arrivées par la longueur des
temps, que tous les propriétaires & poſſeſſeurs des fonds
ſitués dans un canton ou contrée particulière du ban &
finage, ſeront tenus de produire leurs titres & enſeigne-
mens, pour preuve de leur droit de propriété. Pourront
auſſi les propriétaires des deux tiers des héritages de la totalité d'un ban, demander un remembrement général, ſans
conſentement de la communauté en corps.

ART. X. Voulons pareillement que dans les lettres de
terrier qui ſeront accordées aux ſeigneurs pour la reconnoiſſance de leurs cens & droits ſeigneuriaux, la clauſe de
remembrement puiſſe être inférée, s'ils le requièrent, ſoit
pour recouvrer les héritages de leur domaine, ſoit pour
reconnoître ceux qui pourroient leur appartenir à titre de deſ-
hérence.

ART. XI. Les frais de remembremene ſeront avancés
par ceux qui les auront requis, ſauf à recouvrer contre les
parties condamnées au deſiſtement de quelques héritages, ou

qu'ils ne jouissent que d'une partie des terres que
leur donnent leurs titres de propriété : on fait
faire dans ce cas, si la matière y est disposée, l'Arpentage général de toutes les terres d'une paroisse
par un Arpenteur juré, & après que les propriétaires du territoire ont représenté leurs titres de
propriété, on attribue à chacun ce qui est justifié
lui appartenir (*).

---

qui auront formé, dans le cours du remembrement, des
incidens mal fondés, ainsi qu'il sera ordonné par les juges ; & en cas d'insuffisance, sur les seigneurs qui auront
profité des biens de deshérence, jusqu'à concurrence de
ce qu'ils en auront profité ; & sauf aux parties qui auront
requis le remembrement, à convenir des frais d'icelui
avant sa confection avec le commissaire, de l'aveu de sa
compagnie.

ART. XII. Le commissaire sera tenu de prendre pour
greffier un commis du greffe, s'il y en a ; sinon il en prendra un à son choix sur les lieux, si faire se peut, auquel il
fera prêter serment ; & en l'un & en l'autre cas, le greffier aura pour ses vacations les deux tiers de ce qui aura
été convenu ou payé pour les frais du commissaire, y
compris le papier ; & si c'est un greffier commis, il sera
tenu de remettre incessamment, après le travail fini, ses
minutes au greffier du bailliage, qui aura droit de délivrer
des copies ou expéditions des actes aux parties, & payera
en outre au même greffier le tiers de ce qu'il aura reçu
pour ses vacations, déduction faite des frais du papier ; les
deux autres tiers lui demeurant pour son salaire & sa dépense.

(*) *Par arrêt du 26 août 1692 le parlement de Besançon
a fait un réglement général qui peut servir de regle ailleurs
sur cette matière. Le voici :*

Sur les remontrances faites à la cour par le procureur général du roi, contenant qu'il a été informé qu'il se commet
plusieurs abus dans les Arpentages des territoires des communautés de ce pays, non-seulement à l'égard de la procédure
qui se trouve très-souvent irrégulière, mais encore dans la

Par arrêt du 3 juillet 1728, le parlement de

distribution des terres aux particuliers, laquelle ne s'y fait pas conformément aux regles de la justice, & aux droits des parties intéressées. A quoi étant nécessaire de pourvoir, requéroit qu'il plût à la cour d'y apporter les remedes convenables. Vû les remontrances, oui le rapport de messire Jean-Baptiste Pouhat, conseiller, & tout considéré, la cour, par forme de réglement provisionnel, a dit & déclaré jusqu'à ce qu'autrement soit ordonné,

ART. I. Que la permission de faire des Arpentages généraux des territoires des communautés de ce pays, ne sera donnée à l'avenir que sur requêtes libellées, & en connoissance de cause.

II. Il est défendu à tous seigneurs hauts-justiciers, de vendre les terres vagues & revenans bons, avant d'avoir reconnu par la cloison de l'Arpentage, en quoi ils consistent, à peine de nullité des contrats.

Il est de plus défendu auxdits seigneurs hauts justiciers de traiter desdits revenans-bons avec les juges, procureur d'office & greffiers commis à l'Arpentage, non plus qu'avec les arpenteurs directement ni indirectement, par des personnes interposées, à peine de concussion & de restitution du quadruple contre lesdits officiers; déclare tous lesdits traités faits avec lesdits officiers, à l'égard desdites terres vagues, & revenans-bons, nuls & de nul effet & tout ce qui s'en est ensuivi dans les Arpentages non encore clos, de même que tous ceux qui se feront à l'avenir.

III. Lesdits Arpentages se feront pardevant les officiers que la cour députera, lesquels ne pourront prendre d'autres salaires que comme résidens sur le lieu.

IV. Le greffier aura un registre en bonne forme duement cotté pour tous les actes dudit Arpentage, qui seront enregistrés, suivant leurs dates sans aucun retardement, pour y avoir recours quand besoin sera, & le juge & le greffier signeront les minutes & verbaux desdits actes

V. Seront les particuliers & la quantité de ceux possédans biens dans le territoire, assignés en vertu d'ordonnance du juge mise au bas de la commission de la cour, par quatre édits affichés de quinzaine en quinzaine, au-devant des égli-

Bretagne a ordonné aux greffiers, foit titulaires

---

fes au jour de Dimanche, & publiés à la fortie de la meffe
paroiffiale, dont fera donné copie la première fois feulement
aux non réfidens, à leurs perfonnes ou domiciles conformément à l'ordonnance.

VI. Les demandeurs de l'Arpentage & tous prétendans
héritages dans le territoire, feront tenus de fournir pardevant les greffiers dans quinze jours après l'échéance du quatrième édit, leurs prétentions avec les titres ou mémoires
concernans leurs droits pétitoires ou poffeffoires.

VII. Le procureur du feigneur & tous autres prétendans
droits audit arpentage, pourront dans une autre quinzaine, prendre communication au greffe fans déplacer, des
productions des parties, même copies des pièces qu'ils trouveront convenir & conftater contre qui il appartiendra.

VIII. Les conteftations des parties entr'elles feront renvoyées pardevant lefdits officiers, pour être les procès par
eux inftruits & décidés à l'ordinaire, jufqu'à cloifon de l'Arpentage, lequel fini lefdits procès feront portés pardevant
les juges des lieux, & en cas de fufpicion, pardevant ceux
des bailliages, fans que lefdites conteftations puiffent fur-
feoir le furplus dudit arpentage, finon au cas qu'elles concernent le général d'icelui, & feront les héritages conteftés,
notés dans le regiftre du greffier, pour, après le jugement,
être arpentés & diftribués à qui ils feront adjugés.

IX. Quinze jours après l'échéance du terme pour donner
prétentions, la caufe de l'Arpentage fera portée à l'audience
fans autre dénonciation; le juge donnera défaut, & adju-
geant le profit, déclarera les défaillans valablement contu-
macés, & ordonnera que les productions des parties lui feront remifes, pour y faire droit comme il appartiendra.

X. Le juge ordonnera aux parties de nommer deux ou
trois commis pour fe tranfporter avec lui & le greffier, en
préfence des échevins, ou deux des plus anciens de la communauté, par tout le territoire, pour convenir de fes limites & de la nomination des lieux par canton.

XI. Sera auffi nommé en ladite audience, un arpenteur-
juré pour fervir à l'Arpentage, lequel après avoir prêté ferment de bien & fidelement exercer fon office, fe tranfpor-

ou commis des experts Arpenteurs de fon ref-

___

tera avec lefdits commis, juge & greffiers, fur les cantons
du territoire, tiendra regiftre, ainfi que ledit greffier, de la
dénomination, contenance & confront de chaque canton.

XII. La mefure locale fera fuivie dans l'Arpentage, en
cas qu'il foit juftifié qu'il y en ait une, finon l'on fe fervira
de celle prefcrite par l'ordonnance.

XIII. Après que le juge aura vû les prétentions & les
titres des parties, il rendra fa fentence par écrit, fur chaque
prétention, fuivant qu'il trouvera convenir en juftice.

XIV. Dans les cas auxquels il s'agira de déjeter ceux qui
poffédent, toute poffeffion moindre de quatre ans ne pourra
fervir au poffeffeur & la poffeffion de trente ans accomplis,
felon le droit de la coutume générale de la province, prouvée par le poffeffeur, fera préférée à tous les titres de propriété qui pourroient être objectés au contraire, dans les
conteftations où l'une des parties aura un titre de propriété,
fans que l'identité des confins, puiffe être reconnue; s'il y a
dans le canton des terres fuffifamment pour remplir les droits
des propriétaires & poffeffeurs, ladite partie fera pourvue
fur icelles; & au cas qu'il n'y en ait pas affez, celui dont
la poffeffion fera au-deffus de quatre ans, & au-deffous de
trente, n'en pourra être déjeté que par celui qui aura un
titre (quoiqu'il ne juftifie pas des confins) ou qui aura été
poffeffeur légitime de plus de trente ans; que fi deux parties
poffédent fans avoir titre valable, & qu'il en faille déjeter
une, la plus ancienne fera maintenue.

XV. Après que la fentence aura été rendue, il fera procédé à la diftribution générale du territoire, fuivant ladite
fentence par l'arpenteur en préfence du juge & du greffier,
qui inférera fur fon regiftre la diftribution faite à chaque particulier, & la quantité de perches que chaque pièce contiendra.

XVI. L'appellation d'une ou plufieurs parties, n'en fur-
feoira la diftribution que pour les chefs dont il aura été appelé, n'étoit qu'elle concernât la quantité de l'arpentage.

XVII. Les cantons de tout le territoire feront décrits
dans une feuille affichée à la porte de l'églife, & fera l'ordre de l'écriture des cantons obfervé dans la diftribution, la-

fort, de remettre dans un mois aux greffes des

quelle fera publiée quinzaine avant l'écheance, & fera com-
mencée au jour marqué dans l'affiche, & continuée fans interruption autant qu'il fera poffible.

XVIII. Ceux qui auront intérêt à l'Arpentage, & qui
n'auront pas donné leurs prétentions avant la diftribution du
canton où ils prétendent quelques héritages, feront admis
à les fournir, nonobftant contumace moyennant les dépens
à proportion du retardement.

XIX. Celui qui poffedéra un héritage fans la contenance
énoncée en fon titre, & fans l'avoir excédée, ne pourra être
obligé à changer de place dans le canton ni être tranfporté
dans un autre.

XX. Lorfque l'adjudication faite par la fentence excédera
la contenance du canton, le juge retranchera fur tous les
adjudicataires à proportion de leur adjugé, fauf à l'égard
de ceux dont la contenance fera clairement déterminée, &
les confronts reconnus par leurs titres ou poffeffions légitimes.

XXI. Si après la diftribution de tout ce qui appartiendra
aux particuliers dans chaque canton, il fe trouve quelques
terres vagues, ou revenans bons, ils feront arpentés & adjugés au feigneur haut-jufticier pour les tenir aux charges,
& felon la difpofition de droit.

XXII. Ne pourra le feigneur haut-jufticier joindre enfemble les revenans-bons, dès qu'ils lui feront adjugés en
divers endroits d'un canton, étant expreffement défendu aux
commiffaires de l'ordonner ni le permettre, à peine de tous
dépens, dommages & intérêts, n'étoit que toutes les parties
donnaffent leur confentement.

XXIII. Les ufurpateurs du fonds d'autrui feront condamnés aux levées envers les propriétaires, & en l'amende de 50
livres au profit du feigneur haut-jufticier.

XXIV Les frais de l'Arpentage feront avancés aux officiers, par ceux qui l'auront demandé, à recouvrer fur les
ufurpateurs, à proportion de la valeur de l'héritage ufurpé,
& le furplus fur ceux qui auront profité dudit Arpentage, &
à proportion du profit.

XXV. Le préfent réglement aura lieu pour tous ceux du
paffé qui ne font pas clos, à prendre depuis la fentence de
diftribution exclufivement. Si mande la cour, &c.

juridictions des lieux où ils auront travaillé, les minutes des procès-verbaux de mesurage & Arpentage.

Si les Arpenteurs ordinaires d'une maîtrise sont absens, les officiers de cette maîtrise doivent demander aux officiers de la maîtrise voisine un ou plusieurs de leurs Arpenteurs, selon les circonstances, & ces Arpenteurs ne peuvent leur être refusés. C'est la disposition de l'article 6 du titre 11 de l'ordonnance des eaux & forêts, lequel défend d'ailleurs sous peine de nullité, aux officiers des maîtrises de se servir d'autres Arpenteurs que de ceux qui sont pourvus ou commis par le roi.

Les Arpenteurs de chaque maîtrise sont tenus de visiter une fois par an, les bornes, fossés & arbres de lisière des forêts du roi, & de celles dans lesquelles sa majesté a intérêt pour connoître s'il y a quelque chose de rempli, changé, coupé, arraché ou transporté, &c.

Il est expressément défendu aux Arpenteurs de marquer, pour les ventes, plus ou moins d'arpens qu'il ne leur en a été prescrit par le grand-maître, même sous prétexte de rendre la figure plus régulière, ou pour quelqu'autre considération que ce soit; en sorte que le plus ou le moins n'excède pas un arpent sur vingt, à peine d'interdiction & d'amende arbitraire.

L'ordonnance veut que si un Arpentur tombe jusqu'à trois fois dans une faute de ce genre, il soit déclaré incapable de faire les fonctions d'Arpenteur.

S'il arrivoit qu'un Arpenteur se laissât corrompre pour cacher un transport ou arrachement de bornes, & qu'il souffrît ou fit lui-même un changement de pieds corniers, l'ordonnance veut qu'il foit dès la première fois privé de fa commiffion, condamné à l'amende de 500 livres, & banni à perpétuité des forêts du roi, fans que les officiers puiffent modérer ou différer la condamnation fous peine de perdre leurs offices.

Suivant les ordonnances de Henri II du mois de février 1554 & de Charles IX, du mois de décembre 1563, les rapports des Arpenteurs doivent être crus en juftice.

Les Arpenteurs des maîtrifes font déclarés par l'ordonnance de 1669 & par divers arrêts du confeil exempts de logemens de gens de guerre, uftenfiles, fournitures, contributions, fubfiftance, tutelle & curatelle, collecte de deniers royaux & autres charges publiques.

Le règlement du confeil du 29 juin attribue aux Arpenteurs des maîtrifes pour Arpentage & réarpentage de chaque arpent de futaie une livre, & pour chaque arpent de taillis dix fous.

En Lorraine, les Arpenteurs ont quatre fous par arpent de coupe annuelle, fuivant le tarif annexé à l'édit du roi Staniflas du mois de décembre 1747, portant création des maîtrifes des eaux forêts de cette province. Voyez *les édits de février 1554, juin 1575 & décembre 1672 ; les coutumes de Bourbonnois, de Nivernois, de Poitou, de la Marche, de Dunois, du grand Perche, de Clermont en Beauvoifis, & de Saintonges ; l'ordonnance de 1557 & celle de 1669 ; les édits du mois de mars 1566, & du mois de juin 1575 ; les arrêts du confeil des 21 feptembre 1588 & 2 juillet 1589 ; l'édit du mois de mai 1702 ; le tarif du 29 feptembre 1722 ; les arrêts du confeil des 12 février 1746, 21 décembre 1748, & 9 décembre 1751 ; le diction-*

naire des domaines & droits domaniaux ; les arrêts du conseil du 17 septembre 1697 & 18 septembre 1703 ; le recueil d'Augeard ; la pratique des terriers ; la collection de jurisprudence ; le dictionnaire raisonné des eaux & forêts ; l'édit du mois de décembre 1690 ; le traité du gouvernement des biens des communautés d'habitans ; l'ordonnance du duc Léopold de Lorraine du mois de novembre 1707 ; le recueil du parlement de Besançon ; l'ordonnance de Charles IX du mois de décembre 1563 ; le règlement du conseil du 29 juin 1729 ; le recueil des édits, ordonnances & règlemens de Lorraine ; &c. Voyez aussi les articles Bois, Mesure, Expert, Notaire, Greffier, Contrôle, Délit, Bornage, Terrier, Maîtrise, Assiette, Bornes, Charges publiques, Journées, Vacations, &c.

ARQUEBUSIER. C'est le nom de l'artisan qui fabrique les petites armes à feu, telles que les arquebuses, les fusils, les mousquets, les pistolets, &c.

La communauté des Arquebusiers a des statuts & règlemens suivant lesquels les jurés sont fixés au nombre de quatre dont deux s'élisent chaque année. Les jurés sont chargés de la passation & enregistrement des brevets d'apprentissage, des réceptions à maîtrise pour lesquelles ils donnent le chef-d'œuvre ; des visites, tant ordinaires qu'extraordinaires, soit des ouvrages des maîtres, soit des machandises foraines ; enfin, de tout ce qui regarde l'exécution des statuts & la police de la communauté. Nul ne peut tenir boutique qu'il n'ait été reçu maître ; & aucun ne peut être reçu maître, qu'il n'ait été apprenti & compagnon du métier d'arquebuserie. Il n'eft permis aux maîtres d'ouvrir fur rue qu'une feule boutique. Tout maître doit avoir fon poinçon pour marquer fes ouvrages, dont l'empreinte doit refter fur une table de cuivre, dépofée au châtelet dans la chambre du procureur du roi. L'apprentiffage doit être de quatre années confécutives, & le fervice chez les maîtres en qualité de compagnon, avant d'afpirer à la maîtrife, de quatre autres années. Chaque maître ne peut avoir qu'un feul apprenti à la fois, fauf néanmoins à ceux qui le veulent, d'en prendre un fecond après la troifième année du premier achevée. Il eft défendu à tout apprenti d'être plus de trois mois hors de chez fon maître, s'il n'a caufe légitime, à peine d'être renvoyé & déchu de tout droit à la maîtrife. Les maîtres ne peuvent débaucher ni les apprentis, ni les compagnons, & ceux-ci ne doivent point quitter leurs maîtres pour aller chez d'autres, avant que leurs ouvrages ou leur tems foient achevés. Tout afpirant à la maîtrife doit chef-d'œuvre, à l'exception des fils de maîtres, qui ne doivent qu'expérience.

Les fils de maîtres, foit qu'ils travaillent dans la maifon de leur pere, foit qu'ils apprennent le métier dehors, font obligés à l'apprentiffage. de quatre ans ; ils tiennent lieu d'apprentis aux autres maîtres mais non pas à leurs peres. Nul apprenti ne peut racheter fon tems. Les compagnons qui ont fait apprentiffage à Paris doivent être préférés pour l'ouvrage chez les maîtres, aux compagnons étrangers, à moins que les premiers ne veuillent pas travailler au même prix que les derniers. Les veuves reftant en viduité jouiffent des privilèges de leurs maris,

fans néanmoins pouvoir faire d'apprentis ; &
elles & les filles de maîtres affranchiffent les
compagnons qui les époufent. Toute marchandife foraine du métier d'arquebuferie arrivant à
Paris, pour y être vendue, foit par les marchands forains mêmes foit par ceux de la ville,
ne peut être expofée en vente, qu'elle n'ait été
vifitée & marquée du poinçon de la communauté. Il eft au furplus défendu aux maîtres d'aller au-devant des forains , & d'acheter d'eux
aucune marchandife avant la vifite faite.

Enfin il eft défendu aux maîtres de la communauté & aux forains, de brafer ni d'expofer en
vente des canons brafés, avec faculté aux jurés,
qui en font la vifite, de les mettre au feu, pour
découvrir la brafure, & les autres défauts de
chaque canon ; à la charge néanmoins par les
mêmes jurés de les remettre , s'ils fe trouvent
de bonne qualité, au même état qu'ils étoient
avant qu'ils les euffent mis au feu.

Il a été permis aux maîtres Arquebufiers d'é-
tablir à Paris un jeu d'arquebufe tel qu'on le voit
dans les foffés de la porte S. Antoine pour y
exercer la jeune nobleffe & ceux qui font profeffion des armes.

Les maîtres Arquebufiers peuvent faire toutes
fortes d'arbaletes d'acier, garnies de leurs ban-
dages, arquebufes, piftolets, piques, lances &
fufils ; monter ces arquebufes, piftolets, hale-
bardes & bâtons à deux bouts, & les ferrer &
vendre.

Il leur eft pareillement permis de fabriquer
& vendre dans leurs boutiques toutes fortes
d'autres bâtons ouvragés en rond & au rabot.
Aucun maître ne peut tenir plus de deux compagnons, que les autres maîtres n'en ayent au-

tant , fi bon leur femble, à peine d'amende. Les fils de maîtres doivent être reçus maîtres en faifant l'expérience accoutumée. Les compagnons époufant les filles de maîtres , font obligés à pareille expérience. Aucun maître ne peut être élû juré, qu'il n'ait été auparavant maître de confrairie, à peine de nullité de l'élection, & demi-écu d'amende contre chacun des maîtres qui auront donné leur voix à celui qui n'aura point été maître de confrairie

La déclaration du 22 mars 1728 défend aux Arquebufiers de fabriquer des piftolets de poche ou d'autres armes défendues, & d'en faire commerce , à peine pour la première contravention de confifcation & de cent livres d'amende , outre l'interdiction de travailler pendant une année, & en cas de récidive , d'être privés de leur maîtrife & même punis corporellement , felon les circonftances.

On appelle auffi *Arquebufiers*, des hommes armés d'arquebufes , & qui compofent en beaucoup d'endroits un corps autorifé à tirer avec cette efpèce d'armes dans certaines circonftances.

Un arrêt du confeil du 14 juin 1729, revêtu de lettres-patentes & enregiftré à la cour des aides le 4 janvier 1730, a confirmé les privilèges des Arquebufiers de Laon , & ordonné que ceux de ces Arquebufiers qui abattront l'oifeau pendant trois années confécutives , jouiront leur vie durant, & leurs veuves pendant leur viduité, de l'exemption de toutes tailles, fubfides & autres impofitions, affiette , tutelle , curatelle , établiffement de commiffaire , logement de gens de guerre , &c.

Il y a beaucoup de villes dans le royaume,

où l'on voit de pareils établissemens ; & la plus grande partie de ces compagnies jouissent de privilèges plus ou moins considérables.

En Bretagne, il y a trente-trois villes ou bourgs (*) dans lesquels l'Arquebusier qni a eu l'adresse d'abattre l'oiseau (**) jouit pendant un an de l'exemption des droits d'impôts & billots jusqu'à concurrence d'une certaine quantité de vin, qui est, par exemple, de vingt tonneaux à Rennes ; de quinze à Quinpercorentin ; à Saint-Malo de quarante pipes ; à Pont-l'Abbé de quinze pipes, dans d'autres endroits de vingt barriques, &c. Mais il faut avoir prêté le serment prescrit par le prince pour être en droit de tirer l'oiseau.

Il faut d'ailleurs que ceux qui veulent être admis à tirer l'oiseau, s'exercent un jour chaque mois, & qu'ils *aient à eux en propre une bonne arquebuse, qu'ils doivent tenir toujours prête, avec deux livres de poudre & deux livres de balle.* C'est ce qu'ont prescrit les arrêts du conseil des 27 juillet 1671 & 21 août 1677.

L'Arquebusier qui a abattu l'oiseau peut exploiter par lui-même son droit d'exemption, ou le céder à un seul cabaretier ou habitant du nombre de ceux avec lesquels il a tiré. Dans ce

(*) Ces lieux sont Rennes, Nantes, Fougères, Saint-Malo, Quimper-Corentin, Saint-Brieux, Vannes, Tréguier, Vitré, Roche-Bernard, Port-Louis, Auray, Maleftrois, Isle-de-Grois, Josselin, Dinan, Cancalles, Quimperlé, Terroir de Pennemare, Rosterman, Pont-l'Abbé, Concarneau, Fahou, Lamballe, Quintin, Quincamp, Montcontour, Lanion, Landernau, Lesvenen, le Croisic, l'Isle-de-Bas & Pontivy.

(**) Cet oiseau se nomme en Bretagne *Papegaut.*

dernier cas, il faut qu'il fignifie fa ceffion au fermier du droit. Au refte, celui qui joüit de l'exemption doit fouffrir les exercices des commis du fermier.

L'arrêt du 27 juillet 1671 porte que les villes de Saint-Pol de Léon & de Hédé prendront fur leurs octrois, la première la fomme de trois cens livres, & l'autre celle de cent livres pour être remifes à celui qui aura abattu l'oifeau & lui tenir lieu d'exemption.

Des lettres-patentes du mois de janvier 1730 enregiftrées au parlement & à la cour des aides portent que les compagnies des jeux de l'arc & de l'arquebufe établies à Villefranche en Beaujolois, *continueront leurs exercices fous les ordres des maires & échevins, qu'elles jouiront des mêmes droits & avantages dont jouiffent les autres compagnies de pareille qualité établies dans les autres villes du royaume ; & que celui de chacune de ces compagnies qui abattra l'oifeau, joüira pendant un an de l'exemption de la taille & des autres impofitions publiques ; à la charge néanmoins que fa cotte fera rejetée fur les autres taillables de Ville-Franche.*

Les compagnies d'Arquebufiers & d'arbalêtriers de plufieurs villes joüiffoient autrefois de l'exemption des droits d'aides appelés droits de détails : mais divers règlemens généraux & particuliers ont fupprimé ces exemptions comme abufives ou dénuées de titres.

Un jour d'affemblée des Arquebufiers de la ville de Nevers, huit ou dix d'entr'eux, après avoir tiré l'oifeau, s'amusèrent à tirer contre une cheminée dont ils firent tomber des platras qui écrasèrent un boulanger. La veuve de ce boulanger, qui avoit trois enfans, rendit plainte du fait, & par la sentence définitive, le lieute-nant criminel de Nevers lui adjugea deux mille livres de dommages & intéréts qu'il prononça seulement contre ceux qui avoient tiré.

Sur l'appel interjeté de cette sentence par la veuve, M. l'avocat général fit voir que le corps des Arquebusiers étoit solidairement responsable des dommages & intérêts dus à cette veuve, & il conclut à ce qu'avant faire droit le corps de l'arquebuse fût mis en cause. L'arrêt qui inter-vint le 29 Janvier 1738, fut conforme aux con-clusions, & condamna néanmoins les accusés à payer une provision de 500 livres.

On voit par cet arrêt que la cour a préjugé que le corps des officiers de l'arquebuse devoit, sous peine de répondre des événemens, empê-cher les Arquebusiers de tirer ailleurs qu'aux lieux ordinaires, & leur faire observer une po-lice exacte. *Voyez les statuts des Arquebusiers de Paris ; la déclaration du 23 mars 1728 ; les arrêts du conseil des 9 septembre 1669, 27 Juillet 1671, 22 août 1672, 21 août 1677, 20 novembre 1725, & 20 avril 1734 ; les lettres patentes des mois de décembre 1729, & janvier 1730 ; les édits des mois de septembre 1641, & août 1717 ; les arrêts du conseil des 16 novembre 1688, 7 août 1714, 23 février & 30 avril 1715, 26 décembre 1716, 28 août 1717, 4 avril 1719, 26 avril 1720, 21 février & 26 septembre 1721, 26 janvier 1723, 21 mai 1726, 25 mai 1728, & 11 août 1733 ; le traité général des droits d'aides ; la col-lection de jurisprudence,* &c. Voyez aussi les ar-ticles ARMES, IMPÔTS ET BILLOTS, DÉTAIL, EXEMPTION, &c.

ARRENTEMENT. Voyez Bail a rente.

ARRÉRAGES. On appelle ainſi ce qui eſt dû, ce qui eſt échu d'un revenu, d'une rente, d'un loyer.

Les Arrérages de rentes, ſoit foncières, ſoit conſtituées, ſoit perpétuelles, ſoit viagères, ſont des eſpèces de fruits civils qui ſont dus par parties & pour chaque jour du temps pendant lequel ils ont couru : c'eſt pourquoi lors du rachat de ces rentes, on doit payer avec le principal, non-ſeulement les Arrérages échus juſqu'au dernier terme, mais auſſi ceux qui ſont dus pour tous les jours qui ſe ſont écoulés depuis le dernier terme juſqu'au jour du rachat.

Il en eſt de même des Arrérages des rentes propres à l'un ou à l'autre des conjoints : lors de la diſſolution de la communauté, ces Arrérages appartiennent à la communauté, non-ſeulement pour tout ce qui eſt échu juſqu'aux termes antérieurs à la diſſolution de la communauté, mais encore pour tout le temps qui s'eſt écoulé depuis ce dernier terme juſqu'au jour de cette diſſolution.

Un particulier qui étoit en communauté de biens avec ſa femme, avoit des rentes ſur l'hôtel-de-ville de Paris. Sa femme étant décédée au mois de mars, ſes héritiers prétendirent que les trois premiers mois de cette année appartenoient à la communauté. Le mari, au contraire, ſoutint qu'ils ne pouvoient en faire partie, puiſque l'on ne payoit ces rentes que tous les ſix mois de l'année, & qu'ainſi les trois mois ou environ d'Arrérages échus ne devoient point entrer dans le partage de la communauté, parce que le bureau de payement n'étoit pas encore ouvert.

Sur

Sur ce différent, le parlement de Paris rendit un arrêt le 31 juillet 1741, par lequel il jugea que le mari propriétaire de la rente seroit tenu, lorsqu'il auroit reçu les Arrérages à l'échéance des six mois, de tenir compte aux héritiers de sa femme de la moitié des trois mois, ou environ, qui étoient échus lors de la dissolution de la communauté.

Cet arrêt est conforme au droit commun qui s'observe par-tout. Cependant l'article 107 de la coutume d'Orléans y paroît opposé ; voici comme il est conçu :

» Fruits civils coupés & abattus en maturité, » ensemble les moisons & fermes dues à raison » desdits fruits, sont reputés meubles, encore que » les termes de payer lesdites moisons ou fermes » ne soient échus ; & au regard des Arrérages » de rentes foncières ou constituées, & loyers » de maisons, sont reputés meubles *lors seulement* » *que les termes de payement sont échus* ».

Par cette dernière expression, *sont reputés meubles, lors seulement que les termes de payement sont échus*, il semble que la coutume veuille dire que les loyers de maisons & les Arrérages de rente ne deviennent meubles, ne commencent à être dus & ne sont acquis à la communauté, que quand le terme de payement est échu ; qu'ainsi la communauté ne peut rien prétendre dans les loyers ou rentes dont le terme de payement n'est échu qu'après qu'elle a été dissoute. Cependant l'article dont il s'agit n'est pas entendu dans le sens qu'il paroît présenter : un usage constant lui a donné une autre interprétation, suivant laquelle tout ce que la coutume veut dire dans cet article, est qu'au lieu

que le fermage d'un bien de campagne eſt dû
auſſitôt que les fruits font recueillis, & eſt en
conſéquence ameubli & acquis en entier à la communauté, quoique le terme de payement de ce
fermage ne ſoit pas encore échu, les loyers de
maiſon & les Arrérages de rente ne ſont au
contraire ameublis & acquis en entier à la communauté, que quand les termes de payement
ſont échus : mais quoiqu'ils ne ſoient pas ameublis pour le tout & dus entièrement avant ces
termes, ils ne laiſſent pas de s'ameublir par
parties & d'être acquis de même à la communauté à meſure que s'écoule le temps des
termes de payement ; enſorte que dans le terme
qui n'eſt échu qu'après que la communauté a été
diſſoute, elle doit prendre ſur la ſomme due
pour ce terme, une portion relative au temps
qui a couru avant qu'elle fût diſſoute.

Il réſulte de ce qui vient d'être dit, que les
loyers de maiſon & les Arrérages de rente ſe
comptent de jour à jour ; c'eſt-à-dire, que la
ſomme due pour chaque terme ſe diviſe en autant de portions qu'il y a de jours pour compo-
ſer le terme, & que ces portions ſont dues ou
acquiſes à la communauté à meſure que s'écoule
chacun des jours dont le terme eſt compoſé :
mais ces loyers & Arrérages de rente ne ſe
comptent pas de moment à moment, c'eſt-à-
dire, que ce qui eſt dû pour chaque jour de
loyer ou d'Arrérages de rente, ne ſe ſubdiviſe
pas, & n'eſt dû que lorſque le jour eſt entièrement écoulé. Ainſi la communauté n'a rien à
prétendre dans la portion de loyer ou d'Arrérages de rente du jour auquel elle a été diſſoute

par la mort d'un des conjoints, à quelque heure que cette mort soit arrivée.

Les Arrérages de cens sont une espèce de fruits civils qui diffèrent des Arrérages de rente foncière : le cens étant principalement dû pour la reconnoissance solennelle que le censitaire doit faire de la seigneurie directe au jour indiqué par les titres, il ne commence à être dû qu'au jour où doit se faire cette reconnoissance : c'est pourquoi si la dissolution de la communauté a eu lieu avant ce jour, il n'est dû à la même communauté aucune portion dans les sommes qui doivent être payées ce jour-là par les censitaires.

Mais si la communauté n'a été dissoute que le jour même auquel le cens est payable, c'est à elle que ce cens appartient ; parce que dès le premier moment de ce jour, le cens qui doit se payer en témoignage de la reconnoissance de la seigneurie directe, a commencé d'être dû, quoique les censitaires aient toute la journée, c'est-à-dire, depuis le matin jusqu'au commencement de la nuit pour s'acquitter de cette dette.

La différence qu'il y a entre les Arrérages du cens & ce qui est dû pour loyer de maison ou Arrérages de rente, vient de ce que ces dettes ont des causes différentes : un jour de loyer est le prix d'un jour de jouissance que le locataire a eu de la maison qui lui a été louée ; & un jour d'Arrérages de rente, le prix d'un jour de jouissance que le débiteur a eu du sort principal de la rente : ainsi le jour de loyer ou d'Arrérages de rente n'est dû que lorsqu'il est écoulé : le cens, au contraire, étant un signe de la reconnoiſſance de la ſeigneurie, il eſt dû auſſitôt que le jour auquel ſe doit faire cette reconnoiſſance eſt arrivé.

Les Arrérages de rentes conſtituées pour argent prêté ſe preſcrivent par le laps de cinq années; enſorte que le créancier ne peut répéter au débiteur que les cinq dernières années, à moins qu'il n'ait dirigé des pourſuites pour ſe faire payer des Arrérages antérieurs.

Cette preſcription eſt établie par l'ordonnance de 1510, & par la juriſprudence des arrêts : mais elle n'eſt pas admiſe en Artois, comme le prouvent les actes de notoriété du conſeil d'Artois des 28 janvier 1692, & 16 juillet 1720.

La preſcription de cinq années dont on vient de parler, a lieu en faveur du débiteur, contre les mineurs, les inſenſés, les prodigues & les interdits ; mais ces mineurs ou interdits peuvent répéter à leurs tuteurs ou curateurs ce que le défaut d'avoir pourſuivi le débiteur leur a fait perdre.

- Cette preſcription de cinq années n'a pas lieu pour les rentes ſeigneuriales, les cenſives, les rentes foncières, & les rentes viagères ; ces ſortes d'Arrérages ne ſe preſcrivent que par trente ans. Tel eſt le droit commun.

. Elle n'a pas lieu non plus pour les Arrérages des rentes conſtituées dues par le roi. Ces ſortes d'Arrérages ne ſe preſcrivent par aucun laps de temps, & s'ils ont été portés au tréſor royal, faute d'avoir été reclamés dans le délai fixé par l'uſage pour la perception des rentes de l'hôtel-de-ville, on peut en obtenir le remplacement.

-...Cette preſcription n'eſt de même pas admiſe

à l'égard des rentes conſtituées pour raiſon du prix d'un héritage ; on adjuge dans ce cas , vingt-neuf années d'Arrérages au créancier qui a négligé de faire des pourſuites. Le parlement de Paris l'a ainſi jugé par un arrêt du 28 juillet 1730, confirmatif d'une ſentence du bailliage de Reims qui étoit conforme à ce principe.

Par un autre arrêt du 21 juin 1703 , la cour a auſſi jugé que l'on pouvoit exiger 29 années d'Arrérages d'une rente conſtituée pour le prix de la vente d'une maiſon ſituée ſous la coutume d'Orléans , & que dans ce cas , la preſcription de cinq ans n'avoit pas lieu.

Pareille queſtion s'étant préſentée le 5 décembre 1730, elle fut appointée au conſeil. M. l'avocat général Chauvelin qui porta la parole, conclut en faveur du créancier , & il ſe fonda tant ſur l'arrêt du 28 juillet 1730 qu'on vient de citer , que ſur ce que dans ces ſortes de contrats , le prix de la conſtitution n'eſt point une ſomme de deniers délivrés , mais un fonds qui produit continuellement des fruits.

La dame de Meaux créancière de trois rentes qui montoient enſemble à 572 livres 4 ſous , reçut en 1717 & 1718 , une ſomme de 1998 livres en pluſieurs payemens , & donna des quittances à compte à ſon débiteur.

Le 4 décembre 1719 , elle fit aſſigner le même débiteur pour le faire condamner à lui payer tant en deniers qu'en quittances valables, la ſomme de 2750 livres qu'elle prétendoit lui être dues pour tous les Arrérages de ſes rentes.

Le débiteur oppoſa les quittances dont il étoit porteur, & prétendit qu'elles devoient

fervir à l'acquit des cinq dernières années d'Arrérages des rentes demandées.

La créancière foutint au contraire que ces
payemens devoient s'imputer fur les Arrérages
antérieurs à ceux des cinq dernières années,
parce que bien loin qu'ils puffent, difoit-elle,
fervir à l'acquit des cinq dernières années, ils
étoient au contraire, autant d'actes interrup-
tifs de la prefcription pour les années précédentes.

Sur ce différent, fentence intervint au bailliage de Mâcon le 5 feptembre 1721, par laquelle *il fut ordonné que les parties viendroient
à compte, à l'effet de quoi le débiteur repréfenteroit
toutes fes quittances, & la créancière le livre de
raifon de fon défunt mari.* Le parlement confirma
cette fentence.

Un oppofant à un décret doit être colloqué
pour tous les Arrérages qui lui font dus d'une
rente conftituée, fans qu'on puiffe lui oppofer
le défaut de fommation pendant cinq années,
depuis fon oppofition, même depuis la faifie
réelle. La raifon que l'on peut rendre de cet
ufage, eft que la faifie réelle eft faite, non-
feulement pour la confervation des droits du
faififfant, mais encore pour tous les autres
créanciers de la partie faifie, qui viendront à
former oppofition au décret. Or, tant qu'il y a
une inftance pendante au fujet des Arrérages
d'une rente, cette inftance empêche le cours
de la prefcription de cinq ans introduite par
l'ordonnance de Louis XII. Il y en a une difpofition expreffe pour le parlement de Normandie
dans le règlement de 1666.

A l'égard des Arrérages de la rente conftituée, échus avant la faisie réelle, l'oppofant n'en peut demander que cinq années. On a été encore plus loin en Bourgogne ; car un oppofant ne peut être colloqué fur les biens décrétés au préjudice des autres créanciers oppofans, pour les deniers promis, & les legs teftamentaires dix ans après le terme expiré pour faire le payement de ces fommes, à moins qu'il n'y ait eu une interpellation judiciaire ou autre acte fuffifant pour interrompre la prefcription. On ne peut pas non plus demander en Bourgogne, au préjudice des autres créanciers oppofans, plus de dix années d'Arrérages de cens, de droits feigneuriaux ou fonciers, de penfions de religieux & de religieufes, de douaires & du prix des fermes, à moins qu'il n'y ait eu quelqu'acte fuffifant pour interrompre la prefcription. On préfume dans le reffort de ce parlement, qu'avant les dix années, le créancier s'eft fait payer de ce qui lui étoit dû, ou qu'il doit être puni de fa négligence pour avoir laiffé accumuler un trop grand nombre d'années d'Arrérages, au préjudice du capital des autres créanciers.

Le débiteur de plufieurs années d'Arrérages peut obliger le créancier à recevoir le payement d'une année, quoiqu'il ne lui offre pas en même temps le payement des autres années ; parce que tous ces termes d'Arrérages font autant de différentes dettes : mais le créancier n'eft pas obligé de recevoir les dernières années avant les précédentes.

Suivant ce principe, Dumoulin décide qu'un emphytéote fujet par la claufe du bail à perdre fon droit s'il laiffe accumuler trois années d'Ar-

rérages de la redevance, peut éviter cette peine
en offrant le payement d'une année avant l'expiration de la troifième.

Les quittances de trois années confécutives
établiffent une préfomption du payement des
Arrérages des années précédentes, & par conféquent une fin de non-recevoir contre la demande de ces Arrérages.

Cette jurifprudence eft fondée fur la loi qui
a établi cette préfomption à l'égard des tributs
publics : fa décifion a été étendue à toutes les
dettes annuelles dues aux particuliers. La raifon
de cette préfomption eft, qu'étant d'ufage qu'un
créancier reçoive de fon débiteur les anciens
Arrérages avant les nouveaux, il n'eft pas probable qu'il fe foit fait payer les nouveaux pendant trois années confécutives, fans avoir été
payé des anciens.

Ainfi pour qu'il y ait lieu à la fin de non-recevoir, il faut que les Arrérages des années
précédentes aient été dus à la perfonne même
qui a donné les quittances des trois années confécutives : car fi Pierre vendoit à Paul un héritage dont il lui fût dû plufieurs années de fermage, & que ce même Paul fe fût fait payer
de trois années de fermage échues depuis fon
acquifition, les trois quittances qu'il auroit
données à cet égard n'opéreroient aucune fin de
non-recevoir contre la demande que Pierre
pourroit faire du payement des fermages des
années précédentes.

De même il faut, pour qu'il y ait lieu à la
préfomption des payemens & à la fin de non-
recevoir, que le particulier à qui on a donné
quittance de trois années confécutives de fer-

mages ou d'Arrérages, soit aussi celui auquel on repète les Arrérages antérieurs. Ainsi le payement de trois années de fermages que feroit un nouveau fermier, n'opéreroit aucune fin de non-recevoir au profit du fermier précédent au sujet des fermages dont il pourroit être débiteur.

Il n'y aura pas lieu non plus à la présomption du payement des Arrérages antérieurs à ceux des trois dernières années, ni par conséquent à la fin de non-recevoir, toutes les fois que le créancier pourra donner des raisons qui auront dû le déterminer à recevoir les nouveaux fermages ou Arrérages avant les anciens.

Si des Fabriciens, par exemple, donnoient au fermier de la métairie d'une fabrique trois quittances de trois années de fermage échues pendant leur exercice, ce fermier ne pourroit emp'oyer ces quittances comme une fin de non-recevoir contre la demande du payement des fermages antérieurs, parce que ces fabriciens avoient intérêt de faire payer les fermages échus durant leur gestion, plutôt que ceux qui avoient couru du temps des fabriciens leurs prédécesseurs.

Un acte de notoriété donné par les officiers du bailliage de Sens le 29 août 1768, atteste que l'usage de ce siège est de ne point accorder aux fermiers leur demande en payement des Arrérages des cens & rentes, trois ans après que le bail des mêmes fermiers est expiré, pourvu toutefois que les censitaires ne leur aient point donné de reconnoissance que ces Arrérages restent dus & qu'ils affirment qu'ils les ont payés.

Le parlement de Paris a jugé en conformité dans une affaire dont voici l'espèce.

La veuve Choullier fit affigner en 1767 Jean Thibaut pour le faire condamner au payement de neuf années d'Arrérages de cens échus pendant le bail de Choullier : les défenses de Thibaut fe réduifirent à dire, « j'ai payé, & quand je ne » l'aurois pas fait vous n'êtes plus en droit de me » rien demander : fi je n'ai point de quittance » c'eft que les fermiers ne font pas dans l'ufage » d'en donner pour des objets de cette modicité · » on leur fuppofe de la bonne foi, & l'on penfe » qu'ils écrivent avec foin fur leurs cueilleret: » tous les articles de leur recette.

La veuve Choullier oppofa à Thibaut la déclaration de fes biens & de leurs charges, qu'i avoit fournie lui-même à l'hôpital de Tonnerre le 22 janvier 1758 & dans laquelle il s'étoit foumis à payer les Arrérages des cens en queftion mais Thibaut lui répondit, « ce n'eft pas à votre » profit que j'ai paffé cette reconnoiffance, puif- » que le bail de votre mari étoit expiré depuis » deux ans ; c'eft pour l'hôpital que je l'ai faite » & il n'étoit queftion que de payer ce qui étoit » échu depuis la fin du bail de Choullier ».

Sur cette plaidoirie, la cour, par arrêt du 10 janvier 1769, confirma la fentence du bailliage de Sens qui avoit déclaré la veuve Choullier non-recevable dans fa demande.

Les Arrérages de cens & rentes payables en grains, vin, foin, huile, &c. peuvent s'exiger en nature dans le courant de l'année de l'échéance ; mais après l'année, ils ne peuvent plus fe demander que fur le pied de ce que valoient ces denrées dans le temps où elles auroient dû être livrées.

Le règlement général de la cour des grand:

jours de Clermont du 19 janvier 1666, fait défenfe aux feigneurs & à leurs fermiers ou receveurs d'exiger pour Arrérages de cens, des obligations portant plus grande fomme que la valeur
des grains ou autres denrées : c'eft pourquoi ce
règlement veut qu'on ftipule dans ces obligations
la qualité, la quantité & la valeur de ces denrées, année par année ; il fait auffi défenfe aux
notaires de recevoir les obligations dont il s'a-
git fans y obferver ces conditions, fous peine
de nullité de ces actes, de perte des fommes y
contenues, de tous dépens, dommages & intérêts contre les parties qui auront ftipulé à leur
profit dans ces obligations fans fpécification particulière, & de 2000 livres d'amende contre les
notaires qui les auront paffées.

Pour favoir fi celui qui fuccède à un bénéfice
eft tenu d'acquitter les Arrérages dûs par fon
prédéceffeur, on doit examiner fi ce font des
rentes foncières ou féodales réelles & attachées
aux biens qui ont donné lieu à ces Arrérages,
ou fi ce font des penfions ou redevances de certains bénéfices envers d'autres bénéfices fupérieurs, ou fi ce font des penfions réfervées fur
le titre même du bénéfice.

A l'égard des Arrérages des rentes foncières
ou féodales, les auteurs font divifés ; les uns tels
que Chopin, Dupineau & Tronçon, penfent que
le fucceffeur doit être tenu de les payer : les autres, tels que Godefroi & Mornac, diftinguent
le fucceffeur au bénéfice vacant par mort d'avec
le fucceffeur par réfignation : le premier ne doit
felon eux, être tenu que des rentes échues depuis fa prife de poffeffion, parce qu'il ne tient fon
bénéfice que du collateur, & ce dernier eft pré-

fumé avoir conféré le bénéfice fans autres charges que celles qu'impofe la fondation , lefquelles font d'acquitter le fervice , & de payer pour l'avenir feulement, les charges auxquelles le temporel eft affujetti.

Quant à celui qui a été pourvu par réfignation ou par permutation , il eft , difent ces auteurs, tenu en quelque forte des faits de fon prédéceffeurs : il doit s'imputer la faute de n'avoir pas examiné, avant d'avoir accepté la réfignation , les charges du temporel du bénéfice & fi elles étoient acquittées ou dues.

Sur cette variété d'opinions , l'auteur de la jurifprudence canonique croit qu'il feroit raifonnable , à l'égard des arrérages échus du temps du prédéceffeur, de s'en tenir à ce qui eft règlé pour les décimes par l'édit du mois de janvier 1599: fuivant cet édit les receveurs des décimes ne peuvent demander au nouveau fucceffeur au bénéfice pourvu par le décès du dernier titulaire , plus de deux années d'Arrérages de ces décimes , & au fucceffeur pourvu par réfignation , plus de trois années.

Cette opinion paroît d'autant mieux fondée que les décimes peuvent être confidérées comme des charges réelles & qu'on peut par conféquent leur affimiler les rentes foncières & féodales. On trouve d'ailleurs dans Catelan un arrêt qui a jugé felon ce principe.

Quant à ce qui concerne les Arrérages des penfions dont certains bénéfices font chargés envers des bénéfices fupérieurs , tels que des prieurés envers des abbayes, Louet rapporte des arrêts du parlement qui déchargent le titulaire aŝuel de ces Arrérages : mais cette jurifprudence n'eft pas fuivie au grand confeil ; on y juge au contraire que les abbés peuvent demander vingtneufs années d'Arrérages de ces penfions, fauf aux titulaires actuels leur recours contre les héritiers de leurs prédéceffeurs pour les Arrérages échus de leur temps. La raifon de cette jurifprudence eft que le revenu de ces prieurés appartenoit originairement pour le tout aux Abbayes, & que ce n'étoit que des obédiences où l'on envoyoit des religieux qui rendoient compte de leur adminiftration & rapportoient les fruits à la menfe.

Enfin pour ce qui eft des penfions fur les titres des bénéfices, les Arrérages en doivent être payés par les titulaires à proportion du temps de la jouiffance de chacun d'eux ; enforte qu'après la mort du bénéficier, le penfionnaire doit s'adreffer à fes héritiers pour être payé des Arrérages échus au jour du décès. Il ne peut s'adreffer au nouveau titulaire que pour les penfions à venir. Cette jurifprudence eft fondée fur ce que les penfions dont il s'agit n'ont eu pour objet que l'avantage du bénéficier prédéceffeur, & non celui de fon églife. Voyez *le traité de la communauté, par Pothier ; la coutume d'Orléans ; le dictionnaire de droit ; l'ordonnance de Louis XII, de 1510 ; les actes de notoriété du confeil d'Artois des 28 janvier 1692 & 16 juillet 1720 ; la déclaration du 20 juin 1752 ; la collection de jurifprudence ; le traité des obligations ; l'article 147 du règlement de 1666 pour le reffort du parlement de Normandie ; les articles 32 & 33 du règlement de 1716 pour le reffort du parlement de Bourgogne ; le traité de la vente des immeubles par décret ; la loi 3 , cod. de apoch. publ. le traité du contrat de louage ; la pratique des terriers ; le recueil de jurifprudence*

canonique ; le traité des intérêts des créances ; l.
dictionnaire de droit canonique ; le règlement géné-
ral des grands jours de Clermont du 19 janvie
1666 ; la Rocheflavin, des droits seigneuriaux,
Chopin & Dupineau, sur la coutume d'Anjou,
Trançon sur celle de Paris ; Godefroi sur la coutum.
de Normandie ; Mornac in leg. 5. cod. de sacros.
sanct. ecclef. les arrêts de Catelan ; Brodeau su.
Louet ; les arrêts de Brillon ; les loix eccléfiaftiques
de France, &c. Voyez aussi les articles COMMU-
NAUTÉ, RENTE, CENS, FONDATION, LOYER,
CONSTITUTION, PRESCRIPTION, PENSION, &c.

ARRÊT. Pour l'explication du fens où ce
mot fe prend pour *faifie*, foit de la perfonne,
foit des biens. Voyez SAISIE, ARRÊT & VILLES
D'ARRÊT.

On appelle *Arrêt de prince*, l'ordre du fouverain en vertu duquel on retient dans un port
les vaiffeaux qui y font.

Entre les différens rifques que doivent courir les affureurs d'un navire, l'ordonnance rapporte l'Arrêt de prince. Il y a toutefois plufieurs
diftinctions à faire à cet égard. Cet Arrêt fe
fait ou dans un pays étranger par les ordres
d'un prince étranger, ou dans un port du royaume, par les ordres du roi.

Si l'Arrêt eft fait en pays étranger, il faut
encore diftinguer dans quelles circonftances il
a eu lieu, & fi l'on peut efpérer d'en obtenir
main-levée.

Quand l'Arrêt de prince s'eft fait après une
déclaration de guerre, ou en vertu de lettres de
repréfailles, l'évènement eft à la charge des affureurs, & l'affuré peut fans délai leur abandonner les marchandifes affurées & exiger d'eux

la fomme convenue, quand même la confifcation des marchandifes n'auroit pas encore été prononcée.

Mais lorfque l'Arrêt de prince a eu lieu en temps de paix, l'efpérance qu'il y a d'en obtenir main-levée, fait que l'affuré n'eft pas fondé à demandr fur le champ, la fomme convenue aux affureurs, en leur abandonnant les effets affurés : il doit auparavant juftifier qu'il a fait les diligences convénables pour obtenir la main-levée de l'Arrêt dont il s'agit. Si ces diligences n'ont produit aucun effet, & que le délai déterminé par l'ordonnance foit écoulé, l'affuré peut abandonner les effets affurés, & exiger des affureurs la fomme convenue.

Le délai dont on vient de parler eft de fix mois, à compter du jour que l'Arrêt du vaiffeau a été fignifié aux affureurs, quand cet Arrêt s'eft fait en Europe ou en Barbarie, & d'un an lorfqu'il a été fait dans un pays plus éloigné.

Remarquez néanmoins que fi les effets affurés font des marchandifes fujettes à dépérir, le délai n'eft que de fix femaines au lieu de fix mois, ou de trois mois au lieu d'un an.

Quoique l'affuré qui a obtenu main-levée de l'Arrêt de Prince, n'ait plus le droit d'abandonner les marchandifes affurées aux affureurs, il peut toutefois leur demander l'indemnité du dommage qu'il a fouffert par le déperiffement furvenu aux marchandifes pendant le temps qu'a duré l'Arrêt. Il peut auffi répéter ce qu'il lui en a coûté pour la nourriture & les loyers des matelots pendant le même temps. C'eft une avarie qui eft à la charge des affureurs.

Lorfque le prince prend dans un cas de besoin les marchandises assurées & qu'il en paye le prix, l'assuré n'a aucun recours contre les assureurs, parce qu'il ne souffre aucune perte.

Si l'Arrêt se trouve fait pour cause de contrebande & que les marchandises assurées soient confisquées, la perte doit-elle être supportée par les assureurs? seront-ils tenus, par exemple, d'indemniser le négociant François dont les Espagnols auront arrêté le vaisseau & confisqué les marchandises de soierie chargées clandestinement en Espagne contre la loi de ce royaume qui défend l'exportation de cette espèce de marchandises?

M. Vallin pense que cette perte doit être à la charge des assureurs, s'ils ont eu connoissance que les marchandises qu'on a fait assurer étoient de contrebande. Il cite une sentence de l'amirauté de Marseille du 30 juin 1758, qui a jugé conformément à son opinion & que le parlement d'Aix a confirmée par Arrêt du 30 juin suivant : il rapporte aussi la consultation qui contient les raisons sur lesquelles les juges se sont fondés. Ces raisons se réduisent à dire qu'il n'est à la vérité pas permis à un François de faire dans le royaume un commerce de contrebande que les loix de l'état défendent, & que par conséquent le contrat d'assurance qui seroit fait pour favoriser un tel commerce, seroit un contrat nul comme étant illicite ; mais qu'il n'est pas défendu à un François de faire dans un pays étranger un commerce de contrebande qui n'est défendu que par les loix de ce pays ; qu'ainsi le contrat d'assurance fait pour favoriser ce commerce, peut charger licitement

ment les affureurs des rifques de la confifcation
que la contrebande peut occafionner.

M. Pothier s'élève avec raifon contre cette
doctrine. En effet, il ne peut pas être permis à
un François de faire dans un pays étranger les
chofes que les loix y défendent : ainfi ceux qui
font un commerce dans un pays, font obligés
par le droit des gens & par la loi naturelle à fe
conformer pour ce commerce aux loix du pays
où ils le font. Chaque fouverain exerce fon empire fur tout ce qui fe fait dans le pays où il
commande : il a conféquemment le droit de
faire pour le commerce de fes états, des loix
auxquelles les étrangers doivent être foumis
auffi-bien que fes fujets. On ne peut nier qu'un
fouverain n'ait le droit de retenir dans fes états
certaines marchandifes & d'en défendre l'exportation : les exporter enfuite contre fes ordres,
c'eft une défobéiffance , & par conféquent un
délit. D'ailleurs quand un françois ne feroit
pas par lui-même fujet aux loix d'Efpagne pour
le commerce qu'il fait dans ce royaume, on ne
peut difconvenir que les efpagnols dont il eft
obligé de fe fervir, ne foient fujets à ces loix,
& qu'ils n'y contreviennent en concourant avec
lui à l'exportation qu'elles défendent : or par
cela même qu'il ne peut faire la contrebande en
Efpagne , fans engager des efpagnols à violer
les ordres de leur fouverain, il fe rend coupable lui-même en les engageant à le devenir. Le
commerce dont il s'agit eft donc illicite, & par
conféquent le contrat d'affurance fait pour le
favorifer , en chargeant l'affureur des rifques
de la confifcation , ne doit produire aucune
obligation.

Tome III. E

La caufe la plus ordinaire pour laquelle l'*Arr*
de prince a lieu dans les ports de France, eft lor
qu'en temps de guerre ou à la veille d'une guerre
le roi, pour prévenir les prifes des vaiffeaux
les retient dans fes ports jufqu'à ce qu'ils puiffen
partir en flotte, & être efcortés par des vaiffeau:
de guerre.

L'article 5 2 du titre des affurances porte qu
fi le vaiffeau eft arrêté par les ordres du roi dan
·un port du royaume, *avant le voyage commencé*
les affurés ne pourront à caufe de l'Arrêt fair
l'abandon de leurs effets aux affureurs.

Il réfulte de ces termes, *avant le voyage commencé*, que fi c'eft depuis *le voyage commencé* qu
l'Arrêt a été fait, les affurés doivent être admi:
à faire l'abandon de leurs effets, quand mêm
cet Arrêt auroit eu lieu par ordre du roi dan:
un port du royaume où le vaiffeau auroit ét
obligé de relâcher. Il n'y a par conféquent aprè:
le voyage commencé, aucune différence entre l'Arrêt de prince fait en pays étranger & l'Arrêt fai
par ordre du roi.

Lorfque l'Arrêt n'a été fait que pour retarde:
le départ du vaiffeau en attendant une efcorte,
le contrat d'affurance refte dans toute fa force :
il doit fuffire aux affureurs de n'être pas tenu:
d'indemnifer l'affuré de la perte qu'il fouffre du
retard; ils ne peuvent pas fans fon confentement
annuller la convention.

· Lorfque l'Arrêt a été fait parce que le roi
avoit befoin du navire, l'affuré peut encore en
ce cas faire fubfifter le contrat, en chargeant les
marchandifes affurées fur un autre navire, & en
notifiant ce chargement aux affureurs, fans quoi
le contrat devient nul.

ARRÊT.

Si l'Arrêt a été fait pour tirer du vaisseau quelques effets dont le roi avoit besoin, le contrat subsiste pour le surplus en diminuant la prime à proportion.

Lorsque l'Arrêt n'a été fait qu'à cause que le roi avoit besoin du maître, le propriétaire peut préposer un autre maître sans que le contrat en reçoive aucune atteinte. Voyez *l'ordonnance de la marine du mois d'août 1681 ; le traité du contrat d'assurance ; MM. Vallin & Jousse dans leurs commentaires sur l'ordonnance de la marine ; le traité des contrats de louage maritimes,* &c. Voyez aussi les articles ASSURANCE, GUERRE, AFFRÈTEMENT, REPRÉSAILLES, MATELOTS, AVARIE, CONTREBANDE, PRIME, &c.

ARRÊT. C'est un jugement rendu par une cour souveraine, contre lequel on ne peut pas se pourvoir par appel.

Autrefois les Arrêts du parlement étoient délivrés en latin aux parties ; mais par un édit de 1539, François I ordonna qu'à l'avenir *tous Arrêts seroient prononcés, enrégistrés, & délivrés aux parties en langage maternel.*

Les Arrêts doivent être datés du jour qu'ils ont été rendus, sans quoi ils ne feroient pas foi.

Dans les procès par écrit, la date & le dispositif de l'Arrêt doivent être écrits de la main du rapporteur, & il doit mettre en marge les noms des juges qui ont rendu cet Arrêt.

Les Arrêts prononcés à l'audience doivent être visés & signés sur le plumitif par le président : s'ils sont rendus sur procès par écrit, il faut que le rapporteur les signe avec le président.

Il est défendu aux greffiers sous peine de privation de leur état, de délivrer aucune expédition des Arrêts avant qu'ils aient été signés.

L'article 6 du titre 27 de l'ordonnance du mois d'avril 1667, porte que les Arrêts s'exécuteront dans toute l'étendue du royaume en vertu d'un *pareatis* du grand sceau sans qu'il soit besoin de demander à cet égard aucune permission aux cours de parlement ni aux autres juges dans le ressort desquels on voudra faire exécuter ces Arrêts.

S'il arrivoit qu'une cour défendît d'exécuter ces Arrêts ou en retardât l'exécution, le même article veut que le président & le rapporteur soient tenus solidairement des dommages & intérêts des parties, de même que des condamnations portées par les Arrêts dont ils auront empêché l'exécution, & qu'ils soient en outre condamnés, à une amende de deux cens livres envers le roi.

Au reste il n'est pas nécessaire de prendre un *pareatis* du grand sceau pour faire exécuter un Arrêt; il suffit de le prendre à la chancellerie du parlement dans le ressort duquel l'Arrêt doit être exécuté. Le garde des sceaux de cette chancellerie est tenu sous peine d'interdiction, de le sceller sans entrer en connoissance de cause.

Les parties peuvent même encore se dispenser de prendre ce dernier pareatis; il suffit qu'elles obtiennent au bas d'une requête une permission du juge des lieux pour faire exécuter l'Arrêt; ce que ce juge ne peut leur refuser.

L'article 7 du titre cité porte que le procès sera extraordinairement fait & parfait à ceux qui par violence ou voie de fait auront empêché directement ou indirectement l'exécution des

Arrêts ou jugemens, & qu'ils feront tenus des dommages & intérêts de la partie, & en outre condamnés à cent livres d'amende envers le roi & autant envers la même partie, fans que cette amende puiffe être remife ni modérée.

Un huiffier de la chancellerie préfidiale de Troyes, s'étant tranfporté chez les capucins de la même ville le 25 avril 1755 pour leur fignifier un Arrêt du parlement, fut faifi par un frere convers fur les ordres du gardien qui fit fur le champ affembler tous les autres religieux; & en leur préfence, le gardien arracha la groffe de l'Arrêt & la copie des mains de l'huiffier, en proférant des imprécations & faifant des menaces. L'huiffier ayant dreffé procès-verbal de cette violence, on inftruifit le procès des capucins à la requête du procureur général, & par Arrêt rendu toutes les chambres affemblées, le 23 octobre 1755, le gardien fut banni du royaume à perpétuité; le frere convers, qui s'étoit faifi de l'huiffier, & le vicaire du gardien, le furent pour trois ans; & il fut ordonné que l'Arrêt feroit tranfcrit fur un tableau que l'exécuteur de la haute juftice attacheroit à un poteau qui pour cet effet feroit planté dans la principale place publique de la ville de Troyes.

Quoique la voie d'appel ne foit point ouverte contre les Arrêts des cours, on peut néanmoins pour les faire réformer, fe pourvoir par requête civile, par demande en caffation ou par oppofition felon les circonftances; mais il faut remarquer que ces Arrêts ne peuvent être attaqués fous prétexte qu'ils ont mal jugé. Les parties contre lefquelles ils font rendus ne peuvent employer contre eux que des moyens de forme, à moins qu'ils ne contiennent des difpofitions qui foient des contraventions expreffes & littérales aux ordonnances du royaume.

Les Arrêts qui ont été rendus par des cours fur des efpèces particulières, ne peuvent fervir que de raifon dans d'autres cours : encore eft-il rare qu'ils puiffent abfolument être regardés comme des motifs de décifion ; parce qu'il n'arrive pas fouvent que les circonftances des faits foient les mêmes : les juges fe déterminent quelquefois fur des motifs qu'on ne doit point étendre d'un cas à un autre : on ignore ordinairement les raifons de la décifion : d'ailleurs les arrêtiftes ne font pas toujours fidèles à rendre compte des faits & des moyens des parties, comme on le reconnoît quelquefois par l'oppofition qui fe trouve entre ceux qui rapportent les mêmes Artêts. La jurifprudence eft quelquefois différente, non-feulement entre les parlemens, mais encore entre les chambres du même parlement. Cependant il faut convenir que quand il y a une fuite d'Arrêts qui paroiffent avoir été rendus dans la même efpèce, & qui ont jugé une queftion de la même manière, fans qu'on allegue des Arrêts contraires, cette fuite de jugemens uniformes fait un ufage qui eft le meilleur interprete des loix.

Les parlemens font quelquefois dans des affemblées de toutes les chambres, des règlemens, foit fur la procédure, foit fur des queftions de droit eccléfiaftique ou civil : ces règlemens faits fous le bon plaifir du roi, qui ne les défavoue pas, doivent tenir lieu de loi dans tous les tribunaux eccléfiaftiques ou féculiers du reffort du parlement : c'eft pourquoi on les envoie dans ces tribunaux pour y être publiés, comme les édits, ordonnances & déclarations du roi.

On appelle *Arrêt contradictoire*, celui qui eft rendu après que les parties ont été ouïes & qu'elles ont défendu leurs intérêts. Et *Arrêt par défaut*, celui qu'on rend contre une partie qui néglige de répondre à l'affignation qu'on lui a donnée, ou qui n'a pas fourni fes défenfes dans les délais de l'ordonnance, ou qui, après avoir fourni fes défenfes, ne vient pas à l'audience pour plaider.

Un *Arrêt par forclufion* eft celui qu'on obtient contre une partie qui a négligé de produire dans un procès par écrit.

Un *Arrêt interlocutoire* eft celui qui ne prononce pas fur les conteftations, mais qui ordonne quelque chofe par où doit fe déterminer la décifion.

Un *Arrêt par appointé*, eft celui dont les parties conviennent volontairement par l'avis de leurs confeils.

Un *Arrêt de réformation* eft celui qui a lieu pour réformer des dates, des fommes, &c. fur lefquelles on s'eft trompé dans le difpofitif d'un Arrêt. L'ufage en pareil cas eft de mettre au greffe un appointement qui porte que l'*Arrêt fera reformé en ce que* &c. Si le procureur de la partie adverfe ne forme point oppofition dans la huitaine à cet *Arrêt de réformation*, on le fait expédier & il vaut Arrêt contradictoire. S'il y eft formé oppofition, on fe retire au parquet des gens du roi pour faire juger l'incident.

Un *Arrêt* ou *jugement d'itérato* eft celui qui porte que dans quinze jours après les quatre mois, le débiteur d'une somme de dépens ou de dommages & intérêts qui soit au moins de deux cens livres, sera contraint par corps au payement de cette somme. L'épithète *d'itérato* vient de ce que cet Arrêt ou jugement s'obtient en conséquence d'un premier Arrêt ou jugement qui a été signifié avec commandement de payer les dépens ou dommages & intérèts adjugés dans quatre mois, & avec déclaration au débiteur, qu'à faute de payement il y sera contraint par corps.

On pense au palais qu'on peut joindre ensemble plusieurs exécutoires pour former la somme de deux cens livres, sur laquelle seulement l'ordonnance permet de délivrer des Arrêts ou jugemens *d'itérato*, pourvu que ces exécutoires aient été obtenus dans une même affaire & par la même partie.

On pense aussi que les dépens & les dommages & intérêts adjugés dans une même affaire peuvent pareillement être joints pour former les deux cens livres sans lesquelles on ne peut obtenir d'*Arrêt d'itérato*.

Les épices & coûts d'Arrêts ont le même privilège que les dépens & les dommages & intérêts. Ainsi le *jugement d'itérato* peut aussi se délivrer pour ces sortes de condamnations si elles sont liquidées. Deux Arrêts des 13 juillet 1707 & 8 février 1708 l'ont ainsi jugé.

Comme la contrainte par corps n'a pas lieu contre les ecclésiastiques pour dettes civiles, on ne peut pas non plus obtenir contre eux des *Arrêts* ou *jugemens d'itérato*.

Les *Arrêts* ou *jugemens d'itérato* sont comme tous les autres jugemens par défaut, susceptibles d'oppofition ; & quand le débiteur prend cette voie , on ne peut exécuter l'*Arrêt* ou *jugement d'itérato* qu'après l'avoir fait confirmer par un autre jugement.

Voici l'efpece d'un Arrêt intervenu fur une oppofition formée à un *Arrêt d'itérato.*

Une femme féparée de biens d'avec fon mari dès l'année 1712 , ayant depuis la féparation , fait travailler une couturière qu'elle n'avoit pas payée , fut conjointement avec fon mari , affignée au châtelet en 1726 à la requête de cette couturière qui demandoit le payement de fes ouvrages.

Sur cette demande , intervint fentence au châtelet qui condamna le mari & la femme a payer la couturière & aux dépens. Ces dépens furent taxés à 122 livres par un exécutoire décerné contre le mari & la femme qui n'avoient point excipé de la féparation.

Cette fentence fut exécutée par le mari quant au principal : mais il interjeta appel quant à la condamnation de dépens & il perdit fa caufe : la fentence du châtelet fut confirmée avec dépens qui furent taxés a 171 livres par un exécutoire du mois de Février 1736.

L'Arrêt & l'exécutoire ayant été fignifiés avec les déclarations néceffaires pour obtenir l'*Arrêt d'itérato* , la femme fit des offres réelles du montant de l'exécutoire du châtelet dont elle fe difoit feule tenue , comme la concernant & devant indemnifer fon mari. Ces offres réelles furent refufées. Et lorfque les quatre mois , furent écoulés , la couturière obtint pour les deux exécutoires un *Arrêt d'itérato* contre le mari , auquel elle fit fignifier cet Arrêt.

Le mari y forma oppofition, & prétendit n'ê-
tre tenu que de l'exécutoire du parlement, pour
lequel il ne pouvoit pas y avoir lieu à un *Arrêt
d'itérato*, par ce qu'il ne montoit qu'à 171 livres. Il ajoutoit qu'on n'avoit pu cumuler les
deux exécutoires ; la couturiere foutenoit au contraire que les deux exécutoires ayant le même
principe, l'*Arrêt d'itérato* étoit juridique ; qu'au
furplus, dès qu'on n'avoit point excipé de la
féparation, on ne pouvoit pas l'obliger à divifer fa créance. Par ces raifons le mari fut débouté
de fon oppofition à l'*Arrêt d'itérato*, dont l'exécution fut ordonnée le 25 janvier 1738.

Par Arrêt du 10 juin 1711, il a été jugé qu'une
femme ne pouvoit pas obtenir la contrainte par
corps ni d'*Arrêt d'iterrato* contre fon mari pour
raifon de dépens auxquels il avoit été condamné
envers elle par un Arrêt qui prononçoit entre
eux une féparation de corps & de biens.

Voici l'efpèce d'un autre Arrêt qui a confirmé
ce principe :

Une femme qui avoit un exécutoire de dépens
contre fon mari, céda fes droits à un particulier :
ce particulier obtint enfuite un *Arrêt d'itérato* en
vertu duquel il voulut faire emprifonner le mari :
celui-ci ayant formé oppofition à l'*Arrêt d'itérato*,
la cour, par Arrêt du 5 feptembre 1765, débouta le ceffionnaire de fa demande. Le motif de
cette décifion fut que la femme étant non-recevable à vouloir faire emprifonner fon mari, il
devoit en être de même du ceffionnaire de fes
droits, puifqu'elle n'avoit pu lui en céder de plus
étendus que ceux qu'elle avoit elle-même.

La grand'chambre du parlement de Paris a jugé
par Arrêt du 28 mars 1765, qu'une femme pou-

voit être emprifonnée pour dépens en vertu d'une fentence d'*itérato*. Cependant la dame Braffe qui étoit appelante de fon emprifonnement, excipoit de deux circonftances d'un certain poids. La première, que les deux exécutoires de dépens avoient été attaqués par l'appel qu'elle en avoit interjeté, d'où elle tiroit la conféquence que le fieur Marion fa partie adverfe, n'avoit pu obtenir la fentence d'iterato avant d'avoir fait ftatuer fur l'appel des exécutoires; la feconde, qu'elle étoit fille lors des dépens adjugés, & qu'à l'époque de fon emprifonnement elle étoit mariée au fieur Braffe marchand épicier; ces raifons ne prévalurent pas. Je ne crois pas toutefois que cet Arrêt doive fervir de règle dans la matière dont il s'agit, que nous difcuterons plus particulièrement en parlant de la contrainte par corps & des dépens.

Comme *les Arrêts d'iterato* ne s'accordent que pour dépens ou dommages & intérêts précédemment adjugés à une partie, il faut en conclure que les procureurs ou autres officiers ne peuvent obtenir de ces fortes d'Arrêts pour les frais & falaires qui leur font dûs par leurs cliens.

Un *Arrêt de défenfes* eft celui qu'obtient un appelant pour empêcher l'exécution d'un jugement qui fans cet Arrêt feroit exécutoire nonobftant l'appel.

Ces fortes d'Arrêts ne peuvent s'obtenir que dans les cours où reffortiffent les appels des fentences dont on veut fufpendre l'exécution. C'eft par exemple, à la cour des aides qu'il faut demander des Arrêts de défenfes contre les fentences des élections, des greniers à fel, & des juges des traites : de même, on doit s'adreffer au parlement pour obtenir des Arrêts de défenses contre les sentences des juridictions qui ressortissent à ce tribunal.

Pour obtenir un *Arrêt de défenses*, il faut nécessairement qu'il y ait appel du jugement dont une partie demande que l'exécution provisoire soit suspendue : & cet appel peut s'interjeter par la requête même qu'on présente pour demander l'Arrêt de défenses.

Il faut aussi que le jugement dont on se plaint soit joint à la requête par laquelle les défenses sont demandées ; les règlemens l'exigent : il y a à ce sujet une déclaration de l'année 1680 ; & un Arrêt rendu le 17 janvier 1725 défend aux procureurs d'obtenir aucun Arrêt de défenses sur des extraits ou copies de sentences non-expédiées ni signifiées.

Quand il est dit par une sentence qu'elle sera exécutée par provision *nonobstant l'appel & sans y préjudicier*, l'exécution ne peut en être suspendue que par un Arrêt de défenses.

On ne doit point accorder d'Arrêts de défenses contre les jugemens concernant les faits de police (*), ni contre les sentences définitives ren-

---

(*) Ceci doit s'entendre des matières de police où il s'agit de l'intérêt public, comme sont toutes celles qui se poursuivent à la requête des procureurs du roi sur la citation des commissaires de police.

Quant aux jugemens que la police prononce sur les contestations qui surviennent entre deux communautés ou corps de métiers, ou entre une communauté & un de ses membres, ou entre un maître & un compagnon, & sur tout autre différent de même genre, il faut distinguer s'il s'agit de l'exécution de quelque statut ou s'il n'en s'agit pas. Dans le premier cas, comme les parties sont fondées en

dues dans les matières sommaires lorsque les condamnations n'excèdent pas les sommes spécifiées
par l'article 13 du titre 17 de l'ordonnance de
1667 (*).

La déclaration du 16 mars 1720 défend aux
cours des Aides de donner des Arrêts de défense
contre les sentences qui prononcent des amendes
& confiscations, à moins que les appelans ne
justifient qu'ils ont consigné le montant des condamnations.

Par l'édit du mois d'août 1715, il est aussi défendu à peine de nullité aux cours des aides d'accorder pour quelque cause & sous quelque prétexte que ce soit aucun Arrêt de défense qui

---

titre, il est certain qu'il ne doit point être accordé d'arrêt de défenses contre l'exécution provisoire d'un jugement de police : mais lorsque la contestation n'est pas relative à l'exécution d'un statut & que d'ailleurs les parties
ne sont pas fondées en titre, rien n'empêche d'obtenir un
arrêt de défenses contre le jugement que la police peut
rendre à cet égard.

(*) Les sommes pour lesquelles l'exécution provisoire
des sentences doit avoir lieu suivant cet article, sont fixées
à quarante livres, dans les justices des duchés pairies qui
ressortissent directement au parlement, & à vingt-cinq livres
dans les autres; a soixante livres dans les prévôtés, châtel-
lenies & autres sièges royaux inférieurs; à pareille somme
dans les maîtrises particulières des eaux & forêts, les sièges
particuliers d'amirauté, les élections & les greniers à sel;
à cent livres dans les bailliages & sénéchaussées, les sièges
des grands maîtres des eaux & forêts, ceux de la conne-
tablie & les sièges généraux d'amirauté & à trois cens livres, aux requêtes de l'hôtel.

La somme fixée pour les maîtrises particulières des eaux
& forêts a depuis été portée à cent livres, & celle fixée pour
les sièges des grands maîtres des eaux & forêts, à deux cens
livres, par l'ordonnance du mois d'août 1669.

puisse empêcher l'exécution des rôles des tailles & des autres impositions.

Suivant la déclaration du mois de décembre 1680, les cours ne peuvent accorder d'Arrêts de défenses d'exécuter les décrets d'ajournement personnel, ni renvoyer les accusés en état d'assignés pour être ouis, qu'après avoir vu les charges & informations (*).

_____

(*) *Formules d'arrêts de défenses & de la procédure qui doit avoir lieu pour obtenir ces arrêts.*

Requête au parlement pour obtenir des défenses d'exécuter un décret d'ajournement personnel.

A NOSSEIGNEURS DE PARLEMENT.

Supplie humblement B.... disant, que pour raison du vol & divertissement des effets de la succession de N.... ayant été informé par le prévôt de.... à la requête de A.... ledit prévôt a décerné ajournement personnel contre le suppliant, qui lui a été signifié le.... & comme cette accusation est calomnieuse, & que.... (*Il faut exposer les moyens que l'on a d'empêcher l'exécution du décret d'ajournement personnel.*) Ce considéré nosseigneurs, il vous plaise recevoir le suppliant appelant de la permission d'informer, information & décret d'ajournement personnel contre lui décerné; le tenir pour bien relevé; ordonner que sur l'appel les parties auront audience au premier jour; & cependant que commandement sera fait au greffier de la prévôté de.... d'apporter les charges & informations au greffe de la cour, & à lui enjoint d'obéir au premier commandement; à peine d'y être contraint par corps, & de cent livres d'amende : pour lesdites informations vues, faire défenses de mettre ledit décret à exécution : & vous ferez bien.

Jugement ou arrêt, qui ordonne, avant faire droit, que les charges & informations seront apportées au greffe criminelle de la cour.

La cour a reçu le suppliant appelant, tient l'appel pour bien relevé, lui permet de faire intimer sur ledit appel qui bon lui semblera, sur lequel les parties auront audience au premier jour; feront les informations, & autres procé-

Un Arrêt portant défense de mettre à exécu-

---

dures apportées au greffe de la cour ; à ce faire le greffier contraint par corps ; lui enjoint d'obéir au premier
commandement, à peine de soixante livres d'amende, &
d'interdiction.

*Arrêt de défenses d'exécuter un décret d'ajournement per-
sonnel.*

Extrait des registres du parlement.

Vu par la Cour l'information faite par le prévôt de....
le.... à la requête de à.... demandeur, (le substitut du
procureur-général du roi joint,) contre B.... accusé ; requête dudit B.... à ce qu'il plût à la cour le recevoir appelant de la permission d'informer, information, décret d'a-
journement personnel contre lui décerné, & de tout ce qui
a été contre lui fait par ledit prévôt de.... le tenir pour bien
relevé ; ordonner que sur l'appel les parties auront audience
au premier jour, avec défenses de passer outre à l'exécution dudit décret ; conclusions du procureur.général du roi :
oui le rapport Me.... conseiller en la cour ; & tout considéré : la cour a reçu & reçoit le suppliant appelant le
tient pour bien relevé ; ordonne que sur les appelations,
sur lesquelles il fera intimer qui bon lui semblera, les parties auront audience au premier jour ; & cependant fait
défenses d'exécuter ledit décret d'ajournement personnel,
& de faire poursuites ailleurs, qu'en la cour, jusqu'à ce
qu'autrement par la cour, parties ouies, il en ait été ordonné. Fait en parlement le....

*Arrêt de défenses d'exécuter un décret d'ajournement per-
sonnel converti en prise de corps.*

Extrait des registres du parlement.

Vu par la cour l'information faite par le prévôt de....
(insérer le vu de l'information & de la requête, comme ci-
dessus) la cour a reçu & reçoit le suppliant appelant, le tient
pour bien relevé ; ordonne que sur les appellations, sur
lesquelles il fera intimer qui bon lui semblera, les parties
auront audience au premier jour ; cependant fait défenses
de passer outre, & de faire poursuites ailleurs, qu'en la
cour, ni de mettre ladite sentence de conversion d'ajournement personnel en prise-de-corps, à exécution, jusqu'à ce

tion un décret décerné contre un officier de ju

---

qu'autrement par la cour, parties ouies, il en ait été ordonné. Fait en parlement, le....

*Autre Arrêt pour faire des défenses sans vu de charges
lorsqu'un accusé a été arrêté en vertu d'un décret de prise-
de-corps, après qu'il a subi interrogatoire & a été élargi
soit à sa caution juratoire, soit en donnant caution de se
représenter ; lesquelles s'accordent sur les conclusions du procureur-général du roi, parce que le décret a été purgé, & que
la liberté donnée à l'accusé, marque que la matière est légere*

La cour a reçu le suppliant appelant, l'a tenu pour bien
relevé, lui permet de faire intimer sur ledit appel qui bon
lui semblera, sur lequel les parties auront audience au
premier jour ; feront les informations, & autres procédures, apportées au greffe-criminel de la cour ; à ce faire
le greffier contraint par corps ; lui enjoint d'obéir au premier commandement, à peine de soixante livres d'amende,
& d'interdiction : cependant, en conséquence de ce que le
suppliant a subi interrogatoire, & a été élargi, fait défenses
de passer outre ; faire poursuites ailleurs, qu'en la cour,
& d'attenter à la personne & aux biens du suppliant ; à
peine de mille livres d'amende.

*Autre Arrêt portant défenses d'exécuter un décret de prise-
de-corps, & qui remet l'accusé appelant, en état d'ajournement personnel.*

Extrait des registres du parlement.

Vu par la cour, (*insérer le vu des informations & conclusions de la requête, &c.*)

La cour a reçu & reçoit le suppliant appelant, le tient
pour bien relevé ; lui permet de faire intimer qui bon lui
semblera sur ledit appel, sur lequel les parties auront audience au premier jour ; & cependant fait défenses de
mettre ledit décret de prise-de-corps à exécution, ni d'attenter à la personne & biens du suppliant, à peine de....
d'amende ; à la charge par lui de se représenter à toutes
assignations qui lui feront données en état d'ajournement
personnel, pardevant ledit lieutenant-criminel de....pour
l'instruction du procès, qui sera par lui continuée jusqu'à
sentence définitive inclusivement ; sauf l'exécution, s'il en

dicature,

dicature, seroit insuffisant pour que l'officier pût

eſt appelé ; & ſauf audit lieutenant-criminel à décréter de nouveau, s'il ſurvient plus grande charge. Fait en parlement.

Arrêt portant défenſes de continuer l'inſtruction d'un procès.

Extrait des regiſtres du parlement.

Vu par la cour l'information, &c. la cour a reçu & reçoit le ſuppliant appellant, le tient pour bien relevé ; ordonne que ſur l'appel, ſur lequel il fera intimer qui bon lui ſemblera, les parties auront audiénce au premier jour ; & cependant fait défenſes de continuer l'inſtruction du procès, ni faire pourſuites ailleurs, qu'en la cour ; & à tous huiſſiers, ſergens & archers d'attenter à la perſonne & biens du ſuppliant, juſqu'à ce qu'autrement, parties ouies, en ait été ordonné ; à la charge de ſe repréſenter par le ſuppliant à l'audience, & toutefois & quantes que par la cour ſera ordonné, faiſant ſes ſoumiſſions & eliſant domicile. Fait en parlement le....

Autre Arrêt qui leve les défenſes.

Extrait des regiſtres du parlement.

Vu par la cour l'information faite par le lieutenant-criminel de.... à la requête de A.... demandeur & complaignant, (le ſubſtitut du procureur-général joint,) contre B.... accuſé ; requête de A...., contenant que pour raiſon de.... il a fait informer, & obtenu decret de priſe de corps contre B.... lequel ſans faire appeler le ſuppliant, a obtenu Arrêt de défenſes, requiert être reçu oppoſant à icelui ; & faiſant droit ſur ſon oppoſition, qu'il plaiſe à la cour lever leſdites défenſes, & ordonner qu'il ſera paſſé outre à l'inſtruction du procès ; concluſions du procureur-général du roi ; oui le rapport de Me.... conſeiller ; & tout conſidéré : la cour a reçu & reçoit le ſuppliant oppoſant ; ordonne que ſur ladite oppoſition, les parties auront audience au premier jour ; & cependant ſans préjudice d'icelle, & des appellations, à levé & ôté les défenſes portées par ledit Arrêt ; & ſera ledit B.... tenu de ſe repréſenter en perſonne pardevant le lieutenant-criminel de.... pour ſubir l'interrogatoire ſur les informations contre lui faites ; & à cette fin, ſera tenu de com-

reprendre fes fonctions, fi l'Arrêt ne l'ordonnoi
exprefſément.

Les Arrêts du confeil du roi font explicatifs o

---

paroître à la première affignation qui lui fera donnée ; autre
ment fera contre lui procédé par ledit lieutenant-criminel
ainfi que de raifon. Fait. . . .

*Autre Arrêt portant défenfes d'exécuter une fentence dé
finitive , ou un exécutoire de dépens.*

La cour a reçu le fuppliant appelant, la tenu pour bier
relevé ; lui permet de faire intimer fur ledit appel qui bon
lui femblera , fur lequel les parties auront audience au premier jour. . . . (*Si la fentence a été rendue fur un procès pa
écrit , au lieu de ces mots , auront audience , on met , fu
lequel les parties procéderont en la manière accoutumée ; parce
que c'eft un procès à conclure aux enquêtes ;) & cependan
fait défenfes de faire pourfuite ailleurs qu'en la cour, mettre
ladite fentence définitive & exécutoire de dépens, à exécution, ni d'attenter à la perfonne & biens du fuppliant, auquel fait main levée des chofes fur lui faifies , à la repréfentation defquelles les gardiens & dépofitaires contraints pa
corps; quoi faifant déchargés.

*Autre Arrêt portant défenfes à un juge d'appel qui a
furfis fur une fimple requête, & fans connoiſſance de caufe
à un décret décerné par le juge dont eft appel , en ordonnant
que les informations feront apportées en fon greffe.*

La cour a reçu le fuppliant appelant, l'a tenu pour bien
relevé ; lui permet de faire intimer fur ledit appel qui bon
lui femblera, fur lequel les parties auront audience au premier jour : cependant fait défenfes audit juge de. . . . de paffer outre , & de mettre l'ordonnance par lui rendue , à
exécution ; & en conféquence, ordonne que la procédure
encommencée par le juge, dont eft appel, fera parache-
vée jufqu'à fentence définitive, inclufivement, fauf l'appel.

*Autre Arrêt portant défenfes d'élargir un prifonnier,
finon en vertu d'Arrêt contradictoire.*

La cour a reçu le fuppliant appelant, l'a tenu pour bien
relevé ; lui permet de faire intimer fur ledit appel qui bon
lui femblera, fur lequel les parties auront audience au premier jour ; feront les informations apportées au greffe-cri-

simplement confirmatifs d'une loi précédemment faite par édit, déclaration, ou lettres patentes.

Les uns sont rendus en commandement du propre mouvement du roi, pour servir de règlement.

D'autres, rendus sur des contestations particulières, sont contradictoires, ou sur requête & par défaut; les premiers servent aussi de règlement, lorsqu'à la disposition qui juge la contestation, il en est ajouté une pour faire observer ce jugement dans l'étendue d'un territoire, d'une province, ou de tout le royaume.

Les Arrêts en commandement sont signés par un secrétaire d'état; au lieu que les autres sont seulement signés par celui des greffiers du conseil secrétaires des finances qui est de quartier; mais la minute est toujours signée de M. le chancelier ou de M. le garde des sceaux & du rapporteur.

Un Arrêt du conseil qui juge simplement une question sur laquelle on n'avoit encore rien décidé, & qui ne contient point de disposition générale à cet égard, est un préjugé que l'on doit suivre, mais qui n'est considéré comme règle, que lorsque la même question s'étant presentée de nouveau, a encore été jugée de la même manière. Alors ces Arrêts constatent l'usage, & forment une jurisprudence qui doit être exactement observée.

Comme il n'est pas possible de tout prévoir

minel de la cour, &c.... & cependant fait défenses au geolier des prisons de.... de mettre en liberté ledit B.... sinon en vertu d'Arrêt contradictoire donné avec le suppliant; à peine d'en répondre en son propre & privé nom.

par un édit ou par une déclaration, il eſt indiſpenſable que les queſtions qui naiſſent ſur l'exécution de ces loix primitives ſoient décidées par ceux auxquels le roi en a donné le pouvoir, ou par ſa majeſté elle-même.

Seul légiſlateur dans le royaume, le roi eſt le maître, en établiſſant des droits, de preſcrire la forme & l'ordre qui doivent être ſuivis pour les percevoir. Ainſi il lui eſt libre d'attribuer à tels juges qu'il lui plaît la connoiſſance de ces droits & de tout ce qui peut y avoir rapport.

Les diverſes attributions de la connoiſſance des conteſtations ſur les droits unis à la ferme des domaines, ont été faites à la charge de juger ces conteſtations ſelon les édits & les Arrêts du conſeil rendus au ſujet de ces droits, ſauf l'appel réſervé au roi & à ſon conſeil.

Sur l'appel de ces jugemens, le conſeil prononce par déciſion ou par Arrêt : la multiplicité des affaires détermine ſouvent le conſeil à ne donner qu'une déciſion, afin d'éviter aux parties qui ſuccombent, les frais de l'expédition d'un Arrêt & de la commiſſion du grand ſceau dont il doit être revêtu pour être mis à exécution (*). Au reſte une déciſion eſt l'équivalent d'un Arrêt.

Ces déciſions & ces Arrêts ſont ce qui forme la juriſprudence de cette partie d'adminiſtration; & cette juriſprudence du tribunal du légiſlateur fait une règle qui ne peut recevoir d'atteinte que de l'autorité même qui l'a établie.

(*) Un Arrêt du conſeil privé du 4 juin 1703 rendu ſur la rêquète des ſecrétaires de la chancellerie, a condamné a cent livres d'amende le procureur du roi de la maîtriſe d'Abbeville pour avoir fait ſignifier un Arrêt du conſeil ſans commiſſion.

Ce qu'on vient de dire ne doit s'entendre que des Arrêts du conseil des finances, comme étant les seuls qui puissent faire règle sur les différens droits des fermes : lorsque les parties en obtiennent dans quelque autre conseil, tel que celui des dépêches, le fermier est toujours en droit d'y former opposition, s'ils sont contraires aux principes, & de se pourvoir au conseil des finances pour y faire juger la question. Mais les Arrêts rendus par les commissaires de la grande direction ou autres bureaux, auxquels le conseil des finances a renvoyé le jugement des instances, servent de règle comme s'ils étoient rendus au conseil des finances.

Les baux des fermes du roi imposent aux fermiers l'obligation de se conformer à la jurisprudence établie par les Arrêts du conseil dans l'administration & la perception des droits dont la régie leur est confiée.

Le conseil a aussi décidé que ses Arrêts font loi en matière d'eaux & forêts, & que les sentences rendues en conformité dans les maîtrises ne peuvent être infirmées par les juges d'appel. Voyez *la Rocheflavin, traité des parlemens ; l'ordonnance de Moulins, & celle de 1667 ; le traité des injures, par M. Dareau ; l'édit de Chanteloup, de 1545 ; ceux de mars 1696, & février 1704 ; l'Arrêt du conseil du 22 mai 1759 ; la collection de jurisprudence ; la déclaration du 30 juillet 1710 ; les Arrêts d'Augeard ; l'Arrêt de règlement du 17 janvier 1725 ; la déclaration du mois de décembre 1680 ; l'ordonnance du mois d'août 1669 ; la déclaration du 16 mars 1720 ; l'édit du mois d'août 1715, l'ordonnance criminelle du mois d'août 1670 ; l'édit du mois d'avril 1695 ; la déclaration du 15 juillet* 1710 ; *le bail de Forceville du* 16 *feptembre* 1738 ; *le dictionnaire raifonné des domaines* ; *les loix ecclésiaftiques de France; les œuvres de Henrys; les traités de la juftice civile & de la juftice criminelle* ; *les Arrêts du confeil des* 17 *décembre* 1686, & 29 *décembre* 1693, &c. Voyez auffi les articles SENTENCE, JUGEMENT, CASSATION, COUR, CONSEIL, PRÉSIDIAL, BAILLIAGE, APPEL, OPPOSITION, REQUÊTE CIVILE, CONTRAINTE PAR CORPS, DÉPENS, DÉFAUT, CONTUMACE, FORCLUSION, INTERLOCUTOIRF, POLICE, CONFISCATION, AMENDE, LOI, ORDONNANCE, ENREGISTREMENT, PARLEMENT, REGLEMENT DE JUGES, &c.

ARRÊTÉ. Ce terme s'emploie pour défigner une réfolution prife dans l'affemblée des officiers d'une cour de juftice, & qui n'a pas encore été rendue publique par un arrêt ou jugement.

Les fociétés de commerce donnent auffi le nom d'Arrêtés aux réfolutions prifes par les affociés à la pluralité des voix.

On appelle *Arrêté de compte*, l'acte qui règle ce qu'une partie doit à une autre après la liquidation des prétentions refpectives de l'une contre l'autre. *Voyez* les articles PARLEMENT, SOCIÉTÉ, COMMERCE, COMPTE, &c.

ARRHES. C'eft ce que l'on donne pour affurer l'exécution d'un marché.

Il y a deux efpèces d'Arrhes : les unes fe donnent lors d'un contrat feulement projeté, & les autres, après le contrat conclu & arrêté.

Les Arrhes qui fe donnent lors d'un marché propofé & avant qu'il ait été conclu, forment la matière d'un contrat particulier par lequel *Pierre* qui donne ces Arrhes confent de les per-

dre s'il refufe de conclure le marché propofé ,
& *Paul* qui les reçoit, s'oblige de fon côté à les
rendre au double dans le cas d'un pareil refus
de fa part.

Cette convention étant de la nature du contrat d'Arrhes, il n'eft pas néceffaire qu'elle foit
expreffe : elle eft tacitement renfermée dans le
fait même par lequel l'une des parties , lors d'un
marché propofé & non encore arrêté , donne
quelque chofe à l'autre par forme d'Arrhes.

Ce contrat eft un contrat réel , car il ne peut
y avoir de contrat d'Arrhes, fans un fait qui eft
la tradiction des Arrhes.

Par ce contrat, c'eft celui auquel les Arrhes
font données qui s'oblige envers l'autre : celui
qui les donne ne contracte proprement aucune
obligation , mais il perd la propriété des Arrhes
données, s'il arrive qu'il ne veuille pas conclure
le marché propofé.

Cela s'exécute ainfi quand la propriété de la
chofe donnée pour Arrhes appartient à celui qui
a donné cette chofe : mais s'il avoit donné pour
Arrhes une chofe qui ne lui appartint pas , con-
tracteroit-il l'obligation de la garantie envers la
perfonne qui auroit reçu les Arrhes ? cela dépend
de favoir comment on doit envifager le titre de
la perfonne qui reçoit des Arrhes : fi c'eft un
titre lucratif, il n'y a pas lieu à la garantie ; mais
peut-il être envifagé comme un titre lucratif ?
A la vérité, celui qui a donné les Arrhes n'a rien
reçu à la place ; mais fi la perfonne qui les a
reçues n'a rien débourfé pour les avoir , elle a
contracté l'obligation de les rendre au double
dans le cas où le refus de conclure le marché
pourroit lui être imputé. C'eft à caufe de cette

obligation que les Arrhes ont été données; elles n'ont donc pas été reçues à titre lucratif. Il eſt vrai qu'on ne doit pas proprement mettre le contrat d'Arrhes au rang des *contrats commutatifs ;* mais il eſt du nombre des contrats intéreſſés de part & d'autre : ainſi ce n'eſt pas un titre lucratif, & par conſéquent il donne lieu à l'obligation de garantie.

Si le refus de conclure le marché propoſé vient de la part de celui qui a reçu les Arrhes & que ce ſoit de l'argent qu'on lui ait donné pour Arrhes, il doit rendre le double de la ſomme qu'il a reçue : ſi c'eſt une autre choſe qui ait été donnée pour Arrhes, il doit rendre cette choſe & de plus, en donner la valeur ſelon l'eſtimation qui en aura été faite par des experts convenus ou nommés d'office.

Si c'eſt d'un conſentement réciproque que le marché ne ſe fait pas, ou ſi l'inexécution de la convention ne peut être imputée ni à l'acheteur ni au vendeur, celui qui a reçu les Arrhes doit les rendre & rien au delà.

La choſe donnée pour Arrhes doit être conſervée avec ſoin par celui qui la reçue ; il eſt tenu à cet égard de la faute légere, le contrat d'Arrhes ſe faiſant pour l'intérêt de l'un & de l'autre des contractans.

Quand les Arrhes ſe donnent après le marché conclu, c'eſt ordinairement l'acheteur qui les donne au vendeur pour ſervir de preuve de la convention.

Elles ne ſont point de l'eſſence du contrat de vente, duquel les parties peuvent ſe procurer d'autres preuves que celles qui reſultent des Arrhes.

Lorſque les Arrhes données par l'acheteur conſiſtent dans une ſomme d'argent, elles ſont cenſées données à compte du prix de la vente.

Si les Arrhes ſont une autre choſe que de l'argent, le vendeur peut retenir cette choſe comme une eſpèce de gage juſqu'à ce qu'il ſoit entièrement payé.

Lorſqu'après le contrat de vente conclu & arrêté, le vendeur a reçu des Arrhes de l'acheteur, chacune des parties peut-elle être contrainte par l'autre à l'exécution de ſon obligation & condamnée, faute de l'exécuter, aux dommages & intérêts réſultans de l'inexécution, comme s'il n'avoit point été donné d'Arrhes; où eſt-il au pouvoir de l'acheteur d'annuller ſon obligation en offrant de perdre les Arrhes qu'il a données, & le vendeur a-t-il le droit de rendre la ſienne inutile en offrant les Arrhes au double ?

Fachin & les docteurs qu'il cite ont ſuivi cette dernière opinion. Ils ſe fondent ſur ce que Juſtinien dit que l'acheteur qui refuſe d'exécuter le contrat doit perdre les Arrhes, & que ſi le refus vient du vendeur, il doit les rendre au double. La loi, diſent ces auteurs, ayant fixé les dommages & intérêts réſultans de l'inexécution de l'obligation, à la perte des Arrhes, relativement à l'acheteur, & à la reſtitution des Arrhes au double, relativement au vendeur, les parties ne ſauroient prétendre d'autre indemnité. On doit préſumer qu'en donnant & en recevant les Arrhes, elles ſe ſont contentées de cette eſpèce de dommages & intérêts & qu'elles ont renoncé à toute autre action pour faire exécuter le contrat.

Mais Wefembec, Vinnius & M. Pothier rejettent avec raifon cette opinion : ils remarquent judicieufement que ce qu'a dit l'empereur Juftinien ne doit s'entendre que des Arrhes que l'on donne lors du marché qui n'eft encore que propofé & non conclu ni rédigé par écrit. Il doit en être autrement lorfque les Arrhes ont été données après le marché conclu & arrêté. L'acheteur peut être contraint au payement du prix & le vendeur à livrer la chofe, ou s'il ne peut la livrer aux dommages & intérêts de l'acheteur fans que les parties puiffent annuller leurs obligations refpectives en offrant de perdre les Arrhes ou de les rendre au double. En effet il feroit abfurde que les Arrhes n'ayant été données & reçues que pour confirmer la convention & la rendre plus certaine, devinffent la caufe de la réfolution du contrat.

Quoique les Arrhes foient communément perdues pour l'acheteur quand il refufe d'exécuter le marché, elles doivent toutefois lui être rendues lorfque nonobftant fon refus, il a été contraint d'exécuter la convention : parce que la perte des Arrhes s'applique à l'inexécution du marché & non au refus de l'exécuter.

De même lorfque pour n'avoir pas exécuté la convention, le vendeur a été condamné aux dommages & intérêts de l'acheteur, celui-ci ne peut pas répéter le double des Arrhes, parce que cette peine tient lieu de dommages & intérêts, & que fi le vendeur la fupportoit, l'acheteur feroit payé doublement d'une même chofe.

Une ordonnance de Henri III de 1577 a défendu aux marchands d'acheter des grains en verd & de les *Arrher avant la cueillette*.

L'article 400 de la coutume de Reims porte
ue *tous acheteurs de vin & autres marchandises*
oivent , dans vingt jours après l'achat , lever la-
ite marchandise , qu'autrement les Arrhes sont
erdues ; & , ajoute l'article , *ne sera tenu le ven-*
eur de la délivrer s'il ne lui plaît ; néanmoins sera
u choix du vendeur de pourfuivre son acheteur pour
ifon de ses dommages & intérêts.

Les articles 256 de la coutume de Sens,
41 de la coutume d'Auxerre, 278 de la cou-
ume de Laon, & 268 de celle de Châlons, ont
es dispositions à peu près femblables.

Par arrêt du 12 juin 1645, le parlement d'Aix
jugé qu'un acheteur devoit perdre les Arrhes
onnées, lorsqu'il avoit négligé de payer au
erme préfix, le prix de la chofe achetée.

Maynard rapporte un arrêt du 7 juillet 1569,
ar lequel le parlement de Touloufe caffa la
romeffe de vendre faite par un mineur & le
ondamna à rendre les Arrhes qu'il avoit reçues.

Le propriétaire d'une maifon n'eft pas tenu de
endre au double les Arrhes qu'il a reçues pour
ûreté du bail ou de la promeffe qu'il a faite de
affer bail de fa maifon, lorfqu'il refufe de le
affer parce qu'il veut aller lui-même occuper
a maifon : il ne peut dans ce cas, être obligé
u'à rendre les Arrhes telles qu'il les a reçues.
Cette jurifprudence paroît contraire à la nature
lu contrat d'Arrhes ; mais elle eft fondée fur ce
ue le bail qu'un propriétaire fait de fa maifon
omprend toujours tacitement la faculté de ré-
oudre le bail lorfqu'il voudra occuper la maifon
ui-même. Une telle convention doit donc être
mife au rang de celles dont l'inexécution ne peut
être imputée ni à l'une ni à l'autre des parties.

Chez les Romains, le fiancé avoit coutume de donner des Arrhes à la fiancée, ou au pere de la fiancée, fi elle étoit fous la puiſſance paternelle. Ces Arrhes étoient perdues pour le fiancé s'il venoit à manquer à fon engagement ; mais fi le mariage ne s'étoit pas fait par la faute de la perſonne qui avoit reçu les Arrhes, elles devoient être rendues au double au fiancé.

Lorſqu'aucune des parties n'avoit donné lieu par ſa faute à ce que le mariage ne ſe fît pas & qu'il n'avoit été rompu que pour quelque cauſe légitime ou par une force majeure, telle que la mort d'une des parties, les Arrhes devoient être rendues purement & ſimplement fans aucune augmentation.

Parmi nous, le fiancé & la fiancée ſe donnent aſſez fréquemment des Arrhes l'un à l'autre. Si l'une des deux parties refuſe fans un juſte ſujet, d'accomplir ſon engagement, elle doit rendre à l'autre les Arrhes qu'elle en a reçues, & perdre celles qu'elle lui a données, pourvu toutefois que ces Arrhes ne ſoient pas trop conſidérables, eu égard à la qualité & aux facultés des parties.

Si les Arrhes excédoient de beaucoup la ſomme à laquelle pourroient être réglés les dommages & intérêts réſultans de l'inexécution des promeſſes de mariage, la partie qui auroit donné ces Arrhes ſeroit en droit de les répéter, mais ſeulement en ce qu'elles excéderoient la valeur des dommages & intérêts que le juge doit accorder en cas pareil. Cela a été ainſi jugé par un arrêt du 20 août 1680, rapporté au journal du palais.

Cette doctrine eſt fondée ſur ce qu'étant important pour le bien de la ſociété que les mariages foient parfaitement libres, on doit faire enforte que la crainte d'une perte trop confidérable ne force pas une perfonne à fe marier contre fon gré.

C'eft pour les mêmes confidérations qu'on n'a parmi nous aucun égard aux ftipulations pénales relatives au refus d'exécuter des promeffes de mariage, lorfque la peine ftipulée excède ce que le juge eftime être du pour les dommages & intérêts. Cela a été ainfi jugé par un arrêt du 29 août 1713, rapporté au journal des audiences. Voyez *les lois civiles de Domat ; le traité du contrat de vente & celui du contrat de louage ; l'ordonnance de Henri III de 1577 ; la loi 35, ff. de contrah. emp. le traité du contrat de mariage ; la loi 11, ff. de act. empt. Fachin, lib. 11, contrav. 28 ; la loi 17 au code de fid. inftr. les arrêts de Boniface ; les coutumes de Rheims, Sens, Auxerre, Laon & Châlons ; les arrêts de Maynard ; la loi 6, cod. theod. de fponfal. la loi 5, parag. I, cod. de fponfal. la loi 16, cod. de epifcop. aud. les arrêts de Brillon ; le journal du palais ; le journal des audiences*, &c. Voyez auffi les articles VENTE, LOUAGE, ACHAT, MARIAGE, PROMESSE, CONTRAT, VIN, BLED, &c.

ARRIÈRE-BAN. Voyez BAN ET ARRIÈRE-BAN.

ARRIÈRE-CAPTE. Voyez ACCAPTE.

ARRIÈRE-CAUTION. Voyez CAUTION.

ARRIÈRE-FIEF. Voyez FIEF.

ARTICLES DE MARIAGE. Ce font les claufes & conventions qui doivent faire la fubftance d'un contrat de mariage (*).

_____

(*) *Formules d'Articles d'un contrat de mariage pur & ... ple avec communauté.*

La future épouse ou ses parens dressent le

Les parties soussignées ont arrêté les Articles de mariag
ci-après : les futurs époux seront communs en tous biens
meubles & conquêts immeubles qu'ils feront pendant le ma
riage, suivant la disposition de la coutume de Paris, selon
laquelle les conventions apposées en leur contrat de ma
riage, seront réglées, & à laquelle ils se sont soumis, dé
rogeant & renonçant pour cet effet à toutes autres coutumes

Ne seront néanmoins tenus des dettes & hypothèques l'un
de l'autre, faites & créées avant la célébration de leur ma
riage, & s'il s'en trouve aucunes, elles seront payées &
acquittées par celui qui les aura faites, & sur ses biens, san
que ceux de l'autre en soient tenus.

En faveur duquel mariage, le pere & la mere de la fu
ture épouse, promettront de lui donner, la veille des épou
sailles, la somme de douze mille livres, dont le tiers entier
en communauté, & les deux autres tiers demeureront pro
pres à ladite future épouse & aux siens, de son côté & li
gne, avec tout ce qui lui adviendra & écherra pendant
ledit mariage, par succession, donation, legs, ou autrement

Le futur époux douera la future épouse de la somme
de huit cens livres de douaire préfix, une fois payée,
l'avoir & prendre par elle sur tous ses biens, sitôt qu'il
aura lieu.

Le survivant des futurs époux prendra par préciput des
biens meubles de leur communauté, suivant la prisée de
l'inventaire qui en sera faite, & sans crue, jusqu'à la som
me de six cens livres, ou ladite somme en deniers comp
tans, au choix du survivant.

Sera permis à la future épouse, & aux enfans qui naî
tront du mariage, d'accepter ladite communauté, ou y
renoncer ; & en cas de renonciation, de reprendre tout
ce qu'elle aura apporté audit mariage, & tout ce que
pendant icelui lui sera avenu & échu par succession, do
nation, legs ou autrement ; même ladite future épouse,
sesdits douaire & préciput ; le tout franchement & quit
tement, sans qu'elle ni sesdits enfans soient tenus d'au
cunes dettes & hypothèques de ladite communauté, encore
qu'elle y eût parlé, s'y fût obligée, ou y eût été condam

Articles de mariage tels qu'il leur conviennent

———————

ée, dont elle & fefdits enfans feront acquittés & indemnifée
par les héritiers, & fur les biens dudit futur époux ; pour
raifon de quoi, & des autres conventions ci deffus, ils
uront hypothèque du jour de leur contrat de mariage, fi
pendant ledit futur mariage étoit vendu ou aliéné, &c.

Fait & arrêté le

*Quelquefois on fait la ftipulation de reprife en faveur des
infans, & même des héritiers collatéraux, en la manière
qui fuit :*

Sera permis à la future époufe, & aux enfans qui naî-
ront du mariage, ou à fes héritiers collatéraux, au défaut d'enfans iffus dudit futur mariage, d'accepter ladite
communauté, ou y renoncer ; & en cas de renonciation
de reprendre, &c.

*Quand cette claufe eft ainfi uppofée au profit des héritiers
collatéraux, le mari doit ftipuler que fi la future époufe dé-
céde fans enfans, il reprendra une certaine fomme pour les
frais de nôces & les charges du mariage, au cas que les
héritiers renoncent à la communauté, & fe fervent de la
claufe de reprife, comme nous avons dit ci-deffus.*

Autres Articles de mariage avec communauté.

On ftipulera communauté de biens entre les futurs époux,
fuivant la coutume de Paris, avec dérogation à toutes coutumes & loix contraires ; fans cependant qu'ils foient tenus des dettes l'un de l'autre antérieures à la célébration
du mariage : s'il y en a, elles feront payées par le débiteur
d'icelles, & fur fon bien perfonnel.

En faveur du mariage, le pere & la mere de la demoifelle future époufe lui conftitueront en dot chacun par
moitié, en avancement de leurs fucceffions futures, la
fomme de vingt mille livres, qu'ils s'obligeront folidairement de payer en deniers comptant aux futurs époux la
veille de la célébration du mariage.

Sera convenu qu'au moyen de la dot, le pere ou la
mere furvivant jouira pendant fa vie des biens du prédécédé, fans qu'il puiffe lui en être demandé compte ni partage par les futurs époux, leurs enfans, ni autres pour eux.

De ladite fomme de vingt mille livres, fera mis en

& les communiquent enfuite au futur époux qui
les accepte ou les contredit.

---

communauté huit mille livres ; les douze mille livres de
furplus feront ftipulés propres à la demoifelle future époufe,
& aux fiens de fon côté & ligne , avec tout ce qui lui écherra
pendant le mariage.

Le douaire fera ftipulé préfix de cinq cens livres de rente
viagere s'il n'y a point d'enfans, & de quatre cens livres
feulement de rente viagere s'il y a quelque enfant.

Le préciput fera fixé au profit du furvivant, à la fomme
de douze cens livres en meubles , fuivant la prifée de l'inventaire & fans crue , ou en deniers comptans.

La faculté de reprendre la dot entière de la future époufe
& tout ce qui lui écheria pendant le mariage, fera accordé à ladite future époufe & aux enfans qui naîtront du
mariage , en cas de renonciation à la communauté ; elle
pouira même, en cas de furvie, reprendre fon douaire &
fon préciput , & faire lefdites reprifes franches & quittes à
l'ordinaire.

La même faculté de reprife , en renonçant, fera étendue
auxdits fieur & demoifelle pere & mere de ladite future
époufe , & au furvivant d'eux , en laiffant au futur époux
deux mille cinq cens livres pour l'indemnifer des frais de
nôces & des charges du mariage.

Le remploi des propres aliénés de part ou d'autre fera
ftipulé au defir de la coutume de Paris; à l'égard de ladite
future époufe, il fe fera fubfidiairement fur les propres dudit futur époux ; & on ftipulera l'action dudit remploi im-
mobiliaire & propre à chacun des futurs époux , & aux
leurs de chaque côté & ligne.

*Autres Articles de contrats de mariage fans communauté
de biens.*

· Les parties fouffignées ont arrêté les Articles de mariage ci-après :

· A été convenu qu'il n'y aura point de communauté de
biens entre lefdits futurs époux, lefquels jouiront féparément de ceux à eux appartenans ; dérogeant à cet effet
à la difpofition de la coutume de Paris.

Pour connoître & diftinguer les biens, meubles & im-

Lorfque

meubles de ladite future épouſe, il a été fait un état, lequel eſt demeuré ci joint après avoir été paraphé par leſdits futurs époux & par les notaires ſouſlignés à leur ré-
quiſition ; & pour avoir par ladite future épouſe la jouiſ-
ſance de ſes biens, recevoir les fruits & revenus de ſes
immeubles, & diſpoſer de ſes meubles, ledit futur époux
a autoriſé ladite future épouſe irrévocablement, ſans que
par la ſuite elle ait beſoin d'aucune autre autoriſation.

Ledit futur époux ſera tenu de loger ladite future épouſe
dans les meubles à lui appartenans, & de la nourrir conformément à ſon état, ſans qu'elle ſoit obligée de fournir aucuns meubles, ſi bon ne lui ſemble.

En conſidération de ce que ladite future épouſe aura
la conduite du ménage & les incommodités qui en réſul-
tent, elle ne payera audit futur époux pour ſes logemens
& nourriture, que la ſomme de... par an.

Ledit futur époux a doué & doue ladite future épouſe
de.... de rente de douaire préfix, dont elle jouira, ſuivant
ladite coutume, dès qu'il aura lieu.

Le ſurvivant deſdits futurs époux prendra ſur les biens du
prédécédé pour gain de ſurvie, la ſomme de.... une fois
payée, ſoit qu'il y ait enfans ou non dudit futur mariage.

S'il eſt vendu ou aliéné aucuns immeubles, ou racheté
des rentes appartenantes en propres à ladite future épouſe,
remploi en ſera fait en autres héritages ou rentes, pour lui
ſortir même nature de propre, & en cas que lors de la diſſolution dudit mariage, leſdits remplois ne ſe trouvent
faits, les deniers en ſeront repris ſur les biens dudit futur
époux (ſans toute fois qu'il puiſſe être garant en aucune
ſorte des faits du prince.) *cette clauſe eſt bonne lorſque la
future épouſe a des effets ſur le roi.*

Si pendant ledit mariage, ladite future épouſe contracte
quelques dettes ſolidairement avec ledit futur époux, elle
en ſera indemniſée par lui & ſur ſes biens.

Il y aura hypothèque ſur les biens dudit futur époux pour
l'exécution de toutes les clauſes ci-deſſus, du jour du contrat de mariage.

Nous ſouſſignés, Jacques Leroi pour moi d'une part;

on fait des Articles de mariage deux copies qu

& Pierre de la Fond, & Therese Dubois ma femme qu
j'autorise, en nos noms, & stipulans pour Marie-Theres
de la Fond, d'autre part; promettons de passer & sign
le contrat de mariage d'entre lesdits sieur Leroi & demoi
selle de la Fond conformément aux articles ci-dessus. Fa
double, &c.

On doit mettre dans les Articles toutes les clauses don
on veut composer le contrat de mariage ; mais on ne le
met qu'en substance dans les articles, sauf à leur donne
toute leur étendue dans le contrat.

Autres Articles d'un contrat de mariage pareillement san
communauté.

Il n'y aura point de communauté de biens entre les futur
époux, & chacun jouira à part des biens qui leur appar
tiennent de présent, & qui se trouveront dans la suite leu
appartenir à quelque titre que ce soit.

Ne seront par conséquent tenus des dettes & hypothèque
l'un de l'autre faites & créées avant le futur mariage, n
de celles qui seront contractées pendant icelui, lesquelles
seront payées par celui qui les aura faites.

Le futur époux ne se chargera d'aucuns des biens meu
bles, ni autre chose appartenant à ladite future épouse.

Le futur époux autorisera la future épouse, pour la pour
suite de ses droits, jouissance & perception de ses revenus.

Le futur époux douera la future épouse de la somme de
deux mille livres de douaire préfix.

Et pour aider audit futur époux à supporter les charges
de mariage, attendu qu'il n'y aura point de communauté,
la future épouse lui fera donation entre-vifs de la somme
de trois mille livres, *ou autre somme, dont les parties con-*
viennent; ou bien la future épouse promettra de lui payer
une certaine somme par année, pour sa pension & celle de
ses domestiques.

Sera fait un état des biens des futurs époux, à l'effet d'en
jouir chacun séparément.

Et si après le mariage, la future épouse achete quelques
meubles, elle retirera quittance des marchands pardevant

fignent les futurs conjoints & leurs parens, & chacun des futurs époux en garde une.

Le notaire dreffe enfuite le contrat de mariage conformément à ces Articles, fans y rien changer, augmenter, ni diminuer, à moins que ce ne foit par l'ordre exprès des parties.

L'effet des Articles de mariage eft d'obliger les parties à la célébration du mariage, fous peine, contre la partie qui s'y refuferoit, de dépens, dommages & intérêts.

Cette peine n'auroit toutefois pas lieu, fi depuis la fignature des Articles de mariage, il étoit furvenu quelque caufe légitime qui eut empêché l'une des parties de fe marier. C'eft d'après ce principe que par arrêt du 17 juin 1602, le fieur Goury fut renvoyé de la demande en dommages & intérêts formée contre lui, parce que le refus qu'il faifoit de fe marier étoit fondé fur ce que depuis les Articles de mariage fignés, le pere de la fiancée avoit été accufé de crime de péculat & avoit pris la fuite.

Uu autre arrêt du 10 juillet 1603 entérina des lettres de refcifion prifes par une femme contre des Articles de mariage, parce que le futur époux avoit celé le nombre de fes enfans & de fes dettes.

De même, lorfqu'après des Articles fignés le

---

notaires, pour juftifier qu'elle les a payés de fes deniers, & qu'ils lui appartiennent.

Le futur époux s'obligera d'indemnifer la future époufe de toutes les dettes qu'elle pourra contracter, pour & avec lui, pendant le mariage ; pour laquelle indemnité elle aura hypothèque fur fes biens du jour du contrat de mariage.

Fait & arrêté le.

mariage n'a pas lieu pour quelque caufe jufte où néceffaire, celui qui a fait des préfens dans la vue du mariage, eft en droit de les répéter, pourvu que la rupture du mariage ne puiffe lui être imputée. Divers arrêts l'ont ainfi décidé.

On peut inférer dans des Articles de mariage, toutes fortes de claufes, pourvu qu'elles ne foient ni contre les lois ni contre les bonnes mœurs.

Les Articles de mariage font une telle foi qu'un contrat de mariage poftérieur à la bénédiction nuptiale, mais conforme à ces Articles, feroit valable, pourvu toutefois qu'il ne fût pas trop oppofé à ce qui fe pratique communément eu égard à l'état & à la qualité des parties. Le Brun rapporte un arrêt du parlement de Paris du 7 décembre 1701 qui l'a ainfi jugé. Voyez *Mornac, l. 29 parag. in fponfalitus, ff. de divortiis & repudiis ; la fcience parfaite des notaires ; le Brun, traité de la communauté ; le dictionnaire de droit ; les arrêts de Brillon,* &c. Voyez auffi les Articles ARRHES, FIANÇAILLES, MARIAGE, CONTRAT, BÉNÉDICTION NUPTIALE, BAGUES & JOYAUX, &c.

ARTIFICIER. Celui qui compofe des feux d'artifice.

Un arrêt de règlement du parlement de Paris rendu le 30 avril 1729, fur l'avis du lieutenant-général de police & du procureur du roi au châtelet, fait défenfe à tout Artificier ou marchand faifant trafic de poudre à canon, fufées volantes & autres artifices, de loger dans les limites de la ville de Paris : ils peuvent feulement occuper dans les fauxbourgs, des maifons ifolées qu'ils font tenus d'indiquer au lieutenant-général de police & au commissaire du quartier afin que ces officiers puissent en faire la visite.

Le même arrêt fait défense à tout propriétaire ou principal locataire de louer dans les limites de Paris, aucun appartement, échope ou boutique à des Artificiers ou marchands faisant trafic public & ordinaire de poudre à canon, fusées volantes & artifices, à peine contre chaque propriétaire ou principal locataire de trois mille livres d'amende, de résolution des baux, & d'être condamnés à avoir les lieux ainsi loués, fermés pendant trois ans.

Il est en outre défendu aux Artificiers d'essayer leurs artifices ailleurs que dans les lieux écartés & qui leur auront été indiqués par le lieutenant général de police.

Il y a d'autres Artificiers qui sont au nombre de quatre dans chaque compagnie de bombardiers du corps royal de l'artillerie. L'ordonnance du roi du 3 octobre 1774 assigne à chacun de ces Artificiers dix sous huit deniers de paye par jour en temps de paix & onze sous en temps de guerre.

Suivant la même ordonnance, chaque Artificier qui ayant servi pendant seize ans dans un même régiment est jugé hors d'état de continuer ses services & veut se retirer chez lui, doit y recevoir annuellement quatre-vingt-dix livres ; pourvu toutefois qu'il ait servi huit ans en qualité d'Artificier, autrement il ne lui seroit dû que le traitement du grade inférieur au sien, c'est-à-dire, d'un soldat de la première classe : ce dernier traitement est de soixante-douze livres par an. Il doit d'ailleurs lui être délivré un habit uniforme tous les huit ans.

Lorfqu'un Artificier à vingt-quatre ans de fervice, il eft le maître d'aller à l'hôtel royal des
Invalides, ou de fe retirer chez lui. S'il prend
ce dernier parti, on doit lui compter annuellement 180 livres, s'il a fervi huit ans comme
Artificier, ou 144 livres feulement, fi fon fervice en cette qualité eft au-deffous de huit années. Il doit en outre lui être délivré tous les
fix ans un habit de vétéran.

Suivant l'article 90 du titre 1er. de l'ordonnance citée, les emplois d'Artificiers dans les
places doivent être remplis de préférence par
les officiers de fortune des compagnies de Bombardiers, ou par des fergens qui auront mérité
cette récompenfe par leurs talens & leurs bons
fervices. Le roi défend de propofer aucun autre
fujet pour ces emplois, fous quelque prétexte
que ce foit.

Les officiers qui rempliffent les fonctions d'Artificiers dans les places, ont le titre d'officiers de
bombardiers attachés à ces places, & continuent
de porter leur uniforme d'officier. Voyez *l'arrêt de
règlement du parlement de Paris du 30 avril 1729,
rapporté au troifième volume du code de Louis XV ;
le code de la police ; l'ordonnance du 3 octobre 1774,
concernant le corps royal de l'artillerie*, &c. Voyez
auffi les articles INCENDIE, ARTILLERIE, &c.

ARTILLERIE. Gros équipage de guerre qui
comprend le canon, les boulets, les mortiers,
les bombes, les moufquets & en général toutes
les munitions dont on fe fert dans les batailles &
dans l'attaque ou la défenfe des places.

L'Artillerie d'un château ou forterefle eft cenfée y être pour perpétuelle demeure & en faire
partie, enforte que fi un feigneur vient à vendre

fa feigneurie avec le château & les dépendances, il ne pourra emporter l'Artillerie deftinée à la garde de ce château. On trouve à cet égard des difpofitions précifes dans les coutumes de Reims, de Châlons, de Laon, d'Amiens, de Berry, de Tours, de Nivernois, de Bourbonnois, &c.

On appelle *bailliage de l'Artillerie de France*, un tribunal qui tient fes féances dans l'arfenal de Paris. Il eft compofé d'un bailli d'épée, d'un lieutenant général, d'un avocat du roi, d'un procureur du roi, &c.

Les officiers de ce tribunal font juges civils & criminels dans l'enclos de l'arfenal. Ils connoiffent de tout ce qui concerne les poudres & falpêtres, leur fabrication & leur tranfport dans les magafins & arfenaux.

On appelle *corps royal de l'Artillerie*, un corps qui felon l'ordonnance du 3 octobre 1774, eft compofé de fept régimens, fept compagnies de mineurs & neuf d'ouvriers.

Chaque régiment eft compofé de deux bataillons formés chacun de fept compagnies de canoniers, deux de Bombardiers & une de fapeurs. Chaque bataillon eft formé de deux brigades dont une de quatre compagnies de canoniers, & l'autre de trois compagnies de canoniers & d'une de fapeurs. Les quatre compagnies de bombardiers forment une cinquième brigade.

L'état major de chaque régiment eft compofé d'un colonel, un lieutenant-colonel, cinq chefs de brigades, dont deux commandent les deux compagnies de fapeurs, un major, un aide-major, deux fous aide-majors, un quartier-maître, un tréforier, un tambour major, fix muficiens, un aumônier, un chirurgien.

Chaque compagnie de canoniers, de bombardiers & de fapeurs eft compofée de trente-cinq hommes, & commandée, favoir, les compagnies de canoniers & de bombardiers par un capitaine en premier, un lieutenant en premier, un lieutenant en fecond & un adjudant ; celle de fapeurs par un chef de brigade , un capitaine èn fecond , un lieutenant en premier, un lieutenant en fecond & un adjudant.

Les compagnies des mineurs & d'ouvriers ne font point attachées aux régimens, mais elles font toujours partie du corps royal ; celles des mineurs forment un corps particulier. Celles d'ouvriers font diftribuées dans les arfenaux de conftruction. Chaque compagnie de mineurs eft compofée de quarante-fix hommes, & commandée par un capitaine en premier, un capitaine en fecond , un lieutenant en premier, un lieutenant en fecond & un adjudant. L'état major du corps des mineurs eft compofé d'un commandant en chef , d'un commandant particulier & d'un aide-major. Chaque compagnie d'ouvriers eft compofée de quarante hommes, & commandée par un capitaine en premier , un capitaine en fecond , un lieutenant en premier, un lieutenant en fecond & un adjudant.

Il y a de plus neuf infpecteurs généraux du corps royal dont le premier a titre de directeur général , fept commandans en chefs des écoles, vingt-deux colonels-directeurs , vingt-fept lieutenans-colonels , dont quatre infpecteurs de manufactures d'armes & vingt-trois fous-directeurs, foixante-trois capitaines en premier & foixante-dix-fept capitaines en fecond , dont onze font attachés à chaque régiment.

L'article 92 du titre 1ᵉʳ. de l'ordonnance citée a reglé une paye de paix & une paye de guerre dans les proportions fuivantes, pour le corps royal d'Artillerie.

Officiers des compagnies. Il doit être payé à chacun des deux plus anciens capitaines de canoniers de chaque régiment, fept livres dix fous par jour en temps de paix ; & dix livres cinq fous fix deniers deux tiers en temps de guerre.

A chacun des douze autres capitaines de canoniers, fix livres treize fous quatre deniers en paix, & neuf livres huit fous dix deniers deux tiers en guerre.

A chacun des quatre capitaines de bombardiers, fix livres deux fous deux deniers deux tiers en paix, & huit livres dix-fept fous neuf deniers un tiers en guerre.

Au plus ancien capitaine de mineurs & au plus ancien capitaine d'ouvriers, fept livres dix fous par jour en paix, & dix livres cinq fous fix deniers deux tiers en guerre.

A chacun des autres capitaines de mineurs & d'ouvriers, fix livres treize fous quatre deniers en paix, & neuf livres huit fous dix deniers deux tiers en guerre.

A chacun des capitaines en fecond des compagnies de fapeurs, quatre livres trois fous quatre deniers en paix, & fix livres dix-huit fous dix deniers deux tiers en guerre.

A chacun des capitaines en fecond des compagnies de mineurs & d'ouvriers, quatre livres trois fous quatre deniers en paix, & cinq livres onze fous un denier un tiers en guerre.

A chacun des lieutenans en premier des régimens & des compagnies de mineurs & d'ouvriers, deux livres dix fous en paix·, & trois livres douze fous deux deniers deux tiers en guerre.

A chacun des lieutenans en fecond des régimens & des compagnies de mineurs, deux livres en paix, & deux livres feize fous huit deniers en guerre.

A chacun des adjudans, deux livres fix fous huit deniers en paix, & trois livres treize fous quatre deniers en guerre.

Compagnies de canoniers, bombardiers & fapeurs.

A chaque fourrier, une livre dix fous par jour en paix ; & une livre dix fous quatre deniers en guerre.

A chaque fergent, une livre dix deniers en paix, & une livre un fou deux deniers en guerre.

A chaque caporal, quatorze fous huit deniers en paix, & quinze fous en guerre.

A chaque appointé, onze fous huit deniers en paix, & douze fous en guerre.

A chaque artificier, dix fous huit deniers en paix, & onze fous en guerre.

A chaque canonier, bombardier & fapeur de la première claffe, neuf fous huit deniers en paix, & dix fous en guerre.

A chaque canonier, bombardier & fapeur de la feconde claffe, fept fous deux deniers en paix, & fept fous fix deniers en guerre.

A chaque canonier, bombardier & fapeur apprenti, fix fous deux deniers en paix, & fix fous fix deniers en guerre.

A chaque tambour, neuf fous huit deniers en paix, & dix fous en guerre.

Compagnies de mineurs.

A chaque fourrier, une livre dix fous par

jour en paix, & une livre dix fous quatre deniers en guerre.

A chaque fergent, une livre dix deniers en paix, & une livre un fou deux deniers en guerre.

A chaque caporal, quatorze fous huit deniers en paix, & quinze fous en guerre.

A chaque appointé, onze fous huit deniers en paix, & douze fous en guerre.

A chaque mineur, dix fous huit deniers en paix, & onze fous en guerre.

A chaque apprenti, fept fous deux deniers en paix, & fept fous fix deniers en guerre.

A chaque tambour, neuf fous huit deniers en paix, & dix fous en guerre.

Compagnies d'ouvriers.

A chaque fergent, une livre dix deniers en paix, & une livre un fou deux deniers en guerre.

A chaque caporal, dix-huit fous deux deniers en paix, & dix-huit fous fix deniers en guerre.

A chaque appointé, feize fous deux deniers en paix, & dix-huit fous fix deniers en guerre.

A chaque ouvrier de la première claffe, quinze fous deux deniers en paix, & quinze fous fix deniers en guerre.

A chaque ouvrier de la feconde claffe, douze fous deux deniers en paix, & douze fous fix deniers en guerre.

A chaque apprenti, dix fous deux deniers en paix, & dix fous fix deniers en guerre.

A chaque tambour, neuf fous huit deniers en paix, & dix fous en guerre.

Etat major des régimens.

Au colonel de chaque régiment, treize livres fix fous huit deniers par jour en paix, & vingt-fept livres quatre fous cinq deniers un tiers en guerre.

. Traitement attaché au commandement du ré-giment, trois livres fix fous huit deniers.

Au lieutenant - colonel de chaque régiment, neuf livres quatorze fous cinq deniers un tiers en paix, & quinze livres cinq fous fix deniers en guerre.

A chaque chef de brigade & major n'ayant pas de compagnie de fapeurs, huit livres fix fous huit deniers en paix, & treize livres dix-fept fous neuf deniers en guerre.

A chaque chef de brigade ayant une compa-gnie de fapeurs, huit livres fept fous fix deniers en paix, & quatorze livres un fou un denier un tiers en guerre.

Traitement accordé à chaque major pour frais de correfpondance, qui en fon abfence paffera à l'aide-major, une livre deux fous deux deniers deux tiers.

A chaque aide-major, quatre livres trois fous quatre deniers en paix, & fix livres treize fous quatre deniers en guerre.

Traitement accordé à chaque aide-major pour frais de bureau, qui en fon abfence paffera au premier fous-aide-major préfent, feize fous huit deniers par jour.

A chaque fous-aide-major, deux livres dix fous en paix, & quatre livres huit fous dix de-niers deux tiers en guerre.

A chaque quartier- maître, deux livres fix fous huit deniers en paix, & quatre livres trois fous quatre deniers en guerre.

A chaque tréforier, quatre livres trois fous

quatre deniers en paix, & six livres treize fous quatre deniers en guerre.

A chaque tambour-major, une livre deux fous deux deniers deux tiers en tout temps.

A chaque muficien, neuf fous huit deniers en paix, & dix fous en guerre.

A chaque aumônier, une livre fept fous dix deniers en paix, & deux livres fix deniers deux tiers en guerre.

A chaque chirurgien, une livre treize fous quatre deniers en paix, & trois livres fix fous huit deniers en guerre.

Etat major des mineurs.

Au commandant en chef, trente-trois livres fix fous huit deniers.

Traitement accordé au commandement particulier de ce corps, fix livres treize fous quatre deniers.

A l'aide-major, quatre livres trois fous quatre deniers.

Traitement qui lui eft accordé pour frais de correfpondance & de bureau, une livre feize fous huit deniers.

Officiers employés dans les places.

Au directeur général actuel foixante-fix livres treize fous quatre deniers.

A chaque infpecteur, officier-général, trente-trois livres fix fous huit deniers.

A chaque infpecteur ayant grade de brigadier ou cololonel, vingt-cinq livres.

A chaque commandant d'école, officier-général, feize livres treize fous quatre deniers.

A chaque commandant d'école, non officier-général, treize livres fix fous huit deniers.

Traitement attaché au commandement des

écoles des regimens, six livres treize sous quatre deniers.

A chacun des vingt Colonels-directeurs, treize livres six sous huit deniers.

A chacun des deux autres colonels-dircteurs onze livres deux sous deux deniers deux tiers.

Traitement accordé à chacun des cinq directeurs d'arsenaux de construction , deux livres quatre sous cinq deniers un tiers.

A chacun des vingt lieutenans-colonels, sousdirecteurs & inspecteurs de manufactures d'armes , neuf livres six sous huit deniers.

A chacun des sept autres lieutenans-colonels, sous-directeurs , huit livres six sous huit deniers.

A chacun des vingt capitaines en premier, six livres treize sous quatre deniers.

A chacun des quarante-trois autres capitaines en premier, cinq livres onze sous un denier un tiers.

A chacun des capitaines en second, quatre livres trois sous quatre deniers en paix, & cinq livres onze sous un denier un tiers en guerre.

Il faut observer que la paye de guerre ne doit être donnée qu'aux régimens & aux compagnies de mineurs & d'ouvriers qui servent en campagne, & que ceux qui demeurent en garnison pendant la guerre ne doivent toucher que la paye réglée pour le temps de paix. Cependant s'il arrivoit que quelques-uns de ces régimens & compagnies vinssent à être rappelés de l'armée pour être jetés dans quelques places ou postes menacés, l'intention du roi est que dans ce cas, ils continuent à jouir du traitement de guerre jusqu'à la fin de la campagne comme s'ils étoient restés à l'armée. Sa majesté veut aussi que quand le commandant d'un régiment jouira du traitement attaché au commandement de l'école, l'officier qui le suivra dans ce régiment, jouisse du traitement attaché au commandement du régiment.

L'article 81 du titre 8 de la même ordonnance veut que les conseils de guerre qui se tiendront dans les armées pour juger les soldats, cavaliers, dragons & autres particuliers accusés d'avoir volé des pièces & munitions d'Artillerie, soient composés des capitaines & autres officiers du corps royal, & assemblés chez le commandant de la division où le délit aura été commis ; & que le major de l'équipage, ou à son défaut, un de ses aides, soit chargé de l'instruction du procès. Voyez *les coutumes de Reims, Châlons, Laon, Amiens, Berry, Tours, Nivernois & Bourbonnois ; Pothier, traité de la communauté ; Bouteiller, dans sa somme rurale ; Brodeau, sur la coutume de Paris ; les arrêts de Brillon ; l'ordonnance du roi concernant le corps royal de l'Artillerie, du 3 octobre 1774, &c.* Voyez aussi les articles SALPETRE, MASSE, ECOLE, RANG, DÉCOMPTE, COLONEL, MAJOR, CAPITAINE, CONSEIL DE GUERRE, DÉLIT MILITAIRE, &c.

ARTOIS. Province de France au nord de la Flandre.

On sait qu'anciennement l'Artois & la Flandre ne formoient qu'une seule & même province, tenue par les comtes de Flandre dans la mouvance & sous l'hommage de la couronne. Philippe d'Alface comte de Flandre, donna en 1180 l'Artois en dot, à Isabelle de Haynault sa

nièce, en faveur de fon mariage avec Philippe
Augufte.

Louis VIII leur fils, donna l'Artois à Rober
fon fecond fils, *à la charge de le tenir par lui &*
fes héritiers en hommage & en fouveraineté, à tou-
jours de la couronne de France. L'Artois, e
1309 & 1318, fut adjugé à Mahaud comme
l'héritière la plus prochaine, au préjudice de
Robert fon neveu, fur le fondement de la coutume du pays qui n'admettoit aucune repréfentation : ce comté paffa enfuite dans la premièr
maifon des ducs de Bourgogne , puis dans la
feconde, & par le mariage de Marie de Bourgogne avec Maximilien , dans la maifon d'Autriche. Par le traité de Madrid du 14 janvier
1525 , les comtés de Flandre & d'Artois furen
entièrement féparés de la couronne : cette indépendance fut confirmée & ratifiée par les traités
de Cambrai du 3 Août 1529 , & de Crefpy du
18 Septembre 1544.

Pendant la guerre de 1635 , qui ne fut terminée, quant à l'Efpagne, que par le traité des
Pyrénées, Louis XIII s'empara d'Arras, & fou-
mit une partie de l'Artois qui fut cédée à la
France par le traité des Pyrénées. Cette portion
fut appelée l'Artois cédé , & ce qui reftoit à
l'Efpagne fut appelé l'Artois réfervé. La ceffion
fut confirmée par la paix d'Aix-la-Chapelle du
6 mai 1668. La guerre ayant recommencé entre
la France & l'Efpagne le premier décembre
1671 , Louis XIV s'empara, en 1677, de Saint-
Omer & du refte de l'Artois réfervé. Par le
traité conclu à Nimègue le 17 feptembre 1678 ,
la totalité de l'Artois fut cédée à la France &
réunie

réunie par-là , tant en propriété qu'en fouveraineté à la couronne.

L'Artois eft un pays d'Etats ; ils s'affemblent
tous les ans en vertu des ordres du roi : les
commiffaires de fa majefté font le gouverneur
de la province , l'intendant & le premier préfident au confeil provincial d'Artois ; ils font
nommés par des commiffions en forme de lettres-patentes , & expofent aux états, conformément à leurs inftructions, les ordres du roi.

Les états nomment des commiffaires pour
prendre connoiffance de ce qui a rapport aux
fonds qu'il faut fournir , tant pour le roi que
pour les charges courantes & extraordinaires ;
ces commiffaires s'inftruifent du fervice de l'année précédente , & de la pofition actuelle où
font les caiffes ; ils forment en conféquence leur
projet de fonds, & fur leur rapport l'affemblée
générale délibère : elle fixe enfuite un état d'impofitions, qui , quand il excède la mefure ordinaire de celles qui ont cours dans la province ,
ou quand il donne lieu à de nouveaux impôts,
doit être néceffairement autorifé par des lettres-
patentes.

C'eft dans l'affemblée générale des états, que
l'on procède à l'élection des députés ordinaires,
dont les fonctions ne durent que trois ans; il y
en a un de chaque ordre ; ils forment à Arras un
bureau permanent , dont l'exercice eft néanmoins fufpendu pendant la tenue des états.

Ce font à proprement parler des fyndics
choifis, qui régiffent & exercent une adminiftration économique au nom du corps, fous l'autorité du roi, pendant l'année, & d'une affemblée à l'autre. Les ordres de fa majefté ne leur

font point directement adreſſés, c’eſt l’intendan
qui les reçoit, & fait part aux députés de c
qui eſt néceſſaire pour leur exécution.

Les impoſitions qui ont lieu en Artois, ſon
de deux eſpèces, les unes ſur les fonds, les au
tres ſur les denrées & conſommations.

La taille royale, aide ordinaire ou ancienn
compoſition d’Artois de 14 mille livres par an
eſt de la première claſſe.

Elle remonte au XIVe ſiècle : l’ancienne répartition entre les villes, bourgs & communau
tés qui y ſont ſujets, ſubſiſte ; c’eſt la ſomme
laquelle l’exemption des aides & autres droits
a été anciennement fixée : elle eſt réduite
13 mille 533 livres, ſoit à cauſe de la remiſe d
la ſomme de 800 livres faite à la ville d’Heſdin
par arrêt du conſeil du 8 février 1661, ſoit
cauſe de la décharge des aides ordinaires, accordée aux villages du pays du Boulonnois, des
modérations faites d’ancienneté à certains lieux
& des non-valeurs ordinaires.

Anciennement cette taille ou aide qui ne
pouvoit s’impoſer que par les élus d’Artois
dans les lieux qui y étoient ſujets, ſe multi
plioit par eux autant de fois qu’il étoit néceſſaire pour faire face aux affaires, tant du prince
que de la province ; il y avoit auſſi quelques
droits en uſage ſur les boiſſons, vivres & denrées. Mais en 1569, les choſes changèrent de
face par rapport aux impoſitions générales.

Philippe II, roi d’Eſpagne, ayant demandé
des ſecours à ſes états des provinces des Pays-
bas, on imagina des moyens plus prompts &
plus convenables pour y ſubvenir ; il fut réſolu
dans les aſſemblées générales des états par pro-

vinces, & ensuite dans les assemblées des états
généraux du pays, d'établir une nouvelle imposition générale & réelle qui auroit lieu sur chaque
corps de terre, & le 9 septembre 1569 Philippe
II donna un édit pour l'établissement de cette
nouvelle imposition dans tout le pays.

Cette imposition est appelée en Artois le centième, & dans d'autres provinces des Pays-
bas elle est nommée taille réelle, vingtième,
dixième.

Les états de chacune de ces provinces ont été
chargés de l'imposition à faire, & de la régie &
administration, & il n'est resté aux juges des
aides, c'est-à-dire, à l'égard de l'Artois, aux élus
de cette province en première instance & au conseil d'Artois en dernier ressort, que la jurisdiction contentieuse pour toutes les difficultés qui
pourroient naître à cette occasion, comme à
l'égard des autres impositions.

En Artois comme dans les autres provinces
des Pays-bas où l'imposition réelle a lieu, il a été
fait des rôles par paroisses; ces rôles ont ensuite
été vérifiés par des procès verbaux que l'on
nomme *récolemens*.

Ce sont ces rôles & ces *récolemens* réunis ensemble qui forment ce qu'on appelle le *cahier de
centième* de chaque communauté: ils sont en Artois comme dans les autres lieux des Pays-bas,
au dépôt des états de chaque province.

Pour la fixation du centième en Artois on n'a
eu égard qu'à la valeur des fonds & édifices;
c'est le centième de cette valeur, à la différence
des vingtièmes qui par exemple en Flandres,
ont été réglés sur le loyer des terres, maisons,
moulins, dixmes, terrages, bois & autres espèces

de biens fonds ; c'est la vingtième partie de ce qu'ils rapportoient au propriétaire.

Un centième produit en Artois environ 215 mille livres : l'imposition s'en fait chaque année dans l'assemblée des états ; elle est communément de plusieurs centièmes dans la proportion des demandes & des charges de la province, & du produit des droits qui se perçoivent sur les denrées & boissons, ensorte que ces deux espèces d'impositions servent de ressource l'une à l'autre pour faire le service.

Comme ce sont les fonds de terre qui doivent la taille royale & le centième, personne n'en est totalement exempt.

Il n'y a néanmoins qu'un centième ordinaire qui se paye par le clergé, par les nobles & par certains officiers de judicature pour les fonds qu'ils font valoir par eux-mêmes ; il en est de même de tous les habitans des villes pour les maisons & héritages qu'ils tiennent par leurs mains dans la ville & banlieue où ils résident.

Mais les centièmes extraordinaires qui sont imposés en Artois, & qui se perçoivent à l'occasion des dixièmes & vingtièmes, dont l'imposition a été ordonnée dans tout le royaume, sont payés par tous les propriétaires des fonds sans aucune distinction ni exemption.

C'est avec le produit de ces impositions & droits que les états acquittent l'ancienne composition d'Artois, le don gratuit ou aide extraordinaire qui est de 400 mille livres, les fourrages aux troupes qui sont en quartier dans la province, & les autres charges ordinaires & extraordinaires que la province est dans le cas de supporter.

Nous avons obfervé que les conteftations fur les impofitions & droits dans la province d'Artois étoient portées en première inftance devant les officiers de l'élection, & par appel en dernier reffort au confeil d'Artois.

L'inftitution des élus en Artois remonte, ainfi que dans le refte du royaume, à l'époque de l'établiffement des aides & impofitions ; ils ont fubfifté fur le pied de leur ancien établiffement jufqu'en 1745 ; & quoique dans les temps intermédiaires ils euffent perdu une partie de leur jurifdiction fur le Boulonnois, Guifnes, pays conquis & reconquis, ils ont continué de prendre connoiffance de toutes fortes de matières d'aides & impofitions, d'abord fous le reffort de la cour des aides de Paris jufqu'en 1530, & enfuite fous le reffort du confeil d'Artois établi par Charles-Quint, & fubrogé à cette cour des aides par l'édit de création.

Par l'édit du mois de novembre 1745, ils ont été réformés & érigés en fiège d'élection provinciale d'Artois, pour continuer à connoître en première inftance, & privativement aux autres juges du pays de toutes les matières propres de leur état & office, fous le reffort du confeil provincial d'Artois.

Par une déclaration du roi du 20 juillet 1700, M. de Bagnols intendant à Lille, fut commis pour procéder à la requête du procureur du roi au bureau des finances de Lille, pourfuite & diligence du fermier des domaines, à la recherche & réformation des domaines & confection des papiers terriers dans la province de Hainault, la châtellenie de Lille, les pays de Laleu, Tournai & Tournefis, Cambrai & Cambrefis,

Artois , &c. Et il fut ordonné que les poſſeſſeurs
de fiefs ou d'héritages tenus en cenſive , mou-
vans du roi , fourniroient des déclarations en
langue françoiſe , & les poſſeſſeurs de francs
aleux , nobles ou rôturiers , des dénombremens
exacts de ce qu'ils poſſédoient en franc aleu.

La déclaration du 14 juillet 1699 a excepté
la province d'Artois de l'établiſſement du contrôle des actes. Elle a pareillement été diſpenſée
de l'inſinuation établie par l'édit du mois de décembre 1703.

Le roi ayant par édit du mois de mars 1714
réuni au domaine tous les droits de contrôle
des actes, ſa majeſté fixa par arrêt du 20 du même mois , à la ſomme de 18 mille livres par an ,
l'abonnement de ces droits dans l'étendue de la
province d'Artois.

Les aliénations & abonnemens ayant été de
nouveau révoqués par la déclaration du 29 ſeptembre 1722 , la province d'Artois obtint un
arrêt du conſeil le 24 décembre 1726 , par lequel elle fut diſpenſée d'exécuter cette déclaration , à la charge qu'elle payeroit par forme
d'abonnement pour les droits de contrôle , d'inſinuation laïque , &c. La ſomme de 90 mille
livres par an pendant le cours du bail de Carlier
qui devoit commencer au premier janvier 1727.
Au reſte , cet arrêt ordonna l'exécution des réglemens faits pour empêcher les abus & contraventions qui pourroient avoir lieu en paſſant
dans une province les actes qu'on doit paſſer
dans une autre.

Divers arrêts du conſeil ont renouvelé cet
abonnement pour les baux poſtérieurs à celui de
Carlier. Ces arrêts dont quelques uns ont au-

gmenté le prix de l'abonnement, portent que tous
les contrats & actes passés par les notaires d'Artois entre des domiciliés de cette province ou
entre d'autres parties, pourvu que l'une d'elles.
soit domiciliée dans l'Artois, pourront être exécutés & produits en justice dans toutes les autres
provinces du royaume, sans être assujettis au
contrôle ni a l'insinuation.

Mais si les actes étoient passés en Artois entre
des domiciliés d'une province où le contrôle
est établi, il y auroit contravention au règlement, & les parties seroient non seulement tenues de payer les droits au fermier, mais elles
seroient encore condamnées a l'amende.

C'est d'après ces principes que par un arrêt du
conseil du 10 novembre 1742, le fermier a été
déclaré mal fondé à prétendre le droit de contrôle
pour une donation de biens situés en Artois,
faite devant des notaires d'Artois par un donateur domicilié en Flandre, province abonnée,
en faveur d'un donataire domicilié en Picardie.
l'acte étoit valablement passé en Artois, puisque les biens y étoient situés. Il pouvoit l'être en.
Flandre, & il n'y avoit aucun motif pour le passer
en Picardie.

Il a aussi été décidé par arrêt du conseil du 8.
mai 1745, qu'un contrat de vente de biens du
territoire d'Angers, passé dans l'Artois par des
vendeurs qui y étoient domiciliés, n'étoit point
sujet au contrôle & qu'il devoit être simplement insinué à Angers. La situation des biens n'étoit pas un motif suffisant pour demander le droit
de contrôle : le vendeur étant domicilié en Artois, le contrat y avoit été valablement passé,

& dès lors on ne pouvoit prétendre, qu'il dût être contrôlé.

Mais par un autre arrêt du conseil du 31 juillet 1745, la dame Volant veuve Darsy a été condamnée à une amende & à payer les droits de son contrat de mariage, parce qu'après l'avoir passé en 1720 devant des notaires d'Artois, quoique ni elle ni son mari ne fussent domiciliés dans cette province, elle avoit négligé de le rapporter & d'en payer les droits dans le délai fixé par les arrêts des 2 janvier & 9 septembre 1742.

Par un arrêt du conseil du 21 janvier 1749, il est défendu aux notaires, greffiers, prévôts, magistrats, baillis, maires, échevins, gens de loi, & autres faisant des fonctions de personnes publiques dans les provinces de Flandre, Haynault & *Artois*, de remettre aux parties les minutes des actes translatifs de propriété : ils doivent tenir des registres de ces minutes, ainsi que des répertoires ou protocoles des mêmes minutes & registres, dans la forme prescrite par la déclaration du 9 mars 1698 ; & il leur est enjoint de communiquer tant les minutes & registres, que les répertoires, au fermier & de lui en délivrer des extraits : enfin, il leur est ordonné de faire mention dans les actes translatifs de propriété, de la nature des biens vendus, donnés, échangés ou hypothéqués, s'ils sont en fief ou en rôture, & s'ils relevent du domaine ou des seigneurs particuliers.

Suivant un arrêt du conseil du 15 mars 1723, le droit de franc fief ne doit être perçu dans la province d'Artois que sur le pied d'une année de revenu ; & les possesseurs rôturiers qui ont payé ce droit ne peuvent plus être poursuivis ni inquiétés par la suite à ce sujet, non plus que leurs héritiers tant & si long-temps qu'ils demeurent en possession des biens dont le droit a été acquitté.

Ainsi la mutation à titre d'héritier n'est pas en Artois un motif sur lequel on puisse se fonder pour exiger un droit de franc fief du nouveau possesseur.

Par arrêt du conseil du 13 juillet 1728, le sieur Fromentin, conseiller au conseil provincial d'Artois, a été déclaré exempt du droit de franc fief, sur le fondement que ce conseil est du nombre des compagnies supérieures, puisqu'il connoît en dernier ressort de différentes matières.

L'Artois est du nombre des provinces réputées étrangères relativement aux marchandises qui en sortent pour entrer dans les provinces des cinq grosses fermes, ou qui sortent des cinq grosses fermes pour entrer dans l'Artois. Ces marchandises sont sujettes aux droits d'entrée & de sortie fixés par le tarif de 1664 & par les règlemens postérieurs.

Remarquez néanmoins que les négocians & habitans des provinces de Flandre, Artois, Cambresis & Hainault, ont la liberté du *transit* pour les marchandises provenant de leurs manufactures, & pour les matières qu'ils y employent entrant & sortant par les bureaux de Bayonne, Septeme, pont de Beauvoisin & Langres, sans payer aucun droit d'entrée ni de sortie, ni autres droits locaux & de péages, de quelque nature qu'ils puissent être.

Les marchandises, pour jouir du bénéfice du

tranfit en exemption de droits, doivent être conduites au bureau des fermes à Lille pour y être déclarées, vues & vifitées, & il faut qu'elles foient accompagnées de certificats des juges, magiftrats ou officiers des lieux qui atteftent celui de la fabrique; elles font enfuite plombées & expédiées en *tranfit*, avec acquit à caution portant foumiffion de repréfenter dans fix mois, au dos de l'acquit, le certificat de la fortie de ces marchandifes, figné du receveur & du contrôleur du bureau dénommé par l'acquit, le tout fous les peines portées par les ordonnances.

Les matières fervant aux manufactures de ces provinces, & qui viennent d'Efpagne, du Levant, d'Italie & d'Allemagne, doivent être déclarées, vifitées & plombées aux bureaux d'entrée ci-deffus défignés, avec l'acquit à caution portant obligation de rapporter dans un pareil délai de fix mois au dos du même acquit, le certificat figné du receveur & du contrôleur du bureau de Lille, de l'arrivée de ces matières dans cette ville.

Les marchandifes & les matières fervant à leur fabrication, expédiées en *tranfit*, ne peuvent entrer dans l'étendue des cinq groffes fermes ni en fortir que par le bureau de Péronne où les acquits & certificats doivent être préfentés & vifés, & les plombs reconnus; & en cas de fraude il y a peine de confifcation & une amende de mille livres, conformément aux arrêts du confeil des 15 juin 1688, 14 juin 1689, 20 juin 1713 & 15 février 1720.

Les négocians des mêmes provinces jouiffent auffi du bénéfice du *tranfit* des marchandifes de leurs manufactures, deftinées pour le Portugal

& la Biscaye, par les ports de Rouen & du
Havre, conformément à l'arrêt du conseil du
31 mai 1732.

L'objet de ce *transit* est devenu moins intéressant depuis qu'il a été accordé des exemptions
de droits en faveur des marchandises des principales manufactures du royaume, exportées à
l'étranger, telles que les étoffes de toute espèce,
toiles, bonneteries, tapisseries & chapeaux ; &
en faveur de l'importation des principales matières premières nécessaires à l'aliment de ces
manufactures, telles que les laines non parées,
chanvres & lins en masse, poils de chèvres non
filés, de chameaux & de chevreaux.

L'Artois est du ressort du parlement de Paris,
mais seulement pour les affaires civiles. Il y a un
tribunal établi à Arras sous le nom de conseil
provincial d'Artois, qui juge en dernier ressort
toutes les affaires criminelles, les matières qui
concernent les subsides & les impositions, & les
affaires civiles sujettes à estimation, lorsqu'elles
n'excedent pas deux mille livres en principal &
quatre-vingt livres de rente, outre les dépens &
restitutions de fruits relatifs à ces affaires, à
quelque somme & valeur qu'ils puissent monter.
Ce même tribunal peut ordonner l'exécution
provisoire de ses jugemens, à la charge de
donner caution, dans les affaires civiles qui
n'excèdent pas quatre mille livres de principal
& cent soixante livres de rente.

Le conseil provincial d'Artois fut créé par
l'Empereur Charles-Quint par un édit du 12 mai
1530.

Les offices de ce tribunal furent rendus ve-
naux par des édits des années 1692 & 1693,

& par des déclarations poſtérieures. Avant le
changement opéré par ces lois, quand il vaquoit
quelque office de préſident, de conſeiller, d'avocat ou de procureur général, le conſeil nommoit
trois ſujets parmi leſquels le roi en choiſiſſoit un
pour remplir l'office vacant. Mais le conſeil ne
jouiſſoit pas du droit de préſenter aux offices de
premier préſident & de chevalier d'honneur ; le
roi y nommoit de ſon propre mouvement.

Un édit du mois de février 1771 avoit ſup-
primé le conſeil provincial d'Artois, & un autre
édit du même mois & de la même année, avoit
établi à la place de ce tribunal, un conſeil ſupérieur dans la ville d'Arras ; mais ces édits ont
été révoqués par un autre du mois de novembre
1774, qui a remis les choſes ſur le pied où elles
étoient auparavant, à quelque différence près
dans l'exercice de la juridiction.

La compétence & l'autorité du conſeil provincial d'Artois avoient été réglées par les pla-
cards de Charles-Quint des 12 mai, 23 juin, 5
juillet 1530, 10 juillet 1521, & par une déclaration de Louis XIV du 25 mars 1704 ; mais
s'étant élevé différentes conteſtations entre les
officiers de ce conſeil & ceux des bailliages
royaux de la province d'Artois ſur cette compétence, & ſur les droits de reſſort de tous ces
tribunaux, leurs droits reſpectifs ont été fixés
par des lettres-patentes du 13 décembre 1728,
que le parlement de Paris a enregiſtrées le 5
ſeptembre 1730 (*).

(*) *Voici les diſpoſitions de ces lettres-patentes avec les*
modifications & les changemens qu'y ont apportés l'en-
regiſtrement du parlement & l'édit du mois de novembre 1774.

Le conseil provincial d'Artois ne connoît pas

ARTICLE PREMIER. Maintenons les officiers de la gouvernance d'Arras dans le droit de juridiction immédiate sur la maison & château de Cour-le-Comte. Faisons défenses aux officiers de notre conseil d'Artois d'exercer aucune juridiction, en première instance, dans lesdits lieux; si ce n'est qu'il fût question de crime commis dans le lieu & pendant le temps de leur séance auquel cas ils pourront en prendre connoissance. Ordonnons que les significations que les officiers de ladite gouvernance d'Arras auront à faire à ceux du conseil d'Artois de corps à corps, pour raison de leurs fonctions, pourront être faites par les sergens de ladite gouvernance d'Arras, au greffe de notredit conseil, sans que les sergens soient tenus d'en demander la permission à notredit conseil.

II. Ordonnons que notre conseil d'Artois continuera de recevoir, même installer, si bon lui semble, les officiers des sept bailliages de notre province d'Artois; & qu'en procédant à leur réception notredit conseil d'Artois sera tenu de nommer, dans la sentence de réception celui des conseillers de notre conseil, qui sera commis pour faire l'installation au siége de la gouvernance d'Arras ou autres bailliages, au cas toutefois qu'il veuille se réserver ladite installation; laquelle audit cas ne pourra être faite par ledit conseiller commis, qu'à jour ordinaire de plaids, & sans frais ni vacations; & lorsqu'il ne jugera pas à propos de retenir l'installation de l'officier qu'il aura reçu, sera tenu de commettre à cet effet le grand bailli, ou en son absence, le lieutenant général du siége où se fera l'installation.

III. Voulons que les officiers des bailliages royaux de notre province d'Artois soient maintenus & gardés dans la qualité d'officiers royaux, sans néanmoins qu'ils puissent connoître des cas royaux & privilégiés, dans la connoissance desquels nous avons maintenu & confirmé lesdits officiers de notre conseil d'Artois, suivant l'ordonnance du 12 mai 1530, l'article 16 de l'ordonnance du 23 juin suivant, & autres déclarations, ordonnances & règlemens.

IV. En conséquence, ordonnons que les officiers de notre conseil d'Artois continueront d'entériner seuls les lettres

des appels de déni de renvoi ou d'incompétence

de rémiffion, de pardon, abolition, rappel de ban & de ga-
lère, commutation de peines, rehabilitation, & autres
lettres pour cas & crimes commis dans le reffort defdits bailliages. Faifons défenfes aux officiers des bailliages d'en entériner aucunes, encore qu'elles leur fuffent adreffées.

V. Ordonnons que lefdits officiers de notre confeil d'Artois continueront de connoître en première inftance, à l'exclufion de tous autres juges de notre province, de toutes le
caufes des églifes cathédrales, évêchés, abbayes, chapitres,
prieurés, commanderies, bénéfices & maifons de fondation
royale, ou qui ont obtenu des lettres de garde-gardienne
adreffées à notre confeil, & notamment dans le droit d'appofer le fcellé, faire inventaire & tous autres actes de juftice, lors du décès des évêques, abbés, & autres titulaires
de bénéfices de fondation royale.

VI. Déchargeons lefdits officiers du confeil provincial
d'Artois de l'affignation à eux donnée en notre cour de parlement, à la requête des officiers du bailliage d'Hefdin,
portée par leur requête du 13 avril dernier, dont nous les
avons déboutés. Nous avons maintenu & maintenons les
officiers de notre confeil d'Artois dans le droit de pouvoir
feuls appofer notre main, lors du décès des titulaires des
abbayes royales fur les biens en dépendans, pour la confervation de nos droits, & de ceux defdites abbayes & bénéfices. Nous avons pareillement maintenu lefdits officiers de
notre confeil d'Artois dans le droit de faire feuls les inventaires des titres & effets concernant lefdits benéfices & abbayes, délaiffés par lefdits titulaires, fans néanmoins qu'a-
près la levée des fcellés & confection defdits inventaires,
ils puiffent exercer dans lefdites abbayes & bénéfices aucun
autre acte de juridiction, laquelle appartiendra aux officiers
defdits bailliages, conformément à l'arrêt de notre confeil
d'état du 25 mai 1726, qui fera exécuté felon fa forme &
teneur.

*Le parlement dans l'arrêt d'enregiftrement, a modifié
l'article qu'on vient de lire en ces termes :* « Sans que fous
» prétexte d'appofer le fcellé, &c. ledit confeil puiffe appofer

en matière civile. Un arrêt rendu fur le requifi-

────────────────

»,les fcellés & faire les inventaires hors lefdites abbayes &
» dépendances d'icelles, finon en cas de dioit ».

VII. Nous avons débouté & déboutons les officiers defdits bailliages de l'oppofition par eux formée à la déclaration du 25 mars 1704, laquelle fera exécutée felon fa forme
& teneur; en conféquence nous avons maintenu & maintenons les officiers de notre confeil d'Artois dans la poffeffion
dans laquelle ils font d'être acceptés volontairement pour
juges, par les contrats que paffent entr'eux les habitans de
notre province d'Artois qui pourront pourfuivre en première
inftance devant les officiers dudit confeil tous décrets &
ajournemens forcés ou volontaires, & tous autres actes de
juftice, en exécution defdits contrats; & qu'à cette fin, toutes lettres de chancellerie & commiffion leur feront expédiées, fans néanmoins que la chancellerie près ledit confeil
puiffe expédier de pareilles commiffions pour connoître en
première inftance de toutes matières, dans le cas où ils n'auront pas été acceptés pour juges.

Remarquez fur cet article que le confeil provincial d'Ar-
tois peut être accepté pour juge par teftament, comme par
toutes fortes d'actes & de contrats : il connoît alors en pre-
mière inftance, & privativement à tous les autres juges du
pays, de l'exécution des actes, contrats & teftamens par
lefquels il eft conftitué juge.

VIII. Ordonnons que ladite chancellerie continuera
d'expédier les lettres de débitis, lefquelles ne feront fujettes
à aucun entérinement ni enregiftrement audit confeil d'Artois.

IX. Que les mifes de fait & mifes en poffeffion fe pourront faire par les officiers de notredit confeil d'Artois,
quand ils en feront requis par les parties, fans que lefdites
mifes de fait, ou mifes en poffeffion, puiffent attribuer juridiction à notredit confeil d'Artois, pour les conteftations
qui pourroient naître.

X. En conféquence, maintenons notredit confeil d'Artois dans fon droit & poffeffion d'enregiftrer, à l'exclufion
des bailliages de notredite province, toutes lettres-patentés
concernant notre domaine, les droits royaux, & toutes autres lettres émanées de notre grand fceau.

.toire de M. le procureur général, le 22 février
1732, le lui a défendu; & un autre arrêt rend

Le parlement a modifié cet article en ces termes : « San-
» que fous prétexte du préfent article concernant l'enregif-
» trement des lettres dudit feigneur roi audit confeil pro-
» vincial d'Artois, à l'exclufion des bailliages royaux, le-
» dit enregiftrement puiffe être fait par ledit confeil, qu'en
» vertu de l'enregiftrement bien & duement fait en la cour,
» & de l'envoi fait par le procureur général du roi defdites
» lettres au fubftitut du procureur général du roi audit con-
» feil comme auffi fans préjudice de l'envoi defdites lettres
» dudit feigneur roi auxdits bailliages par la cour ou par
» ledit confeil, pour y être enregiftrées fuivant l'exigence
» des cas. »

XI. Maintenons pareillement lefdits officiers de notre
confeil d'Artois dans le droit & poffeffion de juger par
appel & en dernier reffort toutes les matières dont la connoiffance appartient à notre cour des Aides.

L'arrêt d'enrégiftrement a auffi modifié cet article en ces
termes : « ledit confeil ne pourra connoître & juger en der-
» nier reffort, que fuivant & conformément à l'ordonnance
» de Charles-Quint du 23 juin 1530 ».

Un arrêt du confeil du 22 août 1730, revêtu de lettres
patentes, & enregiftré à la cour des aides le 25 octobre fui-
vant, porte que les appels des jugemens rendus dans la
province d'Artois fur des contraventions aux réglemens con-
cernant les aides & autres droits unis aux fermes générales,
doivent fe relever à la cour des aides de Paris.

XII. Avons auffi maintenu & maintenons les officiers
tant de notredit confeil d'Artois, que des bailliages, dans
le droit d'entériner les lettres de refcifion ou autres, prifes
en la chancellerie établie près notredit confeil d'Artois,
chacun dans le cas de leur compétence.

XIII. Faifons défenfes à notredit confeil d'Artois de
connoître en première inftance de combats de fiefs privativement, & à l'exclufion defdits bailliages, lorfque les
fiefs ne feront pas fitués dans différens bailliages; auquel
cas feulement permettons à notre confeil d'Artois d'accor-

le

le 3 avril 1756 , a ordonné que ces fortes d'appels continueroient d'être portés au parlement.

***

der la main fouveraine , privativement aux officiers defdits bailliages , lorfqu'il en fera requis par les parties.

XIV. Ordonnons que toutes les matières de grand-criminel , & dont la tournelle criminelle de notre cour de parlement de Paris a droit de connoître , feront jugées en dernier reffort par les officiers de notredit confeil d'Artois , fans que notredit confeil puiffe juger qu'à la charge de l'appel , les procès de petit-criminel , dont les enquêtes de notredite cour de parlement font en poffeffion de connoître.

L'arrêt d'enregiftrement porte que cet article aura lieu » jufqu'à ce qu'il ait plu audit feigneur roi rétablir l'ordre » ancien & le reffort de la cour, fans exception ; & fans que » ledit confeil puiffe connoître qu'à la charge de l'appel de la » police des prifons, ni qu'il puiffe être commis dans les prifons » royales, des géoliers autres que ceux nommés par la cour, » fi ce n'eft dans les cas urgens, jufqu'à ce que par la cour » il en ait été autrement ordonné, & fans que fous prétexte » de conflit en matière criminelle, ledit confeil puiffe juger en » première inftance les accufations, s'il n'y a eu différentes » juridictions faifies de la même accufation par plainte & » information ; ni que le confeil puiffe ftatuer qu'à la charge » de l'appel fur les queftions qui donneroient lieu à un con- » flit, foit par rapport à l'étendue du territoire defdites juf- » tices royales, ou des hauts, moyens ou des bas jufticiers ; » foit pour raifon du caractère defdites juftices, pouvoir d'i- » celles & des officiers, & autres queftions qui pourroient » naître à l'occafion de l'inftruction du jugement du grand- » criminel ».

Mais ces modifications n'ont plus d'objet depuis l'édit du mois de novembre 1774 , qui a attribué au confeil provincial d'Artois toute cour & juridiction pour juger en dernier reffort & fans appel toutes les matières , tant de petit criminel que de grand criminel.

XV. Ordonnons pareillement conformément à l'ordonnance du 8 décembre 1531 , qu'en cas de conflit de juridiction entre les officiers defdits bailliages royaux , ou de quelques

Le ressort du conseil provincial d'Artois s'étend sur toute la province d'Artois, & sur les

justices subalternes ou seigneuriales, les officiers de notre conseil d'Artois pourront instruire & juger les affaires criminelles qui donneront lieu audit conflit, sans préjudice au droits des officiers desdits bailliages, ou autres juges qui demeureront en leur entier, à l'effet de faire juger le droit leur juridiction.

XVI. Seront tenus les officiers de notre conseil d'Artois de renvoyer auxdits bailliages, & sans requisition des parties, les causes qui seront portées en première instance en notredit conseil, dont la connoissance ne lui est point attribuée par son institution, ou par les déclarations données en conséquence, sans qu'il puisse évoquer le principal des contestations pendantes aux bailliages, si ce n'est dans les cas portés par l'ordonnance, & à la charge de les juger sur le champ à l'audience. Faisons défenses au garde-scel de la chancellerie de notredit conseil, d'expédier aucune commission ; & aux officiers de notredit conseil, de répondre aucune requête pour porter en première instance en notredit conseil la connoissance de quelqu'affaire que ce soit, à moins que lesdites commissions & requêtes ne soient libellées & ne contiennent le fondement de la compétence de notredit conseil ; & conformément à l'article 19 de l'ordonnance de 1531, au titre des huissiers, les huissiers de notredit conseil, ou autres sergens ne pourront mettre à exécution lesdites commissions & ordonnances, sans les avoir préalablement fait voir au principal officier du lieu, & demandé son assistance.

XVII. Comme aussi faisons défenses aux officiers de notredit conseil d'Artois d'accepter & de juger des arbitrages en corps.

XVIII. Faisons défenses au conseil d'Artois de troubler les officiers desdits bailliages dans les droits d'examiner les chirurgiens du plat-pays, ainsi qu'ils ont bien & légitimement fait jusqu'à présent ; même de juger les contestations qui naîtront entr'eux pour raison de leurs fonctions.

XIX. Ordonnons que les officiers de notre conseil seront tenus dans toutes les affaires, dont le fond n'excédera pas la somme de 300 livres, de commettre lesdits officiers des-

villes & territoires de Dunkerque, de Grave-
lines & de Bourbourg, aux termes d'une déclaration de l'année 1664.

Une autre déclaration du 27 octobre 1708, a
accordé aux habitans de la province d'Artois le
privilège de ne pouvoir être traduits en première
instance ailleurs que devant les juges de cette
province. (*).

---

dits bailliages pour procéder aux enquêtes & descentes sur
les lieux, ordonnées par notredit conseil ; & que lorsque
les enquêtes ou descentes seront ordonnées, en prononçant
sur l'appel d'une sentence rendue auxdits bailliages, les officiers de notre conseil commettront pour y procéder l'un
des officiers ou hommes de fiefs du bailliage le plus prochain non suspect aux parties, sans qu'ils puissent commettre aucun avocat ni praticien du pays, qu'à défaut ou empêchement des officiers desdits bailliages.

XX. Ordonnons que les officiers de notredit conseil
d'Artois ne pourront faire aucun règlement provisoire ni
définitif, au sujet des fonctions, rang, séances & vacations
des officiers desdits bailliages ; maintenons seulement les
officiers de notredit conseil dans le droit & possession de
faire par provision, des règlemens généraux pour la police
de notre province d'Artois.

*L'arrêt d'enregistrement a modifié cet article en ces ter-
mes :* « pourra au surplus ledit Conseil, conformément au
» dernier article desdites lettres, faire par provision, des
» règlemens généraux pour la police de la province d'Ar-
» tois, ès cas seulement où il seroit nécessaire d'y pourvoir
» promptement, & à la charge de les présenter incessam-
» ment à la cour, pour être homologués, si faire se doit. »

(*) Louis XIV avoit déclaré plusieurs fois dans ses ré-
ponses aux cahiers des états, qu'il vouloit que les habitans
de cette province fussent maintenus dans le privilége de ne
pouvoir être traduits en première instance ailleurs que devant leurs juges naturels. Ce privilége avoit été expressément confirmé par une déclaration du 16 juillet 1687 ;
mais comme on ne laissoit point d'y donner atteinte par

C'eſt en conſéquence de cette loi qu'un arrêt
du conſeil du 10 février 1733 a caſſé & annullé
la procédure extraordinaire & les décrets de
priſe de corps décernés par la maîtriſe des eaux
& forêts d'Amiens contre pluſieurs habitans du
village de Baillon ſitué en Artois, pour rebellion faite aux huiſſiers de cette maîtriſe qui pour-
ſuivoient un payement de bois adjugés par le
bailli de Vaudémont.

L'aticle 30 de la nouvelle coutume d'Artois
veut que le juge de l'ouverture de la ſucceſſion

---

des lettres de committimus & d'évocation, & qu'on alloit
même juſqu'à pourſuivre dans des juridictions éloignées,
les ſaiſies-réelles, qui doivent ſuivre néceſſairement la ſituation des biens, les états de cette province en portèrent des
plaintes, qui donnèrent lieu à la déclaration du 8 octobre 1708. Par cette loi, le roi renouvela les défenſes de
traduire en première inſtance les habitans de l'Artois, ailleurs que devant leurs juges naturels, nonobſtant tous priviléges atttributifs de juridiction, à quelque tribunal que ce
ſoit. La même déclaration porte, *que les ſaiſies-réelles &*
les décrets des biens ſitués en Artois, ſeront pourſuivis
devant les juges de cette province, & non ailleurs. Mais
ceci ne doit s'entendre que des juges de priviléges, & des
juges ordinaires des autres provinces; car on décrete au
parlement de Paris, qui eſt le tribunal ſupérieur du conſeil d'Artois, les biens ſitués dans cette province. Il y a un
arrêt du 16 avril 1712, par lequel le ſieur Boniface,
grand-bailli de Bapaume, a été débouté de la requête
par laquelle il avoit demandé que la ſaiſie faite de ſes biens
pour les décréter au parlement de Paris, & tout ce qui s'en
étoit ſuivi fût déclaré nul. M. Chauvelin, avocat général,
qui porta la parole dans cette affaire, dit que les termes généraux, *d'autres juridictions*, par leſquels la déclaration
de 1708 défendoit de porter ailleurs les décrets des biens
ſitués en Artois, ne comprenoit point le parlement, qui
eſt le juge ſupérieur des tribunaux de cette province.

connoiffe feul de l'exécution du teftament ; & à
ce fujet s'eft élevée la queftion de favoir fi un
bourgeois de Paris pouvoit être contraint de
plaider en Artois pour défendre à une demande
en délivrance de legs ? Le bourgeois de Paris
invoquoit l'article 112 de la coutume de Paris
qui porte *qu'en matière civile, les bourgeois de
Paris ne peuvent être contraints de plaider en défendant ailleurs qu'à Paris, pour quelque caufe &
privilège que ce foit.*

L'Artéfien fe fondoit fur l'article 30 de la
coutume d'Artois, & fur ce conflit dans lequel
les procureurs du roi des juridictions du châtelet & de Saint-Omer font intervenus, la caufe
portée à la grand'chambre du parlement en
1748, a été appointée au confeil.

La prefcription qui ne s'acquiert que par quarante ans, quand l'action hypothécaire eft jointe
à la perfonnelle, n'eft pas connue en Artois.

Les propriétaires d'héritages propres, fitués
en Artois, ne font pas toujours les maîtres de
les vendre comme nous le difons à l'article *néceffité jurée.*

Dans les décrets d'immeubles qui fe pour-
fuivent en Artois, il n'eft pas néceffaire d'appofer des affiches aux chofes faifies, & fi l'on
en appofe, on peut fe difpenfer d'y ajouter
les armes du roi, parce que la coutume d'Artois ne prefcrit point cette formalité & que
l'édit de 1551 n'a point été publié dans cette
province, qui étoit alors fous la domination des
princes de la maifon d'Autriche. Mais il y a en
Artois une autre formalité effentielle ; c'eft que
fept jours après la faifie réelle, le fergent doit
faire mettre à prix par une perfonne les fonds

qui ont été faiſis, faire obliger dans le procès-verbal cette perſonne de payer en lui fourniſſant le décret, le prix qu'elle a mis, lui faire élire un domicile dans le lieu de la juridiction où ſe pourſuit le décret, & ſignifier à la partie ſaiſie une copie du procès-verbal de la miſe à prix.

Les criées doivent être faites dans l'année de la miſe à prix, ſinon la ſaiſie réelle eſt interrompue ou périe, ſelon le placard du 18 juillet 1531. Mais on ne peut les commencer que le huitième jour de la miſe à prix. Elles ſe font au marché *Breteque* (c'eſt-à-dire, au lieu du marché deſtiné pour les proclamations) de huitaine en huitaine pour les biens de roture, & de quinzaine en quinzaine pour les fiefs, même pour les rotures qui ont été ſaiſies avec un fief. Au dimanche qui ſuit chaque criée faite au marché, on en fait une à l'iſſue de la meſſe de paroiſſe. Il faut quatre criées tant de marché que d'égliſe.

Les adjudications par décret ſont cenſées faites dans cette province à la charge des droits purement réels, des rentes foncières & des anciennes redevances. C'eſt ce que porte l'acte de notoriété donné par le conſeil d'Artois le 27 février 1696.

Il n'eſt pas néceſſaire en Artois de s'oppoſer à fin de conſerver, pour être colloqué ſur le prix d'un fonds vendu par décret. Non-ſeulement on peut demander d'être colloqué après le décret ſcellé, & avant l'ordre & la diſtribution du prix, ſuivant les actes de notoriété, délivrés par le conſeil d'Artois le 21 avril 1684, & le 15 mai 1691; mais on peut encore faire refaire l'ordre à ſes dépens, & faire rapporter à ceux qui ont reçu, tant que la dette n'eſt point prescrite. Cela est fondé sur ce qu'il n'y a aucune loi enregistrée en Artois, qui oblige de s'opposer *à fin de conserver*.

La procédure qui se fait en Artois pour régler l'ordre de la collocation des créanciers a quelque rapport à celle du châtelet de Paris. Quinze jours après l'adjudication au plutôt, les créanciers ou leurs procureurs comparoissent au prétoire de la juridiction où l'adjudication a été faite, & là, en présence de deux commissairres, ils expliquent leurs prétentions sur le prix des biens adjugés par décret, & ils représentent les titres sur lesquels ils appuient ces prétentions. Si le poursuivant ou un autre créancier n'oppose rien à celui qui demande à être colloqué, il est mis dans son rang de privilège ou d'hypothèque; ou si la dette est purement personnelle, il est dit qu'il viendra au sou la livre avec les autres créanciers de la même classe. Il n'y a point d'autre ordre en Artois que le procès-verbal de ce qui se passe en présence des commissaires. Il est rédigé par le greffier, & on l'appelle *cahier de distribution*. En cas de contestation entre les créanciers, on donne la provision à celui qui a le droit le plus apparent, & sur le fonds l'affaire est appointée entre les contestans.

Dans la coutume d'Artois & dans quelques autres coutumes voisines, il y a trois voies, que l'on appelle *œuvres de loi*, pour acquérir l'hypothèque. La première est la *mise de fait*, qui se fait par un sergent, en vertu d'une commission du juge; cette mise de fait doit être suivie d'une *tenue de droit*, c'est-à-dire, d'une sentence qui confirme la mise de fait. La seconde est le *rapport d'héritage*, c'est-à-dire une espèce de *devest* entre les mains du seigneur, dont l'héritage est tenu en fief ou en censive, en présence de ses hommes de fief. La troisième est *la main assise* du comté d'Artois, ou d'une autre justice souveraine ou supérieure, après avoir appelé la partie intéressée & le seigneur dont l'héritage est tenu.

Quand on veut avoir une mise de fait sur des héritages situés en différentes juridictions, on prend une commission à la juridiction supérieure de celle où les héritages sont situés. Ainsi quand les fonds sur lesquels on veut avoir un droit réel, sont situés en différentes seigneuries qui sont du même bailliage, la mise de fait doit être demandée au bailliage, & quand les fonds se trouvent situés en différens bailliages, la mise de fait s'obtient au conseil d'Artois.

C'est une question dans la coutume d'Artois, si dans les justices seigneuriales on doit tenir un registre des rapports d'héritages, de sorte qu'il n'y ait point d'hypothèque, quand le rapport ne se trouve point inscrit sur le registre. M. Maillart, qui traite cette question dans son commentaire sur la coutume d'Artois, dit que pour acquérir hypothèque, il faut que le rapport soit inscrit sur le registre de la juridiction seigneuriale destiné à cet effet. La raison qu'il en rend, est que dans l'établissement des *œuvres de loi* pour acquérir hypothèque, on a eu principalement en vue de faire connoître à ceux qui voudroient contracter avec une personne, si son bien est déja affecté & hypothéqué à d'autres créances, & que cette formalité deviendroit absolument inutile, au moins pour cet effet, si l'on n'étoit point obligé de tenir un registre des rapports d'héritages. Un auteur dont on a des obfervations fur le droit coutumier, qui regardent particulièrement la coutume d'Artois, èft de même avis que M. Maillart. L'un & l'autre croient qu'il faut étendre à la coutume d'Artois pour le rapport d'héritage, ce que prefcrivent les coutumes de nantiffement, favoir, d'infcrire ce rapport fur un regiftre. C'eft en effet ce qui fe pratique au bailliage d'Arras, & même dans les grandes juridictions feigneuriales de l'Artois.

Mais il y a plufieurs juftices feigneuriales, où l'on n'obferve point cet ufage; & le confeil provincial d'Artois juge que l'hypothèque a lieu du jour des rapports d'héritages faits dans ces juftices en préfence des hommes de fief, quoique la minute du rapport foit remife entre les mains du créancier, & que l'on n'en tienne aucun regiftre. On dit pour autorifer cette jurifprudence du confeil d'Artois, que la coutume prefcrivant le rapport d'héritage pour faire acquérir l'hypothèque, fans exiger que ce rapport foit infcrit fur le regiftre, on ne peut obliger à y ajouter à peine de nullité, une formalité dont la coutume ne parle point. On prétend qu'il y auroit d'ailleurs de l'inconvénient à déclarer nuls ces rapports, fur la foi defquels on a cru jufqu'ici acquérir une hypothèque fur les biens fitués dans la coutume d'Artois. Mais quand une formalité à laquelle on n'eft point expreffément affujetti par la coutume, eft néanmoins néceffaire pour remplir l'efprit de fes difpofitions, & que cette formalité eft prefcrite par les coutumes qui ont le même efprit de rendre les hypothèques publiques, afin qu'on puiffe être inftruit des hypothèques dont font chargés les biens de ceux avec qui on veut contracter, il paroît bien difficile de ne point regar-

der comme un abus, l'ufage des petites juridictions d'Artois, de ne point tenir regiftre des
rapports d'héritages, & il y a lieu de croire que
s'il s'en préfente quelque occafion, le parlement
réformera cet abus.

On a longtemps douté en Artois, fi pour acquérir hypothèque fur un héritage patrimonial,
il fuffifoit d'avoir obfervé l'une des trois voies
prefcrites par l'article 75 de cette coutume. Ce
qui faifoit naître cette difficulté, eft que l'article 76 de la coutume porte, que pour vendre,
aliéner, ou changer nommément un héritage
patrimonial au préjudice des héritiers, il faut le
confentement de l'héritier apparent, ou un remploi des deniers en héritages de pareille valeur
que celui qui eft aliéné ou changé, ou que le
propriétaire jure qu'il eft dans la néceffité de
vendre, & que cette néceffité foit atteftée par
deux témoins dignes de foi. On difoit que l'hypothèque du fonds femble comprife fous le nom
général de charge de l'héritage. Mais le roi a
réglé par fa déclaration du 14 Mars 1722, enregiftrée au Parlement de Paris le 17 avril de la
même année, que, fous le nom de *charges impo-
fées nommément* fur les héritages patrimoniaux,
il ne faut entendre que les rentes foncières &
non rachetables. Il veut en conféquence que les
rentes conftituées à prix d'argent & les autres
obligations perfonnelles hypothéquées ou non,
aient leur entière exécution contre les héritiers
des biens patrimoniaux fitués en Artois, encore
que l'une des trois voies marquées par l'article
76 de la coutume pour l'aliénation des héritages
patrimoniaux n'ait point été obfervée, à la
charge néanmoins que cet article fera exécuté

pour les ventes, les charges réelles, & les autres aliénations des héritages patrimoniaux.

Les fentences n'emportent point d'hypothèque en Artois fur les biens des condamnés, fuivant l'article 74 de la coutume de ce pays-là, à moins que la fentence n'ait été fuivie de l'une des trois formalités néceffaires pour acquérir hypothèque. Le comté d'Artois eft différent en ce point des coutumes de Picardie, où l'on n'acquéroit autrefois hypothèque que par l'une des trois voies, & où les fentences donnent à préfent une hypothèque fur les biens du condamné. La raifon de la différence vient de ce que l'Artois étoit fous la domination de la maifon d'Autriche, lorfque l'ordonnance de Moulins a décidé que les fentences emporteroient par la fuite hypothèque fur les biens du condamné du jour de leur date, & que cette ordonnance ne fait point une loi pour l'Artois où elle n'a point été enregiftrée ni exécutée, même depuis la réunion de cette province à la couronne.

On n'admet point non plus en Artois, fans l'obfervation de l'une des *œuvres de loi*, d'hypothèques privilégiées pour certaines dettes, comme on les admet fans nantiffement dans les coutumes de Picardie. C'eft pourquoi le mineur n'a d'hypothèque en Artois fur le bien de fon tuteur pour le reliquat du compte de tutelle, ni la femme mariée fur les biens de fon mari pour fa dot & fes conventions matrimoniales, que du jour que l'on a fatisfait à l'une des trois voies pour faire acquérir hypothèque au pupile ou à la femme.

A l'égard des dettes purement privilégiées, pour lefquelles les créanciers font colloqués de

droit commun avant tous les créanciers hypothécaires, elles font colloquées en Artois dans la
diftribution des deniers avant toutes les créances
pour lefquelles on a obfervé l'une des trois
voies, quoique les créanciers privilégiés n'ayent
point pris cette précaution. Ce qui eft fondé
fur ce que de droit commun le privilège dépend
de la qualité & de la faveur de la dette, &
qu'il n'y a point de difpofition dans la coutume
d'Artois qui déroge à cette règle du droit commun. Ainfi celui qui a prêté des deniers pour
acquérir une maifon ou pour la réparer, eft préféré dans l'Artois à tout autre créancier hypothécaire qui a obfervé l'une des trois voies pour
acquérir hypothèque.

Dans le pays de nantiffement, & dans les
coutumes de faifine, il ne faut ni nantiffement,
ni faifine pour avoir hypothèque fur les charges,
parce que l'édit du mois de février 1683, qui
déroge à toute coutume contraire, veut que les
deniers provenans de la vente des offices foient
diftribués par ordre d'hypothèque entre les
créanciers oppofans au fceau, fans aucune diftinction entre les pays de faifine & de nantiffement, & les autres provinces du royaume.
Louis XIV en a lui-même rendu la raifon dans
une déclaration pour la Breffe, où il dit que les
offices n'étoient point vénaux ni héréditaires dans
le temps que plufieurs des règlemens fur les
criées & fur les fubhaftations ont été faits. Il
femble par cette raifon que dans l'Artois, où les
offices de judicature ne font devenus vénaux &
héréditaires que depuis l'édit de 1683, les *œuvres de loi* ne devroient point être néceffaires
pour acquérir hypothèque. Cependant ceux qui

font inftruits des ufages du confeil d'Artois, affurent que pour être colloqué fur un office par
ordre d'hypothèque, il faut avoir acquis l'hypothèque par l'une des trois voies prefcrites par
la coutume, comme pour les fonds.

Dans les pays-bas, & principalement en Artois, toutes les adminiftrations font laïques de
droit; elles appartiennent à la juftice municipale, c'eft-à-dire, aux échevins. Etabliffemens
publics, maifons de charité, hôpitaux, tout cela
eft adminiftré par la juftice municipale.

On a agité la queftion de favoir, fi la déclaration de 1639, concernant les mariages clan-
deftins, avoit lieu dans l'Artois, & fingulière-
ment à Saint-Omer. La raifon de douter, étoit
que l'Artois n'étoit pas foumis à la France lorfque cette loi fut faite, & qu'elle n'avoit pas été
envoyée au confeil d'Artois ; mais comme elle
eft conforme au droit commun & aux anciennes
ordonnances, la cour a jugé qu'elle devoit être
obfervée dans cette province. L'arrêt qui a décidé cette queftion a été rendu fur les conclufions de M. l'avocat général Gilbert, le 29 mars
1737, à l'occafion du mariage du fieur Wanfin.

L'abbaye de Saint-Bertin fituée à Saint-Omer
en Artois, a le privilège fingulier de pouvoir
ufer d'exécution feigneuriale contre tous fes débiteurs d'Artois & de Flandre, de la même manière que le roi *pour deniers royaux, nonobftant
toute appellation, &c.* Les moines de cette abbaye difent que ce privilège leur a été originairement accordé par Philippe-le-bon duc de
Bourgogne. Louis XV le leur a confirmé par fes
lettres-patentes du mois de janvier 1725, enregiftrées au parlement de Douai le 9 mars fuivant.

L'édit du mois d'avril 1695 concernant l
juridiction eccléfiaftique, n'eft pas actuellemen
obfervé en Artois, même dans les portions d
cette province dépendantes des évêchés de Bou
logne, d'Amiens & de Noyon, ni même dan
les autres provinces des pays-bas foumis à l
France. L'exécution des difpofitions de cet édi
y eft fufpendue par un règlement du 5 feptem
bre 1701, & par des lettres-patentes du 1
avril 1706.

L'églife d'Arras avoit été anciennement dé-
chargée de la régale par des lettres-patentes du
roi Philippe-Augufte données à Fontainebleau
en 1203 : ce privilège fut affez conftamment re
connu jufqu'en 1724; mais la mort de M. de
Seve, évêque d'Arras, arrivée cette année,
ayant donné lieu à une conteftation fur ce fujet,
le parlement de Paris déclara par arrêt du 20
mars 1727, que l'églife d'Arras étoit fujette à
la régale.

Après le traité de paix de l'an 1659, M. de
Rochechouart, évêque d'Arras, prétendit que
l'univerfité de Paris ne pouvoit nommer fes
gradués fur les collateurs du comté d'Artois; ce
qui donna lieu à plufieurs conteftations entre des
gradués & ceux qui avoient été pourvus dans
les mois des gradués, fans avoir la nomination
des Univerfités. Le roi qui voulut faire un règlement fur cette matière, évoqua l'affaire à fon
Confeil. M. l'évêque d'Arras & l'Univerfité de
Paris y furent reçus parties intervenantes. On
fit voir dans les mémoires de l'Univerfité; 1°.
que le comté d'Artois avoit toujours fait partie
du royaume de France, & qu'il avoit été fous
le reffort du parlement de Paris jufqu'au traité

le Madrid de 1526 ; par conséquent, que la
pragmatique sanction & le concordat d'entre
Léon X & François I, qui établissent les privi-
èges des gradués, ont été exécutés dans l'Artois ; 2°. que par des lettres-patentes de l'Empereur Charles V, on a permis aux états d'Artois de suivre les usages & les libertés de l'église
Gallicane, ce qui les a exemptés de toutes les
charges auxquelles les collateurs des autres pays
sont assujettis envers la cour de Rome ; 3°. que
le comté d'Artois étant réuni à la couronne, on
ne devoit regarder cette réunion que comme un
retour de ce pays à son premier état. C'est ce
que les Romains appelloient *jus post liminii*,
droit de retour, par lequel non-seulement les
particuliers, mais encore les villes & les provinces qui avoient été dépouillées de leurs droits
par la captivité, les recouvroient par leur retour, suivant la loi 19, au digeste, *de captivis &*
post liminio. On ajoutoit que les capitulations
qui conservoient aux ecclésiastiques de l'Artois
les immunités dont ils avoient joui sous la domination d'Espagne, n'avoient fait que conserver
dans cette province le droit commun de la
France, qui avoit été regardé comme un privilége, tant que ce pays avoit été soumis à une
domination étrangère. Sur ces raisons, le roi,
sans s'arrêter à l'intervention & à la demande
de M. l'évêque d'Arras, maintint l'université de
Paris dans le droit & dans la possession de
nommer ses gradués sur le diocèse d'Arras pour
être pourvus des bénéfices vacans dans ce diocèse, conformément au concordat passé entre
Léon X & François I. L'arrêt qui est du 3 juin

1688, se trouve dans le cinquième volume du journal des audiences.

On a même jugé au parlement de Paris, le 26 janvier 1717, sur les conclusions de M. de Lamoignon avocat général, que les canonicats de Saint Omer sont sujets à l'expectative des gradués, quoique cette ville fût sous la domination du roi d'Espagne, lorsque le concordat a été passé entre Léon X & François I ; quoique le roi de France lui ait conservé tous ses privilèges par la capitulation ; quoique le tiers des prébendes de l'église de Saint-Omer soit affecté à des gradués par la bulle de l'érection de l'évêché , & quoiqu'aucun gradué n'eût placé ses grades sur ce chapitre avant 1716. Les neuf canonicats de l'église de Saint-Omer , affectés à des gradués , ne sont pas sujets à l'expectative des gradués simples ou nommés, parce qu'ils sont exempts de toutes expectative, par la bulle d'érection de l'évêché. Il en est de ces canonicats comme des dignités des autres églises cathédrales qui doivent toujours être conférées à des gradués , mais qui ne sont pas sujettes à l'expectative des gradués nommés ou simples.

Les collecteurs de la province d'Artois ont obtenu un arrêt du conseil du roi le 19 février 1677, qui les maintient dans l'exemption du droit d'indult. Le parlement de Paris prétend que cet arrêt ne peut lui faire de préjudice , 1°. parce qu'il a été obtenu sans l'appeler ; 2°. parce que les bulles assujettissent aux droits d'indult tous les collateurs du royaume , sans aucune distinction des anciens & des nouveaux domaines ; 3°. parce que l'Artois étoit assujetti à l'in-

dult

dult avant la ceffion faite à Charles V de la fouveraineté de ce pays, & qu'il doit rentrer dans fon ancien état par droit de retour. 4°. Parce que les exemptions accordées par Charles V aux collateurs de ce pays, & confirmées par le traité des pyrenées, ne regardent que les réferves & les provifions apoftoliques *nouvelles & non accoutumées, ne vues audit pays;* c'eft-à-dire, les referves qui n'avoient point lieu dans cette province, avant qu'elle· fût féparée de la France.

Si ces raifons prouvent que l'indult du parlement devroit avoir lieu dans la province d'Artois, la vérité eft qu'il n'y a pas lieu non plus que dans la Bretagne & les trois évêchés.

Quoique l'Artois fît partie de la France au temps du concordat, & que par cette raifon le roi doive avoir fur les bénéfices confiftoriaux de cette province, les mêmes droits que le concordat lui donne fur cette efpèce de bénéfice dans toute l'étendue du royaume, l'ufage eft néanmoins que le roi ne nomme point par brevet aux abbayes de l'Artois : les religieux préfentent trois fujets au roi qui en choifit un, & l'évêque ou chef d'ordre confirme.

Le grand confeil connoît des conteftations relatives aux bénéfices fitués en Artois, & accordés fur la nomination du roi, foit pour joyeux avénement, ferment de fidélité ou autre cas, fans qu'on puiffe ufer d'aucune évocation en vertu des privilèges de la province; le confeil d'état l'a ainfi décidé par arrêt du mois de juin 1717.

Il ne faut pas comprendre dans cette attribution les caufes de régale : la connoiffance en appartient à la grand'chambre du parlement de Paris *privativement aux autres chambres du même parlement , & à toutes les autres cours & juges du royaume.* C'est la disposition de l'article 19 du titre 15 de l'ordonnance de 1667. *Voyez le traité de Madrid, du 14 janvier 1525 ; celui d'Cambrai du 3 août 1529 ; celui de Crespy, du 18 septembre 1544 ; celui d'Aix-la-Chapelle du mai 1668 , & celui de Nimègue, du 17 septembr. 1678 ; l'arrêt du conseil du 8 février 1661 ; l'édi. du mois de novembre 1745 ; les mémoir. concernant les impositions & droits qui se perçoivent en France ; la déclaration du 20 juillet 1700 ; cell. du 14 juillet 1699 ; l'édit du mois de décembr. 1703 ; la déclaration du 17 janvier 1736 ; l'édi. du mois de mars 1714 ; la déclaration du 29 septembre 1722 ; les arrêts du conseil des 20 mar. 1714, 24 décembre 1726, 13 janvier 1733 , 15 juillet 1738 , 14 octobre 1743 , 28 octobre 1749 4 novembre 1755 , 2 janvier & 9 septembre 1742 , 21 janvier 1749 , & 3 décembre 1772 ; la déclaration du 9 mars 1698 ; la coutume d'Artois ; les arrêts du conseil du 15 mars 1723 , & 13 juillet 1728 ; le dictionnaire raisonné des domaines ; les arrêts du conseil des 15 juin 1688 , 14 juin 1689 , 20 juin 1713 , 15 février 1720, & 31 mai 1732 ; le tarif de 1664; les édits du mois de février 1771 , & du mois de novembre 1774 ; la déclaration du 25 mars 1704; les lettres-patentes du 13 décembre 1728 ; la notice sur l'Artois ; les lettres-patentes du 25 mai 1726 ; les déclarations du 27 octobre 1708 , & 14 mars 1722 ; les arrêts de Brillon ; Maillart , sur la coutume d'Artois ; le traité de la vente des immeubles par décret ; le règlement du 5 septembre 1701 ;*

les lettres-patentes du 13 avril 1706; la collection de jurisprudence; les loix ecclésiastiques de France; le recueil de jurisprudence canonique; le journal des audiences; le dictionnaire de droit canonique; les mémoires du clergé; l'ordonnance de 1667, &c. Voyez aussi les articles CONTRÔLE, INSINUATION, FRANC-FIEF, PROVINCE, MARCHANDISE, ENTRÉE, SORTIE, TARIF, CONSEIL SUPÉRIFUR, NÉCESSITÉ JURÉE, MISE A PRIX, DÉCRET, HYPOTHÈQUE, RÉGALE, GRADUÉ, INDULT, &c.

ARTS ET MÉTIERS. On appelle ainsi en général, ces talens & ces travaux dont grand nombre de citoyens font leur état ou leur profession dans la société, en se conformant aux statuts & règlements qui peuvent être donnés sur le genre qu'ils embrassent.

Le mot d'*Art* semble convenir plus particulièrement aux professions qui demandent une certaine étude & de l'intelligence pour y réussir; au-lieu que le mot de *Métier* n'appartient qu'à ces travaux plus ou moins pénibles qui exigent plus de force du côté du corps que du côté de l'esprit. Ceux qui exercent les Arts sont nommés *artistes :* ceux qui font des Métiers sont nommés *artisans.*

On distingue encore les Arts proprement dit, en Arts libéraux & en Arts mécaniques. Ceux dont l'objet produit est moins matériel, comme la musique, la médecine, la peinture, &c. sont de la première espèce, & peuvent être exercés par toute sorte de personnes de distinction, sans déroger à la noblesse qui peut leur être acquise. Ceux au contraire qui approchent davantage de la fonction des artisans, sont de la seconde efpèce , & emportent avec eux une certaine dérogeance aux privilèges dont on pourroit jouir fi on ne les exerçoit pas : diftinction odieufe , comme l'a fort bien remarqué un Philofophe de nos jours : tout ce qui contribue aux commodités de la vie , eft aufli recommandable que ce qui n'en fait que les fimples agrémens. Mais c'eft une injuftice de la part de ceux qui fe font comme arrogé le droit de difpenfer les honneurs ; ils ne voient pas ce qui leur manqueroit fans les Arts mécaniques. Et à ne confidérer les chofes que fous des vues politiques , les Arts mécaniques peuvent être d'une aufli grande utilité que les Arts libéraux ; on peut même fe paffer plus facilement de ceux-ci que des premiers. Ainfi au-lieu de les décourager par le peu de cas que l'on fait de ceux qui les exercent , que ne cherche-t-on à les annoblir & à les multiplier ? Ils font une fource féconde des richeffes de la France : les chefs-d'œuvre qu'ils produifent rendent pour ainfi dire les autres nations nos tributaires. Mais par malheur ce ne font pas les artiftes qui jouiffent du fruit de leurs travaux , ce font des hommes oififs & fort inutiles à la fociété , qui fouvent en recueillent l'avantage. Tout citoyen qui travaille eft un fujet utile à l'état : la honte & le mépris ne doivent être que pour le vice & l'ignorance. Mais par un renverfement de l'ordre des chofes , il femble qu'il fuffit qu'on ait exercé un Art méchanique , pour qu'il foit défendu d'afpirer aux diftinctions. L'injuftice même du préjugé s'étend encore quelquefois fur les enfans de l'ouvrier. On cherche comme à le punir d'être né d'un père laborieux ; le plus grand mérite n'eſt ſouvent pour lui qu'une foible recommandation. Auſſi voit-on que les enfans ſe ſoucient peu d'embraſſer l'état de leur père ; ils s'en éloignent inſenſiblement le plus qu'ils peuvent ; ils craignent même qu'on ne s'apperçoive un jour qu'un de leurs Auteurs n'étoit qu'un artiſan , tandis cependant que rien ne contribueroit plus à la perfection des Arts , que l'exercice ſucceſſif qui s'en continueroit du pere aux enfans. Un autre avantage qui réſulteroit de la protection plus marquée qu'on accorderoit à tous les Arts en général , ſeroit de voir une infinité de jeunes gens de famille s'y livrer ſans repugnance ; au-lieu que l'eſpèce de mépris qu'on y a attaché, eſt cauſe qu'ils aiment mieux végéter & mener une vie célibataire & ſouvent ſcandaleuſe , que de s'occuper d'un genre d'exercice qui , en leur procurant des ſecours plus abondans pour eux-mêmes, en feroit des pères de famille & de bons citoyens.

Mais ſans doute que la philoſophie , en nous rendant plus éclairés , achevera de nous rendre plus juſtes. Nous aimons les Arts, parce qu'ils vont au-devant de nos beſoins ou de nos deſirs ; pourquoi n'aimerions-nous pas les artiſans & les artiſtes ?

Pour nous renfermer ſur cet article dans le ſimple rapport qu'ont les Arts avec la juriſprudence , nous obſerverons qu'anciennement les Arts & Métiers s'exerçoient dans toute la France avec la plus grande liberté. On ne connoiſſoit point ce qu'on appelle aujourd'hui *maîtriſe* ou *jurande* ; chacun faifoit ce qu'il favoit & ce qu'il pouvoit faire. Le talent ni le génie n'avoient point d'entraves. Celui qui avoit le plus d'intelligence & de goût, étoit celui qui tiroit le meilleur parti de fon Art. L'émulation étoit générale, parce que la liberté l'étoit pareillement. Mais il n'eft pas de même libre aujourd'hui à l'artifte ni à l'ouvrier d'exercer fon Art ou fon Métier où il lui plaît & comme il lui plaît ; ils fe trouvent affujettis l'un & l'autre dans certains endroits, à des loix & à des formalités qu'on ne connoiffoit point autrefois. Actuellement, que par une étude & une application particulière, on fe foit mis au fait des règles d'un Art, qu'on l'ait même pratiqué avec le plus grand fuccès dans ces endroits où fe conferve la liberté des premiers temps, ceci ne fuffit ·pas pour l'exercer dans les villes où il eft érigé en maîtrife. Il faut qu'on faffe un apprentiffage pendant un certain temps fous un maître, comme fi l'on étoit le plus parfait ignorant. Cet apprentiffage fini, il faut encore, avant de pouvoir exercer pour fon compte, avoir l'agrément des maîtres de la communauté dont dépend l'Art qu'on veut pratiquer, paffer par des formalités, payer des droits de réception, ou être contraint toute fa vie à travailler pour ces maîtres & à leur profit.

Ceux qui ouvrent les yeux fur tout ce qui peut intéreffer l'ordre politique, ont mis en queftion fi toutes les maîtrifes n'étoient pas contraires au progrès & à la perfection des Arts : les uns ont prétendu que la France ne devoit fa fupériorité dans ce genre fur les autres nations, que parce qu'on avoit affujetti les Arts à des loix, à des règlemens. Les autres ont obfervé que les loix & les règlemens ne créoient point le talent ; que la gêne au contraire qu'ils occafionnoient déterminoient de bons artiftes à s'expatrier & à porter l'induftrie Françoife chez l'étranger : que dans certains pays on trouvoit aujourd'hui d'auffi bons ouvriers qu'en France pour certains Arts & Métiers, & que la liberté de les exercer n'étoit nullement contraire à leur étendue ni à leur perfection. Quelques-uns, en prenant un jufte milieu, voudroient qu'il y eût une liberté entière pour ces Arts & Métiers, fur lefquels le public ne peut point être trompé : il eft bien aifé de voir fi un peintre, un fculpteur, un menuifier, un couvreur, un vitrier ont travaillé à notre gré ; ainfi quel intérêt pouvons-nous avoir à ce qu'ils foient aftreints à travailler en jurande ? Mais il n'en eft pas tout-à-fait de même des Arts qui intéreffent effentiellement l'ordre public, comme la chirurgie, la pharmacie, &c. on convient qu'il eft important de s'affurer d'une manière plus particulière des talens & de la capacité de ceux qui s'y adonnent. Il en eft à peu près de même de ces profeffions dans lefquelles on peut tromper le public par des infidélités, comme dans la draperie, l'horlogerie, l'orfévrerie, &c. il peut être à propos qu'ils aient des furveillans, des infpecteurs, auffi n'improuve-t-on pas abfolument à leur égard les maîtrifes & les jurandes.

Quoiqu'il en foit, en prenant les chofes telles qu'elle font encore aujourd'hui, fi nous remontons à l'origine des maîtrifes, nous en trouvons l'inftitution fous le regne de S. Louis. Ce fut un

Etienne Boileau, prévôt de Paris, homme recommandable de fon temps par fon activité, fon zele & fa fermeté, qui pour donner aux Arts & Métiers plus d'ordre & de facilité, rangea les marchands & les artifans en différens corps & communautés, & leur donna des ftatuts ou règlemens fuivant les différens genres qu'on exerçoit pour lors. Ces communautés furent érigées fous le titre & dénomination de *confréries :* c'eft delà que les ouvriers dans le même genre s'appellent encore aujourd'hui *confrères*. Ces confréries étoient fous l'invocation d'un faint ou d'une fainte, fuivant les différens exercices auxquels ils avoient vaqué durant leur vie. Ces confréries fubfiftent encore aujourd'hui : le jour de la fête du patron eft pour elles un jour de folemnité. Saint Luc, fainte Cecile, faint Côme, faint Eloi, faint Crepin, &c. font les patrons de nombre d'artiftes & d'artifans.

Ces premiers ftatuts, dont on peut voir quelques-uns dans le traité de police de la Marre, étoient auffi informes que les Arts qui s'exerçoient alors: peu à peu, ils ont été renouvelés & rectifiés toujours de façon à contribuer le plus qu'on le pouvoit, au progrès & à la perfection des Arts. On ne connoiffoit point par exemple de jurés : ils ne furent établis que fous le roi Jean qui, par une ordonnance, voulut *qu'en toutes marchandifes qui feroient & qui fe vendroient à Paris, il y eût vifiteurs, regardeurs & maîtres jurés.*

Dans l'état actuel des chofes, la communauté d'un Art ou d'un Métier eft la réunion de tous les maîtres qui la compofent pour l'exercer conformément aux ſtatuts qu'on leur a donnés ou qu'ils ſe ſont donnés eux-mêmes du conſentement des magiſtrats qui exercent la police publique au nom du ſouverain.

Comme il n'eſt pas poſſible qu'une Communauté ſe régiſſe parfaitement ſi elle n'a un chef qui la préſide & qui veille à l'exécution de ſes règlemens, il n'en eſt aucune qui n'ait un ou deux prépoſés, leſquels font la fonction de premiers maîtres, obſervent & font leur rapport de ce qu'ils remarquent de contraire ou d'avantageux à la communauté. Ces prépoſés ſe nomment dans certaines communautés, *lieutenans*, comme parmi les chirurgiens & les perruquiers, parce qu'ils tiennent la place du premier chirurgien du roi, qui eſt le premier maître dans toutes les communautés de ces deux Arts du royaume : dans d'autres on les nomme *gardes*, parce qu'ils veillent à l'exécution des ſtatuts ; dans d'autres on les qualifie de *ſyndics*, parce qu'ils ſont comme les procureurs nés de leur corps; dans d'autres enfin (& celles-ci ſont le plus grand nombre), on les appelle *jurés*, parce qu'on leur a fait prêter ſerment de s'acquitter fidellement de leur commiſſion concernant la garde, la viſite, &c.

Cette fonction de *jurés* ſe donne par élection, le jour déterminé par les ſtatuts de chaque corps, à deux ou quatre anciens pour préſider les aſſemblées lorſqu'il y a lieu de les convoquer, & cette convocation n'appartient qu'à eux. Ils ſont faits en même temps pour avoir ſoin des affaires de la communauté, pour propoſer les apprentis, les faire recevoir maîtres & faire obſerver les ſtatuts & règlemens ; pour

découvrir les contraventions, faire faifir les
fauffes marchandifes & les mauvais ouvrages ;
faire donner des affignations, & faire prononcer
des condamnations & des amendes. Mais il eft
bon d'obferver que lorfqu'ils font en vifite, ils
doivent être affiftés d'un officier public, comme
d'un commiffaire de police ou d'un huiffier : ils
ne peuvent point eux-mêmes dreffer de procès-
verbal de contravention, & encore moins faifir
de leur propre autorité ce qui pourroit être
fujet à confifcation : la raifon en eft fimple ; ils
°ne peuvent être eux-mêmes en pareil cas comme
juges & parties ; c'eft pourquoi il leur faut l'affiftance d'un officier public pour procéder régulièrement.

Ils peuvent aller en vifite chez les maîtres
toutes les fois qu'ils le jugent à propos pour
l'intérêt de la communauté ; & ils font obligés d'y aller au moins tous les trois mois. Ils
peuvent de même faire vifite chez les particuliers lorfqu'ils ont lieu de préfumer qu'il fe paffe
chez eux quelque chofe de préjudiciable à cette
même communauté ; mais ils ne peuvent entrer
auffi hardiment chez les particuliers que chez
les maîtres ; il leur faut au moins une ordonnance de police qui les y autorife, fans quoi les
citoyens feroient expofés à des recherches fréquentes & défagréables.

Lorfqu'ils font des vifites, ils ne doivent
point exiger qu'on leur laiffe porter des regards
curieux dans les coffres, les lits & les armoires
qui fervent au ménage, à moins qu'ils n'y foient
expreffément autorifés, autrement la vifite dé-
génereroit en vexation. Il fut jugé en 1665, au

parlement d'Aix, qu'on n'avoit pu faisir chez un orfèvre certaines marchandises qu'il avoit ca-chées dans un lit : la main-levée lui en fut accordée.

L'office de juré est une fonction d'état que ne peuvent se dispenser de remplir ceux qui y sont nommés, à moins qu'ils n'aient des raisons d'in-firmité ou quelqu'autre empêchement légitime ; autrement ils sont dans le cas d'être déchus de leur privilège de maîtrise. Dès qu'ils sont en charge, ils doivent s'acquitter de leur devoir avec exactitude ; ils deviennent comme les tu-teurs & les patrons de leur communauté. Ils sont obligés de rendre compte de leur gestion, ils peuvent même y être contraints par corps ; & lorsqu'ils sont plusieurs jurés, on peut les regarder comme responsables les uns des autres à cet égard, & les faire condamner solidaire-ment, à moins que les statuts ne dérogent à cette solidité.

Ils ne peuvent intenter aucun procès sans avoir pris l'avis de leur communauté ; autre-ment ils en répondent en leur propre & privé nom ; & s'il intervenoit un désaveu formel dans le cours de la contestation, ils cesseroient dès ce moment d'être recevables à poursuivre.

Il y a plus ; si la communauté s'appercevoit que l'un de ses jurés prévariquât par des collu-sions ou autrement, elle pourroit le destituer, quand même le temps de sa jurande (qui n'est ordinairement que pour un an) ne seroit point expiré. C'est un homme de confiance que l'on révoque, aussi-tôt que l'on croit avoir des raisons pour le suspecter. Mais cette révocation ne feroit point dans le cas de lui faire perdre la maîtrife : il ne pourroit en être déchu, qu'autant qu'il auroit effentiellement prévariqué, & après jugement rendu fur la dénonciation de la communauté.

Lorfque la communauté a befoin de fonds & d'avances, elle ne peut faire d'emprunts, à moins qu'elle n'y foit fpécialement autorifée par lettres-patentes enregiftrées. Elle peut encore moins conftituer des rentes viagères fur les particuliers. De forte que fi après un procès dans lequel elle a fuccombé, il eft queftion de payer les dépens, & qu'il n'y ait point de fonds, chaque membre en particulier eft obligé de les fupporter pour fa quote-part. C'eft ce qui réfulte d'une fentence rendue contre les maîtres chandeliers de Tours, laquelle a été confirmée par arrêt du Parlement du 11 janvier 1761.

Mais ne peut-on pas alors excepter du payement ceux qui n'ont point été préfens à la délibération qui avoit mal-à-propos autorifé les jurés à plaider ? On doit répondre négativement: comme les délibérations fe prennent à la pluralité des voix, les abfens font dans leur tort de n'y avoir point affifté, parce qu'alors ils auroient pu déterminer à un parti contraire ; ainfi leur abfence étant une approbation tacite de ce qui feroit arrêté par le plus grand nombre préfent, rien ne peut les fouftraire à la contribution ; autrement, dans la crainte d'un événement, on ne voudroit jamais fe trouver à aucune affemblée, & le bien de la communauté pourroit en fouffrir.

Voilà donc ce que font les jurandes & communautés d'Arts & Métiers dans les villes où il

en trouve d'établies. Nous difons *dans les villes
à il s'en trouve d'établies*, car il y a même des
apitales de province où il n'y en a que quelques-
nes, & d'autres où il n'y en a point du tout.

L'édit donné à Saint-Germain-en-Laye au
nois d'avril 1597 pour les Arts & Métiers, vou-
oit qu'on fût tenu même dans tous les bourgs &
villages du royaume de prendre des lettres de
naîtrife pour chaque Art ou Métier que l'on
exerçoit, mais fur les repréfentations qui furent
aites des vexations que cet édit occafionnoit, la
naîtrife fut reftreinte par arrêt du confeil d'état
du 30 mars 1602 aux capitales où il y avoit
jurande établie.

Comme il eft naturel aux Arts de s'étendre &
de s'engendrer en quelque forte les uns des autres, il s'en trouva grand nombre fur la fin du
fiècle dernier qui s'exerçoient féparément de
ceux dont ils émanoient. C'étoit une efpèce
d'Arts & de Métiers nouveaux qu'on ne pouvoit
pas dire nommément appartenir à telle ou telle
communauté, & ceux qui les exerçoient s'en
prévaloient pour les exercer librement & quelquefois au préjudice de l'Art ou du Métier primordial dont ils dérivoient. Louis XIV crut qu'on
devoit les ranger dans la claffe de ceux auxquels
ils fe rapportoient le plus naturellement. En conféquence par fon édit du mois de mars 1673, publié au lit de juftice qu'il tint le 23 du même
mois, il ordonna que tous ceux qui faifoient
commerce en marchandifes ou en denrées, qui
exerçoient des Arts & Métiers de toute forte,
foit à Paris ou dans les autres villes & lieux du
royaume où il y avoit maîtrife & jurande & qui
n'étoient d'aucun corps, feroient établis en com-

munauté & jurande quoiqu’ils euffent relation
à des Arts & Métiers déja établis en maîtrife
Et à cet effet il fut dit qu’il leur feroit accordé
des ftatuts expédiés par un fecrétaire du roi fur
l’avis qui en feroit donné par le juge des lieux &
moyennant la finance qui feroit déterminée. C’ef
depuis cette loi que l’on voit aujourd’hui tant de
communautés d’Arts & Métiers que l’on ne con
noiffoit point auparavant.

Dans les villes où ces corps ou communauté
font établis, il n’y a que ceux qui en font membres qui puiffent faire publiquement la profeffion qui en dépend. Une communauté ne peu
point anticiper fur les droits de l’autre, il faut
que chacune fe reftreigne à ce qui eft de fon état
Il y a plus ; un maître ne peut pas être membre
de deux communautés à la fois ; s’il s’eft fait recevoir dans plufieurs il faut qu’il opte ; & cec
paroît fondé en bonne raifon, car s’il en étoit
autrement la confufion renaîtroit dans les Arts
ou contrarieroit le motif qui les a fait claffer dans
différens ordres & les contraventions fe multi-
plieroient iournellement.

Quoiqu’il y ait maîtrife pour un Art ou un
Métier, le nombre des maîtres qui peuvent com-
pofer la communauté n’eft point limité. Il faut cependant en excepter les perruquiers qui ne peuvent être qu’un certain nombre dans chaque ville,
mais pour toutes les autres communautés en général, il eft permis à quiconque a des mœurs &
de la capacité d’afpirer à la maîtrife.

Mais pour devenir maître il faut paffer par
toutes les épreuves ordonnées par les ftatuts : la
première c’eft celle d’un apprentiffage chez un
maître ; parce qu’autrement quelque talent que

on puisse avoir par soi-même on n'est point pré-
mé savoir son Art ou son Métier si on ne l'a
oprisfous les y eux d'un maître. Il n'est pas nécef-
ire que cet apprentissage se fasse chez un maître
e l'endroit où est la communauté dans laquelle
n veut entrer, il suffit qu'on l'ait fait chez un maî-
e du même état dans une ville où il y a jurande,
moins que des règlemens particuliers n'y soient
ontraires, comme ceux qui concernent Paris,
yon, Lille & Rouen, où il faut avoir fait son
oprentissage pour y être reçu maître, suivant un
rrêt du conseil d'état du 25 mars 1755.

Le temps pour commencer cet apprentissage
'est point généralement déterminé : on peut s'i-
itier dans l'Art ou le Métier auquel on aspire,
uffi-tôt qu'on a l'âge de raison & que l'on est en
tat de travailler : il est affez ordinaire de voir
es enfans entrer chez des maîtres dès l'âge de
uit ans. Les pères, mères, tuteurs & curateurs
euvent en ce cas stipuler pour eux. Il a même
té jugé qu'un mineur n'étoit point recevable à
éclamer contre une obligation qu'il avoit con-
ractée pour son apprentissage, dès que cette
obligation n'étoit point frauduleuse & que l'ap-
rentissage s'en étoit suivi.

Mais il ne suffiroit pas du certificat d'un maître
ui attesteroit qu'un jeune homme a travaillé tel
emps chez lui comme apprenti pour le faire
after à la maîtrise, il faut qu'il y ait ce qu'on
ppelle un *brevet d'apprentissage* passé devant no-
aire afin qu'on ne puisse point en reculer l'é-
ooque, & qu'il soit passé en présence des jurés
ou du moins qu'il soit enregistré en commençant
'apprentissage dans la communauté à la profes-
ion de laquelle on aspire, afin que par ce moyen

les jurés en faifant leurs vifites aient lieu de s'appercevoir fi effectivement l'apprenti travaille & fi le brevet n'eft point frauduleux.

Durant l'apprentiffage l'élève doit fe comporter avec docilité, circonfpection & honnêteté envers fon maître; s'il venoit à lui manquer effentiellement, non-feulement il pourroit être expulfé fans reftitution de ce que le maître auroit reçu, mais encore encourir l'incapacité d'être reçu maître dans la communauté. Le maître de fon côté doit le traiter avec douceur, ne lui rien cacher des fecrets de fon Art, & s'il fe portoit à des fureurs & à des févices envers lui, l'élève auroit une jufte caufe de fe retirer de fa compagnie & de lui faire remettre ce qu'il auroit reçu pour le temps à expirer, fauf au jeune homme à continer fon apprentiffage fous un autre maître. Au refte l'apprenti obligé envers fon maître ne peut le quitter fans fujet, tel que le défaut de fanté ou d'aptitude de l'apprenti pour la profeffion, &c.

L'apprentiffage dont il eft ici queftion n'eft néceffaire que pour ceux qui ne font pas nés fils de maîtres. Car pour les enfans des maîtres ils en font difpenfés, foit par faveur, foit parce qu'on préfume qu'ils ne pourroient pas prendre ailleurs de meilleurs principes que ceux que leur père leur a donnés. Mais ceux qui auroient perdu leur père avant cet âge où la raifon & l'intelligence commencent à fe former, pourroient-ils tout-à-coup fans avoir fait aucun apprentiffage paffer à la maîtrife parce qu'ils font fils de maître & que la loi femble les difpenfer? Nous ne faurions adopter l'affirmative, parce qu'alors la préfomption ceffe pour eux; autrement les

communautés

communautés fembleroient établies pour perpétuer les Arts dans les familles au préjudice des étrangers.

Il n'y a que les enfans légitimes nés dans le tems que leur père a acquis la maîtrise, qui puiffent jouir du privilége accordé aux enfans des maîtres; la chofe a été ainfi jugée par arrêt du parlement le 3 avril 1675 relativement aux communautés des bouchers & des boulangers de Paris.

Il a été rendu un femblable arrêt le 16 mars 1678 pour la communauté des tonneliers de la même ville.

Il a été auffi ordonné par un arrêt du 5 mars 1686 que les filles des maîtreffes & marchandes lingères nées avant la maîtrise de leur mere, ne pourroient être reçues maîtreffes qu'elles n'euffent fait quatre années d'apprentiffage.

D'autres arrêts & notamment deux des 22 mai 1745 & 5 mai 1763 ont pareillement décidé que les enfans des limonadiers nés avant la maîtrise de leur pere ne pourroient être reçus maîtres qu'en faifant un apprentiffage comme tout autre étranger.

Lorfque l'apprentiffage requis pour ceux qui font dans le cas de le faire eft fini, l'apprenti doit tirer du maître un certificat de capacité pour le repréfenter aux jurés & aux maîtres lors de fa réception.

Si entre fon apprentiffage & la maîtrise, il veut encore s'exercer pour fa plus grande perfection, il peut entrer chez des maîtres en qualité de compagnon. Mais envain y auroit-il travaillé durant plufieurs années à ce titre s'il n'avoit fait fon apprentiffage dans les formes prefcrites, il ne feroit point admis parmi les maîtres avant d'avoir fait exactement ce temps d'épreuve.

A l'égard des apprentis & des compagnons, nous obferverons que les maîtres ne peuvent en avoir qu'un certain nombre à la fois ; autrement un maître dans une ville par intrigue ou autrement pourroit abforber tous les travaux de la profeffion.

Lorfque le maître vient à mourir avant que le terme de l'apprentiffage foit expiré, l'apprenti peut continuer fon temps chez la veuve lorfqu'elle prend un compagnon pour continuer la profeffion.

Mais fi l'apprenti venoit à mourir durant l'apprentiffage, le legs qu'il auroit pu faire par teftament à fon maître feroit-il valable ? Si ce legs paroiffoit uniquement fondé fur des fecours ou fur une affection de parenté nous ne faurions croire que les circonftances d'un apprentiffage fuffent capables de le faire regarder comme non avenu. Cependant il a été jugé par arrêt du parlement de Touloufe du 9 mai 1577, rapporté par Mainard, qu'un apprenti mineur n'avoit pu faire un legs en faveur de fon maître qui étoit apoticaire. Mais la difficulté pouvoit venir auffi-tôt de ce que celui-ci étoit apoticaire que de ce qu'il étoit maître de l'apprenti. Au refte des queftions de cette efpèce ne peuvent être foumifes à une folution uniforme : elles dépendent toujours de favoir s'il eft plus probable que le teftateur ait cédé à des impulfions étrangères qu'au mouvement d'un cœur affectueux & reconnoiffant ; examen réfervé à la fageffe & à la difcrétion des juges.

Nous ajouterons encore à l'égard des compagnons, que lorfqu'ils arrivent dans une ville où il y a jurande, ils font obligés d'entrer chez des maîtres ou de fe retirer ; police fondée fur la crainte qu'étant abandonnés à eux-mêmes ils ne s'occupent en particulier de la profeffion au pré- judice de ceux qui ont acquis la maîtrife. Il eft auffi de police pour certains Arts & Métiers qu'un compagnon ne puiffe quitter fon maître fans l'en avoir prévenu quelque temps auparavant ; de mê- me que le maître ne peut de fon côté le renvoyer fans lui donner le même délai pour fe pourvoir ailleurs. Il eft enfin de police établie par un arrêt du confeil du 2 janvier 1749, qu'en général les ouvriers ou compagnons ne peuvent aller tra- vailler chez un nouveau maître qu'avec le congé de celui qu'ils quittent, & que ce nouveau maî- tre ne peut non plus les recevoir qu'autant qu'il eft affuré du congé ou de la permiffion du maî- tre qu'ils ont quitté. Voici une efpèce où l'arrêt du confeil dont nous parlons a reçu fon exécution.

Le fieur Durand maître tondeur de draps à Pa- ris fut tout-à-coup abandonné de trois de fes com- pagnons qui fans fon congé furent reçus chez le fieur Artus autre maître tondeur. Le fieur Du- rand fe pourvut & contre les compagnons & contre le fieur Artus. Et par fentence rendue en la chambre de police le 14 novembre 1769 il fut dit que l'arrêt du confeil du 2 janvier 1749 feroit exécuté fuivant fa forme & teneur ; en conféquence le fieur Artus fut condamné même par corps au payement d'une amende de cent livres, avec défenfe de recevoir à l'avenir à fon fervice des ouvriers ou compagnons de fon mé- tier, à moins qu'il ne lui apparût d'un congé par

écrit du maître qu’ils auroient quitté. Il fut en
joint aux compagnons de rentrer chez le fieu
Durand, à la charge par celui-ci de leur fourni
de l’ouvrage ; il leur fut en même temps défendr
de quitter le maître chez lequel ils travaille-
roient pour aller travailler ailleurs, fans avoir
préalablement obtenu de lui un congé exprès &
par écrit, & pour être contrevenus au règlement de 1749 ils furent condamnés chacun er
trente livres d’amende payable même par corp:
& aux dépens.

Cette fentence fut confirmée par arrêt du 31
août 1770.

Lorfqu’un compagnon aspire à la maîtrife, for
premier devoir est de fe préfenter aux jurés qui
le propofent à la communauté. On commence
par examiner s’il a rempli le temps d’apprentiffage, fi le brevet qu’il en doit rapporter es
en regle ; s’il a des certificats de capacité obtenus de fon maître, s’il est régnicole, enfin s’il
profeffe la religion catholique. Mais quoiqu’il
foit en état de juftifier de tous ces préliminaires
cela ne fuffit pas ; il faut encore qu’il faffe ce
qu’on appelle un *chef-d’œuvre* de l’Art pour prou-
-ver plus particulièrement fa capacité. Il ne
faut pas que ce chef-d’œuvre foit déterminé de
façon à le retenir trop long-temps, il faut qu’il
puiffe l’avoir fait dans un mois, & après l’examen de l’ouvrage, la communauté doit le lui
remettre pour qu’il en faffe fon profit. Indépendamment du chef-d’œuvre l’afpirant peut
être encore examiné fur les règles de l’Art. Si
les examinateurs font partagés fur fa capacité il
peut être ordonné qu’avant de lever boutique

il fera tenu de fervir encore pendant un certain temps, & il eft obligé de fe conformer à la délibération, parce qu'on ne préfume point qu'une communauté agiffe par injure & par humeur. Il eft même défendu par les règlemens de difpenfer du chef-d'œuvre & de l'examen ceux qui y font fujets. Il eft particulièrement défendu à la communauté d'exiger pour la réception de quelqu'un d'autres droits que ceux qui font règlés par les ftatuts. Ainfi point de jetons, point de repas, de rubans, de buvettes, &c. quand même l'afpirant s'y foumettroit, volontairement : autrement on trouveroit le fecret d'écarter de la maîtrife nombre d'excellens fujets qui ne feroient point en état de fournir à toutes ces dépenfes.

Une queftion feroit de favoir fi un fujet qui auroit été repris de juftice & qui auroit encouru l'infamie, pourroit être exclus de la maîtrife ? On pourroit dire d'abord que les vices du cœur n'empêchent pas qu'un fujet ne foit quelquefois un habile ouvrier, & qu'en confidérant l'intérêt de la fociété dans les Arts, une aventure pareille ne doit pas être un motif pour le rejeter. Mais il eft plus conforme à nos mœurs de penfer le contraire. L'exactitude & la fidélité dans les ouvrages intéreffent l'ordre public, & un homme qui a une fois manqué à la probité eft cenfé capable d'y manquer encore. D'ailleurs rien de plus louable que de voir des fentimens d'honneur régner dans tous les corps ; on ne fauroit trop les entretenir : les membres retenus plus étroitement par cette chaine invifible craignent davantage de s'écarter de leurs devoirs.

L iij

Mais fi un maître actuel tomboit dans l'infamie tomberoit-il en même temps dans une déchéance de fa maîtrife ? Il n'en feroit pas tout-à-fait d'un maître établi comme d'un afpirant : celui-ci peut être refufé fans conféquence ; mais pour un maître qui eft en boutique, qui jouit de fon état, il ne feroit pas au pouvoir de la communauté de l'en priver ; il n'y auroit que les juges qui pourroient prononcer cette déchéance & encore n'auroit-elle lieu qu'autant que le délit pour 'equel il auroit été repris auroit du rapport à fon Art. Cependant on ne pourroit empêcher les autres maîtres de lui refufer l'entrée aux affemblées & de rompre toute communication avec lui. D'ailleurs il feroit incapable d'être élu juré, d'être pris pour expert & de faire aucune de ces fonctions qui ne font confiées qu'à des fujets pleins de probité. ·

Pour en revenir à la réception de maître, lorfqu'on n'a aucun motif de refufer un afpirant, & que cet afpirant a fatisfait à toutes les formalités requifes, c'eft le cas de l'infcrire au rang des maîtres. Sa réception fe dreffe en forme de procès verbal : on lui fait fuivant les ftatuts de certaines communautés prêter ferment entre les mains des jurés de fe conformer à ces ftatuts ; dans d'autres communautés il eft renvoyé devant le magiftrat de police pour la preftation de ce ferment. On lui délivre une expédition de ce procès verbal qu'on appelle brevet de maîtrife ; il eft oblige de le faire enregiftrer au greffe de la police, & c'eft lors de l'acte d'enregiftrement qu'il prête le ferment dans le cas où il doit être prêté à la police. *C.*

Quand une fois le récipiendaire a son brevet en bonne forme, il est au nombre des maîtres, il peut lever boutique & exercer publiquement. Sur quoi nous observerons que chaque maître ne peut avoir qu'une boutique en son nom ; il ne peut même pas en avoir au nom de son fils si celui-ci n'est marié ou âgé de vingt ans suivant qu'il résulte d'un arrêt du 2 septembre 1752 rendu contre les tanneurs & corroyeurs de la ville de Troyes.

A l'égard de l'âge pour être reçu maître, il n'est pas le même pour toutes les communautés. Dans celles du commerce il faut avoir vingt ans, comme le prescrit l'article 3 du titre 1er. de l'ordonnance de 1673 : dans celle des Arts on peut être reçu plus jeune, comme à dix-sept ans : dans celles des métiers plus jeune encore, comme à quatorze ans ; cela dépend des statuts ou du moins de l'usage.

Quand un jeune homme est reçu maître, il est réputé majeur pour tout ce qui est relatif à sa profession sans qu'il ait même besoin de l'assistance d'un tuteur ou d'un curateur ; c'est pourquoi dans le commerce où les entreprises sont plus dangereuses & exigent plus de combinaisons que dans les Arts on veut que le sujet soit âgé de vingt ans.

Il y a des maîtrises érigées dans certains Métiers pour les femmes & les filles comme pour les hommes & les garçons ; telle est la maîtrise des lingères & couturières. Ces jurandes ont leurs statuts particuliers comme les autres soit pour l'apprentissage soit pour la maîtrise.

Nous venons de voir les règles générales concernant la maîtrise, voici les exceptions.

La première exception regarde les enfans des maîtres ou maîtreſſes. Nous avons déja fait voir qu'ils étoient diſpenſés de l'apprentiſſage parce qu'ils étoient cenſés l'avoir fait ſous les yeux de leur père ou de leur mère, mais outre cette prérogative ils ont encore celle de pouvoir paſſer à la maîtriſe ſans payer d'autre rétribution que la moitié des droits qu'on exige des enfans étrangers. Mais ils ne ſont pas pour cela diſpenſés du chef-d'œuvre & de l'examen, parce qu'enfin il reſte toujours à ſavoir s'ils ſont capables. Et encore la prérogative dont nous parlons n'eſt-elle que pour les enfans nés en légitime mariage depuis la réception de leur père ou de leur mère, ſuivant que nous l'avons remarqué en parlant de l'apprentiſſage.

La ſeconde exception concerne les compagnons qui épouſent des filles de maîtres ; ils ne doivent en ce cas non plus que les enfans de maîtres que moitié des droits de réception. La faveur eſt plus grande lorſque ces compagnons ou des fils de maîtres épouſent des filles orphelines élevées dans l'hôpital de la Miſéricorde à Paris, fauxbourg Saint-Marcel ; une déclaration du mois d'avril 1659 veut qu'ils ſoient alors diſpenſés de faire aucun chef-d'œuvre ni expérience.

La troiſième exception eſt en faveur des enfans & des orphelins de l'un & de l'autre ſexe de l'hôpital de la Trinité ſitué rue Saint-Denis à Paris. Celui qui ſe charge de l'un de ces enfans, peut ſans être maître ni marchand, faire en particulier la profeſſion d'une des communautés en jurande de Paris, & parvenir après un certain temps d'exercice, à ſe faire recevoir maître ſans

apprentiſſage & ſans frais, pourvu que pendant
ce temps il ſe ſoit chargé d'élever, nourrir &
entretenir l'un des enfans de cet hôpital, &
qu'il lui ait montré le Métier ou le commerce
dans lequel il veut ſe faire recevoir. L'enfant
peut être reçu à ſon tour en ne payant que ce
que paient les fils de maîtres : il y a ſur cela des
lettres patentes du mois de juin 1554 regiſtrées
le 15 décembre ſuivant, & d'autres du mois de
juillet 1721 regiſtrées le 23 août de la même
année.

La quatrième exception eſt en faveur de l'hôpital général de Paris. Des lettres patentes en
forme d'édit, du mois d'avril 1656, donnent le
privilége de faire accorder la maîtriſe à deux
compagnons de chaque corps & Métier de la
ville de Paris, même à deux filles de boutique
de marchandes lingères, lorſqu'ils ont travaillé
un certain temps dans la maiſon pour le ſervice
des pauvres ou qu'ils ont montré aux enfans de
l'hôpital à travailler. Ce privilége a été confirmé par d'autres lettres patentes du mois d'avril
1720 regiſtrées le 29 du même mois. Ceux qui
ont ainſi gagné la maîtriſe doivent être reçus ſans
difficulté, ſans nouvel examen & ſans frais ; à la
charge ſeulement de prêter ſerment & de ſe conformer aux ſtatuts dont il doit leur être délivré
un exemplaire ; moyennant quoi ils doivent jouir
des mêmes droits que les autres maîtres ſans diftinction. Malgré que rien ne fût plus clair qu'un privilége pareil, les maîtres menuiſiers ne laiſſerent
pas en 1754 de vouloir le conteſter, mais ils
ſuccombèrent par arrêt contradictoire du grand
conſeil du 22 novembre de la même année. Les

apoticaires - épiciers ayant élevé une pareille difficulté ils fuccombèrent de même au grand confeil par arrêt contradiâoire du 8 mars 1756.

Cinquième exception concernant la manufacture des Gobelins. Par l'édit du mois de novembre 1667 portant création de cet établiffement, on remarque auffi des priviléges au fujet de l'apprentiffage & de la réception des foixante enfans qui doivent être enfeignés & mis enfuite en apprentiffage par le direâeur de la manufaâure.

Il y a encore d'autres exceptions en faveur des pauvres & des maifons de charité dont l'énumération feroit trop longue & fur lefquels on peut confulter le recueil d'édits fur le fait d'Arts & Métiers.

Indépendamment de ces exceptions attachées aux perfonnes, il y en a d'autres qu'on peut appeler *priviléges locaux* : Par exemple tous les artiftes & ouvriers de quelque Art & fcience que ce foit, logés & employés aux galeries du Louvre peuvent y exercer librement leur profeffion. Il y a à ce fujet des lettres patentes du 22 décembre 1608, enregiftrées au parlement le 9 janvier fuivant. Ces mêmes lettres portent que fi ces artiftes & ouvriers viennent à être renvoyés, ils pourront en confidération du temps qu'ils auront demeuré aux galeries du Louvre jouir de la maîtrife dans toutes les villes du royaume, mais par l'arrêt d'enregiftrement il eft dit : *à la chárge de ne tenir boutique qu'en ladite galerie lorfqu'ils y feront demeurans ; & au cas qu'ils en foient mis hors, ne pourront jouir de la maîtrife & tenir boutique en cette ville & autres, s'ils n'y ont fervi*

(dans les galeries) & *demeuré cinq ans continuels.*
Ces priviléges ont été confirmés par d'autres
lettres patentes du mois de mars 1671, regiftrées le 5 mai : & fuivant ces lettres patentes
chaque artifte peut avoir deux apprentis dont
le dernier ne doit être pris qu'à la moitié du
temps que le premier aura à demeurer en apprentiffage. Enfuite ces apprentis peuvent être
reçus maîtres foit à Paris ou dans les autres villes
du royaume comme s'ils avoient fait leur apprentiffage fous d'autres maîtres de ces villes & fans
être aftreints à aucun chef-d'œuvre. Mais ils ne
font pas difpenfés des droits de réception, il faut
même qu'ils juftifient de leur brevet d'apprentiffage paffé devant notaire, qu'ils aient été obligés par ce brevet envers leur maître pour cinq
ans, & qu'ils rapportent un certificat par lequel
il foit attefté qu'ils ont fervi exactement pendant le temps requis, & qu'il y foit fait mention de leur capacité. Quand ils font en règle de
ce côté-là, on ne peut leur refufer la maîtrife.
Il y a cependant environ douze ans que les maîtres peintres & fculpteurs de la communauté
de Saint-Luc voulurent faire des difficultés au
fieur Pourvoyeur qui leur demandoit la maîtrife, mais par arrêt du 20 août 1763 ils fuc-
comberent & il fut dit que les priviléges feroient
exécutés felon leur forme & teneur.

Les autres lieux dans Paris où l'on peut travailler par privilége, c'eft-à-dire, fans être reçu
maître, font le fauxbourg Saint-Antoine dans
toute fon étendue, l'enclos du Temple, de Saint-
Jean-de-Latran, du prieuré de Saint-Denis-de-
la-Chartre, de l'abbaye de Saint-Germain-dès-

Prés, de la rue de l'Ourſine , fauxbourg Saint-
Marcel, dans l'enceinte de Saint-Germain-l'Au-
xerrois, des Quinze-Vingts , &c. Ces lieux ſont
aſſimilés à ceux où il n'y a point de jurande ;
mais ils ne laiſſent pas d'être ſoumis à une
certaine police pour les Arts & Métiers. Un
maître, par exemple , de l'intérieur de Paris
ne pourroit point avoir une boutique ouverte
comme maître , & une autre boutique dans les
lieux exempts comme privilégiés. Ceux qui ſe
cantonnent dans ces lieux ne peuvent pas eux-
mêmes y avoir deux boutiques. Il eſt vrai que
ce ſeroit une preuve de cupidité indécente qu'on
ne ſauroit tolérer nulle part. Il ne ſeroit même
pas permis d'y faire deux profeſſions différentes
(*), car ſi ces lieux ſont exempts , ils ne le ſont
que par tolérance , & la police auroit toujours
droit d'y exercer ſa juridiction pour faire réformer ce qui ſe trouveroit contraire au bon
ordre.

A l'égard des veuves de maîtres , c'eſt un privilége en général pour elles de continuer ou faire
continuer l'Art ou le Métier que faiſoit leur
mari. C'eſt un ſoulagement dû à leur état & pendant qu'elles ſont en viduité, car auſſi-tôt qu'elles
convolent en ſecondes noces ce privilége ſe perd
pour elles. L'apprenti du défunt peut continuer
chez elle ſon temps, mais elles ne peuvent en
prendre un nouveau. Il y a pourtant quelques
profeſſions où elles ne peuvent pas jouir de cette
prérogative comme parmi les chirurgiens , parce

(*) Cela a été ainſi jugé par deux arrêts du grand conſeil , l'un du 7 juin 1745 , & l'autre du 19 avril 1755.

que cet Art demande des qualités perfonnelles qu'on ne doit point fuppofer indifféremment dans tous ceux qui voudroient l'exercer. A l'égard des immunités, rangs & honneurs dont le mari pou- voit jouir dans la fociété, la veuve en profite durant fon veuvage fans difficulté.

Un mari peut-il de même après la mort de fa femme faire continuer chez lui par des filles ou d'autres femmes l'exercice dans lequel fa femme avoit été reçue maîtreffe ? La négative fe pré- fente naturellement. Un homme ne mérite pas les mêmes faveurs qu'une femme. D'ailleurs en fait de priviléges ils ne font point fufceptibles d'être étendus d'une perfonne déterminée à une autre qui ne l'eft point.

Il y a encore des privilégiés de deux efpèces. Les premiers font ceux qu'a droit de nommer le prévôt de l'hôtel pour le fervice & la fuite de la cour. Le nombre de ces privilégiés eft fixé à deux marchands & deux maîtres de chaque profeffion dans tous les corps & communautés de Paris. Ils font fujets aux ftatuts de leur Art & aux vifites des jurés ; mais ils compofent entr'eux un corps de privilégiés foumis aux difpofitions d'un arrêt de règlement du grand confeil du 6 feptembre 1731 qui leur tient lieu de ftatuts à cet égard. Ces privilégiés ne peuvent exercer leur privilége avant l'âge de vingt ans ; cela a été ainfi jugé par arrêt du même tribunal du 8 mars 1747 à l'oc- cafion d'un vinaigrier âgé de huit ans fuivant la cour, & fur lequel les jurés avoient fait faire une faifie.

Les autres privilégiés dont il eft ici queftion font ceux qui ne pouvant fe faire recevoir maî-

tres dans une communauté, comme par exem
ple dans celle des perruquiers, payent à cett
même communauté une certaine rétribution an
nuelle pour leur permettre d'exercer l'état qu
en dépend. Comme la communauté est la seul
intéressée à ces sortes de permissions on ne trouv
point mauvais qu'elle les leur accorde comm
bon lui semble. Mais les privilégiés de cette e
pèce ne sont point dispensés de se conformer au
statuts de l'Art; ils sont sujets aux visites des ju
rés comme les autres membres de la commu
nauté. C'est un fait de police auquel on ne pour
roit point déroger sans abus.

Il nous reste à dire sur cet article qu'il est en
core assez ordinaire que le prince lors de so
avénement au trône, de son mariage, de so
facre, de la naissance d'un dauphin, fasse un
création d'un certain nombre de maî res dan
chaque communauté, à l'exception de quelques
unes, telles que celles des chirurgiens, des apo
ticaires, des orfévres, &c. Ces maîtres ainsi créé
ne sont tenus que de présenter leur brevet dans
la communauté où ils doivent entrer, & les au
tres maîtres ne peuvent exiger d'eux qu'une sou
mission de se conformer aux statuts. Mais il sem
ble qu'on ait reconnu que ceci est un abus, car
Louis XVI n'a fait aucune de ces créations ni à
son avénement ni à son sacre.

Lorsqu'un maître est reçu dans une ville de
province où il y a par exemple jurande & pré
sidial, il ne peut aller dans une même commu
nauté d'une autre ville de la même classe sans s'y
faire recevoir maître & payer les droits accoutu
més. Il n'en est pas ainsi dans les villes où il y a

rlement : ceux qui y ont acquis la maîtrife peu-
ent aller exercer comme maîtres dans toutes les
illes du reffort fans autre formalité que de pré-
nter leurs lettres de maîtrife & les faire enre-
ftrer au greffe de la jurifdiction principale dans
: reffort de laquelle ils entendent s'établir. Un
rrêt du parlement de Provence du 3 mars 1673
a ainfi jugé. A l'égard des maîtres de Paris ils ont
faculté d'exercer dans toutes les villes du royau-
ie fans qu'il leur faille obferver d'autres formalités
ue celles que nous venons d'indiquer. Cela a été
infi jugé par arrêt du 16 janvier 1704 rapporté
ar Augeard. Il faut cependant en excepter la
ille de Rouen, parce qu'il eft dit par un arrêt
u 30 juillet 1738, qu'aucun marchand ou artifan
le Paris ne pourra s'y établir qu'il n'y ait fait
on apprentiffage en conformité des règlemens
le la communauté où il voudroit entrer.

Le juge compétent pour prendre connoiffance
le tout ce qui concerne les Arts & Métiers eft
e juge de police de l'endroit. Cette compétence
ft établie par l'édit de création des lieutenans-
généraux de police. « Ils auront, eft-il dit, la
» connoiffance des manufactures & dépendances
» d'icelles, des élections des maîtres - jurés de
» chaque corps de marchands & Métiers, des
» brevets d'apprentiffage & réception des maî-
» tres, des rapports & procès verbaux de vifite
» des jurés, & de l'exécution des ftatuts & rè-
» glemens, &c.

L'article 24 de l'édit de novembre 1706 porte
auffi que les lieutenans généraux de police « con-
» noîtront de l'engagement des apprentis, des
» élections des maîtres & gardes jurés, prieurs
» ou fyndics de chacun des marchands ou arti-

» fans, de l'exécution de leurs statuts & règle-
» mens, & recevront leur ferment. »

Par une suite de cette compétence qui leur
donne une inspection générale, ils sont autorifés à faire ou faire faire des visites & des recherches chez les maîtres quand bon leur semble, & fur-tout lorfqu'ils ont lieu de soupçon-
ner que les jurés manquent à leur devoir. Le
juge de police est le premier juré de tous les Arts
& Métiers qui font fous fa direction & le premier furveillant pour favoir s'il ne fe paffe rien
au préjudice de ces Arts & de l'intérêt public.
Lorfqu'il furvient quelque conteftation foit pour
contravention ou autrement, c'eft à lui d'en connoître, & fes jugemens s'exécutent toujours par
provifion.

Au refte tout ce que nous venons d'obferver
au fujet des jurés, des maîtres, des compagnons
& des apprentis, ne reçoit une application formelle que dans les villes où il y a des jurandes
légalement établies, ou fi anciennes qu'on a lieu
de préfumer qu'elles l'ont été avec connoiffance
de caufe.

La jurifprudence du parlement de Paris eft de
n'avoir égard aux ftatuts qu'on lui met fous les
yeux qu'autant qu'ils fe trouvent autorifés par
des lettres patentes enregiftrées dans les cours
fouveraines. Cela a été ainfi jugé par plufieurs
arrêts, l'un de 1631 contre les chaudronniers de
Laon, rapporté par Bardet ; un autre de 1745
contre les tonneliers de Sens ; un autre de 1754
contre les vinaigriers de Reims, quoiqu'ils euffent
depuis 1582 des ftatuts que leur avoit donnés
le bailly de Reims qui étoit en poffeffion d'en
délivrer. Un autre arrêt du 2 décembre 1761 a
ordonné

ordonné que les épiciers de Sully rapporteroient leurs ftatuts pour être examinés & regiftrés fi faire fe devoit. Un autre du 19 mai 1762 a jugé de même relativement aux confifeurs de Lyon. Un autre enfin du 12 janvier 1763 a fait défenfe aux cordonniers de Sens de fe dire en communauté jufqu'à ce qu'ils aient obtenu des lettres-patentes dûment enregiftrées.

Dans les villes où il n'y a point de maîtrife, il eft fans contredit Libre à chaque particulier de s'y occuper de tout Art ou Métier qui peut lui convenir, mais les officiers de police ne font pas moins en droit de faire à l'égard de tel ou tel Métier les règlemens qu'exige l'intérêt public, fur-tout à l'égard des bouchers, des boulangers, des marchands de vins, des hôteliers, &c. & ceux qui fe trouvent compris dans ces règlemens doivent néceffairement s'y conformer. La police peut faire chez eux des vifites, ils peuvent être affignés à la requête des particuliers intéreffés ou du miniftère public, & punis fuivant l'exigeance des cas ; c'eft ce qui réfulte encore de l'arrêt du 12 janvier 1763 rendu contre les cordonniers de Sens dont nous venons de parler.

Quiconque fe mêle publiquement d'une profeffion, quoiqu'elle ne foit pas en jurande, peut être pourfuivi pour les fautes qu'il commet dans l'Art ou le Métier dont il fe mêle. Qu'un tailleur, par exemple, rende à un particulier un habit qui fe trouvera mal fait, il peut être ordonné par le juge que cet habit fera vu & vifité par d'autres tailleurs ou experts, & fi dans le fait l'ouvrage eft défectueux, le tailleur fera condamné ou à le reprendre ou à le réparer. Il eft du bon ordre que

tout particulier qui fait une profeffion publi
que la faffe de façon que perfonne ne fo
trompé.

Les affaires concernant les Arts & Métiers
fur-tout pour ce qui eft de la police , doiver
fe traiter fommairement.

Ceux qui font reconnus pour exercer une pro
feffion publique ne peuvent point refufer leur
fervices à ceux qui en ont befoin moyennant l
falaire convenable : ils peuvent être contrain
de travailler , même par corps , fuivant la natur
& l'exigeance des cas. Il n'eft même pas permi
à ceux qui exercent dans une ville un Métier qu
intéreffe la vie du citoyen , comme les bouchers
les boulangers , de l'abandonner brufquement
lorfqu'il y a lieu de craindre que le public puiff
en fouffrir ; ils font obligés d'en prévenir la po
lice quelque temps auparavant afin qu'on puiff
les remplacer.

Il eft défendu à tous marchands , ouvriers &
gens de Métier de concerter entr'eux pour met
tre leur marchandife ou leur travail à certai
prix , & pour exercer de cette manière ce qu'o
appelle le *monopole.*

Il leur eft encore plus particulièrement défen
du d'abufer de leur talent ou de leur adreff
pour commettre la fraude ou pour aider à l
commettre. Un ferrurier , par exemple , qui f
prêteroit à l'ouverture d'un appartement où i
fauroit qu'on a deffein de voler, feroit condamn
fans rémiffion à la même peine que celle qui ef
prononcée pour les vols avec effraction.

Tous les artiftes & les ouvriers en général fon
garants de la bonté de leurs productions & de

leurs travaux. Il ne leur fuffit pas d'avoir délivré un ouvrage dont la folidité ne peut fe reconnoître qu'après un certain temps d'épreuve ; il faut que cet ouvrage foit conditionné de façon qu'il puiffe fervir à celui qui en fait l'emplette. Ainfi il ne fuffit point, par exemple, à un horloger d'avoir vendu & délivré une montre, il faut que cette montre fe trouve faite fuivant les règles de l'Art & qu'elle puiffe fervir : il n'eft pas néceffaire à la vérité qu'elle foit dans la plus grande perfection, parce que ceci peut dépendre d'un prix particulier ; mais enfin il faut que ce foit une pièce où il ne fe trouve aucun défaut effentiel qui la rende inutile. Il en eft à-peu-près de même des autres travaux des Arts & Métiers. Tout ce qui n'eft point à découvert ni préfumé être à la connoiffance des particuliers, doit être garanti pendant un temps plus ou moins confidérable. Les entrepreneurs maçons, par exemple, font garants de leurs travaux concernant les gros murs pendant dix ans, & de leurs autres ouvrages à proportion, fans quoi les particuliers feroient continuellement expofés à la fraude.

Il n'en eft pas de même de ces ouvriers à qui l'on fournit les matériaux & que l'on fait travailler fous fes yeux à la journée : on eft préfumé connoître ce qu'ils font, & dès-lors on eft non-recevable à fe plaindre de leurs opérations.

Au furplus lorfqu'un temps convenable d'épreuve pour les uns & pour les autres de ces ouvrages eft paffé, il n'y a plus de garantie à prétendre.

A l'égard du payement des ouvrages ou des travaux, lorfqu'il n'y a point d'écrit, la délivrance fait préfumer le payement. Ainfi que

j'achette chez un orfévre un meuble d'or ou
d'argent, je fuis préfumé l'avoir payé au moment qu'il m'a été délivré. Je fuis même recevable à alléguer que je l'ai payé poftérieuremen
à la délivrance, parce que dès que je n'étoi
point obligé par écrit, je pouvois le payer fan
autre précaution dans un temps comme dan
l'autre; tout ce qu'il pourroit exiger de moi fe
roit mon affirmation; en vain allégueroit-il fon
regiftre, je lui oppoferois ma bonne foi; au
furplus voyez ce que nous difons aux articles
marchand & *regiftre*.

A l'égard de ces travaux confidérables, tels
que la conftruction d'un édifice, d'un puits, d'un
moulin, il ne fuffit pas que ces travaux foient
achevés pour que le payement en foit préfumé
fait. Quand même il n'y auroit point de marché
par écrit, le particulier eft obligé de prendre
une quittance lorfqu'il paye, parce qu'alors la
préfomption n'eft plus pour lui comme pour un
ouvrage de délivrance. Aux yeux des juges il eft
plus certain que l'ouvrage a été fait, puifqu'il
paroît, qu'il ne l'eft qu'il a été payé. Au furplus
il dépendoit du débiteur de prendre une quittance, la prudence naturelle l'exigeoit ; ainfi
faute par lui d'en rapporter, il doit être condamné à payer, pourvu que l'ouvrier fe foit mis
en diligence de l'actionner avant la fin de non-
recevoir acquife.

Pour ce qui eft des ouvriers à la journée, la
chofe eft différente : ils font préfumés avoir été
payés ou chaque jour ou chaque femaine, ou
chaque quinzaine, ou enfin chaque mois, fuivant la nature & la durée de l'ouvrage, & à cet

égard l'affirmation du particulier fait preuve du payement.

Plufieurs coutumes & notamment celle de Paris ont déterminé un certain temps après lequel on n'eft plus recevable à former demande pour travaux, falaires & payement de marchandifes. L'ordonnance du commerce de 1673 a rendu ce point de droit général & uniforme dans tout le royaume. Mais cette ordonnance a reçu en bien des endroits de très-fauffes interprétations. Sous prétexte qu'elle oblige les marchands a tenir des regiftres, on a cru que leurs regiftres faifoient foi contre les particuliers lorfqu'ils formoient demande dans le temps déterminé, & on leur a déféré quelquefois le ferment. Mais c'eft une fauffe pratique qui n'eft point dans l'efprit de l'ordonnance : les regiftres des marchands ne font foi en juftice que de marchand à marchand dans le même genre de commerce pour l'achat & la vente afin de fe rendre compte, & non contre les particuliers dont le fort ne doit point dépendre d'un titre qu'un marchand pourroit fe faire à lui-même facilement. On a cru auffi que parce que les ouvriers n'avoient qu'un temps pour réclamer leurs falaires, ils devoient en être crus à leur demande lorfqu'ils agiffoient dans le temps qui leur étoit accordé ; mais c'eft encore une erreur dont il eft toujours bon de revenir : l'ordonnance ne fait que les déclarer recevables à demander pendant ce temps-là s'il leur eft dû ; ce qui peut alors dépendre des preuves qu'ils font en état d'adminiftrer contre la déclaration contraire des particuliers. Mais ce temps paffé, l'efprit de l'ordonnance eft de les punir de leur négligence & de leur interdire toute action. Cependant après comme avant le temps fixé, l'action est reçue dans l'usage, & l'on oblige l'assigné à faire serment qu'il ne doit rien ou qu'il a payé.

Voilà en général ce qui regarde les Arts & Métiers. Nous rapportons sous le nom de chacun en particulier, les règles qui peuvent le concerner. Voyez *Bouchel en sa bibliotheque ; l'ordonnance de 1539 ; celles de Roussillon, de Moulins & de Blois ; les ordonnances recueillies par Fontanon ; les édits de Henri III, 1581, 1583 ; de Henri IV 1597 ; de Louis XIV, mars 1673, mars 1691, janvier 1693, novembre 1706 ; Augeard en son recueil d'arrêts ; la coutume de Paris & ses commentateurs ; Brillon en son dictionnaire des arrêts ; le recueil d'édits concernant les Arts & Métiers ; la Mare en son traité de la police ; le dictionnaire des Arts & Métiers ; les arrêts de Maynard ; l'ordonnance du commerce ; la collection de jurisprudence ; le journal des audiences*, &c. Voyez aussi les articles BOUCHER, BOULANGER, MARCHAND, CORDONNIER, PERRUQUIER, &c. PROMESSE, MARCHÉ, ÂGE, REGISTRE, COMMERCE, FIN DE NON-RECEVOIR, PRIVILÉGIÉ, &c. (*Article de* M. DAREAU, *avocat au parlement, de la société littéraire de Clermont-Ferrand*).

ASCENDANS. Ce terme usité en matière de généalogie & de succession désigne les personnes dont quelqu'un est issu. Le pere, la mere, l'aïeul, le bisaïeul, &c. d'une personne en sont les Ascendans.

Suivant le droit romain, le pere & la mere succèdent également à leurs fils ou filles décédés sans enfans. S'il n'y a qu'un de ces deux Ascendans qui survive, il prend la succession en entier ; parce que les Ascendans les plus proches excluent les plus éloignés, attendu que la repréentation n'a pas lieu entre les Afcendans comme entre les defcendans.

Mais quoique la repréfentation n'ait pas lieu pour faire concourir les Afcendans les plus éloignés avec les plus proches, il y a néanmoins entr'eux une autre efpèce de repréfentation qui produit fon effet. Ainfi quand il fe trouve au même degré plufieurs Afcendans, les uns paternels, les autres maternels, la fucceffion du defcendant doit être divifée en deux portions dont l'une appartient aux Afcendans paternels, & l'autre aux Afcendans maternels quand bien même le nombre des uns feroit moindre que celui des autres (*). On confidère alors les Afcendans paternels comme prenant la place du pere, & les maternels comme prenant celle de la mere.

Le pere, la mere & les autres Afcendans excluent tous les collateraux de la fucceffion de leurs enfans & de leurs petits enfans à la réferve des freres germains & des fœurs germaines de celui de la fucceffion duquel il s'agit. Ceux-ci concourent par tête avec le pere, la mere ou les autres Afcendans. Par exemple, fi le pere

_____

(*) Remarquez que cette jurifprudence ne doit pas être étendue au delà des provinces qui fe régiffent par le droit écrit; car dans les coutumes, les biens paternels étant affectés aux parens paternels, & les biens maternels aux parens maternels, les Afcendans d'un côté excluent des biens de leur ligne les afcendans de l'autre côté, & ils y fuccèdent nonobftant cette autre règle des coutumes que *les propres ne remontent point*, c'eft-à-dire, ne paffent pas aux Afcendans; c'eft que l'objet de cette règle eft feulement d'empêcher que les Afcendans d'une ligne ne fuccèdent aux biens de l'autre ligne, & qu'ainfi les biens ne foient tranfmis d'une ligne à l'autre.

& la mere ou l'un d'eux, ou à leur défaut, d'autres Afcendans, furvivent à un de leurs defcendans, la fucceffion de ce defcendant fera partagée entre l'Afcendant furvivant & les freres germains ou fœurs germaines du défunt par portions égales & par têtes : ainfi la part de chaque frere ou fœur, fera égale à celle de chaque Afcendant appelé à la fucceffion. Telle eft la difpofition de la novelle 118.

S'il arrive qu'avec le frere germain ou la fœur germaine qui fuccèdent à leur frere avec le pere, la mere ou quelqu'autre Afcendant, il y ait des enfans d'un autre frere germain décédé, les enfans de ce frere prennent dans la fucceffion la part que leur pere y auroit eue s'il avoit vécu. C'eft ce qui eft décidé par la novelle 127.

Quoiqu'il ne foit parlé dans cette novelle que des enfans d'un frere & non de ceux d'une fœur, on ne doit faire aucune diftinction entre eux. La novelle 118 appelant les fœurs comme les freres avec les Afcendans, on ne fauroit dire que la novelle 127 ait voulu exclure les enfans des fœurs puifqu'ils repréfentent leurs meres comme les enfans des freres repréfentent leurs peres.

Mais il réfulte une autre difficulté de ce que la novelle 127 ne parle que du cas où les enfans d'un frere concourent avec leur oncle frere du défunt, & avec un Afcendant, & qu'elle ne fait aucune mention du cas où il n'y auroit aucun frere du défunt, mais feulement quelque Afcendant & des enfans d'un frere décédé. Il femble qu'on puifle douter fi dans ce dernier cas, les enfans du frere décédé doivent fuccéder avec l'Afcendant, ou fi l'Afcendant les exclut comme il les auroit exclus avant que la novelle 127 eut établi le nouveau droit en leur faveur, contre la difpofition de la novelle 118 qui n'appeloit que les freres feuls avec les Afcendans ; mais comme en appelant les enfans des freres à la fucceffion de leur oncle avec fes autres freres & avec les Afcendans, la novelle 127 n'a exprimé que le cas où il y a des freres du défunt, d'habiles interprêtes ont penfé que lorfqu'il ne reftoit que des neveux du défunt, les Afcendans devoient les exclure conformément à la novelle 118 qui ne les ayant point appelés les a laiffés exclus. On peut dire en faveur de ces neveux que l'événement qui leur a fait perdre leur pere ne doit pas rendre leur condition moins favorable, ni les priver du droit de repréfentation dont ils jouiffent quand il y a des freres ; mais d'après ce qu'ont déterminé les novelles 118 & 127, on leur oppofe que quand il s'agit d'interprêter des lois, celles qui dérogent aux anciennes ne doivent pas être étendues au-delà de ce qu'elles règlent : que les neveux n'ont le droit de repréfentation que dans le cas où les deux novelles le leur ont donné, & que par l'ancien droit, lorfqu'il n'y avoit que des neveux pour fuccéder au défunt, ils partageoient la fucceffion par tête, felon leur nombre, fans aucune repréfentation.

Les raifons qui peuvent être alléguées pour les neveux, ont été adoptées par le parlement de Paris : il admet en leur faveur la repréfentation avec les Afcendans, quoiqu'il n'y ait point de concours de frere ni de fœur.

Le parlement de Touloufe & celui de Bordeaux excluent au contraire les neveux, quand il n'y a que des Afcendans fans concours de frere ni de fœur.

Comme les enfans fuccèdent à leurs peres & à leurs autres Afcendans en telle forte que les biens leur font acquis avant qu'ils faffent aucun acte d'héritier, & même avant qu'ils foient informés de la mort de l'Afcenda.* auquel ils fuccèdent, les peres & les autres Afcendans ont le même droit à l'égard de leurs defcendans. C'eft pourquoi fi ceux qui fuccèdent ainfi viennent à mourir avant d'avoir recueilli la fucceffion, ils la tranfmettent à leurs héritiers.

Tout ainfi qu'on ne met pas au nombre des enfans qui fuccèdent à leurs peres & à leurs autres Afcendans, ceux dont la naiffance n'eft pas légitime, de même on ne met pas au nombre des perfonnes qui peuvent fuccéder à leurs defcendans, les peres, les meres ni les autres Afcendans de ces fortes d'enfans.

Le père fuccédant à fon fils conjointement avec les freres & les fœurs de ce fils, ne conferve pas relativement aux portions des freres & des fœurs, l'ufufruit dont il jouiffoit fur les biens du défunt lorfqu'il étoit fous la puiffance paternelle.

Dans les pays de droit écrit, les peres & les meres qui ont donné quelque chofe entre-vifs à un enfant, fuccédent aux chofes qu'ils ont données lorfque le donataire décede fans enfans; non par droit de fucceffion ordinaire, mais par un autre appelé droit de retour ou de réverfion: ce droit de retour ne produit pas les mêmes effets dans tous les parlemens du royaume.

On juge à l'égard des pays de droit écrit du reffort du parlement de Paris, que les enfans peuvent hypothéquer & aliéner les choses données au préjudice du pere donateur & que même ils peuvent en disposer par testament.

Le parlement de Toulouse juge au contraire que les enfans donataires ne peuvent en aucune manière disposer des choses données, au préjudice du droit de retour.

Au parlement de Toulouse, le droit de retour a lieu au profit des Ascendans & des freres, sœurs, oncles ou tantes qui ont donné ; mais dans les pays de droit écrit du ressort du parlement de Paris, il n'a lieu qu'au profit des Ascendans à moins qu'il n'ait été stipulé par les autres donateurs.

Les coutumes sont fort variées relativement à la manière de succéder des Ascendans. Celle de Paris donne aux Ascendans les meubles & acquêts ; mais comme elle ne dit pas si les effets se partageront par têtes ou par souches, les auteurs ont été divisés sur cet objet. La Lande & le Brun ont pensé que dans le cas où un petit fils décédé laisseroit pour héritiers des meubles & acquêts son grand pere paternel d'un côté & d'un autre côté, son grand pere & sa grand'mere maternels, le premier devroit emporter la moitié de la succession & les deux autres le surplus.

Ces auteurs ont dit pour soutenir leur opinion, que la coutume ne décidant pas de quelle manière le partage devoit être fait, il falloit s'en rapporter à la novelle 118 qui avoit une disposition précise à cet égard. Mais on leur a opposé avec succès que la représentation n'ayant pas lieu dans la ligne Ascendante, les parens qui se trouvoient en pareil degré devoient succéder également ; & que la disposition de la novelle ne devoit pas être étendue lorfqu'elle réfiſtoit au droit commun.

Ce dernier ſentiment a prévalu & a été con-firmé par un arrêt du parlement de Paris du 30 mai 1702, rapporté au journal des audiences.

Renuſſon & Tronçon penſent que le pere & la mere peuvent être héritiers des meubles & acquêts, & légataires du quint des propres qui ne ſont pas de leur ligne.

Brodeau & le Brun ſont d'avis contraire : ils ſe fondent ſur ce que l'article 300 de la coutume de Paris porte indéfiniment qu'on ne peut être en même-temps héritier & légataire d'un défunt : ils appuient leur ſentiment par un ancien arrêt du 11 mars 1581, rapporté par Carondas.

Mais la première opinion doit être préférée : quelque général que paroiſſe l'article 300, il n'a pour objet que de mettre l'égalité entre les co-héritiers : or les collatéraux ne ſont point cohé-ritiers du pere & de la mere qui ſuccèdent aux meubles & acquêts ; puiſque ces derniers en héritent pour le tout à l'excluſion des premiers.

Le Brun prétend que ſi l'on admettoit cette concurrence des qualités d'héritier & de léga-taire, il y auroit confuſion du legs, parce que l'héritier deviendroit débiteur de lui-même ; mais cette raiſon ne peut pas s'appliquer au cas dont il s'agit, parce que le pere qui ſuccède aux meubles & acquêts & ſe trouve légataire d'un propre maternel, ne devient débiteur du legs ni en tout, ni en partie, puiſqu'il ne prend ce pro-pre que ſur les héritiers maternels.

Quant à l'arrêt du 15 mars 1581, comme il eſt ancien & unique, il ne doit pas faire loi, & Carondas même qui le cite, n'en approuve pas la déciſion.

Il y a des coutumes, telles que celle d'Anjou, où les Afcendans ne fuccèdent qu'aux meubles & à la totalité de l'ufufruit des immeubles fans aucune diftinction.

D'autres, telles que la coutume de Bourbonnois, admettent les Afcendans à partager les meubles & acquêts avec les freres & les fœurs germains ou leurs enfans.

Quelques-unes, telles que celle de Normandie, préfèrent les Afcendans du côté paternel ou maternel dans la fucceffion de leurs enfans.

D'autres comme celle du Maine, excluent l'aïeul & l'aïeule & ne donnent la fucceffion mobiliaire des enfans qu'aux peres & aux meres, & à leur défaut, aux collatéraux.

Dans les coutumes où les Afcendans fuccèdent aux immeubles de leurs defcendans, ces immeubles font propres, & ne tombent pas dans la communauté.

On tient pour maxime qu'il n'y a aucune prérogative d'aîneffe dans la fucceffion des Afcendans.

Soit que les Afcendans foient appelés à la fucceffion d'un mineur ou qu'il n'y ait que des collatéraux, les propres de ce mineur ne changent jamais de nature, & quoiqu'on les ait aliénés par néceffité, il faut en remplacer le prix au profit de l'héritier des propres. Si les rentes que le pere a laiffées au mineur font rachetées, fi l'office du pere a été vendu, la mere qui furvit à fon fils n'aura pas le prix des rentes ni de l'office comme faifant partie de la fucceffion mobiliaire, ce prix appartiendra aux héritiers des propres paternels.

Il n'en eft pas de même des meubles du mi-

neur qui ont été employés à acquérir des héritages ou à payer ſes dettes. L'héritier de ces
meubles n'eſt pas en droit d'en demander le remplacement.

Les peres, les meres & les autres Aſcendans
ne doivent point de droits ſeigneuriaux pour ce
qui leur revient des ſucceſſions de leurs enfans
ou petits enfans, ſoit qu'ils héritent de ceux-ci
ab inteſtat ou par teſtament. On doit regarder la
donation à cauſe de mort, comme la ſucceſſion
même : le pere n'auroit rien du en recueillant la
ſucceſſion *ab inteſtat*, & il ne doit de même rien
lorſque les choſes qui lui ſont léguées lui ſeroient
revenues ſans le ſecours du teſtament.

C'eſt auſſi une maxime conſtante au conſeil
que les Aſcendans ne doivent aucun droit de centième denier ni d'inſinuation pour ce qui leur
revient de leurs enfans à titre de ſucceſſion, &
même à titre de legs, lorſqu'en vertu de la loi
ils auroient pu recueillir les choſes léguées ſans
le ſecours d'une diſpoſition teſtamentaire.

Le ſieur Vitaſſe ayant recueilli par le décès
de ſa fille un fief qui étoit propre maternel à
celle-ci, le conſeil a décidé le 28 juin 1732,
d'après la maxime qu'on a établie, qu'il n'étoit
du à cet égard aucun droit de centième denier,
parce que la mere de la défunte étoit couſine du
ſieur Vitaſſe & que celui-ci ſe trouvant dans la
ligne & dans le degré le plus proche, il avoit hérité du fief par le décès de ſa fille & en vertu de
la loi ſeulement.

Par une autre déciſion du conſeil du 30 janvier 1754, la veuve du ſieur de Vitri a été
diſpenſée de payer le centième denier d'une
maiſon qu'elle avoit donné à ſa fille & qui lui

étoit revenue par le décès de cette fille en vertu de la dipofition de l'article 313 de la coutume de Paris.

Un autre arrêt du confeil du 27 mars 1736 a difpenfé Louis Aucomte repréfentant Paul de Lamour du payement du centième denier des propres de fes enfans, parce qu'il en avoit hérité en vertu de la loi à défaut d'autres héritiers.

Une autre arrêt du 20 avril 1752 a difpenfé le fieur Charton du payement du centième denier de biens régis par la coutume de Senlis, defquels il avoit hérité par la mort de fes enfans à qui ils avoient été donnés par des collatéraux. Cette décifion eft fondée fur ce que ces biens étant des acquêts dans la perfonne des enfans, le pere en héritoit de plein droit.

Mais il en feroit différemment fi le teftament d'un defcendant étoit néceffaire pour que les Afcendans recueilliffent le legs qu'il leur auroit fait. Dans ce cas, les Afcendans feroient tenus de payer les droits d'infinuation & de centième denier.

C'eft d'après ce principe que par arrêt du confeil du premier mars 1735, la dame veuve du fieur de la Garde tréforier de France à Aix, a été condamnée au payement du droit d'infinuation du teftament de fa fille, par lequel elle avoit été inftituée héritière univerfelle.

Un autre arrêt du confeil du 29 juin 1737 a décidé que le droit d'infinuation demandé par le commis de Montdidier étoit du pour un acte de conftitution de rente viagère paffé en faveur & pour la fubfiftance du pere de Jean-Paul. Cependant le 16 mars précédent le confeil avoit jugé que ce droit n'étoit pas du pour une conf-

titution de penſion faite par des enfans en faveur de leur mere pour lui aider à vivre & à
avoir des hardes.

La contradiction apparente de ces deux déciſions vient de la différence des motifs qui ont
donné lieu à l'une & à l'autre. Jean-Paul & ſes
cohéritiers ont été condamnés à payer le droit
d'inſinuation de la rente faite à leur pere, parce
qu'elle étoit une ſuite de la ceſſion que celui-ci
leur avoit faite précédemment de tous ſes biens.
Les autres enfans au contraire ont été diſpenſés
du payement du droit pour la penſion faite à
leur mere, parce que cette penſion a été conſi-
dérée plutôt comme l'acquit d'un devoir que
comme une libéralité.

La dame Talon d'Aurillac en Auvergne, inſ-
tituée héritière univerſelle par le ſieur de Sal-
nage ſon fils, de tous les biens que ſon pere lui
avoit laiſſés, a été condamnée par arrêt du conſeil du 14 avril 1742, à payer le centième denier, parce que la coutume ne lui accordoit pas
le droit de ſuccéder *ab inteſtat.*

Un autre arrêt du conſeil du premier décembre 1742 a jugé que la dame Chaſeray héritière de ſa fille en vertu d'un teſtament, devoit
le centième denier des biens paternels de la défunte, mais qu'elle ne devoit rien pour ceux
qu'elle avoit donnés à ſa fille en la mariant parce
qu'elle en héritoit de plein droit.

Un autre arrêt du conſeil du 11 mai 1743 a
jugé que la dame de la Fond devoit le centieme
denier des biens que ſon fils lui avoit légués,
parce qu'elle ne les recueilloit qu'en vertu de la
diſpoſition teſtamentaire.

Un autre arrêt du 5 juin 1744 a jugé que la
comteſſe

omtesse de Chavigny, légataire universelle de
on fils, devoit le centième denier des propres
ui lui avoient été légués, mais qu'elle ne devoit
en pour les acquêts dont elle héritoit en vertu
e la loi.

Il y a encore plusieurs autres arrêts qui ont
igé conformément à la jurisprudence que nous
enons d'établir. Voyez *les instituts de Justinien;*
s lois civiles; les novelles 118 & 127; Godefroy,
ur l'authentique cessante; les œuvres de Henrys;
Cujas, sur la novelle 118; Faber, cod. de leg.
æred. def. le Brun, traité des successions; Argou,
nstitutions au droit François; la coutume de Paris;
Boutaric, en ses instituts; les arrêts de Maynard;
Brodeau, sur Louet; le Maistre & Tronçon, sur
Paris; Renusson, traité des propres; Carondas, sur
'article 300 de la coutume de Paris; Lalande, sur
a coutume d'Orléans; le journal des audiences;
es coutumes d'Anjou, de Bourbonnois, de Nor-
mandie, & du Maine; le dictionnaire raisonné des
domaines; la coutume d'Auvergne; Guyot, traité
des fiefs, &c. Voyez aussi les articles HÉRITIER,
SUCCESSION, PROPRES, LIGNE, LÉGITIME,
NOCES, MARIAGE, TESTAMENT, BÂTARD,
LÉGATAIRE, DONATION, RETOUR, DROITS
SEIGNEURIAUX, CENTIÈME DENIER, INSI-
NUATION, &c.

ASCÈTES. On appeloit ainsi autrefois dans
l'église les premiers chrétiens qui s'exerçoient
à pratiquer les conseils de l'évangile. *Ascète*
signifioit alors ce que nous appelons aujourd'hui
moine ou *solitaire.* Voyez MOINE.

· ASILE. On appelle ainsi un lieu de refuge où
les débiteurs & les criminels qui s'y retirent,

font à l'abri des pourfuites de leurs créancier
& de la juftice.

Comme la divinité, dit M. de Montefquieu
eft le refuge des malheureux, & qu'il n'y a pa
de gens plus malheureux que les criminels, o
a été naturellement porté à penfer que les temples étoient un Afile pour eux; & cette idée
parut encore plus naturelle chez les Grecs o
les meurtriers, chaffés de leur ville & de la
préfence des hommes, fembloient n'avoir plus
de maifons que les temples, ni d'autres protec-
teurs que les Dieux.

Ces Afiles fe multiplièrent dans la Grèce : les
temples, dit Tacite, étoient remplis de débiteurs infolvables, & d'efclaves méchans; les
magiftrats avoient de la peine à exercer la police; le peuple protégeoit les crimes des hommes, comme les cérémonies des Dieux.

Les lois de Moïfe furent très-fages. Les ho-
micides involontaires étoient innocens; mais ils
devoient être ôtés de devant les yeux des parens du mort : il établit donc un Afile pour eux.
Les grands criminels ne méritent point d'Afile,
ils n'en eurent pas : les juifs n'avoient qu'un ta-
bernacle portatif, & qui changeoit continuellement de lieu ; cela excluoit l'idée d'Afile. Il eft
vrai qu'ils devoient avoir un temple : mais les
criminels qui y feroient venus de toutes parts,
auroient pu troubler le fervice divin. Si les ho-
micides avoient été chaffés hors du pays, comme
ils le furent chez les Grecs, il eût été à craindre
qu'ils n'adoraffent des Dieux étrangers. Toutes
ces confidérations firent établir des villes d'A-
file, où l'on devoit refter jufqu'à la mort du
fouverain pontife.

On ne connoît plus aujourd'hui parmi nous le droit d'Asile dont jouissoient plusieurs églises & couvens de France. Nos rois ont senti que ce qui assuroit l'impunité des crimes, ne pouvoit que contribuer à les multiplier.

Charlemagne fut le premier qui donna atteinte aux Asiles, en défendant qu'on portât à manger aux criminels réfugiés dans les églises.

Louis XII, ami de son peuple, abolit entièrement le droit d'Asile dont jouissoient les églises & couvens de Saint Jacques de la Boucherie, de Saint Merry, de Notre-Dame, de l'hôtel-Dieu, de l'Abbaye de Saint Antoine, des carmes de la place Maubert, & des grands Augustins de Paris.

Pour bénir à ce sujet la mémoire de ce bon prince, il ne faut que se rappeler ce qui arriva en 1365 : Guillaume Charpentier, assassin avéré, de sa femme, fut arraché de l'hôtel-Dieu, & conduit en prison. Ce criminel se plaignit au parlement de la violation de son Asile, & cette compagnie condamna à l'amende les sergens qui avoient emprisonné Charpentier, & ordonna que ce particulier seroit rétabli dans son Asile. Bref il ne fut pas puni.

Aujourd'hui tout accusé peut être arrêté dans une église jusqu'auprès de l'autel sans qu'il faille même pour cet effet la permission de l'évêque.

Remarquez néanmoins que quand il s'agit d'arrêter quelqu'un dans une maison royale, il faut avoir la permission du prince ou du gouverneur de cette maison.

Les églises sont encore maintenant des lieux d'Asile en Italie, pourvu qu'on ne soit point coupable de crimes atroces. Voyez *sur cette ma-*

tière l'ordonnance de 1539 ; Theveneau, sur les ordonnances ; Corbin, en ses décisions ; Bouchel, en son histoire de la justice criminelle de France ; Julius Clarus qu. 30. & Farinacius, qu. 28. les édits du mois de juillet 1547, & du mois d'août 1714 ; le traité de la justice criminelle de France, par M. Jousse, &c. Voyez aussi les articles DÉ-CRET, CAPTURE, PRISE DE CORPS, EMPRI-SONNEMENT, DÉBITEUR, &c.

ASSASSIN. On appelle ainsi celui qui tue de guêt-à-pens, de dessein formé & en trahison.

. L'assassinat prémédité est un crime pour lequel on ne peut point obtenir de lettres d'abolition. L'ordonnance du mois d'août 1670 est en cela conforme à celle de Blois. Il est même voulu par cette dernière ordonnance, que s'il étoit accordé des lettres de grâce pour ce crime, les juges n'y aient aucun égard.

L'assassinat prémédité ou meurtre de guêt-à-pens, est un cas royal, quoiqu'en dise Loiseau. Cela est prouvé par une ordonnance de Philippe Auguste rapportée par Chopin, & par les coutumes de Tours & de Lodunois qui ont à ce sujet des dispositions expresses. C'est aussi ce qu'a décidé le chancelier d'Aguesseau dans la lettre qu'il écrivit le 17 janvier 1742 au procureur général du parlement de Besançon.

On trouve néanmoins plusieurs arrêts confirmatifs de sentences rendues par des juges seigneuriaux contre des accusés convaincus d'assassinat prémédité. Un entr'autres du 16 juin 1691, a confirmé une sentence par laquelle le juge de Clamecy avoit condamné à la roue deux particuliers convaincus d'avoir commis le crime dont il s'agit.

Mais de ce que des juges feigneuriaux ont connu du crime d'affaffinat prémédité, il ne faut pas conclure que ces juges aient eu le droit d'en connoître, ni que ce crime ne doive pas être mis au nombre des cas royaux. Peut-être même qu'en confirmant les fentences dont on a parlé, le parlement ne l'a fait que pour des raifons particulières tirées de l'intérêt public & fur-tout parce qu'il n'y avoit aucun conflit de juridiction ni perfonne qui eût revendiqué les accufés.

Au refte il ne faut pas mettre au rang des coupables d'affaffinat prémédité un homme qui fe tue lui-même, quoiqu'il le faffe avec réflexion. C'eft ce qu'a décidé un arrêt du premier juin 1556 rendu pour Sens.

Suivant l'édit du mois de juillet 1547, tout particulier foit noble ou rôturier, qui commet un affaffinat, doit être puni de la peine de mort fur la roue, fans que cette peine puiffe être commuée (*).

___

(*) *Jugement qui prononce peine de mort pour crime d'affaffinat.* Nous avons déclaré ledit François...... duement atteint & convaincu de l'Affaffinat commis fur le chemin de...... pour réparation de quoi, le condamnons à avoir les bras, jambes, cuiffes & reins rompus vifs fur un échafaud qui pour cet effet fera dreffé en la place de..... de cette ville ; ce fait, fon corps expofé fur une roue, la face tournée vers le ciel, pour y refter tant qu'il plaira à Dieu lui conferver la vie, fon corps mort porté enfuite au gibet de...... fes biens acquis & confifqués au profit du roi, ou de qui il appartiendra, fur iceux & autres non fujets à confifcation, préalablement pris la fomme de...... d'amende envers le roi, en cas que confifcation n'ait lieu au profit de fa majefté ; (*quelquefois on ajoute*) & avant l'éxécution fera ledit...... appliqué à la queftion ordinaire & extraordinaire, pour apprendre par fa bouche la vérité d'aucuns faits réfultans de fon procès, & les noms de fes complices.

Ceux qui fe louent à prix d'argent ou autre ment pour tuer, excéder ou outrager quelqu'un & ceux qui les ont loués doivent auffi être punis de mort fans efpoir d'aucun pardon. C'eft la difpofition de l'article 195 de l'ordonnance de Blois.

Le fimple attentat ou la fimple machination en matière d'affaffinat, doivent être punis de mort quoique l'affaffinat n'ait point eu lieu. Nos lois font en cela conformes aux lois romaines.

· Mais obfervez que pour faire prononcer cette peine, il faut que les Affaffins aient été difpofés à exécuter le crime & que la perfonne qu'on vouloit affaffiner n'ait été fauvée que par un effet du hafard ou de quelque circonftance fingulière.

Les complices en matière d'affaffinat, doivent être punis de la même manière que le principal auteur du crime. Tels font ceux qui favorifent ou encouragent l'Affaffin foit avant l'action, en lui donnant de l'argent, des armes; des chevaux ou des hommes pour l'aider, foit après l'action, en lui procurant les moyens d'échapper aux recherches de la juftice.

Papon rapporte un arrêt du mois d'août 1553 par lequel un particulier fut condamné à la roue pour avoir voulu tirer un coup de piftolet fur M. de Nicolaï confeiller au parlement.

Par un autre arrêt du parlement du 8 mai 1731, le nommé Dulys, juif, qui avoit loué un foldat aux gardes pour affaffiner le fieur Francœur & la demoifelle Peliffier, actrice à l'opéra, fut condamné à la roue ainfi que le foldat aux gardes, quoique le projet n'eût point été exécuté.

Un autre arrêt du 9 juillet 1748 a condamné

Louis Hubert à être rompu vif pour avoir formé le projet d'affaſſiner le curé d'Arpajon, & avoir donné de l'argent à cet effet.

Si ceux qu'on loue pour commettre un aſſaſſinat alloient dénoncer à la juſtice celui qui les auroit loués au lieu de ſe prêter à ſes vues, il ſeroit puni comme ſi le crime eût été exécuté. C'eſt ainſi que par arrêt du premier février 1685 un particulier fut condamné à mort pour avoir voulu faire battre & maltraiter quelqu'un par des hommes qu'il avoit loués à prix d'argent & qui au lieu d'exécuter ſon projet, allèrent le révéler aux juges.

De même, par un autre arrêt du 18 juillet 1764, le nommé Tachet, dit Clermont, fut condamné à être rompu vif pour avoir engagé à prix d'argent & ſollicité pluſieurs fois des ſoldats à aſſaſſiner un particulier à qui il en vouloit : ces ſoldats au lieu d'exécuter le crime, avoient dénoncé Tachet à la juſtice.

Dans l'eſpèce de crime dont il s'agit, de violentes préſomptions ont quelquefois ſuffi pour faire prononcer contre l'accuſé, une peine capitale. Mais cependant quand aucun témoin ne dit avoir vu commettre le crime, le juge doit apporter une grande prudence dans l'examen des circonſtances qui peuvent indiquer le coupable.

Les femmes ou les filles qui ont commis un aſſaſſinat ou qui ont aidé à le commettre doivent être condamnées à la potence ſi elles ſont rôturières, & à avoir la tête tranchée, ſi elles ſont nobles.

Suivant le droit canonique, les Aſſaſſins, ceux qui ont donné des ordres pour faire aſſaſſiner quelqu'un, & ceux qui recelent ou qui défen-

N iv

dent les Affaſſins encourent de plein droit la peine de l'excommunication, de la dépoſition & de la privation des bénéfices dont ils ſont titulaires. Il n'eſt pas néceſſaire pour encourir ces punitions, que l'affaſſinat ait été exécuté, il ſuffit qu'il y ait eu quelque entrepriſe extérieure contre la vie d'une perſonne, comme d'avoir tiré ſur elle un coup de fuſil ou de piſtolet, de l'avoir bleſſée d'un coup d'épée, &c.

L'homicide ſimple n'entraine pas de plein droit contre le coupable la privation des bénéfices dont il eſt titulaire, mais il peut en être privé par le jugement du ſupérieur eccléſiaſtique ſi celui-ci croit devoir ainſi punir ce délit. Voyez *Chopin, de domanio; les coutumes de Tours & de Lodunois; le Bret, en ſon traité de la ſouveraineté; les inſtitutions criminelles de M. Muyard de Vouglans; Loiſeau, traité des ſeigneuries; l'ordonnance de Blois & celle du mois d'août 1670; la déclaration du 5 février 1731; le traité de la juſtice criminelle de France; le code pénal; la coutume d'Auvergne; la loi 7. cod. ad leg. Cornel. de Sicar. Theveneau, ſur les ordonnances; Decianus, in tractatu criminum; Forrinacius; Julius Clarus; le journal des audiences; les arrêts de Papon; les lois eccléſiaſtiques de France*, &c. Voyez auſſi les articles, CAS ROYAL, COMPÉTENCE, CRIME, JUGE, RÉMISSION, BÉNÉFICE, &c.

ASSÉCURATION. Terme uſité dans le reſſort du parlement de Grenoble pour déſigner une oppoſition formée à un décret d'immeubles. *Voyez* DÉCRET & OPPOSITION.

ASSÉEURS. On appeloit ainſi autrefois ceux qui étoient prépoſés pour faire l'aſſiette des tailles ſur les particuliers ſujets à cette impoſition.

Ainfi les Affeeurs différoient des collecteurs en ce que ceux-ci ne faifoient alors que la recette des deniers dont les autres avoient arrêté le rôle. Aujoud'hui les deux fonctions font réunies, les collecteurs font l'affiette & la recette.

Cela ne doit néanmoins pas s'appliquer à la Lorraine : ce font encore aujourd'hui des Afféeurs choifis par les communautés, qui font dans cette province la répartition de l'impôt appelé fubvention, & les collecteurs ne font chargés que de faire la recette de cet impôt. Voyez les ai ticles COLLECTEUR, TAILLE, SLBVENTION, &c.

ASSEMBLÉE. On appelle ainfi un nombre de perfonnes réunies dans un même lieu..

On diftingue en France plufieurs fortes d'Affemblées que nous allons examiner fucceffivement dans les rapports qu'elles ont avec le gouvernement.

Affemblée des états généraux. On appelle ainfi l'Affemblée des députés des différens ordres de toute une nation.

Il n'y a guères de nations policées chez lefquelles il n'y ait eu des Affemblées, foit de tout le peuple ou des principaux de la nation ; mais ces Affemblées ont reçu divers noms, felon les temps & les pays, & leur forme n'a pas été réglée par-tout de la même manière.

Il y avoit chez les romains trois ordres ; favoir, les fénateurs, les chevaliers, & le bas peuple appelé *plebs*. Les prêtres formoient bien entre eux différens colléges, mais ils ne compofoient point un ordre à part : on les tiroit des trois autres ordres indifféremment. Le peuple avoit droit de fuffrage, de même que les deux autres ordres. Lorfque l'on affembloit les comices, où

l'on, élifoit les nouveaux magiftrats, on y propofoit auffi les nouvelles lois, & l'on y délibéroit de toutes les affaires publiques.

Dans la fuite les empereurs s'étant attribué
le pouvoir excluſif de faire des lois, de créer
des magiftrats, & de faire la paix & la guerre,
les comices ceſſèrent d'avoir lieu ; le peuple
perdit par-là fon droit de fuffrage, & le fénat fut
le feul ordre qui confervât une grande autorité.

L'ufage d'aſſembler les états ou différens ordres a néanmoins fubfifté dans plufieurs pays,
& ces Aſſemblées y reçoivent différens noms.
En Pologne on les appelle *diètes*; en Angleterre,
parlement ; & en d'autres pays, *états*.

Dans quelques pays il n'y a que deux ordres
ou états, qui foient admis aux Aſſemblées générales, comme en Pologne où la nobleſſe & le
clergé forment feuls les états qu'on appelle diètes, les payfans y étant tous efclaves.

En Suède au contraire, on diftingue quatre
états ou ordres différens de citoyens ; favoir,
la nobleſſe, le clergé, les bourgeois & les
payfans.

Dans la plûpart des autres pays on diftingue
trois états : le clergé, la nobleſſe & le tiers-
état ou troifième ordre, compofé des magiftrats
municipaux, des notables bourgeois & du peuple.
Telle eft la divifion qui fubfifte préfentement en
France ; mais les chofes n'ont pas été toujours
réglées de même à cet égard.

Avant la conquête des Gaules par Jules-Céfar, il n'y avoit que deux ordres ; celui des
Druides & celui des chevaliers : le peuple étoit
dans une efpèce d'efclavage, & n'étoit admis à
aucune délibération. Lorfque les Francs jetèrent

les fondemens de la monarchie françoise, ils ne reconnoissoient qu'un seul ordre dans l'état, qui étoit celui des nobles ou libres, en quoi ils conservèrent quelque temps les mœurs des germains dont ils tiroient leur origine. Dans la suite le clergé forma un ordre à part, & obtint même le premier rang dans les Assemblées de la nation. Le tiers état ne se forma que long-temps après, sous la troisième race.

Ces Assemblées de la nation, qu'il ne faut pas confondre avec les Assemblées des états du royaume, commencèrent sous le règne de Pepin à prendre le nom de parlemens. Ces anciens parlemens, dont celui de Paris & tous les autres tirent leur origine, n'étoient pas une simple Assemblée d'états, dans le sens que ce terme se prend aujourd'hui ; c'étoit le conseil du roi & le premier tribunal de la nation où se traitoient toutes les grandes affaires. Le roi présidoit à cette Assemblée, ou quelqu'autre personne par lui commise à cet effet. On y délibéroit de la paix & de la guerre, de la police publique & administration du royaume ; on y faisoit les lois; on y jugeoit les crimes publics, & tout ce qui touchoit la dignité & la sûreté du roi, & la liberté des peuples.

Ces parlemens n'étoient d'abord composés que de nobles, & ils furent ensuite réduits aux seuls grands du royaume & aux magistrats qui leur furent associés. Le clergé ne formoit point encore un ordre à part ; de sorte que les prélats ne furent admis à ces parlemens qu'en qualité de grands vassaux de la couronne. On ne connoissoit point encore de tiers-état ; ainsi ces anciens parlemens ne peuvent être considérés comme une Assemblée des trois états. Il s'en faut d'ailleurs beaucoup que les Assemblées d'états ayent jamais eu le même objet, ni la même autorité, ainsi qu'on le reconnoîtra sans peine en considérant la manière dont les états ont été convoqués, & dont les affaires y ont été traitées.

On ne connut pendant long-temps dans le royaume que deux ordres, la noblesse & le clergé.

Le tiers-état composé du peuple étoit alors presque tout serf ; il ne commença à se former que sous Louis-le-Gros, par l'affranchissement des serfs, lesquels par ce moyen devinrent bourgeois du roi, ou des seigneurs qui les avoient affranchis.

Le peuple ainsi devenu libre, & admis à posséder propriétairement ses biens, chercha les moyens de s'élever, & eut bientôt l'ambition d'avoir quelque part au gouvernement de l'état. Nos rois l'élevèrent par de degrès en l'admettant aux charges, & en communiquant la noblesse à plusieurs rôturiers ; ce qu'ils firent sans doute pour balancer le crédit des deux autres ordres qui étoient devenus trop puissans.

Il n'y eut cependant jusqu'au temps de Philippe-le-bel, point d'autre Assemblée représentative de la nation que le parlement ; lequel étoit alors composé seulement des grands vassaux de la couronne, & des magistrats que l'on choisissoit ordinairement entre les nobles.

Philippe-le-bel fut le premier qui convoqua une Assemblée des trois états ou ordres du royaume en la forme qui a été usitée depuis.

La première Assemblée d'états généraux fut convoquée par des lettres du 23 mars 1301,

ue l'on comptoit à Rome 1302. Ces lettres ne
ıbſiſtent plus; mais on les connoît par la ré-
onſe qu'y fit le clergé; elles furent adreſſées
ux barons, archevêques, évêques & prélats;
ux égliſes cathédrales, univerſités, chapitres
ι colléges, pour y faire trouver leurs députés;
ι aux baillis royaux, pour faire élire par les
'illes des ſyndics ou procureurs.

Ce fut à la perſuaſion d'Enguerrand de Ma-
ıgny ſon miniſtre, que Philippe-le-bel aſſembla
le cette manière les trois états, afin de parvenir
·lus facilement à lever ſur les peuples une im-
ıoſition pour ſoutenir la guerre de Flandre qui
ontinuoit toujours, & pour fournir aux autres
lépenſes de Philippe-le-bel, qui étoient exceſ-
ives. Le roi cherchoit par-là à appaiſer le peu-
ıle & à gagner les eſprits, ſur-tout à cauſe de
ès démêlés avec Boniface VIII, qui commen-
ioient à éclater.

Ces états tinrent pluſieurs ſéances, depuis la
ıi-carême juſqu'au 10 avril qu'ils s'aſſemblèrent
lans l'égliſe Notre-Dame de Paris. Philippe-le-
ıel y aſſiſta en perſonne. Pierre Flotte ſon chan-
ɛelier y expoſa les deſſeins que le roi avoit de
réprimer pluſieurs abus, notamment les entre-
priſes de Boniface VIII ſur le temporel du royau-
ɪne. Il repréſenta auſſi les dépenſes que le roi
étoit obligé de faire pour la guerre, & les ſecours qu'il attendoit de ſes ſujets; que ſi l'état
populaire ne contribuoit pas en perſonne au ſervice militaire, il devoit fournir des ſecours d'argent. Le roi demanda lui-même que chaque corps
formât ſa réſolution & la déclarât publiquement
par forme de conſeil.

La nobleſſe s'étant rétirée pour délibérer, &

ayant enfuite repris fes places, affura le roi de
la réfolution où elle étoit de le fervir de fa perfonne & de fes biens.

Les eccléfiaftiques demandèrent un délai pour
délibérer amplement, ce qui leur fut refufé.
Cependant, fur les interrogations que le roi
leur fit lui-même, favoir de qui ils tenoient
leurs biens temporels, & de ce qu'ils penfoient
être obligés de faire en conféquence, ils recon-
nurent qu'ils tenoient leurs biens de lui & de fa
couronne ; qu'ils devoient défendre fa perfonne,
fes enfans & fes proches, & la liberté du royaume ; qu'ils s'y étoient engagés par leur ferment
en prenant poffeffion des grands fiefs dont la
plupart étoient revêtus, & que les autres y
étoient obligés par fidélité. Ils demandèrent en
même temps permiffion de fe rendre auprès du
pape pour un concile ; ce qui leur fut encore
refufé, vu que c'étoit pour procéder contre le
roi.

Le tiers-état s'expliqua par une requête qu'il
préfenta à genoux, fuppliant le roi de conferver
la franchife du royaume.

Te's furent les objets que l'on traita dans ces
premiers états, par où l'on voit que ces fortes
d'Affemblées n'étoient point une fuite des champs
de Mars ou de Mai ; & qu'elles ne furent point
établies fur le même modèle ni fur les mêmes
principes. En effet, elles n'eurent ni les mêmes
droits, ni la même autorité, puifque jamais le
droit de fuffrage ne leur fut accordé en matière
de légiflation. Auff. eft-il bien conftant que c'eft
le parlement de Paris qui tire fon origine de ces
anciens parlemens, & non pas les états dont
l'établiffement ne remonte qu'à Philippe-le-Bel,

n'avoit d'autre objet que d'obtenir le contentement de la nation par l'organe de fes déutés, lorfqu'on voudroit mettre quelques imôts.

On n'entreprendra pas de donner ici une chronologie exacte des divers états généraux tenus depuis Philippe-le-Bel jufqu'à préfent ; on fe contentera de parler des plus connus, de rapporter ce qui s'y eft paffé de plus mémorable, de marquer comment ces états s'arrogèrent peu-à-peu une certaine autorité, & de quelle maniere elle fut enfuite réduite.

Une obfervation qui eft commune à tous ces états, c'eft que dans l'ordre de la nobleffe étoient compris alors tous les nobles d'extraction, foit qu'ils fuffent de robe ou d'épée, pourvu qu'ils ne fuffent pas magiftrats députés du peuple : le tiers-état n'étoit autre chofe que le peuple, repréfenté par fes magiftrats députés.

Depuis les premiers états de 1301, Philippe-le-Bel en convoqua encore plufieurs autres : les plus connus font ceux de 1313, que quelques-uns placent en 1314. Le miniftre ne trouva d'autre reffource pour fournir aux dépenfes du roi, que de continuer l'impôt du cinquieme des revenus & du cinquieme des meubles, même d'étendre ces impôts fur la nobleffe & le clergé ; & pour y réuffir, on crut qu'il falloit tâcher d'obtenir le confentement des états. L'Affemblée fut convoquée le 29 juin : elle ne commença pourtant que le premier août. Mezeray dit que ce fut dans la falle du palais, d'autres difent dans la cour. On avoit dreffé un échafaud pour le roi, la nobleffe & le clergé ; le tiers-état devoit rester debout au pied de l'échafaud.

Après une harangue véhémente du ministre, le roi se leva de son trône & s'approcha du bord de l'échafaud, pour voir ceux qui lui accorderoient l'aide qui étoit demandée. Etienne Barbette prévôt des marchands, suivi de plusieurs bourgeois de Paris, promit de donner une aide suffisante, ou de suivre le roi en personne à la guerre. Les députés des autres communautés firent les mêmes offres; & là-dessus l'Assemblée s'étant séparée sans qu'il y eût de délibération formée en règle, il parut une ordonnance pour la levée de six deniers pour livre de toutes les marchandises qui seroient vendues dans le royaume.

Il en fut à peu-près de même de toutes les autres Assemblées d'états; les principaux députés dont on avoit gagné les suffrages, décidoient ordinairement sans que l'on eût pris l'avis de chacun en particulier; ce qui fait voir combien ces Assemblées étoient illusoires.

On y arrêta cependant, presque dans le moment où elles furent établies, un point extrêmement important; savoir, qu'on ne leveroit point de tailles sans le consentement des trois états. Savaron & Mezeray placent ce règlement en 1314, sous Louis Hutin; Boulainvilliers dans son histoire de France, prétend que ce règlement ne fut fait que sous Philippe de Valois: du reste ces auteurs sont d'accord entr'eux sur le point de fait.

Quoi qu'il en soit de cette époque, il paroît que Louis Hutin n'osant hasarder une Assemblée générale, en fit tenir en 1315 de provinciales par bailliages & sénéchaussées, où il fit demander

par

par fes commiffaires un fecours d'argent. Cette négociation eut peu de fuccès ; de forte que la cour mécontente des communes, affaya de gagner la nobleffe, en convoquant un parlement de barons & de prélats à Pontoife pour le mois d'avril fuivant, ce qui ne produifit cependant aucune reffource pour la finance.

Philippe V dit le Long, ayant mis fans confulter les états, une impofition générale du cinquième des revenus & du centième des meubles fur toutes fortes de perfonnes fans exception, tous les ordres s'émurent auffi-tôt que fon ordonnance parut ; il y eut même quelques particuliers qui en interjetèrent appel au jugement des états généraux, qu'ils fuppofoient avoir feuls le pouvoir de mettre des impofitions.

Le roi convoqua l'Affemblée des états, dans l'efpérance d'y lever facilement ces oppofitions, & que le fuffrage de la ville de Paris entraîneroit les autres. Cette Affemblée fe tint au mois de juin 1321 ; mais le clergé mécontent à caufe des décimes que le roi levoit déjà fur lui, éluda la decifion de l'affaire, en repréfentant qu'elle fe traiteroit mieux dans des Affemblées provinciales ; ce qui ne fut pas exécuté, Philippe V étant mort peu de tems après.

Charles IV fon fucceffeur, ayant donné une déclaration pour la réduction des monnoies, des poids & des mefures, le clergé & la nobleffe lui remontrèrent qu'il ne pouvoit faire ces règlemens que pour les terres de fon domaine, & non dans celles des barons. Le roi permit de tenir à ce fujet de nouvelles Affemblées provinciales ; mais on ne voit pas quelle en fut la fuite.

Les états de Normandie députèrent vers le
roi Philippe de Valois, & obtinrent de lui la
confirmation de la charte de Louis Hutin, appelée la charte aux Normands, avec déclaration expresse qu'il ne seroit jamais rien imposé
sur la province, sans le consentement des états,
mais on a soin dans tous les édits qui concernent la Normandie, de déroger expressément à
cette charte.

Le privilège que Philippe de Valois accorda
à la Normandie n'étoit même pas particulier à
cette province; car les historiens disent qu'en
1338 & 1339 il fut arrêté dans l'Assemblée des
états généraux, en présence du roi, que l'on
ne pourroit imposer ni lever tailles en France
sur le peuple, même en cas de nécessité ou utilité, que de l'octroi des états.

Ceux qui furent assemblés en 1343, accordèrent à Philippe-de-Valois un droit sur les boissons & sur le sel pendant le tems de la guerre.
Il y avoit eu dès avant 1338 une gabelle impo-
sée sur le sel; mais ces impositions ne duroient
que pendant la guerre, & l'on ne voit point si
les premières furent faites en conséquence d'un
consentement des états. Pour ce qui est de l'imposition faite en 1343, on étoit alors si agité
qu'on ne parla point de l'emploi qui devoit en
être fait; ce que les états n'avoient point encore
omis.

Aucun prince n'assembla si souvent les états
que le roi Jean; car sous son règne il y en eut
presque tous les ans, soit de généraux ou de
particuliers, jusqu'à la bataille de Poitiers.

L'objet de toutes ces Assemblées étoit toujours de la part du prince de demander quelque

aide ou autre subfide pour la guerre , & de la part des états , de prendre les arrangemens convenables à ce fujet. Ils prenoient auffi fouvent de-là occafion de faire diverfes repréfentations pour la réformation de la juftice , des finances , & autres parties du gouvernement : après la féance des états il paroiffoit communément une ordonnance pour règler l'aide qui avoit été accordée, & les autres objets fur lefquels les états avoient délibéré , fuppofé que le roi eut jugé à propos d'y faire droit.

Il y eut à Paris le 13 février 1350 une Affemblée générale des états tant de *la Languedoil* que de la *Languedoc* (*) , c'eft-à-dire des deux parties qui faifoient alors la divifion du royaume: on croit néanmoins que les députés de chaque partie s'affemblèrent féparément. Les prélats accordèrent fur le champ le fubfide qui étoit demandé ; mais les nobles & la plupart des députés des villes qui n'avoient pas de pouvoir fuffifant , furent renvoyés dans leur province pour

_____

(*) L'Affemblée des états de la *Languedoil* étoit compofée des députés des trois ordres de la partie feptentrionale de la France , ce qui comprenoit toutes les provinces qui font en deçà de la loire. On difoit quelquefois comme termes fynonymes *états de la Languedoil & du pays coutumier* : cependant le Lyonnois qui fe régit par le droit écrit , envoyoit auffi fes députés à cette Affemblée.

Les états de *la Languedoc* étoient tenus par les députés des trois ordres de la partie méridionale de la France. Cette partie étoit anciennement toute comprife fous le nom de pays de *la Languedoc* , qu'il ne faut pas confondre avec le Languedoc proprement dit. Du temps que les Anglois poffedoient la Guienne & les autres pays circonvoifins , *la Languedoc* ne comprenoit que le Languedoc , le Querci & le Rouergue.

y délibérer. Le roi y indiqua des Assemblées provinciales, & y envoya des commissaires qui accordèrent quelques-unes des demandes, & sur les autres, il fut député par devers le roi. Quelques provinces accordèrent un subside de six deniers ; d'autres seulement de quatre.

Il paroît que sous le règne du roi Jean on n'assembla plus en même-tems & dans un même lieu les états de la *Languedoil* & ceux de la *Languedoc*, & que l'on tint seulement des Assemblées provinciales d'états. Il y eut entre autres ceux du Limousin en 1355, où l'on trouve l'origine des cahiers que les états présentent au roi pour exposer leurs demandes. Ceux de Limousin en présentèrent un, qui est qualifié en plusieurs endroits de cédule.

Suivant les pièces qui nous restent de ces différentes Assemblées, on voit que le roi nommoit d'abord des commissaires qui étoient ordinairement choisis parmi les magistrats, auxquels il donnoit pouvoir de convoquer ces Assemblées, & d'y assister en son nom ; qu'il leur accordoit même quelquefois la faculté de substituer quelqu'un à la place de l'un d'eux.

Ces commissaires avoient la liberté d'assembler les trois états dans un même lieu, ou chaque ordre séparément, & de les convoquer tous ensemble, ou en des jours différens.

Les trois ordres, quoique convoqués dans un même lieu, s'assembloient en plusieurs chambres; ils formoient aussi leurs délibérations, & présentoient leurs requêtes séparément ; c'est pourquoi le roi à la fin de ces Assemblées confirmoit par ses lettres tout ce qui avoit été conclu par chaque ordre, ou même par quelques députés d'un des ordres en particulier.

On appeloit *états généraux du royaume*, ceux qui étoient composés des députés de toutes les provinces : on donnoit aussi le titre *d'états généraux*, à l'Assemblée des députés des trois ordres de la *Languedoil* ou de la *Languedoc*, parce que ces Assemblées étoient composées des députés de toutes les provinces que comprenoient chacune de ces deux parties du royaume : de sorte que les états particuliers ou provinciaux étoient seulement ceux d'une seule province, & quelquefois d'un seul bailliage ou sénéchaussée.

Les états généraux de la Languedoil ou pays coutumier, furent assemblés en la chambre du parlement en 1355. Le chancelier leur ayant demandé une aide, ils eurent permission de se consulter entre eux ; ensuite ils se présentèrent devant le roi en la même chambre, & offrirent d'entretenir 30000 hommes d'armes à leurs frais. Cette dépense fut estimée 50000 livres, & pour y subvenir, les états accordèrent la levée d'une imposition.

L'ordonnance qui fut rendue à cette occasion le 28 décembre 1355, fait connoître quel étoit alors le pouvoir que les états s'étoient attribué. Ils commencèrent, par la permission du roi, à délibérer 1°. sur le nombre des troupes nécessaires pour la guerre ; 2°. sur les sommes nécessaires pour soudoyer l'armée ; 3°. sur les moyens de lever cette somme & sur la régie & emploi des deniers ; ils furent même autorisés à nommer des généraux des aides pour en avoir la sur-intendance, & des élus dans chaque diocèse pour faire l'imposition & levée des deniers, usages qui ont subsisté jusqu'à ce que le roi se soit réservé la nomination des généraux, & qu'il ait eu érigé les élus en titre d'office ; il fut aussi arrêté que le compte de la levée & emploi des deniers seroit rendu en présence des états, qui se rassembleroient pour cet effet dans le temps marqué.

Les états avoient aussi demandé que l'on réformât plusieurs abus qui s'étoient glissés dans le gouvernement. Et le roi *considérant la clameur de son peuple*, fit plusieurs règlemens sur les monnoies, sur les prises de vivres & provisions qui se faisoient pour le roi & pour sa maison, sur les prêts forcés d'argent, sur la juridiction des juges ordinaires, enfin sur plusieurs choses qui concernoient la discipline des troupes.

Lorsque le roi Jean fut pris par les Anglois, le dauphin encore jeune croyant devoir ménager tous les différens ordes du royaume dans une conjoncture si fâcheuse, assembla les états à Paris au mois de mai 1356, dans la salle du parlement, pour lui donner aide & conseil, tant pour procurer la prompte délivrance du roi, que pour gouverner le royaume & conduire la guerre pendant son absence. Il se crut d'autant plus obligé d'en user ainsi, qu'il ne prenoit encore d'autre qualité que celle de lieutenant général du royaume, dont la régence ne lui fut formellement déférée qu'un an après par le parlement.

Les députés ayant obtenu un délai pour délibérer entre eux, tinrent des Assemblées particulières dans le couvent des cordeliers ; s'étant plaints au dauphin que la présence des commissaires du roi gênoit la liberté des délibérations, ces commiffaires furent rappelés. On convint de cinquante députés des trois ordres pour dref-fer un projet de réformation ; on délibéra auffi fur ce qui touchoit la guerre & la finance.

Le dauphin étant venu à leur Affemblée , ils lui demandèrent le fecret, à quoi il ne voulut pas s'obliger. Les députés au lieu de s'occuper à chercher les moyens de délivrer le roi qui étoit prifonnier à Londres , firent des plaintes fur le gouvernement & voulurent profiter des circonf-tances , pour abaiffer injuftement l'autorité royale. Ils firent des demandes exceffives qui choquèrent tellement le dauphin , qu'il éluda long-temps de leur rendre réponfe : mais enfin il fe trouva forcé par les circonftances de leur accorder tout ce qu'ils demandoient.

Le roi qui avoit déjà pris des arrangemens avec les Anglois, fit publier à Paris des défen-fes de lever l'aide accordée par les états, & à eux de fe raffembler. Cependant comme les re-ceveurs des états étoient maîtres de l'argent , le dauphin fut obligé de confentir à une Affem-blée. Il y en eut encore deux autres en 1357, où la nobleffe ne parut point étant gagnée par le dauphin , qui d'un autre côté mit les villes en défiance contre la nobleffe , pour les empê-cher de s'unir.

Depuis que le dauphin eut été nommé régent du royaume, il ne laiffa pas de convoquer en-core en différentes années plufieurs états, tant généraux que particuliers: mais l'indécence avec laquelle fe conduifirent les états à Paris en 1358, fut l'écueil où fe brifa la puiffance que les états s'étoient attribuée dans des temps de trouble. Depuis ce temps ils furent affemblés moins fréquemment ; & lorfqu'on les aſſembla , ils n'eurent plus que la voie de ſimple rémontrance.

Ceux de la ſénéchauſſée de Beaucaire & de Nîmes tenus en 1363 , préſentèrent au roi un cahier ou mémoire de leurs demandes : c'eſt la première fois, à ce qu'il paroît , que les états ſe ſoient ſervi du terme de cahier pour déſigner leurs demandes ; car dans les précédens états on a vu que ces ſortes de mémoires étoient qualifiés de cédule , apparemment parce ·que l'on n'avoit pas encore l'uſage d'écrire les actes en forme de cahier. Au reſte il étoit libre au roi de faire ou ne pas faire droit ſur leurs cahiers ; mais il fut toujours néceſſaire que l'ordonnance qu'il rendoit ſur les cahiers des états généraux , fût vérifiée au parlement qui repréſente ſeul le corps de la nation.

Les états généraux ne furent aſſemblés que deux fois ſous le règne de Charles V en l'année 1369. La première de ces deux Aſſemblées ſe tint en la grand'chambre du parlement, le roi ſéant en ſon lit de juſtice ; le tiers-état étoit hors de l'enceinte du parquet & en ſi grand nombre , que la chambre en étoit remplie. Il ne fut point queſtion pour cette fois de ſubſide , mais ſeulement de délibérer ſur l'exécution du traité de Brétigny , & ſur la guerre qu'il s'agiſſoit d'entreprendre. Les autres états furent tenus pour avoir un ſubſide. Ce qu'il y a de plus remarquable dans ces deux Aſſemblées , eſt que l'on n'y parla point de réformation comme les états avoient coutume de faire , tant on étoit perſuadé de la ſageſſe du gouvernement.

La foibleſſe du règne de Charles VI donna lieu à de fréquentes Aſſemblées des états. Il y en eut à Compiègne, à Paris, & dans plufieurs autres villes. Le détail de ce qui s'y paffa, auffi bien que dans ceux qu'on tint fous le roi Jean, fe trouve fort au long dans des préfaces de M. Secouffe, fur les tomes III & fuivans des ordonnances de la troifième race.

Les guerres continuelles que Charles VII eut à foutenir contre les Anglois, furent caufe qu'il affembla rarement les états; il y en eut cependant à Melun-fur-Yèvre, à Tours, & à Orléans.

Celui de tous nos rois qui fçut tirer le meilleur parti des états, fut le roi Louis XI quand il voulut s'en fervir, comme il fit en 1467, pour régler l'apanage de fon frere, ce qui fut moins l'effet du pouvoir des états, qu'un trait de politique de Louis XI; car il y avoit déjà long-tems que ces Affemblées avoient perdu leur crédit. Il s'agiffoit d'ailleurs en cette occafion d'un objet qui ne concernoit point les états & pour lequel il n'avoit pas befoin de leur confentement.

Depuis l'année 1483, époque du commencement du règne de Charles VIII, il n'y eut point d'états jufqu'en 1506, qu'on en tint à Tours fous Louis XII, à l'occafion du mariage de la fille aînée du roi.

Il n'y en eut point du tout fous François premier.

Sous le règne de Henri II, il n'y en eut point avant 1558. Savaron en date pourtant d'autres de 1549; mais c'étoit un lit de juftice.

Les états généraux tenus du temps de Charles IX, donnèrent lieu à trois célèbres ordonnances, qui furent faites fur les plaintes & doléances des trois états; favoir, les états d'Orléans, à l'ordonnance de 1560, pour la réformation du royaume, appelée *l'ordonnance d'Orléans*, & à *celle de Rouffillon* de l'année 1563, portant règlement fur le fait de la juftice pour fatisfaire au furplus des cahiers des états, comme le roi l'avoit réfervé par la première ordonnance. Les états de Moulins donnèrent lieu à l'ordonnance de 1566 pour la réformation de la juftice, appelée *l'ordonnance de Moulins*.

Les états généraux tenus à Blois fous Henri III en 1576, don. èrent auffi Lieu à l'ordonnance de 1579 laquelle, quoique da'ée de Paris & publiée trois ans après les états de Blois, a été appelée *ordonnance de Blois*, parce qu'elle fut dreffée fur les cahiers de ces états. Il y en eut auffi à Blois en 1588; & l'infolence des demandes qu'ils firent, avança le défaftre des Guifes.

Le duc de Mayenne affembla à Paris en 1593 de prétendus états généraux, où l'on propofa vainement d'abolir la loi Salique. Comme entre les trois ordres il n'y avoit que celui de la nobleffe qui fût dévoué au duc, & qu'il y avoit peu de nobleffe confidérable à cette Affemblée, il propofa pour fortifier fon parti d'ajouter deux nouveaux ordres aux trois autres; favoir, celui des feigneurs, & celui des gens de robe & du parlement; ce qui fut rejeté. Ces états furent caffés par arrêt du parlement du 30 mai 1594.

Les derniers états généraux font ceux qui fe tinrent à Paris en 1614. Le roi avoit ordonné que le clergé s'affemblât aux Auguftins, la nobleffe aux Cordeliers, & le tiers-état dans l'hôtel-de-ville; mais la nobleffe & le tiers-état demandèrent permiffion de s'affembler auffi aux Auguftins, afin que les trois ordres puffent conférer enfemble ; ce qui leur fût accordé.

La chambre du clergé étoit compofée de cent quarante perfonnes, dont cinq cardinaux, fept archevêques & quarante-fept évêques.

Cent trente-deux gentilshommes compofoient la chambre de la nobleffe.

Celle du tiers-état où préfidoit le prévôt des marchands, étoit compofée de cent quatrevingt-deux députés, tous officiers de juftice ou de finance.

L'ouverture des états fe fit le 27 octobre, après un jeûne public de trois jours, & une proceffion folennelle que l'on avoit ordonnée pour implorer l'affiftance du ciel.

L'Affemblée fe tint au louvre dans la grande falle de l'hôtel de Bourbon ; le roi y fiégea fous un dais de velours violet femé de fleurs de lys d'or, ayant à fa droite la reine fa mère affife dans une chaife à dos, & près d'elle Élifabeth, première fille de France, promife au prince d'Efpagne, & la reine Marguerite.

- A la gauche du roi étoit monfieur, fon frere unique, & Chriftine, feconde fille de France.

Le grand chambellan étoit aux pieds de fa majefté, le grand maître & le chancelier à l'extrémité du marche-pied ; le maréchal de Souvré, les capitaines des gardes & plufieurs autres perfonnes, étoient derrière joignant leurs majeftés.

Les princes, les cardinaux, les ducs étoient placés des deux côtés.

Aux pieds du trône étoit la table des fecrétaires d'état.

A leur droite étoient les conseillers d'état de
robe longue, & les maîtres des requêtes; à leur
gauche les conseillers de robe courte, & tout
de suite les bancs des députés des trois ordres;
les ecclésiastiques occupoient le côté gauche,
le tiers-état étoit derrière eux.

· Le roi dit en peu de mots que son but étoit
d'écouter les plaintes de ses sujets, & de pourvoir à leurs griefs.

Le chancelier parla ensuite de la situation des
affaires; puis ayant pris l'ordre du roi, il dit
aux députés que sa majesté leur permettoit de
dresser le cahier de leurs plaintes & demandes,
& qu'elle promettoit d'y répondre favorablement.

Les trois ordres firent chacun leur harangue,
les députés du clergé & de la noblesse debout
& découverts, le prévôt des marchands à genoux pour le tiers-état; après quoi cette première séance fut terminée.

Dans l'intervalle de temps qui s'écoula jusqu'à la séance suivante, la cour prit des mesures
pour diviser les députés des différens ordres,
en les engageant de proposer chacun des articles de réformation, que l'on prévoyoit qui seroient contredits par les députés des autres ordres; on s'attacha sur-tout à écarter les demandes du tiers-état, que l'on regardoit comme
le plus difficile à gagner.

On se rassembla le 4 novembre suivant; le
clergé demanda la publication du concile de
trente, la noblesse demanda l'abolissement de la
paulette, le tiers-état le retranchement des tailles
& la diminution des pensions.

L'université de Paris qui vouloit avoir séance

dans la chambre des députés du clergé, donna à cet effet fon cahier ; mais il fut rejeté comme n'étant pas fait de concert entre les quatre facultés qui étoient divifées entre elles.

La nobleffe & le clergé prirent delà occafion de demander la réformation des univerfités, & que les jéfuites fuffent admis dans celle de Paris, à condition, entr'autres chofes, de fe foumettre aux ftatuts de cette univerfité ; mais cela demeura fans effet, les jéfuites n'ayant pas voulu fe foumettre aux conditions que l'on exigeoit d'eux.

On demanda enfuite l'accompliffement du mariage du roi avec l'infante, & celui de madame Elifabeth de France avec le prince d'Efpagne.

Les trois ordres qui étoient divifés fur plufieurs objets, fe réunirent tous pour un, qui fut de demander l'établiffement d'une chambre pour la recherche des malverfations commifes dans les finances ; mais la reine éluda cette propofition.

Il y en eut une autre bien plus importante qui fut faite par les députés du tiers-état, pour arrêter le cours d'une doctrine pernicieufe qui paroiffoit fe répandre depuis quelque temps, tendante à attaquer l'indépendance des rois par rapport à leur temporel.

L'article propofé par le tiers-état portoit que le roi feroit fupplié de faire arrêter en l'Affemblée des états généraux, comme une loi inviolable & fondamentale du royaume, que le roi étant reconnu fouverain en France, & ne tenant fon autorité que de Dieu feul, il n'y a fur la terre aucune puiffance fpirituelle ou temporelle qui ait droit de le priver de fon royaume, ni de difpenfer ou d'abfoudre fes fujets pour quelque caufe que ce foit, de la fidélité & de l'obéiffance qu'ils lui doivent ; que tous les françois généralement tiendroient cette loi pour fainte, véritable, & conforme à la parole de Dieu, fans nulle diftinction équivoque ou limitation ; qu'elle feroit jurée par tous les députés aux états généraux, & déformais par tous les bénéficiers & magiftrats du royaume, avant d'entrer en poffeffion de leurs bénéfices ou de leurs charges ; que l'opinion contraire, auffi bien que celle qui permet de tuer ou de dépofer les fouverains, & de fe révolter contre eux pour quelque raifon que ce foit, feroient déclarées fauffes, impies, déteftables, & contraires à l'établiffement de la monarchie françoife, qui dépend immédiatement de Dieu feul ; que tous les livres qui enfeigneroient cette mauvaife doctrine, feroient regardés comme féditieux & damnables ; & enfin que cette loi feroit lue dans les cours fouveraines & dans les tribunaux fubalternes, afin qu'elle fût connue & religieufement obfervée.

Les partifans de la doctrine pernicieufe que cet article avoit pour objet de condamner, fe donnèrent tant de mouvemens, qu'ils engagèrent les députés du clergé & de la nobleffe à s'oppofer à la réception de cet article fous différens prétextes frivoles ; comme de dire que fi l'on publioit cet article, il fembleroit que l'on eût jufqu'alors révoqué en doute l'indépendance de la couronne ; que c'étoit chercher à altérer l'union qui étoit entre le roi & le faint pere, & que cela étoit capable de caufer un fchifme.

Le cardinal du Perron qui fut député du clergé pour aller débattre cet article à la chambre du tiers-état, pouffa les chofes encore plus loin ; il

:ccordoit à la vérité que pour quelque caufe
ue ce foit , il n'eft pas permis de tuer les rois &
ue nos rois ont tout droit de fouveraineté tem-
orelle en leur royaume : mais il prétendoit que
. propofition qu'il n'y a nul cas auquel les fu-
ts puiffent être abfous du ferment de fidélité
u'ils ont fait à leur prince, ne pouvoit être re-
ue que comme problématique. ●

Le préfident Miron pour le tiers-état, dé-
:ndit la propofition attaquée par le cardinal.

Cependant les députés des deux autres or-
res parvinrent à faire ôter du cahier l'article
ui avoit été propofé par le tiers-état ; & au
eu de cet article, ils en firent inférer un autre,
ortant feulement que le clergé abhorroit les
ntreprifes faites pour quelque caufe ou prétexte
ue ce foit , contre les perfonnes facrées des
ois ; & que pour diffiper la mauvaife doctrine
lont on a parlé , le roi feroit fupplié de faire
ublier en fon royaume la quinzième feffion du
oncile de Conftance.

Les manœuvres qui avoient été pratiquées
our faire ôter du cahier l'article propofé par
e tiers-état , excitèrent le zèle du parlement.
Les gens du roi remontrèrent dans leur requi-
itoire , que c'étoit une maxime reçue de tout
temps en France, que le roi ne reconnoît aucun
upérieur temporel de fon royaume , finon Dieu
feul ; que nulle puiffance n'a droit de difpenfer
les fujets de fa majefté de leur ferment de fidélité & d'obéiffance , ni de la fufpendre , priver
ou dépouiller de fon royaume , encore moins
d'attenter ou de faire attenter par autorité , foit
publique ou privée , fur les perfonnes facrées
des fouverains ; ils requirent en conféquence que

les précédens arrêts intervenus à ce sujet , fur
fent derechef publiés en tous les sièges, afin d
maintenir ces maximes ; sur quoi la cour rend
un arrêt conforme au requisitoire des gens d
roi.

Les divisions que cette affaire occasionna entr
les députés des états firent presser la présentatio
des cahiers, afin de rompre l'Assemblée. La clô
ture en fût faite le 23 février 1615 , ave
la même pompe que l'ouverture en avoit ét
faite.

Depuis cette dernière Assemblée des états gé
néraux , il y a eu quelques Assemblées de no
tables , entre autres celle qui se tint à Paris a
mois de décembre 1626 jusqu'au 23 février
1627, où le duc d'Orléans présidoit. Quelque
historiens qualifient cette Assemblée d'états
mais improprement ; & en tout cas ce n'auroi
été que des états particuliers , & non des état
généraux ; & dans l'usage elle est connue sous l
nom d'*Assemblée des notables*.

Il paroît aussi qu'en 1651 la noblesse se donn
de grands mouvemens pour faire convoquer le
états généraux , & que le roi avoit résolu qu'o
les tiendroit à Tours , mais ces états n'eu
rent pas lieu : on trouve même dans les regis
tres de la chambre des comptes un arrêté fai
par cette chambre , portant qu'elle ne députe
roit point à ces états.

Assemblée des états d'une province. Dans quel
ques provinces de France , telles que l'Artois
la Bourgogne , la Bretagne &c. Il se tient de
temps à autre des Assemblées composées de
députés du clergé, de la noblesse & du tiers-
état de la province. Nous exposerons en parlant
de

e chacune de ces provinces les objets fur lef-
uels ces Affemblées ont à délibérer.

Affemblées du clergé. Le clergé tient des Affemblées générales avec la permiffion du roi de dix
as en dix ans, pour renouveler le contrat qu'il
it tous les dix ans au fujet des rentes fur l'hô-
l-de-ville. Cinq ans après chaque Affemblée
our le contrat, on en tient une pour entendre
s comptes du receveur général, & pour les
utres affaires qui peuvent furvenir. On entend
uffi les comptes dans les Affemblées tenues pour
renouvellement du contrat.

Outre les Affemblées ordinaires qui fe tien-
ent de cinq ans en cinq ans, le roi Louis XIV,
a quelquefois convoqué d'extraordinaires,
rfqu'il a eu befoin des fecours du clergé. Nous
avons des exemples depuis le commencement
u fiècle.

Lorfque le roi a fait fçavoir aux agens géné-
aux le lieu où il lui plaît que le clergé foit af-
emblé, ils écrivent aux archevêques ou à leurs
rands-vicaires pour faire tenir les Affemblées
rovinciales. Les archevêques ou leurs grands-
icaires écrivent à tous les fuffragans, pour in-
iquer le jour & le lieu de l'Affemblée; chaque
vêque convoque en conféquence le fyndic &
es députés de fon diocéfe, fuivant l'ordre qu'on
coutume d'obferver en pareille occafion; &
on choifit les députés pour l'Affemblée provin-
iale. Si les agens manquoient d'avertir les pro-
inces au mois de janvier, comme ils y font
bligés pour les Affemblées ordinaires, les archevêques ne laifferoient point d'indiquer leur
Affemblée provinciale au mois de mars. Et fi
l'archevêque manquoit à fatisfaire à cette forma-

lité , les évêques assembleroient de plein droi
les députés du diocèse , pour nommer le député
qui doit se rendre dans la ville métropolitain
où se tient ordinairement l'Assemblée provin
ciale. En ce cas , le jour de l'Assemblée est le 1
du mois de mars.

. L'archevêque préside à l'Assemblée de sa pro
vince , & en son absence , le plus ancien de
évêques de la province , ou le doyen dans le
provinces où cette qualité est attachée à l'u
des sièges suffragans. Cependant lorsque l'arche
vêque ne préside point à l'Assemblée provin
ciale , ce sont ses grands-vicaires qui font la pro
position , comme ayant reçu les lettres des agens
& convoqué l'Assemblée. L'évêque & les dépu
tés d'un diocèse n'ont ensemble qu'une voix dans
l'Assemblée : il en est de même de l'archevêque
de ses grands-vicaires , & des députés de son
diocèse.

_ Il faut que les députés aux Assemblées provin
ciales soient nommés dans la procuration , qu'ils
soient constitués dans les ordres sacrés , & qu'ils
aient un bénéfice dans le diocèse qui les députe.
Les grands-vicaires des évêques ne peuvent y
assister au nom de leurs prélats qu'ils n'en aient
reçu un pouvoir spécial. On examine dans la
première séance de l'Assemblée provinciale les
procurations des députés , & s'ils ont les qua
lités requises par les règlemens. S'il y a quelque
diocèse qui n'ait point envoyé ses députés , on
ordonne qu'il sera passé outre nonobstant leur
absence : mais il faut auparavant que le métro
politain ou ses grands-vicaires justifient qu'ils ont
envoyé les lettres d'indiction de l'Assemblée.

On commence la seconde séance par la messe

u S. Efprit , à laquelle les évêques & les députés de la province affiftent : enfuite on procède à la nomination des députés du premier & du fecond ordre pour l'Affemblée générale. Puis on traite des affaires fpirituelles ou temporelles qui fe préfentent. Les délibérations paffent à la pluralité des voix des diocèfes , & elles doivent être fignées par tous les affiftans. Si quelqu'un croit avoir fujet de fe plaindre de ce qui a été arrêté dans l'Affemblée provinciale , il doit s'adreffer à l'Affemblée générale du clergé.

Chaque province nomme quatre députés aux Affemblées générales qui fe tiennent de dix ans en dix ans pour le renouvellement du contrat. Deux de ces députés doivent être du premier ordre, archevêques ou évêques, les deux autres font toujours du fecond ordre. Pour l'Affemblée des comptes , qui fe tient entre deux Affemblées décennales , on ne députe que deux perfonnes par province , l'une du premier , l'autre du fecond ordre. Les députés du fecond ordre doivent être dans les ordres facrés , poffeder un bénéfice payant au moins vingt livres de décimes dans la province qui les députe , & y avoir fait leur réfidence pendant un an (*). Les réguliers peuvent être choifis pour cette fonction comme les féculiers. Les évêques , les coadjuteurs & les fuffragans des archevêques ou des évêques

(*) Il y a des provinces où l'on n'obferve point à la lettre les difpofitions qui concernent les vingt livres de décimes , la réfidence d'un an : il paroît par le procès-verbal de l'Affemblée de 1700, qu'elle n'a point condamné cet ufage.

ne peuvent en aucun cas être choisis, pour remplir une des places du second ordre , quand même ils auroient un bénéfice dans la province
On peut nommer un député du premier & du
second ordre du même diocèse , pourvu que
celui du second ordre ne soit ni grand-vicaire
ni official de l'évêque député à l'Assemblée générale.

Les syndics & les députés au bureau ecclésiaf-
tique de chaque diocèse doivent remettre entre
les mains des députés de leur province à l'Af-
semblée générale, des mémoires exacts de l'é-
tat des payemens faits par leur receveur , des
décharges , s'il y en a eu quelqu'une d'obtenue
à cause des spoliations , & de toutes les affaires
spirituelles ou temporelles dont il est à propos
de rendre compte à l'Assemblée générale.

Au jour déterminé pour l'ouverture de l'Af-
semblée générale , les députés s'assemblent chez
le plus ancien archevêque présent : on y lit la
lettre adressée aux agens du clergé , pour áver-
tir les diocèses du lieu où se doit tenir l'Assemblée , on ordonne que tous les députés du second ordre mettront entre les mains des agens
les lettres qui justifient qu'ils ont reçu les ordres
sacrés ; puis on indique le jour de la première
séance.

La première séance qui se tient dans le lieu
indiqué pour l'Assemblée , & à laquelle préside
le plus ancien archevêque , est employée à la
lecture des procurations des députés. S'il y a des
contestations sur la validité des procurations ou
entre les députés d'une même province , on remet l'examen de ces affaires apres la lecture de
toutes les procurations. Ceux dont la validité de

la députation est contestée, n'ont droit d'opiner même sur les autres procurations disputées, qu'après que l'opposition à leur nomination a été jugée, & qu'ils ont été admis. On donne un défaut contre les provinces dont les députés ne sont pas à l'Assemblée, après la lecture du certificat des agens qui attestent qu'elles ont été légitimement convoquées. Les députés de ces provinces sont reçus quand ils se présentent dans la suite de l'Assemblée avec des pouvoirs valables, mais ils ne peuvent attaquer ce qui a été fait & ordonné en leur absence. Il suffit après le premier juin qu'il y ait dix provinces avec les agens généraux du clergé, pour l'examen & pour la clôture des comptes du receveur général.

Les archevêques & les évêques des provinces du royaume, qui ne paient point de décimes, n'ayant point d'intérêt aux affaires temporelles qui se traitent dans les Assemblées, n'y sont point appelés, & ne doivent point y assister; mais quand il se tient des Assemblées générales de l'église Gallicane, pour des affaires qui concernent toutes les provinces de la domination du roi, telle que fut celle de 1682, convoquée au sujet de la régale, du pouvoir du roi sur le temporel, de l'autorité des conciles œcuméniques, & des libertés de l'église de France, on y doit admettre les députés des provinces qui ne sont pas sujettes aux décimes. A l'égard des évêques *in partibus*, ils ne sont point admis dans les assemblées, & quand il est nécessaire de les y entendre on leur donne une place séparée des autres prélats du premier ordre. Ce qui n'a point lieu pour les évêques *in partibus*, qui sont nommés coadjuteurs des évêques de France avec future fucceffion : car ils peuvent être nommés députés du premier ordre , & quand ils doivent être entendus dans les Affemblées auxquelles ils ne font pas députés, on leur donne une place comme aux autres prélats ; on obferve la même chofe pour les anciens évêques qui fe font démis de leur évêché.

Aucun évêque , ni aucun eccléfiaftique des pays de décimes ne peut être admis & avoir voix aux délibérations de l'Affemblée , qu'il ne foit député de fa province. Il en faut excepter l'évêque du diocèfe dans lequel fe tient l'Affemblée, qui ne peut avoir aucune gratification pour fon affiftance , & les nouveaux agens à qui la compagnie accorde voix délibérative dans leur province. Les agens généraux qui fortent de charge n'ont pas la même prérogative en cette qualité ; ils n'affiftent à l'Affemblée que pour rendre compte de leur agence.

Les députés du premier ordre ne doivent affifter aux féances de l'Affemblée qu'en rochet & en camail, & ceux du fecond ordre qu'en habit long , & en manteau , avec le bonnet.

L'Affemblée étant formée , après l'examen des procurations on procède à l'élection d'un préfident & d'un vice-préfident. Ils font élus par les délibérations des provinces à la pluralité des fuffrages , fans que les députés foient obligés de s'arrêter , ni à l'ancienneté des évêques , ni au rang & aux prérogatives prétendues ou réelles des fièges qu'ils occupent.(*) On peut choifir pour

(*) A l'Affemblée de Melun , tenue en 1579 l'archevêque de Lyon prétendoit préfider , comme primat des Gaules , & l'archevêque de Bordeaux , comme plus ancien at-

présidens les prélats députés qui font abfens, de

chevêque. .L'Affemblée délibéra fur la propofition , & on ordonna que fi l'un des deux étoit élu préfident , il auroit cette place en vertu de la nomination , & non en vertu de fon ancienneté ou du rang de fon fiége. En 1581 il s'éleva une conteftation pareille entre les archevêques de Vienne & de Bourges. Le premier difoit qu'il étoit primat des primats; l'autre , qu'il étoit feul patriarche en France. On élut pour préfident l'archevêque de Vienne , & en même-temps on lui déclara qu'il ne devoit cette place , ni au temps de fa promotion , ni aux prééminences de fon fiège , l'Affemblée s'étant réfervé le pouvoir d'élire qui bon lui fembleroit.

Voici un fait fingulier par rapport à la préfidence , fur lequel il eft à propos de rapporter les termes du procès-verbal de l'Affemblée tenue en 1700.

Monfeigneur le préfident (Charles Maurice le Tellier , archevêque de Reims) a dit , que depuis que monfeigneur l'archevêque de Paris a été aggrégé à l'Affemblée , le pape l'a fait cardinal à la nomination du roi ; que le cas dans lequel on fe trouvoit n'étoit jamais arrivé , aucun prélat des Affemblées précédentes n'ayant été élevé au cardinalat pendant qu'elles tenoient leurs féances , & que par conféquent on ne pouvoit fe régler en cette occafion fur aucun exemple. Monfeigneur le préfident a ajouté qu'il falloit pofer pour principe certain , que de quelque dignité eccléfiaftique qu'on fût revêtu on ne pouvoit être préfident que par voie d'élection , *jure conceffionis , non dignitatis ;* que d'un autre côté il étoit en poffeffion de la préfidence par le choix de la compagnie & qu'ainfi il ne croyoit pas qu'elle pût , ni voulût , dans le cas préfent , faire un nouveau préfident fans fon confentement exprès ; mais que le mérite de monfeigneur le cardinal de Noailles , & fon zèle pour la défenfe de la vérité lui font fi connus , qu'il ne tiendra point à lui que l'Affemblée ne le mette à fa tête , fi elle le juge à propos , dans la conjonéture préfente , où fa qualité de diocéfain donneroit un plus grand poids à la cenfure à laquelle la compagnie eft fur le point de travailler ; que pour cet effet il confentoit à tout ce qu'elle voudroit ordon-

même que ceux qui font préfens dans le temps
de la nomination. Quand les deux préfidens fom
abfens, & que l'on doit commencer à travailler,
c'eft le plus ancien prélat qui préfide. Le rang
des archevêques & des évêques entr'eux fe règle
dans les Affemblées fur le temps de la promotion à l'archiépifcopat ou à l'épifcopat, & non
fur le temps du facre ; ce qui a été règlé fans
préjudice des droits de préféance que les églifes
prétendent avoir les unes fur les autres.

Après la nomination des préfidens, l'Affemblée choifit à la pluralité des fuffrages un promoteur & un fecrétaire. Quoique les députés foient
libres, aux termes des règlemens, de choifir qui
bon leur femble pour remplir ces deux emplois,
l'ufage eft d'y nommer les deux agens qui fortent
de place. Dans l'Affemblée du contrat, on élit
deux fecrétaires & deux promoteurs ; & dans
celles des comptes on n'élit qu'un fecrétaire &
un promoteur, qui font toujours tirés du fecond
ordre. S'ils font promûs à l'épifcopat pendant
l'Affemblée, ils ne peuvent plus exercer leurs
charges, & l'Affemblée en nomme d'autres à la
pluralité des fuffrages.

L'Affemblée de 1606 avoit arrêté qu'on ne

---

ner fur la propofition, & qu'il la prioit même d'élire mondit feigneur le cardinal pour fon préfident, étant perfuadé
qu'il rempliroit beaucoup mieux cette place qu'elle ne l'a
été jufqu'ici. L'Affemblée ayant entendu la propofition de
monfeigneur le préfident, délibération prife par provinces,
a élu unanimement, du confentement de monfeigneur
l'archevêque de Reims, & à fa prière, monfeigneur le cardinal de Noailles pour fon préfident, fans que ce qu'elle
a fait en cette occafion puiffe jamais être tiré à conféquence
par aucun cardinal.

pourroit élire les agens généraux pour promoteurs ni pour fecrétaires ; mais l'ufage contraire a prévalu.

Les fonctions des fecrétaires font de rédiger par écrit tout ce qui fe fait dans l'Affemblée , & d'en dreffer le procès-verbal. Celles du promoteur font de recevoir les mémoires de ceux qui ont quelque chofe à propofer à l'Affemblée , foit députés ou autres , d'expofer ce qui doit faire le fujet de la délibération , après en avoir conféré avec le préfident , fi l'affaire eft importante , & de donner leurs conclufions pour l'avantage général du clergé fur tout ce qui fe préfente à décider. Ils commencent leur rapport debout & découverts , & ils continuent affis & couverts. Ce font eux qui font chargés de commettre un huiffier pour garder la porte de la falle où fe tient l'Affemblée , de maniere que perfonne ne puiffe en approcher d'affez près pour entendre ce qui s'y traite. Les députés peuvent propofer eux-mêmes ce qu'ils croient devoir être utile , furtout quand ils ont remis les mémoires entre les mains des promoteurs , qui n'en ont pas rendu compte à l'Affemblée.

Les agens généraux ne font point élus dans l'Affemblée du clergé ; mais les provinces les nomment tour à tour de cinq ans en cinq ans. A chaque Affemblée ordinaire pour le renouvellement des contrats , ou pour les comptes , les deux provinces qui font en tour nomment chacune un des agens. On lit l'acte de leur nomination en même temps que les procurations des députés de leur province ; on les reçoit après que tous les députés ont prêté le ferment & on leur fait prêter le ferment de remplir fidèlement leurs fonctions pendant les cinq ans de leur agence.

Les Assemblées tiennent deux séances par jour, l'une le matin, & l'autre l'après-midi ; la séance de l'après-midi est toujours employée à l'examen des comptes, celle du matin pour les autres affaires. Quand elles ne suffisent point pour occuper pendant le temps destiné au travail on examine les comptes. On nomme des commissaires pour l'examen particulier des comptes, & pour les autres affaires spirituelles ou temporelles, qui demandent une plus ample discussion. Chaque bureau doit être composé d'un nombre égal de commissaires du premier & du second ordre. C'est à présent le président qui nomme les commissaires.

Le plus ancien des députés du premier ordre prononce le suffrage de sa province : s'il n'y a point d'évêque député d'une province présent à l'Assemblée, c'est un député du second ordre qui fait cette fonction. Quand l'agent se trouve d'une province dont l'évêque est absent, ce n'est point lui qui prononce le suffrage de sa province mais un des députés du second ordre.

Lorsqu'on se prépare à délibérer sur une affaire importante, on doit la remettre au lendemain si trois provinces le desirent ; mais après ce délai on ne peut ordonner une nouvelle remise que par l'avis des deux tiers des provinces.

Lorsqu'il s'agit de décider quelque question qui concerne l'intérêt particulier d'une province les députés de cette province ne peuvent donner leur suffrage ; & lorsqu'on délibere sur une affaire d'un des députés, il doit sortir de l'Assemblée

il ne peut y rentrer qu'après en avoir reçu un
dre exprès.

On a réglé dans l'Assemblée de 1700 que les
putés du second ordre n'auroient qu'une voix
nfultative dans les jugemens des affaires de
orale & de doctrine, à moins que les procu-
tions des provinces ne leur donnaffent en
rmes formels le pouvoir de délibérer fur la
orale & fur la doctrine : ce droit appartient
ix archevêques & aux évêques députés, par
ur caractère, indépendamment des termes de
urs procurations.

Toutes les délibérations arrêtées & conclues
la pluralité des fuffrages pris par provinces,
oivent être relues & fignées avec le procès-
erbal dans la féance fuivante. Il n'eft cependant
as permis à ceux qui font préfens à la lecture
e l'arrêté, de demander qu'on opine de nou-
eau fur l'affaire qui a été décidée, à moins que
la délibération n'ait été faite dans une féance où
s députés étoient en petit nombre, & que l'Af-
mblée ne jugeât qu'il fût néceffaire d'opiner de
ouveau dans une féance où il y auroit plus de
éputés préfens.

Les grandes Affemblées qui fe tiennent de dix
ns en dix ans, ont un droit d'infpection & de
évifion fur l'Affemblée qui a été tenue cinq ans
uparavant, pour tout ce qui concerne les comp-
es. Elles peuvent examiner fi les règlemens ont
té obfervés ; fi l'on a alloué mal-à-propos quel-
ues décharges ; fi l'on a paffé au receveur gé-
éral des intérêts pour les décimes, ou quelque
omme qu'il auroit payée en vertu des arrêts du
onfeil.

Comme le receveur du clergé eft établi pour

dix ans par chaque contrat passé avec les grandes Assemblées, celles des comptes ne peuvent recevoir sa démission; mais s'il a fait quelque faute considérable dans l'administration des deniers, elles ont droit d'en établir un autre. Pour qu'un receveur général soit continué par les Assemblées décennales, il faut qu'il ait en sa faveur les suffrages de plus des deux tiers des provinces. On ne peut le dispenser, sous quelque prétexte que ce soit, de donner une caution qui réside dans Paris.

Les commissaires nommés par le roi vont ordinairement deux fois à l'Assemblée; la première, pour donner aux députés un témoignage de l'estime & de la considération du roi pour le clergé; la seconde, pour demander le don gratuit suivant les besoins de l'état. Les agens vont recevoir les commissaires à la descente de leur carosse, & les députés nommés par l'Assemblée à la porte de l'église qui donne dans le cloître quand l'Assemblée se tient aux grands Augustins de Paris. Aux grandes Assemblées on choisit quatre députés (*), deux de chaque ordre, pour recevoir chaque commissaire. Aux Assemblées des comptes, il n'y a que deux députés, l'un du premier, l'autre du second ordre, pour recevoir

(*) L'Assemblée de 1655 avoit résolu de n'envoyer, pour recevoir les commissaires, que deux députés, même aux Assemblées qui se tiennent pour le renouvellement du contrat à moins que le premier commissaire ne fût un des officiers de la couronne, auquel cas on enverroit quatre députés pour ce commissaire, & deux pour chacun des commissaires qui l'accompagneroient; mais le roi ayant témoigné qu'il souhaitoit que la délibération de 1645 fût suivie, le clergé s'est depuis conformé à l'intention du roi.

chaque commiffaire. Le plus ancien évêque prend la droite du premier commiffaire, qu'il conduit, & paffe devant à toutes les portes. Le premier de ceux qui font députés pour conduire le fecond commiffaire, obferve la même règle. On fuit le même ordre pour reconduire les commiffaires quand ils fortent de l'Affemblée.

Pour accorder un don gratuit, ou une autre fubvention extraordinaire, il faut, fuivant les règlemens, que la délibération paffe à la pluralité des fuffrages de plus des deux tiers des provinces; de forte que fi un tiers des provinces s'oppofe au don, ou eft d'avis de donner moins, la délibération doit être dreffée fuivant cet avis: c'eft ce que porte le règlement fait en 1646; mais on n'a point eu lieu jufqu'à préfent d'en faire l'application, le clergé ayant offert au roi des dons gratuits d'un confentement unanime. Le roi a même modéré en quelques occafions le zèle de l'Affemblée, en acceptant une fomme moins confidérable que celle qu'elle lui offroit.

L'Affemblée en corps va rendre deux fois fes refpects au roi. Le fecrétaire, le promoteur & les deux agens marchent les premiers; après eux les prélats vont deux à deux félon l'ordre de leur facre, en camail violet & en rochet; puis ceux du fecond ordre en manteau long & en bonnet quarré, deux à deux, fans diftinction. Ils font conduits dans l'appartement du roi par un des fecrétaires d'état, par le grand-maître & par le maître des cérémonies. Quand ils paffent dans la falle, les gardes font en haie, fous les armes, les officiers à leur tête; les deux battans font ouverts à toutes les portes. On obferve les

mêmes cérémonies quand l'Assemblée se reti
après avoir eu audience.

C'est ce-qui est justifié par les procès-verba
des Assemblées.

Les députés doivent assister à toutes les A
semblées, tant du matin que de l'après-midi,
moins qu'ils n'aient quelque raison légitime d
s'en dispenser. Leur taxe est payée pour chaq
jour de séance, de même que pour leur voya
ge, & pour leur retour dans la province qui l
a députés. Le temps pour les voyages est fix
suivant la distance des lieux. Ils sont tenus pré
sens à leurs bénéfices, non-seulement pendar
les séances de l'Assemblée, mais encore pendar
le temps que doit durer leur voyage.

Assemblées des chambres du parlement. L'ordon
nance du mois de novembre 1774, enregistré
au lit de justice du 12 de ce mois, a réglé c
qui doit être observé relativement aux Assem
blées des chambres du parlement.

L'article 9 porte que conformément à l'arti
cle 18 de l'ordonnance du 28 octobre 1446,
l'article 116 de l'ordonnance du mois d'avri
1453, & à l'article 36 de l'ordonnance du moi
de juin 1510, les chambres du parlement n
pourront en aucun cas être Assemblées à la re
quête des parties : mais cela n'empêche pas qu
certains procès ne puissent être jugés par les
chambres Assemblées lorsqu'ils sont de nature
y être portés.

Pour décider si une affaire est de nature à être
jugée par les chambres Assemblées, M. le pre
mier président, ou celui qui préside en son ab
sence, doit convoquer la grand'chambre, c'est
à-dire, tous les présidens du parlement, les con

eillers ayant féance à la grand'chambre, quand
même ils feroient de fervice à la tournelle, &
n général tous ceux qui ont le droit de fiéger à
a grand'chambre. On ftatue enfuite à la plura-
ité des voix, fi l'affaire dont il s'agit doit être
-ortée aux chambres Affemblées.

S'il furvenoit des difficultés fur la compétence
ntre les chambres du parlement, M. le pre-
nier préfident feroit tenu de convoquer l'Affem-
>lée des chambres, à l'effet de terminer ces dif-
ficultés dans le fein même de la compagnie ;
nais fi le différent ne pouvoit être concilié dans
l'Affemblée des chambres, il faudroit que celles
:ntre-lefquelles il fe feroit élevé, envoyaffent
:hacune à M. le chancelier ou à M. le garde des
:ceaux de France un mémoire contenant fom-
pairement l'objet du différent & les motifs des
>rétentions refpectives, pour fur le compte
qu'en rendroit au roi le chef de la juftice, être
par fa majefté ftatué ainfi qu'il appartiendroit.

Il faudroit en ufer de même, s'il furvenoit
des différens entre les officiers de quelques-unes
des chambres du parlement, & les avocats &
procureurs généraux, relativement à leurs fonctions, aux droits & aux privilèges de leurs
offices.

Suivant l'article 11 de l'ordonnance du mois
de novembre 1774, les chambres du parlement ne peuvent être Affemblées pour les matières de grande police ou autres concernant
l'ordre public, qu'au préalable le premier préfident ou celui qui préfide en fon abfence, n'ait été
inftruit des motifs pour lefquels l'Affemblée des
chambres eft demandée, ainfi que des objets fur
lefquels on fe propofe de délibérer.

L'article 12 porte que quand le procureur général ou quelques-uns des officiers du parlemen
voudront demander l'Assemblée des chambres
ils s'adresseront au premier préfident ou à celu
qui préfidera en fon abfence, lui communiqué
ront le fujet & les motifs qui les déterminent
demander l'Assemblée des chambres, & les ob
jets fur lefquels ils penfent qu'il y a lieu de dé
libérer.

Les mêmes formalités doivent être obfervée
lorfqu'une des chambres du parlement croit de
voir demander l'Assemblée des chambres.

Lorfque l'Assemblée des chambres est demandée, le premier-préfident ou celui qui préfide
en fon abfence doit l'accorder ou la refufer dan
le vingt-quatre heures. Dans le cas de refus, &
que ce foit le procureur général ou un des autres
officiers de la grand'chambre qui aient demandé
l'Assemblée, il leur est libre de faire leur propofition à la grand'chambre, que le premier préfident est obligé d'affembler à cet effet : fi la
grand'chambre décide enfuite à la pluralité des
fuffrages, qu'il y a lieu d'affembler toutes les
chambres, le premier préfident ou celui qui préfide en fon abfence, ne peut fe difpenfer de les
convoquer dans les formes ordinaires & accoutumées. Telles font les difpofitions de l'article 14
de l'ordonnance citée.

Il doit en être ufé de même lorfque l'Affemblée des chambres est demandée par l'une des
chambres des enquêtes, à l'exception toutefois
que le premier préfident ne peut de fon chef
refufer la demande quoiqu'il puiffe l'accorder.

Si l'Assemblée des chambres est demandée par
un officier des enquêtes & refufée par le premier

ier préfident ou par celui qui préfide en fon
bfence, l'officier des enquêtes peut faire part
fa chambre du fujet pour lequel il aura de-
andé l'Affemblée, des motifs de fa demande,
es objets fur lefquels il defireroit qu'on délibé-
ât & du refus du préfident : fi cette chambre
ige en conféquence à la pluralité des fuffrages,
u'il y a lieu de demander l'Affemblée des cham-
res, elle doit envoyer deux députés au premier
réfident, & fi celui-ci n'accorde pas l'Affem-
lée dans les vingt-quatre heures, il eft tenu de
onvoquer la grand'chambre pour délibérer fur
a demande.

Si la grand'chambre Affemblée décide qu'il y
lieu d'affembler toutes les chambres, le premier préfident ou celui qui le repréfente doit
es convoquer fans délai, en la manière accou-
umée, pourvu que ce ne foit point aux heures
les audiences (*), & que le fervice ordinaire du
arlement n'en foit point interrompu.

Si au contraire la grand'chambre juge qu'il n'y
a pas lieu à l'Affemblée des chambres, le premier préfident ni aucun autre officier du par-
ement ne peut les convoquer.

Il eft défendu aux officiers des enquêtes d'aller
fous aucun prétexte, prendre leurs places à la
grand'chambre lorfque l'Affemblée des chambres

(*) Remarquez néanmoins que s'il étoit queftion de juger
un procès de nature à être porté aux chambres Affemblées,
elles pourroient être affemblées aux heures marquées par
les règlemens pour les audiences & pour l'expédition des
affaires. C'eft ce que porte l'article 8 de l'ordonnance dont
il s'agit.

n'a pas été convoquée en la manière accou tumée.

Aucun officier du parlement ne peut sous pré texte d'Affemblée des chambres pour la récep tion d'un officier ou pour quelqu'autre fujet propofer de délibérer fur aucun objet étranger à moins qu'il n'ait été préalablement communi qué dans la forme que nous avons indiquée ci devant.

Lorfque de fon propre mouvement, le ro envoie au parlement des ordonnances, édits déclarations ou lettres-patentes concernant l'ad miniftration générale de la juftice, les impof tions nouvelles, les créations de rentes ou d'of fices ou autres de cette nature, il ne peut êtr procédé à l'enregiftrement de ces lois que pa les chambres Affemblées ; c'eft pourquoi la dé libération prefcrite pour que la grand'chambr détermine s'il convient d'affembler les chambres ne doit point avoir lieu quand il s'agit d'un te enregiftrement.

Affemblées des officiers des préfidiaux & de bailliages ou fénéchauffées. Les Affemblées de ce compagnies peuvent avoir pour objet, 1°. de foutenir les droits ou privilèges du corps, & d'entreprendre quelque procès à cet égard : 2°. d'établir quelque règlement de difcipline pour le fiège, ou de taxer les droits des greffiers, des procureurs ou de quelques autres officiers fu balternes : 3°. de répondre à quelque ordre, paquet ou lettre émanée de la cour, &c. 4°. de faire ou recevoir quelque compliment ou dé putation : 5°. d'affifter à quelque cérémonie pu blique, & de délibérer à ce fujet 6°. de faire quelque règlement de police générale concernant

le bien public ; comme quand il s'agit de s'oppoſer à ce qui peut troubler le bon ordre , d'empêcher qu'on ne ſoutienne quelque propoſition
contraire aux droits du roi & aux maximes du
royaume , ou qu'on ne lève des droits injuſtes ,
en vertu de règlemens non revêtus des formes
preſcrites par les ordonnances , de ſupprimer un
livre capable de corrompre les mœurs , &c.

Quand il s'agit de délibérer ſur quelque choſe
qui intéreſſe les privilèges de la compagnie , de
faire ou recevoir quelque députation , d'entreprendre un procès , d'établir un règlement de
diſcipline pour le ſiège , de régler la taxe des
officiers , de répondre à des ordres de la cour ou
à des lettres écrites à la compagnie , &c. les différentes chambres ou claſſes du ſiège doivent
être Aſſemblées pour donner leur avis (·).

Mais lorſque ſur une requête préſentée au
lieutenant-général , ou ſur une plainte faite au
lieutenant-criminel , ces officiers jugent à propos de prendre l'avis de la compagnie , l'affaire

---

(*) Les préſidiaux ſont ordinairement compoſés de différentes chambres , claſſes , ou colonnes pour l'adminiſtration
de la juſtice, ſavoir :
1°. De la chambre préſidiale.
2°. De la chambre du bailliage civil.
3°. De la chambre du bailliage criminel.
4°. De la chambre de la police.
Les juges de ces différentes chambres ſont ordinairement
les mêmes ; mais les chefs ſont différens. Les préſidens préſident à la chambre du préſidial le lieutenant général à celle
du bailliage civil ; le lieutenant criminel à celle du bailliage
criminel ; & le lieutenant de police à celle de la police.
Toutes ces chambres Aſſemblées , compoſent le ſiège
aſſemblé en corps.

ne doit être proposée qu'à la chambre qui a droit d'en connoître, & non à tout le corps en général : c'est-à-dire, que c'est aux juges qui composent la chambre civile à délibérer sur une requête présentée au bailliage civil, & à ceux qui composent la chambre criminelle, à délibérer sur une plainte faite par le ministère public ou par une partie privée. Il faut en user de même à l'égard des matières qui concernent la chambre présidiale, celle de la police, &c.

Lorsqu'il n'est question que de délibérer sur ce qui concerne les droits utiles de la compagnie, tels que les épices, &c. Il n'est pas nécessaire que les conseillers honoraires, ni les juges qui ne participent point à ces droits soient appelés à l'Assemblée : ils n'y ont point de voix délibérative : de même, lorsqu'il s'agit de délibérer sur une affaire qui ne concerne que les juges seuls en leur qualité, & non les gens du roi, ceux-ci ne doivent pas être convoqués. Mais toutes les affaires qui intéressent l'honneur, les droits & les privilèges de la compagnie en général doivent être mises en délibération dans des Assemblées où il faut que tous les officiers indistinctement soient appelés.

Par délibération du présidial d'Orléans du 27 décembre 1763, il a été arrêté que les vétérans seroient appelés & auroient voix délibérative à toutes les Assemblées de la compagnie, à l'exception de celles qui ne regarderoient que le titre de l'office & les épices.

Quand il s'agit de délibérer sur les affaires du roi ou de la compagnie, l'Assemblée ne peut être convoquée que par les présidens (*), ni se

(*) ... du règlement ...

tenir ailleurs qu'au palais , à moins qu'il ne soit question de quelque chose qui requierre célérité. C'est ce qu'ont prescrit divers édits & reglèmens faits pour les présidiaux de Tours , de Franche-Comté , d'Autun & d'Ypres.

Dans le cas d'absence des présidens , c'est au lieutenant-général ou à son défaut au plus ancien officier du siège suivant l'ordre du tableau qu'appartient le droit de convoquer l'Assemblée de la compagnie. Le règlement du conseil du 19 février 1729 , & les lettres-patentes du 30 décembre 1731 l'ont ainsi ordonné pour le présidial du Puy-en-Velay & pour celui de Pamiers.

L'article 43 du règlement du 11 janvier 1647 fait pour le présidial de Montargis porte que les officiers de ce siège ne pourront faire aucune Assemblée publique ni particuliere pour y traiter des affaires de la compagnie , hors des jours & heures ordinaires où ils se trouvent assemblés de droit , à moins qu'ils n'aient été convoqués par les présidens , ou par le lieutenant général , ou par celui qui préside en son absence.

Suivant un arrêt du parlement de Toulouse du 18 juillet 1629 , rendu pour le présidial de cette ville , l'Assemblée peut être demandée tant par le syndic que par un autre officier de la compagnie , au président , ou à son défaut , au lieutenant général qui est tenu de l'accorder. S'il la refuse , on peut selon le même arrêt , la de-

---

Autun, porte que le lieutenant général pourra aussi assembler & convoquer la compagnie lorsqu'il le jugera à propos , mais seulement pour l'exécution des ordres qui lui auront été adressés.

mander au lieutenant criminel ou autre officie
qui le fuit.

Mais les lettres-patentes du 30 décembre
1731 expédiées pour le préfidial de Pamiers portent au contraire que fi les préfidens ou ceux
qui les repréfentent refufent de convoquer l'Affemblée requife, les officiers qui l'auront demandée s'adrefferont au parlement pour y être
ordonné par la grand'chambre ce qu'au cas appartiendra.

Le règlement fait pour Autun en 1705 porte
que l'affemblée de la compagnie ne pourra avoir
lieu que dans la chambre du confeil & après
que tous les officiers qui la compofent auront
été avertis par le concierge du palais ou par
l'huiffier de fervice.

Un arrêt du parlement de Paris du 14 juillet
1656, a fait défenfe aux officiers du préfidial
du Mans de tenir aucune Affemblée qu'elle n'ait
été convoquée par les chefs & que le procureur
du roi n'y ait été appelé.

Un autre arrêt du parlement de Paris du 21
juin 1684 rendu pour les officiers de la prévôté d'Orléans, porte qu'aucun règlement ne
pourra être propofé qu'en préfence du prévôt
& dans l'Affemblée de tous les officiers du fiège.

Quand la compagnie s'affemble d'office pour
quelque objet qui concerne l'intérêt public,
c'eft aux préfidens du préfidial ou en leur abfence au lieutenant général à préfider à la délibération ; mais l'inftruction qu'il s'agit de faire
en conféquence appartient au lieutenant général, fi l'affaire fe pourfuit civilement, & au lieutenant criminel, fi elle fe pourfuit criminelle-
ment.

Il n'eſt pas permis aux officiers, même ſous prétexte de règlement, entrepriſe de juridiction, mercuriale ou autrement, de délibérer dans leurs Aſſemblées contre le lieutenant général ſur les faits relatifs à ſes fonctions de droit & aux prérogatives de ſa charge : ces officiers ne peuvent pas non plus empêcher l'exécution des ſentences qu'il a rendues, ſauf à eux à ſe pourvoir par les voies ordinaires de droit.

Lorſque le lieutenant général ou quelqu'autre officier du ſiège veut former oppoſition aux délibérations priſes par l'Aſſemblée, le greffier eſt tenu d'écrire & de délivrer l'acte d'oppoſition lorſqu'il en eſt requis, ſous peine de 500 livres d'amende & de privation de ſa charge.

L'article 10 du règlement du 22 juillet 1752 fait pour le préſidial de Tours porte que quand la compagnie ſera convoquée pour aſſiſter aux proceſſions ou autres cérémonies, elle s'aſſemblera au palais & fera avertir les gens du roi.

Dans toutes les Aſſemblées générales & les cérémonies publiques de la compagnie, le ſecond préſident doit marcher à côté & à la gauche de l'ancien préſident, précédé des greffiers & des huiſſiers du ſiège : les autres officiers marchent deux à deux ſuivant l'ordre du tableau. Quant aux gens du roi, ils doivent marcher à la ſuite du dernier conſeiller ſans qu'ils puiſſent ſe faire précéder par aucun huiſſier. Cela eſt ainſi preſcrit par le règlement de Tours du 22 juillet 1752, & par celui d'Orléans du 31 août 1689.

Aſſemblées illicites. Ce ſont celles qui ſe font en contravention des ordres du roi, & qui ſont attentatoires à ſon autorité.

Ces sortes d'Assemblées deviennent un crime réputé cas royal & dont l'article 11 du titre premier de l'ordonnance du mois d'août 1670 attribue la connoissance aux bailliages, aux sénéchaussées & aux présidiaux, à l'exclusion des autres juges royaux & de ceux des seigneurs.

Lorsqu'une Assemblée illicite se fait avec port d'armes, c'est un crime dont l'article 12 du titre cité attribue la connoissance aux prévôts des maréchaux pour le juger en dernier ressort comme cas prevôtal.

Les statuts d'Italie condamnent à mort ceux qui s'assemblent en armes au nombre de dix ; au dessus de quatre, ils doivent être punis de la flétrissure, & au dessous, la punition en est laissée à l'arbitrage du juge.

L'ordonnance de 1487 veut que l'on prononce contre les Assemblées illicites de *grièves peines*, mais elle n'explique pas quelles sont ces peines.

L'édit du mois de juin 1559 veut que l'on punisse de la peine de mort les Assemblées illicites qui se font sous prétexte de religion ou autrement.

Celui du mois de juillet 1561 défend les *conventicules.* & *Assemblées publiques avec armes & sans armes*, sous peine de confiscation de corps & de biens. La déclaration du 10 septembre 1567 & l'ordonnance de 1629 contiennent les mêmes dispositions.

L'article 278 de l'ordonnance de Blois veut que l'on punisse comme criminels de leze-majesté les gentilshommes & autres qui tiendront des Assemblées illicites. Il en est de même par la déclaration du 27 mai 1610.

L'article 1 de la déclaration du 14 mai 1724

défend toute Affemblée de religionnaires , fous peine , contre les hommes , d'être condamnés aux galères perpétuelles , & contre les femmes ,. d'être rafées & enfermées à perpétuité.

Si l'Affemblée fe faifoit avec armes , il y auroit , felon la même loi , peine de mort contre les coupables.

Ceux qui s'entremettent pour faire tenir des Affemblées illicites doivent être punis fuivant toute la rigueur des ordonnances , & même plus févèrement que ceux qui ont formé ces Affemblées.

On ne doit pas regarder comme Affemblée illicite la rencontre de plufieurs perfonnes qui s'affemblent fans chef l'une après l'autre dans un même lieu , ou qui s'y trouvent par hafard fans aucun complot ni deffein prémédité.

De même fi l'Affemblée ne fe fait pas dans la vue de nuire ou d'occafionner du trouble , elle ne doit point être regardée comme illicite.

Ceci doit avoir lieu à plus forte raifon lorfque l'Affemblée s'eft faite pour empêcher quelque défordre , pour arrêter des voleurs , &c.

Les ordonnances de Moulins & de Blois enjoignent aux feigneurs hauts jufticiers de pourfuivre les perfonnes qui tiennent des Affemblées illicites dans l'étendue de leurs juftices , à peine d'être privés de leurs droits de juftice. Voyez *l'hiftoire de France par Mézeray ; Florimond Rapine , dans fon recueil de l'affemblée des états de 1615 ; Boulainvilliers , dans fon hiftoire de France; le recueil des ordonnances des rois de la troifième race ; le dictionnaire des fciences ; le contrat entre le roi & le clergé pour les rentes de l'hôtel de ville , du 31 octobre 1715 ; les ordonnances de Fontanon;*

Pasquier, recherches de la France; l'inftitution au droit eccléfiaftique par l'abbé Fleuri; les règlemens des affemblées de 1606, 1625, 1635 & 1646; les délibérations des affemblées de 1585, 1640, 1655 & 1665; les procès-verbaux des affemblées de 1645, & 1700; les règlemens de 1579 & 1648; les mémoires du clergé; les lois eccléfiaftiques de France; le dictionnaire de droit canonique; l'ordonnance du roi du mois de novembre 1774, enregiftrée au lit de juftice du 12 de ce mois; les ordonnances du 28 octobre 1446, du mois d'avril 1453 & du mois de juin 1510; les règlemens du confeil des 18 juillet 1677 & 16 mars 1705; les édits de feptembre 1697 & février 1705; les règlemens du confeil des 11 janvier 1647 & 19 février 1729; les lettres-patentes du 30 décembre 1731; l'arrêt du 7 feptembre 1612, pour Bourges, rapporté par Chenu, tome 2, titre 5, chap. 4; le règlement du 9 janvier 1637, pour Limoges; l'arrêt du parlement de Dijon rendu pour Semur le 25 novembre 1681; celui du parlement de Paris rendu pour Angoulême le 30 juin 1689; l'arrêt du confeil rendu pour Brives le 30 mars 1719; l'arrêt rendu pour la prévôté de Sens le 7 août 1677; les règlemens des 31 août 1689 & 22 juillet 1752; le traité de l'adminiftration de la juftice civile; l'ordonnance criminelle du mois d'août 1670; le traité de la juftice criminelle de France; les édits du mois de juin 1559 & du mois de juillet 1561; l'ordonnance de 1629; les déclarations du 10 feptembre 1567 & du 14 mai 1724; les ordonnances de Moulins & de Blois, &c. Voyez auffi les articles ARTOIS, BRETAGNE, BOURGOGNE, LANGUEDOC, IMPÔT, CLERGÉ, AGENS GÉNÉRAUX, EVÊQUE, BÉNÉFICE, PARLEMENT, GRAND'CHAMBRE, ENREGISTREMENT, PRÉSIDIAL, PRÉVÔT, CAS ROYAL, RELIGIONNAIRE, &c.

ASSENER. Ce terme se trouve employé dans la coutume d'Auvergne pour exprimer la main mise & l'exploit du seigneur lorsqu'il veut être payé du cens qui lui est du sur un héritage. *Voyez la coutume d'Auvergne, chapitre 21, article 6 & chapitre 22, article 2.*

ASSENS. L'article 255 de la coutume de Bretagne emploie ce terme pour signifier une sorte d'émolument qui provient des bois & forêts de haute futaie, comme les panages & glandées.

ASSESSEUR. Ce terme s'emploie proprement pour désigner un officier qui est adjoint à un juge principal pour juger conjointement avec lui.

Un édit du mois de juin 1586 créa des Assesseurs criminels sous le titre de lieutenant particuliers, Assesseurs criminels & premiers conseillers. Ces offices furent ensuite supprimés par édit du mois de mai 1588 : depuis, ils ont été rétablis par un autre édit du mois de juillet 1596.

Lorsque les lieutenans criminels sont absens, les Assesseurs connoissent de toutes les matières criminelles & jouissent de tous les droits attribués à l'office de lieutenant criminel, comme en jouissoient anciennement les lieutenans particuliers civils.

Dans les affaires civiles, les Assesseurs tiennent le premier rang après le lieutenant particulier civil. Ainsi ils précèdent les doyen des conseillers.

Louis XV par son édit du mois de mars 1720, supprima les Assesseurs des anciennes maréchaussées de France & en créa de nouveaux qui exercent sur des commissions du roi scellées du grand sceau.

Ces Assesseurs doivent être officiers de robe longue & gradués.

La déclaration du 22 février 1739 veut qu'ils se fassent recevoir & qu'ils prêtent serment en la connétablie & maréchaussée de France.

Les Assesseurs de maréchaussée doivent assister les prévôts ou leurs lieutenans dans l'instruction des procès prévôtaux & signer tous les actes des procédures qu'ils font avec ces officiers, mais la parole appartient au prévôt, & en son absence, au lieutenant.

Suivant l'article 13 de la déclaration du 28 mars 1720, enregistrée au grand conseil le 4 mai suivant, tout Assesseur de maréchaussée est tenu, sous peine de destitution, de se transporter lorsque la compétence est jugée, dans le lieu où le prévôt & le lieutenant instruisent le procès.

Dans le cas d'absence, de maladie, ou de récusation de l'Assesseur, les fonctions doivent être faites par un autre officier de robe-longue : mais le prévôt ni son lieutenant ne peuvent subroger un autre officier à la place de l'Assesseur que celui-ci ne soit absent depuis un jour entier. Cela a été ainsi jugé par arrêt du grand conseil du 30 juin 1618.

Les Assesseurs peuvent informer & decréter en l'absence du prévôt & de ses lieutenans, mais ils ne peuvent assister aux jugemens de compétence ni être rapporteurs des procès qu'ils ont instruits.

Suivant l'article 16 du titre 2 de l'ordonnance criminelle de 1670, les récusations proposées contre les prévôts des maréchaux peuvent être jugées au rapport de l'Assesseur ; & celles qui sont proposées contre ce dernier, doivent être

gées au rapport d'un des officiers du siège
si du procès.

L'Affesseur doit accompagner le prévôt des
aréchaux ou ses lieutenans dans les *chevauchées*
qu'ils sont tenus de faire, & en signer avec eux
s procès-verbaux.

Les Affesseurs sont exempts de collecte, de
gement de gens de guerre, de tutelle, de cura-
lle, & des autres charges publiques. *Voyez les*
édits du mois de juillet 1596 & du mois de juin
586 ; le règlement du 30 décembre 1731 ; l'édit
du mois d'août 1764 ; la déclaration du mois de
juillet 1765 ; l'édit du mois de décembre 1594 &
celui du mois de mars 1720 ; la déclaration du 22
février 1739 ; le dictionnaire des arrêts ; les œuvres
de Henrys ; l'ordonnance du mois d'août 1670 ;
les traités de la justice civile & de la justice crimi-
nelle de France, &c. Voyez aussi les articles,
PRÉSIDIAL, BAILLIAGE, PRÉVÔT GÉNÉRAL,
LIEUTENANT, MARÉCHAUSSÉE, &c.

ASSIETTE. On appelle *Assiette de rente*, le
fonds sur lequel une rente est assise, assignée, &
doit être payée. Ainsi on dit, que *le roi donne une*
terre en Assiette, quand il assigne une rente sur
cette terre.

ASSIETTE, en matière de tailles & d'impositions, se dit de la répartition par laquelle il
est réglé ce que chaque communauté ou chaque
habitant doit de tailles ou d'autres impositions
quelconques.

On appelle *lettres d'Assiette*, celle qu'on obtient en chancellerie pour faire faire la répartition d'une condamnation de dépens sur toute
une communauté d'habitans.

Dans la juridiction des eaux & forêts, on

appelle *Affiette* , la défignation des bois qui doi
vent être coupés.

C'eft au grand maître des eaux & forêts
défigner aux officiers & à l'arpenteur les lieu
& cantons où les Affiettes des ventes doiven
être faites. Il doit dreffer à ce fujet fon procès
verbal & en laiffer un expédition au greffe pou
les officiers de la maîtrife. Ceux-ci font tenu
de fe conformer ponctuellement à ce qui e
prefcrit par ce procès-verbal , fous peine d
trois mille livres d'amende contre les contre
venans. Telles font les difpofitions de l'articl
10 du titre 3 de l'ordonnance des eaux & forêt

Suivant l'article 4 du titre 15 , le grand maî
tre doit vifiter chaque année les Affiettes de
ventes , & défigner à l'arpenteur en quelle for
me il fera tenu de faire les Affiettes de l'anné
fuivante pour le plus grand avantage du roi. S
l'arpenteur négligeoit de fe conformer au pro
cès-verbal qui doit être dreffé pour lui fervi
de règle à ce fujet , il pourroit être interdit d
fes fonctions.

Au refte les Affiettes des ventes ne peuver
fe faire que de proche en proche , car l'articl
6 du titre 15 veut que l'arpenteur emploie a
moins un des pieds corniers de l'ancienne vent

Les officiers des maîtrifes des eaux & forêt
ne peuvent procéder aux Affiettes des vente
des bois du roi, avant d'avoir reçu pour ce
effet les ordonnances ou mandemens des grand
maîtres.

· Ces mandemens doivent être envoyés avan
le premier juin de chaque année. Ils doivent cor
tenir la défignation des cantons ou triages , l
nombre des arpens conformément aux règle

nens du confeil, & l'effence des bois à vendre elativement aux obfervations faites par les rands maîtres dans leur procès-verbaux de ifite.

Immédiatement après l'arrivée des mande-nens, les officiers font tenus de s'affembler & le fixer le jour pour vaquer à l'Affiette.

Cette Affiette ne peut être faite que par l'un es arpenteurs de la maîtrife : s'ils font ab-ens, les officiers doivent demander les arpen-eurs de la maitrife voifine, & fi elle les leur re-foit, elle deviendroit refponfable des évène-nens.

L'arpenteur ne peut, fous quelque prétexte ue ce foit, comprendre dans l'Affiette plus 'arpens que le grand maître n'en a déter-inés. Si le plus ou le moins excédoit un arpent ar vingt, l'arpenteur pourroit être interdit & ondamné par le grand maître à une amende rbitraire.

L'endroit de l'Affiette fe défigne par les bri-es que l'arpenteur fait à l'entour, par les ar-res de lifière qu'il laiffe fur les brifées & par s arbres ou pieds corniers qu'il laiffe fur les ngles.

L'arpenteur doit en particulier dreffer procès-erbal du nombre des pieds corniers & des ar-es de lifière & en fpecifier la qualité, la na-re, la groffeur & la fituation relativement aux utres arbres.

Il faut pareillement qu'il faffe mention des rbres empruntés, de leur âge, qualité, nature, roffeur & fituation par rapport aux autres pieds orniers, & du nom des ventes ou il les a em-runtés.

Ce procès-verbal doit être signé par les se-
gens à garde qui ont assisté l'arpenteur, &
doit en être mis une expédition au greffe de
maîtrise trois jours après l'Assiette.

Il faut aussi envoyer une pareille expédition
au grand maître, & celle qui est mise au gref
de la maîtrise doit être paraphée par le maîti
particulier & par le procureur du roi avec éno
ciation du jour qu'elle a été apportée.

L'arpenteur est en outre obligé conformémei
à l'article 3 du titre 11 de l'ordonnance citée
de faire un plan figuratif de la vente, porta
la désignation des pieds corniers, des arbres c
lisière ou de paroi, des marques qui y ont é
faites, &c.

Lorsque l'arpentage est fini, on doit procéde
au martelage des baliveaux, pieds corniers, a
bres de lisière, &c.

Le lieutenant peut assister si bon lui semble
aux Assiettes & martelages, mais il ne peu
prétendre aucun droit lorsque le maître particu
lier est présent.

Les Assiettes des coupes des bois qui appar
tiennent aux ecclésiastiques doivent être faite
devant les grands maîtres des eaux & forêts
en présence des officiers des maîtrises, & ave
les formalités prescrites pour les Assiettes de
ventes des bois du roi. C'est ce que porte l'ar
ticle 6 du titre 24 de l'ordonnance des eaux &
forêts.

Suivant l'article 10 du même titre, les pro
cès-verbaux de ces Assiettes doivent être dépo
sés tant au greffe du grand maître qu'à celui de
la maîtrise.

Le

Les Affiettes des coupes ordinaires des bois qui appartiennent aux communautés d'habitans (*) doivent être faites fans frais par les juges des lieux, en préfence des procureurs d'office, des fyndics & de deux députés. Les pieds corniers, les arbres de lifière & les baliveaux doivent être marqués du marteau de chaque feigneurie.

Les juges peuvent commettre pour ces Affiettes tels arpenteurs qu'ils jugent à propos, mais les recollemens ne peuvent être faits que par les arpenteurs jurés des maîtrifes, à peine de nullité, de 500 livres d'amende & d'interdiction contre les juges qui en auroient autrement ordonné. *Voyez Ferrière en fon dictionnaire de droit & de pratique ; le code des tailles ; la pratique des terriers ; l'ordonnance des eaux & forêts ; M. Chailland, en fon dictionnaire raifonné des eaux & forêts ; l'arrêt du confeil du 10 août 1734,* &c. Voyez auffi les articles, RENTE, TAILLE, ARPENTEUR, MARTELAGE, MAÎTRISE, ADJUDICATAIRE, ARBRE, &c.

ASSIGNAT. Deftination particulière d'un immeuble à l'acquit annuel d'une rente.

L'Affignat eft démonftratif ou limitatif. Il eft démonftratif quand il n'eft indiqué que pour la fûreté du payement de la rente : ainfi le déguerpiffement de l'héritage ne libéreroit pas le débiteur, parce que dans ce cas il y a une action perfonnelle contre lui.

(*) Les Affiettes des ventes extraordinaires doivent fe faire comme les Affiettes des ventes des bois des eccléfiaftiques.

L'Affignat eft limitatif, quand l'héritage feul eft chargé de la rente conftituée ; & qu'en l'abandonnant , le débiteur fe trouve libéré. Ce dernier Affignat ne donne lieu qu'à l'action réelle.

Lorfque dans la fucceffion d'un débiteur il fe trouve un Affignat démonftratif fur un immeuble, l'héritier qui fuccède à cet immeuble ne doit relativement à fes cohéritiers que fa part de la dette , quoique l'immeuble dont il s'agit foit affecté par privilège. Ainfi le fils aîné dont le pere à acquis un fief moyennant un certain prix converti en une rente affignée par privilège fur le fief , ne doit que fa part de cette rente comme de toute autre dette.

L'Affignat d'un fond pour payer une rente ne la rend pas pour cela rente foncière fi elle ne l'eft de fa nature, & il ne donne point de privilège au créancier , fi d'ailleurs la créance n'eft privilégiée. *Voyez Brodeau fur Louet ; le Brun , traité des fucceffions ; Loifeau , de la diftinction des rentes ; Ricard , traité des donations* &c. Voyez auffi les articles DÉLÉGATION LEGS , RENTE , HIPOTHÈQUE , PRIVILÈGE &c.

ASSIGNATION. Ce terme a la même fignification qu'ajournement. Ainfi voyez AJOURNEMENT.

ASSIGNATION , fignifie auffi quelquefois *affignat , délégation.* Voyez ces mots.

ASSIGNÉ POUR ÊTRE OUÏ. En matière criminelle, on appelle *décret d'affigné pour être ouï* une ordonnance du juge pour obliger l'accufé à fe préfenter en perfonne pour repondre par fa bouche & sans ministère de conseil sur les faits contenus en la plainte & dans les charges & informations (*).

Ce décret se décerne quand les charges sont légères, ou que l'accusé est une personne de considération, ou un officier public, afin de ne lui point faire perdre son état par un décret de prise de corps, ou d'ajournement personnel, qui emporteroit interdiction.

On doit signifier le décret d'Assigné pour être ouï à la personne de l'accusé ou a son véritable domicile, avec assignation pour se trouver au

---

(*) *Forme d'un décret d'Assigné pour être ouï.* Vu l'information faite par.... à la requête de.... demandeur & accusateur, le procureur du roi (*ou procureur fiscal*) joint, (*& s'il n'y a point de partie civile*, à la requête du procureur du roi *ou procureur fiscal*, accusateur) contre.... accusé, le.... *date de l'information*, conclusions dudit procureur du roi *ou procureur fiscal*, Nous ordonnons que.... accusé de.... (*il n'est pas absolument nécessaire d'exprimer le titre de l'accusation dans ce décret ; cependant cela est conforme à ce qui se pratique dans le ressort du parlement de Paris*) sera assigné à comparoir pardevant nous à la huitaine (*on peut indiquer le jour*) en la chambre criminelle ordinaire de ce siége, à.... pour être ouï par sa bouche sur les faits résultans des charges & informations, & autres sur lesquels le procureur du roi pourra requérir qu'il soit ouï & entendu ; ce qui sera executé nonobstant oppositions ou appellations quelconques, & sans y préjudicier, attendu qu'il s'agit de décret en matière criminelle, par le premier huissier de cette juridiction, ou autre huissier ou sergent royal sur ce requis, auquel de ce faire donnons pouvoir. Fait, donné & décerné par nous, &c. en la présence de.... greffier ordinaire de ce siége, en la chambre criminelle ordinaire, à.... le....

R ij

jour, au lieu & à l'heure indiqués pour fubi
interrogatoire (*).

Si l'accufé ne fe préfente pas, le décret d'Af
figné pour être ouï doit être converti en décre
d'ajournement perfonnel.

Celui contre lequel il n'y a qu'un décret d'Af
figné pour être ouï, ne peut être arrêté prifon
nier, s'il ne furvient de nouvelles charges, o
qu'il n'y ait, pour cet effet, une délibératio:
fecrète d'une cour fouveraine ; ce qui eft interdit à tout autre juge. *Voyez l'ordonnance crimi*
nelle de 1670 ; la traité de la juftice criminelle d
France ; le ftyle criminel, &c. Voyez auffi les arti
cles Décret, Ajournement, Prise d:
corps, Huissier, Accusé, &c.

ASSISES. Dans l'origine, les Affifes étoien
des affemblées qui fe tenoient annuellement .
certains jours marqués par les juges fupérieurs

(*) *Affignation pour comparoir en vertu d'un décret d'A.
figné pour être ouï.*

L'an. . . . en vertu du décret d'Affigné pour être ouï, dé
cerné par M. . . . . . le. . . . . . duement figné, fcellé, & e
bonne forme, & à la requête de. . . . . pour lequel domicil
eft élu en la maifon de Mᵉ. . . . . qui occupera pour lui, &
pour vingt-quatre heures feulement, en la maifon de . . . .
je. . . . . huiffier fouffigné, déclare avoir donné affignatio:
à. . . . . en fon domicile, en parlant à. . . . . à comparoir à I
huitaine pardevant mondit fieur le. . . . . en la chambre cri
minelle de. . . . . à. . . . . pour être ouï & interrogé, & ré
pondre comme il eft dit au fufdit décret & aux fins y conte
nues ; lui déclarant que faute de comparoir, ledit décret d'A:
figné pour être ouï fera converti en décret d'ajournemen
perfonnel, fuivant l'ordonnance ; & lui ai, toujours à domi
cile, & parlant comme deffus, laiffé copie dudit décret &
du préfent exploit.

pour rendre publiquement & folemnellement la juftice.

Ces Affifes furent inftituées par faint Louis, tant pour recevoir les plaintes des Vaffaux ou fujets des feigneurs contre les malverfations de leurs officiers, que pour juger les appellations des fentences rendues par les juges inférieurs.

Les Affifes ne doivent pas être confondues avec les affemblées de juftice : celle-ci font de deux fortes ; favoir, les affemblées ordinaires qu'on nomme *plaids*, ou *jours ordinaires*, & que plufieurs coutumes appellent *petites Affifes* ; & les affemblées extraordinaires, qu'on appelle *grandes Affifes*, ou *grands plaids*, ou fimplement *Affifes*.

Anciennement les barons & les autres grands feigneurs préfidoient eux-mêmes aux grandes Affifes pour y juger certaines caufes d'impor-tance, & particulièrement celles des particuliers que les ducs & les comtes avoient pris fous leur garde. Dans la fuite, les feigneurs ne vou-lant plus s'affujettir à tenir ces Affifes par eux-mêmes, mirent à leur place leurs officiers ou baillis ; en forte que la féance des plaids ordi-naires & celle des Affifes ne formèrent plus qu'une feule & même juftice appartenante au même feigneur, quoique tenue en différens lieux.

Le droit de grandes Affifes n'appartenoit ori-ginairement qu'aux premiers feigneurs : il y a dans la coutume de Clermont une difp ofition précife à cet égard : l'article 199 porte q ue *nul n'a droit d'Affife ni de reffort finon le comte de Clermont*

Mais fuivant la plupart des coutum es les fei-gneurs hauts jufticiers qui font comtes, barons

ou châtelains doivent jouir du droit d'Affifes &
de celui de connoître des appels des juges inférieurs de leur reffort.

Au refte les Affifes n'exercent plus qu'un pouvoir déterminé par l'ufage & la pratique des
lieux. L'objet de ces Affifes & la manière de
les tenir ont particulièrement changé depuis que
les fièges des baillis font devenus des fièges de
juftice ordinaire.

L'article 7 de l'édit du mois d'août 1552 fervant de règlement pour les préfidiaux, veut pour
le foulagement des fujets du roi & afin que les
appellations foient plus promptement terminées, qu'il foit procédé fur ces appellations aux
fièges préfidiaux dans les villes où ils font établis, fans attendre leurs Affifes, & fans que les
juges royaux foient obligés de fe rendre fur les
lieux où fe tiennent ces Affifes, finon quand le
cas le requerra pour la correction des officiers,
ou pour la confervation du domaine du roi, ou
pour quelqu'autre caufe jufte & raifonnable.

Cependant plufieurs bailliages & fénéchauffées fe font maintenus depuis ce temps-là dans
le droit d'aller à certains jours de l'année, tenir
leurs Affifes dans les fièges particuliers & autres
fièges royaux de leur reffort.

Un arrêt du confeil du 7 mars 1586 rapporté par Bafnage fur l'article 572 de la coutume de Normandie, a permis aux lieutenans généraux de fe tranfporter à pâques, à la faint
Michel & aux rois dans les fièges particuliers
de leur reffort pour y tenir leurs Affifes.

D'autres arrêts du parlement des 21 mars
1653 & 11 mai 1658 ont maintenu les officiers du bailliage de Senlis dans le droit de

fe tranfporter à compiègne après les fêtes de
pâques & de faint Martin de chaque année ,
pour y tenir leurs Affifes, & y rendre la juftice
pendant deux jours feulement ; à la charge de
juger toutes les caufes fur le champ & que la
connoiffance de celles qui feront appointées appartiendra aux juges ordinaires des lieux.

Le préfidial de Nifmes a auffi été maintenu
par la déclaration du 14 mai 1585 , dans le
droit d'aller tenir fes Affifes dans les fièges de
fon reffort pendant trois jours de chaque année.

Le prévôt de Paris eft pareillement en doit
d'aller tenir fes Affifes dans les fept fièges royaux
qui dépendent de fa prévôté.

Les objets principaux des Affifes que tiennent
aujourd'hui les baillis & fénéchaux font d'examiner fi les juges & les autres officiers des juftices inférieures s'acquittent de leur devoir , &
de reformer les abus auxquels ils ont pu donner lieu. On reçoit les plantes que l'on fait contre ces officiers , & l'on punit les coupables tant
par amende que par interdiction (*).

(*) *Voici un extrait d'Affifes d'un bailliage royal , te-*
nues à Yenville le 9 feptembre 1739.
Oui le procureur du roi ou fes conclufions verbales ,
nous avons donné & donnons acte de la comparution des
feigneurs , baillis , procureurs-fifcaux & fergens préfens
à nos Affifes, & défaut contre les abfents ; & pour le profit,
les avons condamnés chacun en 10 livres d'amende ; leur
enjoignons de comparoir dans un mois, fous plus grande
peine ; & au regard de ceux qui ont des exoines, leur enjoignons pareillement de comparoir dans le même délai d'un
mois, fous telle peine qu'il appartiendra.
Enjoignons aux Seigneurs , dans les juftices defquels il
manque de juges & de procureurs-fifcaux , d'y pourvoir in-

On peut auſſi juger en première inſtance aux
Aſſiſes les cauſes qui ſont en état d'y être jugées
& ſur leſquelles il y a eu aſſignation donnée.
C'eſt ce que portent l'article 29 de l'édit de Cremieu, & l'arrêt du parlement de Paris rendu
le 5 juin 1659, entre les officiers du Bailliage
de Montdidier & ceux de la prévôté de cette
ville. Mais lorſque le temps des Aſſiſes eſt expiré, les procès non jugés doivent être renvoyés
devant les juges inférieurs, qui jouiſſent de la
juridiction ordinaire.

C'eſt d'après ce principe, que par arrêt du
6 ſeptembre 1769, le parlement de Paris a
déclaré nulle & incompétemment rendue une
ſentence du bailliage de Montmorency & tout
ce qui s'en étoit enſuivi ; & ſur la demande
originaire, a renvoyé devant le juge inférieur, juge naturel des parties. Par cette ſentence intervenue le dernier jour des Aſſiſes, le
juge de Montmorency avoit ordonné la miſe en

---

ceſſamment ; & aux juges qui ſeront pourvus, de ſe faire
recevoir devant nous, conformément aux ordonnances
royaux, & notamment à l'édit de 1704, & à celui de l'année 1713 ; ſinon & à faute de ce faire, elles ſeront régies par main ſouveraine.

Enjoignons à tous les baillis, leurs lieutenans, & autres
officiers de juſtice, dont les appellations ſont portées devant nous, de mettre leurs taxes au bas des minutes des
jugements & ſentences par eux rendus, &c. & aux greffiers d'en faire pareillement mention ſur les groſſes, &c.

Faiſons défenſes à tous juges de ce reſſort, d'appoin-
ter aucun procès en matiere ſommaire, à peine de reſtitution, &c.

*Il y a encore dans ces mêmes Aſſiſes, pluſieurs autres
diſpoſitions, tant pour la police du ſiège que pour l'ob-
ſervation de l'ordonnance de 1667, &c.*

cause d'un tiers, pour en venir à trois jours à son audience ordinaire : en exécution de cette sentence & d'une autre qui l'avoit suivie, on avoit interposé des saisies, & l'appelant depuis les Assises finies, avoit même procédé volontairement au bailliage de Montmorency. Mais la cour ne s'arrêta pas à la fin de non recevoir qui sembloit résulter de cette procédure volontaire : elle considera que le juge naturel des parties n'avoit pas dû être privé de sa juridiction.

L'article 28 de l'édit de Cremieu veut qu'on fasse durant les Assises, la lecture des ordonnances du royaume, du moins des principales & de celles qui ont été rendues depuis les dernieres Assises. L'arrêt du parlement de Paris rendu le 11 mai 1658 pour le bailliage de Senlis porte aussi que les officiers qui doivent se trouver aux Assises feront tenus d'y comparoître pour y entendre faire lecture des ordonnances.

Tous les juges du ressort, même les prévôts royaux, doivent comparoître aux Assises. C'est ce qui est ordonné tant par l'édit de Cremieu que par divers arrêts (*).

(*) On peut citer celui du 5 décembre 1530, rendu contre le prévôt de Laon & rapporté par Papon ; celui du 8 mai 1638, rendu pour Montargis ; celui du 11 mai 1658, rendu pour Senlis ; celui du 5 juin 1659, rendu pour Mondidier, & celui du 12 mai 1671, rendu pour le bailliage de Moulins.

L'arrêt des grands jours de Clemont du 9 janvier 1666 porte que les seigneurs & leurs officiers feront tenus de comparoître chaque année en personne, ou par procureur spécialement fondé, aux Assises du sénéchal ou du bailli supérieur.

L'arrêt du mois de mai 1614 rapporté par Péléus, porte

Obfervez néanmoins que les préfidiaux n'ont pas le droit d'interdire les prévôts qui ont négligé de comparoître aux Affifes; ils peuvent feulement dreffer procès-verbal de la contravention & l'envoyer à la cour.

Tous les huiffiers & fergens royaux des bailliages font pareillement tenus de comparoître aux Affifes des baillis royaux.

Les huiffiers & fergens des juridictions extraordinaires, comme ceux des élections, des eaux & forêts, des greniers à fel, &c. Qui exploitent pour les cas ordinaires dans un bailliage, doivent auffi comparoître aux Affifes de ce bailliage pour repondre aux plaintes relatives aux malverfations qu'ils ont pu commettre dans leurs fonctions en exploitant pour des cas de juftice ordinaire. Le parlement de Paris l'a ainfi ordonné par arrêt du 11 août 1661.

Quant aux procureurs fifcaux, il ne paroît pas qu'ils foient obligés de comparoître aux Affifes des bailliages. On trouve même au journal des audiences un arrêt du parlement du 17 juillet 1668, par lequel le procureur fifcal de l'abbaye de Jouarre eft difpenfé d'affifter aux Affifes du bailliage de Meaux.

Il y a des cantons où les juges fupérieurs qui vont tenir les Affifes, font auffi réitérer le ferment aux avocats & aux procureurs des fièges inférieurs.

Quand le lieutenant général de Coutances va tenir les Affifes à faint Lô, à Avranches, à Ca-

que les juges des pairies & des autres juftices reffortiffantes nument à la cour, feront tenus, comme les autres juges de feigneurs, de comparoître aux Affifes des baillis royaux.

rentan & à Valogne , il fait appeler les notaires , vifite & parcourt leurs regiftres , &c.

Un arrêt du grand confeil du 4 février 1622 , rapporté au recueil de la maréchauffée de France , porte que le vice bailli & le lieutenant de robe-courte au bailliage d'Evreux , feront tenus de comparoître deux fois l'année aux Affifes de ce bailliage.

Tous ceux qui font obligés de comparoître aux Affifes & qui n'y comparoiffent pas doivent être condamnés à l'amende , à moins que leur abfence n'ait été occafionnée par quelque empêchement légitime , & bien conftaté.

Lorfque les juftices font dépourvues de baillis & de lieutenans & que par conféquent ces officiers ne peuvent comparoître aux Affifes, on a coutume de déclarer ces juftices vacantes (*).

Lorfqu'un officier eft interdit aux Affifes pour caufe de prévarication, il n'eft pas néceffaire de lui fignifier l'interdiction , s'il a été condamné contradictoirement ; il demeure fufpendu de fes fonctions auffi-tôt que le jugement lui a été pro-

(*) Une fentence rendue aux affifes du bailliage d'Orléans le 14 novembre 1747 , faifant droit fur les conclufions du procureur du roi , déclare vacantes les juftices de l'ifle, de l'hôtel-Dieu de Noras, de Féroles, d'Allainville & d'Arceville ; fait défenfes à tous huiffiers & fergens d'affigner les jufticiables de ces juftices ailleurs qu'au bailliage d'Orléans jufqu'à ce qu'elles aient été pourvues d'officiers.

Une autre fentence rendue aux affifes du même bailliage le 15 novembre 1763 déclare vacantes toutes les juftices du reffort de ce bailliage dont les baillis ne fe font pas fait recevoir ; fait défenfe aux praticiens de ces juftices de juger les caufes & ordonne que celles qui y font pendantes demeureront évoquées au bailliage.

noncé. Ceci réfulte d'une difpofition de l'article 11 du titre 35 de l'ordonnance de 1667.

Les prévôts ont auffi droit d'Affifes fur ceux qui font nûment leurs jufticiables : mais ils ne peuvent appeler à leurs Affifes les juges dont les appellations reffortiffent par devant eux. Cela eft fondé fur ce que fuivant l'article 10 du titre premier de l'ordonnance de 1670, les prévôts ne peuvent connoître des délits & malverfations commis par les officiers de judicature.

Plufieurs coutumes donnent pareillement le droit d'Affifes à de fimples feigneurs hauts jufticiers. Quelque-uns font même encore aujourd'hui en poffeffion d'aller tenir leurs Affifes dans les juftices inférieures de leur dépendance. Tel eft le bailli de la juftice de faint-Germain-des-Près de Paris. Il tient annuellement fes Affifes en la prévôté & châtellenie de Ville-neuve-faint-George & dans tous les autres fièges qui dépendent de lui.

A Provins, les Affifes fe tiennent depuis le 15 jufqu'au 22 feptembre par les officiers des bénédictins de cette ville : pendant cette huitaine, toutes les autres juridictions de la ville, & même les juridictions royales font fans fonctions : celles des moines eft alors la feule qui ait autorité dans toute la ville : les affignations s'y donnent pour comparoir du jour au lendemain.

Quelques juges de feigneurs font auffi en poffeffion de tenir de certaines Affifes auxquelles les jufticiables appelés par des affiches, font obligés de fe trouver fous peine d'amende, à moins qu'ils n'aient une exoine fuffifante à propofer. L'objet de ces Affifes eft d'inftruire les jufticiables des règlemens de police dont il doit leur être fait lecture, & de juger sommairement les plaintes qu'ils peuvent avoir à porter les uns contre les autres.

Suivant l'ordonnance des eaux & forêts du mois d'août 1669, les maîtres particuliers ou leurs lieutenans font obligés de tenir des Assises deux fois l'an aux jours & lieux accoutumés, pour y faire lire les ordonnances & règlemens & y examiner la conduite tant des officiers inférieurs, que des particuliers qui par leur état font immédiatement soumis à la juridiction des eaux & forêts.

L'article premier du titre 12 enjoint à tous les officiers des maîtrises & des gruries royales d'assister à ces Assises, sous peine de mille livres d'amende contre les défaillans qui n'auront point d'exoine légitime à proposer.

Cet article se trouve confirmé par l'arrêt du conseil du 10 août 1734 qui règle les fonctions tant du maître particulier que du lieutenant de la maîtrise des eaux & forêts d'Argentan : mais aux termes du même arret le lieutenant particulier, le procureur du roi, le garde marteau & le greffier ne doivent pas être compris dans l'appel qui se fait aux Assises, & ils ne font par conséquent pas sujets à l'amende prononcée contre les défaillans.

L'article 108 de la réformation de la maîtrise de Paris porte que tous les usages comparoîtront aux Assises par leurs marguilliers ou syndics tant pour y entendre la lecture des ordonnances & règlemens qui les concernent, que pour y présenter de nouvelles déclarations des habitans usagers & rapporter les changemens arrivés depuis les Assises précédentes.

Suivant le même article, les adjudicataires des ventes des bois du roi & leurs facteurs font tenus de plein droit de comparoître aux Affifes pour préfenter leurs adjudications ou les expéditions en vertu defquelles ils exploitent & rendre compte de leur conduite.

L'article 77 & celui qu'on vient de citer enjoignent aux briquetiers, chaufourniers, tuilliers, charbonniers, verriers, potiers, tonneliers, cercliers, braffeurs, hôteliers, boulangers, fabotiers, charpentiers, charrons, menuifiers, teinturiers, tanneurs, mégiffiers, meuniers, oifeleurs, jardiniers, pêcheurs, & à tous les autres ouvriers ou particuliers qui font ufage de bois aux rives des forêts, & qui commercent dans les bois & fur les rivières, de comparoître aux Affifes pour y entendre la lecture des ordonnances, repréfenter les lettres, baux ou marchés en vertu defquels ils exercent leurs métiers, déclarer d'où viennent les bois qu'ils ont employés & produire les certificats des marchands qui les leur ont vendus.

Ces difpofitions font conformes à ce qui avoit été ordonné en 1587 par un règlement de la table de marbre de Paris portant que tous les ouvriers & maîtres des fours, forges, & fourneaux feroient tenus de comparoître de mois en mois par devant les maîtres particuliers pour déclarer où ils auroient eu les bois par eux employés.

L'article 10 du titre 12 de l'ordonnance du mois d'août 1669 paroiffoit avoir confirmé l'obligation dans laquelle étoient les particuliers dont on a parlé de comparoître aux Affifes : mais par arrêt du confeil du 9 janvier 1683, il a été

défendu aux procureurs du roi de faire affigner
aux Affifes les particuliers & les communautés
ant eccléfiaftiques que féculières ufagères ou
non, à moins que ce ne fût en conféquence des
rapports des gardes pour raifon des délits commis dans les forêts. Le même arrêt a défendu aux
officiers des maîtrifes, fous peine de deux mille
livres d'amende & d'interdiction, de rendre contre ces particuliers ou communautés, aucune
fentence qui ne feroit fondée que fur leur défaut de comparution aux Affifes.

Par un autre arrêt du confeil du 2 décembre
1738, rendu fur les remontrances du procureur
du roi de la maîtrife de Paris, le roi a déclaré
qu'il n'avoit point entendu comprendre dans les
défenfes portées par l'arrrêt de 1683, les pêcheurs ni les meuniers ; & a ordonné qu'à moins
d'exoine légitime, ils feroient tenus de fe trouver aux Affifes fous peine de trois livres d'amende
pour la première fois & de fix livres en cas de
récidive.

Les Affifes des maîtrifes ne peuvent durer
plus de deux jours. L'entrée des forêts pendant
ce temps eft interdite fous peine d'amende, &
fi quelqu'un y commettoit des délits, il pourroit être pourfuivi comme voleur.

Les rapports envoyés ou portés aux Affifes
doivent être jugés fommairement à l'audience
par le maître, d'après l'avis du lieutenant & du
garde marteau : mais s'il fe préfente quelque
caufe qu'il faille inftruire, elle doit être renvoyée au premier jour d'audience, au fiège ordinaire de la maîtrife pour en être l'inftruction
faite par le maître particulier ou le lieutenant.

Les motifs des condamnations prononcées

contre les officiers, ouvriers, marchands, facteurs & autres particuliers obligés de comparoître aux Affiles doivent être inférés dans les jugemens, à peine de nullité, &c.

Les condamnations & les jugemens qui interviennent durant les Affiles doivent être rédigés par le greffier, & signés par le maître, le lieutenant & le procureur du roi, avant qu'ils se féparent.

Il est défendu aux officiers qui tiennent les Affifes d'exiger ou recevoir aucune chose en argent, préfent ou équivalent, pour vacations, épices & fignatures de leurs jugemens, fous peine de concuffion.

Telles font les difpofitions des articles 3, 7, 8, 10, & 11 du titre 12 de l'ordonnance des eaux & forêts du mois d'août 1669. *Voyez Pontanus, fur la coutume de Blois ; Loyfeau, traité des feigneuries, & des offices ; les coutumes de Nivernois, de Senlis, de la Rochelle, de Clermont, de Lodunois, de Poitou, de Tours, d'Angoumois & de Blois ; Bouteiller, en fa fomme rurale ; Bafnage, fur la coutume de Normandie ; l'édit du mois d'aût 1552 ; le journal des audiences ; l'édit de Cremieu ; les arrêts de Papon ; Péléus, en fes queftions illuftres ; le recueil de la maréchauffée de France ; le traité de l'adminiftration de la juftice ; l'ordonnance civile de 1667 ; le dictionnaire des arrêts ; l'ordonnance criminelle de 1670 ; la collection de jurifprudence ; l'ordonnance des eaux & forêts ; les arrêts du confeil des 9 janvier 1683, 10 août 1734, & 2 décembre 1738,* &c. Voyez auffi les articles Bailliage, Bailli, Lieutenant-général, Prévôt, Haut-justicier, Maîtrise, &c.

ASSISTANCE

ASSISTANCE. Ce terme s'emploie parmi les praticiens dans la même fignification que préfence, pour défigner un droit qui fe paye aux procureurs lorfqu'on taxe des dépens auxquels une partie eft condamnée.

Ce droit n'eft du que quand il y a réellement une taxe de frais. Le tarif des dépens du châtelet le fixe à un fou par article pour chaque procureur intéreffé dans la taxe.

ASSOCIATION, ASSOCIÉ. Voyez SOCIÉTÉ.

ASSURANCE. On appelle *contrat d'Affurance*, une convention par laquelle l'un des contractans fe charge moyennant une certaine fomme du rifque des cas fortuits auxquels une chofe eft expofée, & s'oblige envers l'autre contractant de l'indemnifer de la perte que lui cauferoient ces cas fortuits s'ils avoient lieu.

On peut faire plufieurs fortes de contrats d'Affurance ; mais celui qui eft le plus ufité eft celui d'Affurance maritime. Par ce contrat celui des contractans qu'on nomme *affureur*, fe charge *des rifques & fortunes de mer* que doivent courir un vaiffeau ou les marchandifes qui y font & promet d'indemnifer à cet égard l'autre contractant, qu'on appelle *affuré*, moyennant la fomme que ce dernier donne au premier pour le prix du rifque dont il le charge.

L'argent que donne l'affuré à l'affureur fe nomme prime d'Affurance. Et l'acte qu'on dreffe par écrit de ce contrat, s'appelle *police d'affurance*.

. L'ufage du contrat d'Affurance eft de la plus grande utilité. Le commerce de mer qui fans une telle convention ne fe feroit que par un petit nombre de perfonnes affez riches pour ofer cou-

rir les rifques auxquels il expofe, peut moyennant le fecours de ce contrat, être fait par toutes fortes de perfonnes, même par celles qui ont
le moins de fortune.

Le contrat d'Affurance étant une convention
par laquelle l'une des parties fait affurer par l'autre certaines chofes & la charge moyennant une
certaine fomme, du rifque des cas fortuits auxquels ces chofes font expofées, il s'enfuit qu'il
ne peut y avoir & qu'on ne peut concevoir un
contrat d'Affurance, fans une chofe qu'on faffe
affurer par le contrat & qui en foit la matière.

C'eft pourquoi, à s'en tenir aux feules règles du droit naturel, lorfque les chofes que
quelqu'un a fait affurer n'exiftoient plus lors du
contrat & étoient déjà péries, le contrat devroit être nul faute d'une chofe qui en ait été la
matière, quand même l'affuré auroit ignoré la
perte des chofes affurées.

Mais le droit civil a ajouté fur ce point au
droit naturel. Quoique les effets fuffent déjà péris lors du contrat d'Affurance, fi l'affuré n'a pu
à cette époque en favoir la perte, ces effets par
une fiction de droit, en confidération de la bonne
foi de celui qui les a fait affurer, font fuppofés
avoir encore exifté au temps du contrat & n'être péris que quand la nouvelle de leur perte eft
arrivée.

C'eft ce qui réfulte de l'article 38 du titre des
Affurances de l'ordonnance de 1681. Cet article en déclarant nulles les Affurances faites après
la perte des chofes affurées, *fi l'affuré en favoit
ou pouvoit favoir la perte*, laiffe à tirer la conféquence que s'il n'a fu ni pu favoir cette perte,
le contrat d'Affurance eft valable.

Lorſque l'aſſureur oppoſe à la demande de l'aſſuré que celui-ci avoit lors du contrat, la connoiſſance de la perte des effets aſſurés, il eſt chargé de prouver ſon aſſertion : mais comme il s'agit d'un dol & d'une fraude de l'aſſuré, dont l'aſſureur n'a pu ſe procurer une preuve par écrit, il doit être admis à une preuve teſtimoniale & même à faire entendre en témoignage les gens de l'équipage du vaiſſeau.

Si après avoir payé la ſomme aſſurée, l'aſſureur vient à découvrir que lors du contrat l'aſſuré avoit connoiſſance de la perte des effets aſſurés, il doit pareillement être admis à prouver le dol de l'aſſuré, ſans que celui-ci puiſſe oppoſer pour fin de non recevoir le payement qui lui a été fait. La raiſon en eſt que l'action qui naît du dol n'eſt ouverte que du jour qu'il a été découvert par la partie trompée.

La peine que l'ordonnance prononce contre l'aſſuré qui eſt convaincu d'avoir eu connoiſſance lors du contrat de la perte des effets aſſurés eſt qu'outre la reſtitution qu'il eſt tenu de faire à l'aſſureur de la ſomme qu'il en a reçue, il doit lui payer le double de la prime d'Aſſurance.

La condamnation doit être prononcée par corps, non-ſeulement parceque le contrat d'Aſſurance eſt une matière de commerce, mais encore parce qu'il s'agit d'un ſtellionnat de la part de l'aſſuré, & que ſuivant l'ordonnance de 1667, le ſtellionnat emporte la contrainte par corps.

Lorſqu'à défaut de preuve, l'aſſureur défère à l'aſſuré le ſerment ſur le fait de la connoiſſance qu'il prétend que cet aſſuré avoit de la perte des effets affurés lors du contrat, & que ce dernier refufe de prêter ce ferment, il n'eft pas douteux que ce refus ne rende avéré le fait de cette connoiffance, & qu'en conféquence l'affuré ne doive être condamné à reftituer ce qu'il a reçu en exécution de la police d'Affurance. Mais doit-il être dans ce cas, condamné à payer la double prime ? il femble qu'on puiffe en douter parce que l'ordonnance ne prononce cette peine qu'*en cas de preuve contre l'affuré*, & que dans l'efpèce dont il s'agit l'affureur n'a pas fourni la preuve requife. Mais comme le refus fait par l'affuré de prêter le ferment qui lui a été déféré, doit être confidéré comme un aveu du dol qu'il a commis en contractant, ce même refus devient l'équivalent de la preuve ordonnée par la loi : ainfi l'affuré peut être légitimement condamné à payer la double prime.

Si un tuteur faifoit affurer les effets de fon mineur quoiqu'il les fût péris au moment du contrat la preuve du dol du tuteur feroit déclarer nul le contrat d'Affurance, quoique le mineur n'eût eu aucune connoiffance de la perte de fes effets, & le même mineur feroit en conféquence condamné à reftituer la fomme que fon tuteur auroit reçue pour lui en exécution de la police d'Affurance.

Cela eft conforme au principe de droit qui décide qu'on peut oppofer au mineur le dol qu'a commis fon tuteur en contractant pour lui.

Quant à la peine de la double prime, l'affureur ne pourroit la faire prononcer que contre le tuteur, parce qu'elle ne doit être fupportée que par celui qui a commis le dol.

Tout ainfi qu'un mineur ne peut pas profiter

du dol de fon tuteur & que le dol de fon tuteur ne peut lui être oppofé, de même nous ne
pouvons pas profiter du dol de ceux que nous
avons chargés de notre procuration, foit générale, foit fpéciale, & leur dol peut nous être
oppofé. C'eft pourqüoi lorfqu'un commiffionnaire a fait affurer les effets de fon commettant, foit en vertu d'un ordre fpécial, foit en
vertu du pouvoir général qu'il avoit de gérer
fes affaires, il n'eft pas douteux que fi lors de
la convention ce commiffionnaire avoit la connoiffance de la perte des effets, le contrat ne
foit nul, & le commettant, quoiqu'il n'ait point
u cette connoiffance, ne peut non-feulement
pas demander la fomme affurée, mais il doit
la rendre s'il l'a reçue. A l'egard de la peine de
la double prime, l'affureur ne peut la faire prononcer que contre le commiffionnaire qui a
commis le dol, & non contre le commettant.

D'un autre côté, lorfque le commiffionnaire
qui a fait affurer les effets de fon commettant,
étoit de bonne foi & en ignoroit la perte, fa
convention doit être exécutée, quand même le
commettant auroit fu dans le temps du contrat,
que les effets affurés étoient péris. Cela a été
ainfi jugé par un arrêt du parlement d'Aix du
mois de mai 1744.

Obfervez néanmoins que cette décifion doit
être reftreinte au cas auquel le commiffionnaire
auroit fait affurer les effets de fon commettant
à fon infçu, & en vertu du pouvoir général qu'il
avoit de gérer fes affaires; parce qu'alors il n'y
a aucun dol de la part du commiffionnaire ni de
la part du commettant qui puiffe donner atteinte
au contrat.

Mais fi le propriétaire des effets avoit donné ordre de les faire aſſurer après avoir appris qu'ils étoient péris, le contrat ſeroit nul quoique le commiſſionnaire eût ignoré cette perte. Cette nullité dériveroit du dol du propriétaire qui ſeroit alors cenſé avoir contracté lui-même par le miniſtère de ſon commiſſionnaire.

Comme il ſeroit ſouvent difficile à l'aſſureur de prouver que l'aſſuré ſavoit au temps du contrat, la perte des effets qu'il a fait aſſurer, il n'eſt pas néceſſaire pour faire annuller la convention qu'il y ait une preuve poſitive de cette perte. L'aſſuré eſt cenſé l'avoir ſue lorſque depuis qu'elle a eu lieu il s'eſt paſſé juſqu'au temps du contrat, un temps ſuffiſant pour que la nouvelle ait pu lui en parvenir.

L'article 39 du titre des Aſſurances règle ce temps en comptant une lieue & demie pour heure depuis l'endroit où le vaiſſeau a péri, juſqu'au lieu où le contrat d'Aſſurance a été paſſé. Par exemple, ſi le contrat a été paſſé à Bordeaux & que le lieu où le vaiſſeau eſt péri ne ſoit éloigné que de trente-ſix lieues de cette ville, l'aſſuré ſera cenſé avoir ſu la nouvelle après vingt quatre heures qui font un jour : mais ſi le lieu où le vaiſſeau eſt péri ſe trouve éloigné de dix fois 36 lieues, c'eſt-à-dire, de 360 lieues, l'aſſuré ne ſera cenſé en avoir appris la nouvelle qu'au bout de dix jours.

Ce temps ſe compte d'inſtant à inſtant : c'eſt pourquoi lorſqu'on ſait non-ſeulement le jour mais encore l'heure à laquelle eſt arrivée la perte du vaiſſeau, on doit compter depuis cette heure.

Mais lorſqu'on ne ſait que le jour de l'accident

& non l'heure, comment le temps doit-il être compté ? l'auteur du guidon de la mer dit qu'on doit commencer à le compter depuis l'heure de midi de ce jour ; ce qui n'est fondé sur rien. Il est plus raisonnable de dire qu'on ne doit en ce cas commencer à le compter que du lendemain, la perte du vaisseau ayant pu arriver à la dernière heure du jour.

Par la même raison, lorsque l'heure du jour où le contrat a été passé n'est pas exprimée par l'acte, on ne doit compter les heures de ce jour que jusqu'à celle à laquelle les assureurs ont coutume d'ouvrir leur bureau, le contrat ayant pu être passé immédiatement après l'ouverture de ce bureau.

L'assureur pourroit-il pour pouvoir compter les heures du jour auquel l'acte a été passé, être reçu à prouver par témoins, que cet acte n'a été passé que le soir ? Pour la négative on dira, que l'ordonnance de 1667 a défendu la preuve testimoniale contre la teneur des actes, & que l'assureur doit s'imputer de n'avoir pas exprimé l'heure par l'acte ; d'un autre côté on peut dire, que l'ordonnance, en défendant la preuve testimoniale contre la teneur des actes, n'a entendu défendre d'autre preuve que celle des choses qu'on prétendoit faire partie de la convention, & n'avoir pas été exprimées par l'acte ; mais que la preuve du temps auquel l'acte a été passé, n'étant pas une preuve contre la teneur de l'acte, puisque ce temps ne fait pas partie de la convention contenue dans l'acte, elle doit être admise. C'est l'avis de Danty.

Ajoutez que les contrats d'Assurance sont une matière de commerce, & que dans les matières de commerce, l'ordonnance de 1667, laisse à la prudence des juges de suivre ou de ne pas suivre ses dispositions sur la preuve testimoniale.

1 Lorsqu'au moment du contrat, il s'est écoulé un temps suffisant pour que l'assuré ait pu être informé de la perte de ses effets, sans toutefois qu'il y ait preuve qu'il a eu connoissance de cette perte, doit-il être condamné à payer la double prime ? quelques-uns soutiennent l'affirmative, mais l'opinion de M. Pothier qui penche pour la négative, doit être préférée. L'ordonnance par l'article 38 du titre des Assurances, prononce à la vérité la nullité du contrat tant dans le cas où l'assuré a su la perte des effets qu'il faisoit assurer, que dans celui où il a pu être instruit de cette perte; mais par l'article 41, elle ne prononce la peine de la double prime que dans le cas où il y a preuve que l'assuré a su la perte & non dans celui auquel il a seulement pu la savoir.

Observez néanmoins que s'il s'étoit écoulé depuis la perte du vaisseau, un temps si considérable qu'il fût contre toute vraisemblance que l'assuré l'ignorât lors du contrat, il ne seroit pas écouté à dire, pour se soustraire à la peine de la double prime, qu'il ignoroit cette perte.

Observez aussi que les parties peuvent, par une clause particulière de la police d'Assurance, déroger à la disposition de l'article 39 de l'ordonnance, par lequel est établie la présomption que l'assuré avoit lors du contrat, connoissance de la perte du navire, à cause du temps écoulé depuis la perte du vaisseau jusqu'au contrat, en comptant une lieue & demie pour heure.

Cette clause est celle par laquelle les parties

déclarent que le contrat eft fait *fur bonnes ou mauvaifes nouvelles*. On y ajoute fouvent, pour plus grande explication, ces termes : *renoncent à la lieue & demie pour heure*.

Ces claufes font très-fréquentes dans les polices d'Affurance : l'ordonnance en fait mention dans l'article 40, où il eft dit : « fi toute fois » l'Affurance eft faite fur bonnes ou mauvaifes » nouvelles, elle fubfiftera ; s'il n'eft vérifié par » autres preuves que celles de la lieue & demie » pour heure, que l'affuré fçavoit la perte, ou » l'affureur l'arrivée du vaiffeau avant la figna» ture de la police. »

Il réfulte de cet article, que tout l'effet de cette claufe eft que dans le cas où elle a lieu, le laps de temps à raifon d'une lieue & demie pour heure depuis l'inftant de la perte du vaiffeau jufqu'au contrat, n'eft pas feul fuffifant pour faire préfumer que l'affuré avoit lors du contrat connoiffance de la perte du vaiffeau, ni pour faire en conféquence déclarer nul le contrat : mais lorfqu'il eft juftifié d'ailleurs que l'affuré lors du contrat avoit cette connoiffance, la claufe dont il s'agit ni aucune autre ne peut empêcher que le contrat ne foit déclaré nul ; parce que l'affuré en diffimulant lors du contrat cette connoiffance, a commis un dol envers les affureurs.

Le nommé Voulf avoit le 21 novembre 1752, fait affurer à la première chambre des Affurances de Paris pour le compte de deux négocians de Gand, une fomme de 19000 livres & une autre de 28000 livres, pour chargement de marchandifes fur le vaiffeau le prince Charles, chargé à Gottenbourg pour Oftende.

Les polices d'Assurance contenoient la clause *sur bonnes ou mauvaises nouvelles.*

Le vaisseau étoit péri avec sa cargaison dès le 4 du mois.

Les assurés ayant fait assigner les assureurs à l'amirauté du palais pour les faire condamner à payer les sommes énoncées dans les polices d'Assurance, ceux-ci pour s'en défendre, soutinrent que les négocians de Gand avoient connoissance de la perte du vaisseau lorsqu'ils avoient donné l'ordre à Woulf de faire assurer ; & pour justifier le fait, ils dirent que le 22, jour auquel ces négocians avoient écrit à Woulf pour lui donner l'ordre, la gazette d'Amsterdam qui annonçoit la perte du vaisseau, avoit été publique à Gand dès le matin. La preuve de ce fait ayant été admise & faite, l'amirauté par sentence du 20 septembre 1758, déclara les polices d'Assurances nulles, & condamna les assurés au payement de la double prime ; y ayant eu appel de cette sentence, elle fut confirmée par arrêt du 29 août 1759. La mauvaise foi des deux négocians parut incontestable ; il étoit clair qu'ils n'avoient écrit pour faire assurer qu'après avoir lu la gazette qui les avoit instruits de la perte du vaisseau.

En général, toutes les choses sujettes à des risques peuvent être la matière du contrat d'Assurance. On peut faire assurer des maisons contre le danger du feu, des vignes contre le danger de la grêle, &c.

Il y a même des pays où l'on peut faire assurer la vie des hommes : c'est-à-dire, que l'assureur s'oblige à payer une certaine somme, si la personne désignée dans la police d'Assurance

---

ient à décéder dans le voyage qu'elle a entre-
ris : mais une telle convention ne peut avoir
eu parmi nous , l'ordonnance de la marine
ayant expreſſément défendue par l'article 10
u titre des Aſſurances.

Il eſt néanmoins permis par l'article ſuivant
ceux qui rachètent des captifs , de faire aſſu-
er ſur les perſonnes tirées de l'eſclavage le prix
u rachat , & les aſſureurs peuvent être tenus de
e payer ſi les captifs rachetés viennent à être
epris , tués ou noyés , ou s'ils périſſent dans le
oyage par quelqu'autre voie que par la mort
aturelle. La raiſon de cette diſpoſition eſt que
ans ce cas , on aſſure plutôt le prix du rachat
ue la perſonne.

L'ordonnance permet auſſi à ceux qui s'em-
arquent, de faire aſſurer la liberté de leurs perſonnes. L'aſſureur qui reçoit de moi une prime à
e ſujet , s'oblige à payer la ſomme convenue
our ſervir à ma rançon & aux frais de mon
etour , ſi durant le voyage , je viens à être pris
ar des corſaires ou par des ennemis.

Au reſte , il eſt de principe qu'on ne peut faire
ſſurer que ce qu'on court riſque de perdre &
en de plus. C'eſt pourquoi il eſt défendu à
eux qui prennent des deniers *à la groſſe aventure*
e les faire aſſurer , à peine de nullité de l'Aſſu-
ance.

Par exemple , ſi un armateur a fait un emprunt
'une ſomme de cent mille livres pour l'em-
loyer à l'armement de ſon vaiſſeau , & qu'il
it fait cet emprunt à la groſſe aventure , c'eſt-
-dire , à condition que ſi le vaiſſeau périſſoit
ans le voyage , la perte tomberoit ſur le prê-
eur ; & que ſi au contraire le vaiſſeau arrivoit

à bon port, il rendroit au prêteur la fomme, avec un gros profit maritime, convenu entr'eux; l'armateur en ce cas ne courant pas rifque de la perte des cent mille livres empruntées, il ne peut faire affurer fon vaiffeau relativement à ces cent mille livres, par le principe, qu'on ne peut faire affurer que ce qu'on court rifque de perdre.

Mais fi cet armateur employe à l'armement de fon vaiffeau, outre la fomme de cent mille livres empruntée à la groffe aventure, une autre fomme de cinquante mille livres de fes propres deniers, il peut le faire affurer jufqu'à la concurrence de cette fomme de cinquante mille livres qu'il court rifque de perdre.

Il y a une autre raifon pour laquelle l'ordonnance défend à celui qui a emprunté une fomme à la groffe aventure, de la faire affurer ; c'eft qu'en la faifant affurer il feroit de fon intérêt que le vaiffeau périt ou fût pris ; ce qui pourroit donner lieu de fa part à des fraudes, & à des manœuvres pour le faire prendre. Par exemple : fi un armateur qui n'a employé à l'armement de fon vaiffeau qu'une fomme de cent mille livres empruntée à la groffe aventure, fans y rien mettre du fien, pouvoit le faire affurer; la perte du vaiffeau lui procureroit un profit de la fomme de cent mille livres qu'il recevroit de l'affureur fous la déduction feulement de la prime, lequel profit il auroît en pur gain, puifque par la perte du vaiffeau il feroit quitte envers le prêteur de la fomme qu'il auroit employée à l'armement de ce vaiffeau. Ce profit que lui cauferoit la perte du vaiffeau, étant beaucoup plus confidérable que celui qu'il auroit

efpérer de l'arrivée à bon port, il eft évident
qu'il auroit un grand intérêt à la perte du vaiffeau; & que s'il étoit malhonnête homme, il
pourroit pratiquer des fraudes & des manœuvres, telles que des intelligences avec des corfaires pour le faire prendre; c'eft ce qui a
porté le prince à défendre avec févérité, & à
peine de punition corporelle cette efpèce d'Affurance.

A l'égard de celui qui a prêté une fomme à la
groffe aventure, il peut bien faire affurer fon
capital, c'eft-à-dire, la fomme qu'il a prêtée,
parce que c'eft lui qui court le rifque de cette
fomme; mais l'ordonnance lui défend de faire
affurer le profit des fommes qu'il a données à la
groffe aventure, c'eft-à-dire, le profit qu'il a
ftipulé en cas d'heureufe arrivée du vaiffeau. La
raifon de cette défenfe eft tirée du principe que
nous venons de rapporter; que l'ordonnance ne
permet d'affurer que ce qu'on court rifque de
perdre : or ce profit maritime que le prêteur a
ftipulé par le contrat de prêt à la groffe aventure, eft un gain qu'il manquera de faire, fi le
vaiffeau périt, & non une perte qu'il court rifque de faire.

De ce principe qu'on ne peut faire affurer
que ce qu'on court rifque de perdre, il fuit que
je ne puis plus faire affurer par un fecond affureur, ce que j'ai déjà fait affurer par un premier, puifque cela n'eft plus à mes rifques. L'ordonnance me permet feulement en ce cas de
faire affurer la folvabilité du premier affureur :
car c'eft de cette folvabilité dont je cours le
rifque, & non de mes effets, qui font affurés
s'il eft folvable.

En faifant affurer par un fecond affureur la folvabilité du premier, je ne diffous pas l'obligation du premier ; mais le fecond accède à cette obligation ; c'eft pourquoi il doit, de même qu'une caution, avoir l'exception de difcuffion, à moins qu'il n'y ait renoncé.

L'ordonnance me permet auffi de faire affurer par un fecond affureur, le coût de l'Affurance, c'eft-à-dire, la prime que je me fuis obligé de donner au premier affureur. Par exemple : fi je me fuis fait affurer une cargaifon de la valeur de cinquante mille livres, pour une prime de cinq mille livres que je me fuis obligé de donner à l'affureur, à tout événement, foit en cas de perte, foit en cas d'heureufe arrivée du vaiffeau, je ne peux pas faire affurer par un fecond affureur, les cinquante mille livres puifqu'elles font déjà affurées, & que je ne cours pas le rifque de les perdre ; mais comme en cas de perte du vaiffeau, l'affureur me retiendra fur les cinquante mille livres qu'il m'a affurées la prime de cinq mille livres, je cours rifque de perdre ce cinq mille livres. C'eft pourquoi je peux faire affurer cette fomme de cinq mille livres par un fecond affureur, qui s'obligera de me la payer en cas de perte du vaiffeau.

On oppofera peut-être que je ne cours pas un vrai rifque par rapport à cette fomme de cinq mille livres, puifqu'à tout événement, foit en cas de perte du vaiffeau, foit en cas d'heureufe arrivée, je dois la payer à l'affureur. La reponfe eft qu'en cas d'heureufe arrivée du vaiffeau, je ne perdrai pas cette prime, puifque j'en ferai dédommagé par le profit que je ferai fur mes marchandifes ; mais fi le vaiffeau vient périr elle tombera en pure perte pour moi. Ainfi eft vrai que je cours le rifque de cette prime & par conféquent je peux la faire aſſurer par un ſecond aſſureur.

Le prix dont je conviens avec le fecond aſſureur par le fecond contrat d'Aſſurance pour qu'il m'aſſure la prime du premier contrat, s'appelle *prime de prime.*

Tout ainſi que je peux faire aſſurer la prime du premier contrat par un fecond aſſureur, de même je peux faire aſſurer par un troifième la prime du fecond contrat.

C'eſt auſſi parce qu'on ne peut faire aſſurer que ce qu'on rifque de perdre, qu'un aſſureur peut bien faire réaſſurer les effets qu'il a aſſurés, parce que la perte qui en peut arriver eſt pour lui une perte qu'il court rifque de faire : mais il ne peut pas de même faire aſſurer la prime qui lui a été promiſe dans le cas de l'heureuſe arrivée ; parce que cette prime n'eſt pas pour lui une perte qu'il court rifque de faire, mais un gain qu'il manque de faire fi le vaiſſeau périt.

C'eſt encore par le même principe que l'ordonnance défend aux propriétaires & maîtres des navires, de faire aſſurer le fret à faire de leur batîmens ; aux marchands, le profit efpéré de leurs marchandifes ; aux gens de mer, les loyers qui ne leur feront dûs qu'à l'arrivée du vaiſſeau : parce que ce fret à faire, ce profit à efpérer des marchandifes, ces loyers font des gains que les uns & les autres manquent de faire, fi le vaiſſeau, ou les marchandifes périſſent, plutôt qu'une perte qu'ils courent rifque de faire.

L'ordonnance n'a parlé que du fret à faire,

c'eſt-à-dire, de celui qui n'eſt pas encore dû au propriétaire du navire, & qui ne lui ſera dû qu'à l'arrivée du vaiſſeau. A l'égard du fret acquis, c'eſt-à-dire, de celui qui aux termes de la convention entre le propriétaire du navire & le marchand, doit lui être payé à tout événement, dans le cas de la perte du vaiſſeau & des marchandiſes, comme dans celui de l'heureuſe arrivée ; il eſt évident qu'il ne peut pas être une matière d'Aſſurance de la part du propriétaire du navire puiſqu'il ne court aucun riſque par rapport à ce fret ; mais il peut être une matière d'Aſſurance de la part du marchand qui fait aſſurer ſon chargement, attendu que ce fret eſt une partie des dépenſes que ce marchand court riſque de perdre ſi le navire vient à périr.

L'ordonnance défend bien de faire aſſurer le *profit eſpéré* des marchandiſes ; mais lorſque le profit eſt fait & acquis, le marchand peut le faire aſſurer contre le riſque qu'il court de ne le pas conſerver. Par exemple : ſi un marchand qui a fait aſſurer pour le voyage & pour le retour une cargaiſon de la valeur de cinquante mille livres qu'il avoit ſur un navire deſtiné pour le Cap-Saint-Domingue, a eu avis que ſes marchandiſes arrivées au Cap ont été vendues avec un bénéfice très-conſidérable & que ce qui en eſt provenu chargé en retour eſt de la valeur de cent mille livres, il peut faire aſſurer les cinquante mille livres qu'il a d'augmentation, parce que c'eſt une profit fait & acquis.

Pareillement la priſe que fait en temps de guerre un vaiſſeau corſaire autoriſé pour aller en courſe, eſt un profit acquis auſſi-tôt qu'elle eſt faite ; c'eſt pourquoi le propriétaire peut la
faire

faire aſſurer contre les dangers qu'elle court juſqu'à ce qu'elle ſoit arrivée dans un port de France.

A l'égard des loyers que les gens de mer ne doivent exiger qu'en cas d'heureuſe arrivée, outre la raiſon tirée du principe ci-deſſus rapporté, il y en a une autre pour laquelle l'ordonnance leur défend de faire aſſurer leurs loyers : c'eſt que l'acte d'Aſſurance les rendroit moins vigilans à la conſervation du Vaiſſeau, attendu qu'ils ne ſeroient plus intéreſſés à cette conſervation.

C'eſt par une raiſon ſemblable que l'ordonnance ne permet aux gens qui ſont dans le vaiſſeau de faire aſſurer les effets qu'ils y ont, que ſous la déduction d'un dixième, lequel doit demeurer à leurs riſques, afin que cet intérêt les porte à prendre pour la conſervation du vaiſſeau un ſoin qu'ils pourroient négliger s'ils n'étoient ſujets à aucun riſque.

L'ordonnance preſcrit la même choſe à l'égard du propriétaire du vaiſſeau, ſans diſtinguer comme pour les autres aſſurés, s'il eſt dans le vaiſſeau ou non. La raiſon en eſt que quoique le propriétaire du vaiſſeau ne fut pas lui-même dans le vaiſſeau, il y auroit lieu de craindre que le maître prépoſé de ſa part ne s'occupât plus de la conſervation du vaiſſeau s'il ſavoit que ſon commettant n'y eût plus d'intérêt.

A l'égard des autres perſonnes qui ne ſont pas ſur le vaiſſeau, & qui n'en ſont propriétaires pour aucune partie, elles peuvent faire aſſurer pour le total les effets qu'elles y ont, ſans aucune déduction du dixième. Mais il faut pour cela une déclaration expreſſe par l'acte ou · po-

lice d'Affurance , fans quoi les affurés doive
courir le rifque du dixième de leurs effets.

Lorfque le propriétaire d'un vaiffeau a f:
affurer pour une fomme de foixante mille livr
fon vaiffeau qui en vaut cent mille, & que po
une fomme de cent mille livres il a auffi fait affur
la cargaifon valant pareille fomme de cent mil
livres , l'affureur peut-il , en cas de perte (
vaiffeau & de la cargaifon, retenir au propri
taire le dixième des cent mille livres , prix (
la cargaifon , comme devant être aux rifques (
ce propriétaire ? M. Valin, qui fe propofe cet
queftion , fait cette diftinction : fi les Affuranc
ont été faites, par un même contrat, l'affurer
n'eft pas fondé à retenir le dixième de la fon
me, de cent mille livres affurée pour le prix (
la cargaifon , parce que l'armateur n'ayant fa
affurer que pour une fomme de foixante mil
livres fon vaiffeau qui en valoit cent mille,
fe trouve avoir couru le rifque d'une fomme d
quarante mille livres pour l'excédent de la valeu
du vaiffeau , laquelle fomme de quarante mill
livres eft plus que le dixième de celle de deu
cent mille livres , à laquelle montoient tous le
effets affurés ; mais s'il y a eu deux contrats di
férents pour affurer le vaiffeau & la cargaifon
M. Valin décide que l'affureur eft fondé à rete
nir le dixième de la fomme pour laquelle l
cargaifon a été affurée ; parce que l'affuré a d
porter le rifque du dixième de cette cargaifon
& qu'il ne peut imputer ce dixième fur la valeu
du vaiffeau qui eft une chofe dont il n'a pas été
queftion dans la police d'Affurance de la cargai
fon : il dit que cela a été ainfi jugé par une fen

ence arbitrale rendue à Marseille le 11 septembre 1747 : mais M. Pothier critique cette décision. En effet le dixième dont l'ordonnance veut
que les assurés courent le risque, est le dixième,
non des effets qu'ils ont fait assurer & qui sont
compris dans la police, mais de ceux qu'ils
ont sur le vaisseau ; l'ordonnance dit : *les assurés courent le risque du dixième des effets qu'ils
auront chargés.* Pour régler à combien monte le
dixième dont l'assuré doit courir le risque, l'assuré peut joindre au prix de l'achat de ses marchandises & aux frais de leur chargement, le
coût de la prime qu'il paye pour les faire assurer, & de ce total on distrait le dixième. Par
exemple : si le prix de l'achat des marchandises
est de mille livres, les frais de leur chargement
de deux cent livres, & que j'aie fait assurer une
somme d'onze cens cinquante livres sur ces marchandises, pour une prime de 92 livres, à raison de huit pour cent, la police d'Assurance ne
devra pas souffrir de réduction ; parce que ces
marchandises, y compris la prime de 92 livres
que j'ai donnée pour les faire assurer, me reviennent à 1292 livres ; ainsi le dixième dont
je dois courir le risque, monte à 129 livres ; &
comme en cas de perte du vaisseau, je ne dois
recevoir de l'assureur que la somme de 1150
livres, il reste encore (pour aller jusqu'à 1292
livres) 142 livres que je cours risque de perdre, y compris la prime que j'ai donnée ; par
conséquent je cours risque de plus du dixième
de la somme à laquelle me reviennent mes effets.

Lorsque contre la disposition de l'ordonnance
j'ai fait assurer le total de mes effets, sans diminution du dixième dont je devois porter le ris-

que, le contrat n'est pas nul pour cela, mais il est réductible à la somme à laquelle devoit monter la somme que je pouvois faire assurer, en faisant distraction du dixième dont je dois courir le risque.

Pareillement, lorsque quelqu'un a fait assurer avec une chose que les lois permettoient de faire assurer, une autre chose que les lois ne permettoient pas de faire assurer, comme lorsqu'un prêteur à la grosse aventure a fait assurer avec son capital le profit maritime qu'il espéroit en retirer, le contrat d'Assurance n'est pas entièrement nul, il ne l'est que quant à la chose que la loi ne permettoit pas de faire assurer : il faut distraire de l'Assurance cette chose, & l'Assurance sera valable pour le surplus.

Tout ainsi que dans le cas où les parties n'ont su ni pu savoir lors du contrat que la chose qui en faisoit l'objet étoit déjà périe, la loi civile fait subsister la convention en supposant par une fiction de droit que la chose subsistoit encore lors du contrat, de même lorsque les parties ont contracté de bonne foi & que l'assureur n'a su ni pu sçavoir lors du contrat que le vaisseau étoit arrivé à bon port, & que les risques dont il se charge par le contrat avoient cessé, la loi civile fait subsister le contrat, en supposant par une fiction de droit, que le vaisseau n'est arrivé à bon port & que les risques n'ont cessé que du jour de la nouvelle qu'on en a eue.

Mais si lors du contrat l'assureur a su ou pu savoir l'arrivée du vaisseau à bon port, le contrat est nul faute de risques qui en aient pu être la matière ; & en outre l'ordonnance prononce contre lui une peine. Elle veut que dans ce cas, si la preuve est faite contre l'assureur, il soit condamné à la restitution de la prime (lorsqu'il l'a reçue) & à en payer le double a l'assuré.

Observez que l'ordonnance ne dit pas qu'il restituera la prime *au double*, auquel cas la peine ne seroit que d'une fois autant ; mais elle dit qu'il restituera la prime qui ne lui étoit pas due, & en payera le double, ce qui signifie, comme l'explique fort bien M. Valin, qu'outre la restitution de la prime, il payera encore par forme de peine, une somme double de celle de la prime : cela est juste ; car son délit étant égal à celui de l'assuré qui fait assurer ayant connoissance de la perte, la peine qui lui est infligée doit être égale à celle qu'on inflige à l'assuré ; or celle-ci est d'une somme double de celle de la prime.

Tout ce qui a été dit précédemment sur les questions de savoir quand l'assuré est censé avoir su ou pu savoir lors du contrat la perte de la chose qu'il faisoit assurer, s'applique aux questions de savoir quand l'assureur doit être censé avoir su ou du savoir lors du contrat l'heureuse arrivée du navire.

Les risques que courent les assureurs sont spécifiés par l'ordonnance de la marine en ces termes : « Seront aux risques des assureurs toutes »pertes & dommages qui arriveront sur mer par »tempêtes, naufrages, échouements, aborda-»ges, changemens de routes, de voyage, ou »de vaisseau, jet, feu, pillages, prises, arrêt de »prince, déclaration de guerre, représailles, »& généralement toutes autres fortunes de »mer ».

Ces termes *toutes pertes & dommages*, doivent

ils être reftreints au cas de la perte des effet affurés, ou de leur détérioration arrivée pa une fortune de mer ; ou comprennent-ils auf tous les frais extraordinaires auxquels des fortu nes de mer ont donné lieu ? par exemple : fi un tempête vient à faire échouer le navire, le frais du rembarquement des marchandifes doi vent-ils être fupportés par l'affureur? M. Pothie croit avec raifon, qu'on ne peut fe difpenfe d'obliger l'affureur à rembourfer ces frais. E effet, on doit les confidérer comme une pert occafionnée à l'affuré par une fortune de mer : o l'ordonnance charge les affureurs de *toutes le pertes* arrivées par quelque fortune de mer ; il ne peuvent donc pas fe fouftraire au payemen des frais dont il eft queftion.

A l'égard du temps pendant lequel les affu reurs font chargés des rifques des chofes affu rées, il faut fuivre ce qui eft réglé par la polic d'Affurance : quelquefois elle eft faite pour le temps du voyage feulement, & quelquefois pou le temps du voyage & du retour : dans ce der nier cas les affureurs font tenus des rifques juf qu'au retour du vaiffeau.

Si les parties ne s'étoient pas expliquées à c fujet, l'Affurance ne feroit cenfée faite que pour l'aller & non pour le retour.

Quelquefois l'Affurance eft faite pour un cer tain temps limité, fans aucune défignation de voyage ; comme lorfqu'il eft dit fimplement, que les affureurs ont affuré un tel vaiffeau pour le temps de fix mois, à compter du jour qu'il aura mis à la voile ; cette efpèce d'Affurance fe fait à l'égard des vaiffeaux armés en courfe. En ce cas les affureurs ne font tenus des rifques que

endant le temps convenu & ils en font de plein
roit déchargés pour l'avenir quoique le vaif-
eau foit encore en mer, & leur prime eft ga-
née, fauf à régler les pertes & avaries qui ont
u avoir lieu avant que le temps convenu ne
ût expiré.

Mais lorfque l'Affurance eft faite pour un
royage défigné par la police, quoique la police
it limité un temps pour ce voyage, les affureurs
ont tenus de tous les rifques qui peuvent arri-
er pendant le voyage, même de ceux qui arri-
eroient depuis l'expiration de ce temps, lequel
ft cenfé avoir été limité par la police, non à
effet que les affureurs fuffent déchargés des rif-
ues après l'expiration de ce temps, mais à l'ef-
et feulement que fi le voyage duroit plus long-
emps, la prime fût augmentée à proportion de
e qu'il dureroit de plus, fans que pour cela
a prime dût être diminuée dans le cas où il du-
eroit moins, ce temps étant cenfé n'être défi-
né qu'en faveur des affureurs ; c'eft la difpofi-
on de l'article 35 du titre des Affurances.

Lorfque les parties n'ont pas déterminé par
a police d'Affurance le temps auquel les affu-
eurs doivent commencer à courir les rifques
es chofes affurées, ni celui auquel ils doivent
tre déchargés de ces rifques, l'ordonnance veut
u'on fuive à cet égard ce qu'elle a réglé par
article 13 du titre 5, pour les contrats de prêt
à la groffe aventure. Suivant cet article, le temps
es rifques à l'égard du vaiffeau, agrès, appa-
aux & vituailles, commence à courir depuis
u'il a mis à la voile, & dure jufqu'à ce qu'il
oit ancré au port de la deftination, & amarré
u quai.

A l'égard des marchandifes , le temps des rifques commence auffi-tôt qu'elles ont été chargées dans le vaiffeau, ou dans des gabarres pour les y porter , & dure jufqu'à ce qu'elles foient délivrées à terre fur le quai au lieu de leur deftination.

Ce qui eft dit que le temps du rifque pour les marchandifes , ne commence à courir que depuis qu'elles ont été chargées fur le vaiffeau, a lieu non-feulement à l'égard de celles qui font chargées au port du lieu du départ du vaiffeau, mais auffi à l'égard de celles qui doivent être chargées dans les ports des différentes échelles où il eft dit que le vaiffeau doit relâcher. Les affureurs qui les ont affurées avec celles qui ont été chargées lors du départ , ne commencent pareillement à en courir les rifques que depuis qu'elles ont été chargées : tant qu'elles font à terre, quoique deftinées à être chargées fur le vaiffeau & qu'il foit au port pour les prendre , elles ne font pas aux rifques des affureurs.

Il fe préfenta il y a quelques années à l'amirauté du palais une affaire dans laquelle il s'agiffoit de déterminer quand les rifques des affureurs devoient être réputés finis. Dans cette efpèce, le fieur Huguet de Semonvile qui avoit donné à la groffe 2000 livres piaftres eftimées 8000 livres fur un vaiffeau arrivé à Buenos-Ayres à la fin de l'année 1751 , en fit affurer le 21 mars 1753 à la deuxième chambre des Affurances de Paris les retours, foit en matières d'or ou d'argent , foit en denrées ou fruits , fur un ou plufieurs navires, depuis leur chargement à Buenos-Ayres jufqu'à leur arrivée à Cadix, ou autre port d'Efpagne. Le 6 février 1755 , il fit déclaration qu'il lui étoit arrivé une partie de fes retours pour une fomme de 740 livres. Le 25 mars fuivant , autre déclaration pour une fomme de 745 livres 15 fous : depuis ce temps, plus de nouvelles. Au mois de décembre 1764, les affureurs firent affigner le fieur Huguet pour voir déclarer les rifques finis : le fieur Huguet foutint qu'il avoit encore une partie de fes retours à attendre & que les affureurs devoient être chargés du rifque des mêmes retours, attendu que la police d'Affurance ni aucune loi n'avoient point limité le temps pendant lequel ils en feroient chargés ; cependant par fentence de l'amirauté du 19 mai 1765 , on a déclaré le temps des rifques fini , & le fieur Huguet s'eft déffifté de l'appel qu'il avoit interjeté de cette fentence. La raifon de décider de cette manière a été que fi le temps que doivent durer les riques des retours qu'on fait affurer n'étoit pas limité par le juge , les affureurs feroient tous les jours expofés à être trompés ; en effet la rentrée de ces retours , étant fouvent ignorée de l'affureur , un négociant de mauvaife foi pourroit après les avoir reçus en entier faire valoir l'Affurance fur d'autres marchandifes qu'il auroit perdues par la fuite & qu'il fuppoferoit faire partie des retours affurés.

Il s'agit maintenant d'examiner quelles font les pertes ou dommages dont les affureurs ne font pas tenus.

1°. Les affureurs ne font pas tenus des pertes ou dommages arrivés par la faute des maîtres & mariniers. C'eft une difpofition de l'ordonnance ; mais les affurés peuvent fe pourvoir à cet égard contre le maître ou patron avec lequel ils ont contracté pour le transport de leurs marchandises, & contre l'armateur qui l'a préposé. Cet armateur a de son côté un droit pareil contre le maître qui s'est chargé de la conduite de son vaisseau.

Observez néanmoins que quoique par la nature du contrat d'Assurance les assureurs ne soient pas tenus des pertes dont il s'agit, ils peuvent en être tenus par une clause particuliere : c'est pourquoi après avoir dit que *les assureurs ne sont pas tenus des pertes & dommages arrivés par la faute des maîtres & mariniers*, l'ordonnance ajoute, *si par la police ils ne sont chargés de la baraterie du patron*.

Cette expression de *baraterie du patron* comprend non-seulement le dol, mais encore la simple imprudence, le défaut de soin & l'impéritie tant du patron que des gens de l'équipage.

2°. L'article 29 du titre des Assurances porte que « les diminutions & pertes qui arrivent par » le vice propre de la chose, ne tombent point » sur les assureurs ».

Ainsi les assureurs ne sont pas tenus de la diminution qui arrive dans les marchandises, par le coulage auquel elles sont naturellement sujettes.

Mais si une tempête avoit occasionné un coulage beaucoup plus considérable que le coulage ordinaire, les assureurs seroient tenus de faire raison de ce coulage, en déduisant la quantité à laquelle on jugeroit qu'auroit pu monter le coulage ordinaire ; pourvu néanmoins que les assurés eussent fait par la police, une déclaration de leurs marchandises sujettes à coulage.

Suivant cette règle, fi le navire dont les affureurs ont affuré à l'armateur le voyage & le retour, fe trouve hors d'état de revenir par vetufté & pourriture, les affureurs ne feront pas tenus de cette perte ; il en feroit autrement, fi c'étoit par des coups de mer, ou par quelqu'autre accident qu'il eût été mis hors d'état de fervir.

Suivant la même règle, fi des voiles ou des cables font ufés de vétufté, l'affureur n'en eft pas tenu ; au lieu qu'il en feroit tenu, fi c'étoit la violence des coups de vent qui en eût caufé la rupture.

Pareillement lorfque des animaux, ou des négres font morts de leur mort naturelle, ou même lorfque des négres fe font donné la mort par défefpoir, l'affureur n'en eft pas tenu, parce que ce font des pertes arrivées par la nature ou le vice de la chofe, ou quelque fois par la négligence du maître ; ainfi on ne peut répéter de telles pertes à l'affureur s'il ne s'en eft chargé expreffément ; autre chofe feroit fi ces négres & ces animaux avoient été noyés dans une tempête, ou tués dans un combat.

3°. L'article 30 du titre cité porte que « les » affureurs ne font tenus des pilotages, touages, » lamanages, des droits de congé, vifite, rap- » ports & d'ancrage, ni de tous autres impofés » fur les navires & marchandifes ».

Ces frais étant des frais ordinaires du voyage ne peuvent concerner les affureurs qui ne fe chargent que des accidens extraordinaires.

Mais fi c'étoit quelqu'accident extraordinaire qui eût donné lieu à ces frais, comme fi un navire, à l'occafion d'une tempête, ou étant pourfuivi par des corfaires avoit été obligé de relâ-

cher dans un port où il n'auroit pas relâché
fans cela ; les frais de pilotage , touage & lamanage faits pour entrer dans ce port & pour
en fortir , feroient-ils en ce cas à la charge des
affureurs ?

Quelques-uns foutiennent la négative tant
parce que l'article 30 décharge indiftinctement
de ces frais les affureurs , qu'à caufe que ceux-
ci ne font chargés que *des pertes*, & que ces frais
font des frais de confervation plutôt que des
pertes : mais on peut dire pour l'affirmative que
lorfque c'eft un accident extraordinaire de force
majeure qui a obligé le vaiffeau de relâcher
dans un port où il n'auroit pas relâché fans
cela , & qui a en conféquence donné lieu à ces
frais , ils deviennent pour l'affuré une perte cau-
fée par une fortune de mer. Or l'ordonnance
ayant chargé dans les termes les plus généraux,
les affureurs de toutes les pertes caufées par
fortune de mer , ils doivent être chargés de
celle-ci : c'eft pourquoi l'article 30 qui décharge
les affureurs des frais de lamanage , &c. ne doit
s'entendre que du cas auquel ces frais font frais
ordinaires. Je crois cette dernière opinion mieux
fondée que la première.

4°. Les affureurs ne font pas tenus des rifques
lorfqu'on s'eft écarté de ce qui eft porté par la
police d'Affurance , à moins qu'on ne s'en foit
écarté de leur confentement , ou en cas de néceffité.

Suppofez par exemple , qu'il foit dit par la
police d'Affurance que les affureurs ont affuré
certaines marchandifes de la valeur de quinze
mille livres , lefquelles devoient être chargées
fur le vaiffeau le Saint-Jofeph ; plus , d'autres

marchandiſes de pareille valeur de quinze mille livres, qui devoient être chargées ſur le vaiſ-ſeau le Triton ; plus, d'autres marchandiſes de pareille valeur de quinze mille livres, qui devoient être chargées ſur le vaiſſeau la Syrène, toutes leſquelles ſommes montent à celle de 45000 livres. Si ces marchandiſes ont été toutes chargées ſur le Saint-Joſeph, les aſſureurs ne courent pas les riſques de la ſomme entière de 45000 livres qu'ils ont aſſurée ; ils ne courent les riſques que de celle de quinze mille livres, valeur des marchandiſes qui devoient aux termes de la police d'Aſſurance, être chargées ſur le Saint-Joſeph, & à l'égard deſquelles on ne s'eſt pas écarté de, ce qui étoit porté par la police : mais ils ne courent pas les riſques des trente autres mille livres, valeur des autres marchandiſes, à l'égard deſquelles on s'eſt écarté de ce qui étoit porté par la police, en les chargeant ſur le Saint-Joſeph, au lieu qu'elles devoient l'être ſur le Triton & ſur la Syrène ; mais comme de cette manière le contrat d'Aſſurance n'a pas eu ſon exécution à l'égard des deux. tiers des effets aſſurés, les aſſureurs ſont tenus de rendre les deux tiers de la prime ; à la ré-ſerve néanmoins du demi pour cent qu'ils doivent avoir par forme de dommages & intérêts de l'inexécution du contrat.

Si les vaiſſeaux le Triton & la Syrène étoient péris, de même que le Saint-Joſeph, les marchands pourroient-ils prétendre que les aſſureurs ſupportaſſent la perte des marchandiſes qui y devoient être chargées, ſous prétexte que quand elles auroient été chargées ſur le Triton

& la Syrène, comme cela auroit dû être, elles seroient également péries ?

Les marchands seroient mal fondés dans une telle prétention, parce que le contrat d'Assurance a été résolu de plein droit à l'égard de ces marchandises, aussi-tôt qu'on s'est écarté de la loi du contrat en les chargeant sur un autre vaisseau que celui sur lequel elles devoient être chargées : c'est pourquoi le sort de ces vaisseaux est indifférent.

Mais lorsque c'est du consentement des assureurs que s'est fait le changement de vaisseau, il n'est pas douteux que le contrat d'Assurance ne doive subsister, & que les assureurs ne soient tenus des risques de ce vaisseau, puisqu'ils ont consenti que les marchandises y fussent chargées.

De même, lorsque c'est par un cas de nécessité dans le cours du voyage, que les marchandises ont été chargées sur un autre vaisseau, celui sur lequel elles étoient chargées, s'étant trouvé hors d'état de servir, soit par un accident de mer, soit même par vétusté, le contrat d'Assurance continue de subsister, & les assureurs ne sont point exemptés des risques des marchandises qu'on a été obligé d'y charger.

Mais si c'est hors le cas de nécessité que le changement de vaisseau ait eu lieu durant le cours du voyage, par l'ordre seul de l'assuré sans le consentement des assureurs, ceux-ci sont déchargés des risques. Et même en ce cas ils ne sont pas obligés de rendre la prime, parce que le contrat ayant eu son execution jusqu'à ce changement & les assureurs ayant commencé de courir les risques, la prime leur a été acquise. C'est ce qui résulte de l'article 27.

Pareillement , si sans le consentement des assureurs , l'assuré envoie son vaisseau dans un lieu
plus éloigné que celui porté par la police , les
assureurs , aussi-tôt que le vaisseau est arrivé à la
hauteur du lieu porté par la police , sont déchargés des risques , & la prime leur est acquise. C'est
la décision de l'article 36.

Le simple changement de route , lorsqu'il est
fait sans le consentement des assureurs & sans
nécessité , suffit aussi pour décharger des risques
les assureurs.

C'est pourquoi lorsque l'Assurance est faite
pour un voyage que le vaisseau doit faire à tel
lieu , par tel route , & que sans nécessité ce vaisseau change de route , quoique pour aller au
même lieu , les assureurs ne sont pas tenus des
risques que courra le vaisseau dans ce changement de route. C'est ce que porte l'article 27.

Il en seroit autrement si le changement de
route s'étoit fait par nécessité , par exemple , pour
éviter des Corsaires.

Lorsque par la police il y a une clause portant
qu'il sera permis au maître du vaisseau de naviguer
à droite & à gauche , de faire échelles , aller &
revenir ; cette clause permet bien à l'assuré de
se détourner de la route pour toucher à quelque port étant à droite ou à gauche , pour y
décharger des marchandises , & en charger d'autres à la place qui tiendront lieu de remplacement de celles qui auront été déchargées , d'aller & revenir d'un port à l'autre , même en ré-
trogradant, de manière que le navire revienne à
la route pour se rendre à la destination exprimée
par la police ; mais elle ne lui permet pas de
changer entièrement de voyage ; c'est pourquoi

nonobſtant cette clauſe , les aſſureurs ſeroient déchargés , s'il faiſoit un autre voyage.

Comme il eſt de l'eſſence du contrat d'Aſſurance que les aſſureurs s'obligent à payer une ſomme en cas de perte des choſes aſſurées , cette ſomme eſt ordinairement fixée par la police d'Aſſurance : cependant cette fixation n'eſt pas de l'eſſence du contrat , & les aſſureurs pourroient s'obliger à payer en cas de perte des choſes aſſurées , le prix qu'elles valoient ſuivant l'eſtimation qui en ſeroit faite.

Cette ſomme ne doit pas excéder la véritable valeur des choſes aſſurées ; ce qui eſt une ſuite du principe qu'on ne peut faire aſſurer qu'autant qu'on riſque de perdre : c'eſt pourquoi ſi les marchandiſes ſont de valeur de dix mille livres, comme je ne peux courir riſque en les perdant, que de perdre dix mille livres, je ne peux pas les faire aſſurer pour une plus grande ſomme.

Lorſqu'on a fait aſſurer des choſes pour une ſomme qui excede leur valeur, il faut diſtinguer ſi celui qui les a fait aſſurer , l'a fait ſciemment ayant connoiſſance de leur valeur ; ou s'il l'a fait ſans fraude , dans l'ignorance où il étoit de cette valeur.

Au premier cas , l'ordonnance prononce la peine de la nullité de l'Aſſurance & de la confiſcation des marchandiſes ; c'eſt de ce cas qu'on doit entendre l'article 22 qui dit : « défendons » de faire aſſurer des effets au-delà de leur juſte » valeur, par une ou pluſieurs polices ; à peine » de nullité de l'Aſſurance, & de confiſcation des » marchandiſes. »

Si un marchand qui avoit ſur un vaiſſeau des marchandiſes de la valeur de 45000 livres, les a fait aſſurer par un premier contrat juſqu'à la concurrence de 15000 livres ; par un ſecond, juſqu'à la concurrence de 20000 livres ; & a fait aſſurer par un troiſième contrat, ce qui lui reſtoit à aſſurer, qu'il a déclaré être de la valeur de trente mille livres ; les deux premiers contrats doivent ſubſiſter, étant faits pour des ſommes qui n'excedent pas la valeur des effets aſſurés ; il n'y a que le troiſième de nul, parce qu'il eſt fait pour une ſomme de 30000 livres pendant que ce qui reſtoit à aſſurer ne montoit qu'à 10000 livres ; & pareillement la confiſcation ne doit avoir lieu en ce cas, que juſqu'à concurrence de cette ſomme de dix mille livres.

Au ſecond cas, lorſqu'un marchand a fait aſſurer ſes marchandiſes pour une ſomme au-deſſus de la valeur, ſans fraude, & dans l'ignorance où il étoit de cette valeur, l'Aſſurance n'eſt pas entièrement nulle, elle eſt ſeulement réductible à la ſomme de la véritable valeur des effets aſſurés.

C'eſt ce qui eſt décidé par l'article 23 qui dit : » ſi toutefois il ſe trouve une police faite ſans » fraude, qui excède la valeur des effets char- » gés, elle ſubſiſtera juſqu'à concurrence de leur » eſtimation : & en cas de perte, les aſſureurs en » ſeront tenus chacun à proportion des ſommes » par eux aſſurées ; comme auſſi de rendre la » prime du ſurplus, à la réſerve du demi pour » cent. » Par exemple : un marchand ayant un vaiſſeau ou chargement, qui n'étoit que de valeur de 45000 livres, l'a fait aſſurer de bonne foi par un même contrat, pour une ſomme de 60000 livres par trois aſſureurs, dont un a promis d'en payer moitié, & les deux autres, chacun un quart. Par l'eſtimation qui a été faite de-

puis le contrat, les marchandifes ne s'étan
trouvées monter qu'à la fomme de 45000 livres
& le vaiffeau étant péri, l'Affurance doit être ré
duite à la fomme de 45000 livres, laquelle doi
être payée pour moitié par celui des affureur
qui avoit affuré pour moitié, & par les deu
autres pour chacun un quart ; & comme l'Affu
rance fe trouve réduite aux trois quarts de l
fomme affurée, les affureurs ne peuvent reteni
que les trois quarts de la prime, & doiven
rendre l'autre quart, fous la réferve néanmoin
de demi pour cent de la fomme de 15000 livres
qui a été retranchée de l'Affurance.

Si le marchand avoit fait affurer fon chargement par plufieurs contrats ou polices, favoi
par une première police pour 15000 livres, pa
une feconde pour 20000 livres, & enfin par un
troifième pour 25000 livres, lefquelles trois fom
mes font celle de 60000 livres ; & que par l'efti
mation, les chofes affurées fe trouvaffent êtr
feulement de la valeur de 45000 livres ; les deu
premières polices fubfifteroient en leur entier
Il n'y a que la troifième qui fouffriroit réduction
des trois cinquièmes, parce qu'elle auroit été
faite pour 25000 livres, au lieu de la fomme de
dix mille livres, pour laquelle feulement elle
auroit pû valoir ; la valeur de ce qui reftoit à
affurer ne montant qu'à cette fomme : il n'y
auroit par la même raifon que la prime de cette
troifième police, qui fouffriroit une réduction
des trois cinquièmes : c'eft ce qui réfulte de l'article 25.

C'eft pourquoi dans cette efpèce, en cas de
perte totale des effets affurés, le premier affureur doit payer en entier la fomme de 15000

vres de son Assurance ; le second, la somme
ntière de 20000 livres de la sienne, & le troi-
ème ne peut être tenu de payer que les 100⁓0
vres, à quoi monte le restant de la valeur des
fets assurés.

Si la perte n'a été que d'une partie des effets
surés, comme de la moitié ou du tiers, elle
oit être portée au marc la livre par les trois
sureurs ; c'est-à-dire, que le premier payera
l'assuré la moitié ou le tiers de 15000 livres,
iontant de son Assurance ; le second, la moitié
u le tiers de 20000 livres ; & le troisième la
ioitié ou le tiers de la somme de 10000 livres,
laquelle a été réduite son Assurance.

Celui qui a fait assurer ses effets pour une
omme au-delà de leur valeur, est censé l'avoir
it de bonne foi & par ignorance : c'est aux assu-
eurs à justifier la fraude lorsqu'ils l'allèguent &
u'ils demandent en conséquence la nullité de
Assurance.

Lorsque le chargement a été assuré pour une
omme au-dessous de sa valeur, & que l'Assu-
ance a été faite indéterminément, les risques se
artagent entre l'assureur à proportion de la
omme qu'il a assurée, & l'assuré pour le surplus,

Par exemple, j'ai fait assurer une somme de
5000 livres dans un chargement de la valeur
e 60000 livres. S'il arrive une perte de 20000
vres, l'assureur en supportera les trois quarts,
& moi le quart ; parce que l'Assurance n'ayant
as été faite sur certains effets déterminés du
hargement, mais indéterminément, il n'y a au-
une raison pour attribuer la perte de ceux qui
ont péris, à l'un de nous plutôt qu'à l'autre, à

la partie aſſurée plutôt qu'à celle qui reſtoit à aſſurer.

Quoique l'ordonnance veuille par l'article 6 du titre des Aſſurances, que l'aſſuré paye comptant la prime lors de la ſignature de la police, il ne la paye ordinairement qu'en un billet qu'on appelle billet de prime, payable à une certaine échéance.

Il eſt d'uſage que cette prime conſiſte en une ſomme d'argent dont les parties conviennent entr'elles à raiſon de tant pour cent de la ſomme aſſurée.

Quelquefois on convient d'une ſomme pour chacun des mois que durera le voyage, & quelquefois d'une ſeule ſomme pour tout le temps du voyage.

Quelquefois auſſi lorſqu'on fait aſſurer tant pour le voyage que pour le retour, on convient d'une ſomme pour le voyage, & d'une pour le retour; ou l'on convient d'une même ſomme tant pour le voyage que pour le retour, ce qui s'appelle une *prime liée*, c'eſt-à-dire, qui lie & réunit en une, celle de l'aller & celle du retour.

La prime pour être équitable, doit être le juſte prix des riſques dont l'aſſureur ſe charge par le contrat : mais comme il n'eſt pas facile de déterminer quel eſt ce juſte prix, on doit donner à ce juſte prix une très-grande étendue, & réputer pour juſte prix celui dont les parties ſont convenues entr'elles, ſans que l'une des parties puiſſe être admiſe à alléguer à cet égard la léſion.

La prime étant le prix des riſques dont l'aſſureur ſe charge, il eſt évident qu'elle doit être plus ou moins conſidérable, ſuivant qu'il y a plus

ou moins de rifques, & qu'ils doivent durer plus
ou moins long-temps.

C'eft pourquoi comme les affureurs courent
beaucoup plus de rifques en temps de guerre
qu'en temps de paix, la prime dont on convient
en temps de guerre eft beaucoup plus confidérable que celle dont on convient en temps de
paix.

Mais lorfque le contrat a été fait en temps de
paix pour une prime très-modique, fans aucune
claufe d'augmentation de prime dans le cas où la
guerre furviendroit, les affureurs font-ils fondés
à demander une augmentation de prime fi la
guerre furvient ? Cette queftion a été très-fou-
vent agitée dans les différens parlemens, au commencement de la dernière guerre : les raifons
pour refufer l'augmentation de prime étoient,
que dans tous les contrats on n'a égard qu'au
prix que la chofe, qui en étoit l'objet, valoit au
temps du contrat, & non à celui qu'elle a valu
depuis. Par exemple : dans un contrat de vente,
lorfque j'ai acheté une chofe pour le prix qu'elle
valoit au temps du contrat, quoique par des circonftances imprévues, le prix de cette chofe foit
triplé, ou même décuplé depuis le contrat, le
vendeur n'eft pas fondé à demander aucune augmentation de prix : de même dans un contrat
d'Affurance fait en temps de paix, l'affureur s'é-
tant chargé pour le prix convenu alors, de tous
les rifques auxquels, mes effets pouvoient être
expofés, il femble qu'il ne doive pas être fondé
à demander une augmentation de prime dans le
cas où la guerre furvient ; parce que les rifques
de la guerre dont il s'eft chargé par la police
d'Affurance, conformément à l'article 26, ne

doivent pas s'eftimer eu égard au prix qu'ils valent depuis le contrat, ni dans le temps auquel la guerre eft devenue certaine, mais feulement eu égard au prix que ces rifques valoient au temps du contrat, dans le temps auquel la guerre étoit un événement incertain & inattendu. C'eft d'après ces principes que les affureurs Anglois qui avant les hoftilités, avoient affuré pour une prime modique plufieurs de nos navires, & plufieurs effets de nos commerçans, ne firent aucune difficulté de payer le prix de leurs affurances, pour les navires & effets qui depuis les hoftilités furent pris par les Corfaires de leur Nation ; & ils ne demandèrent aucune augmentation de prime. Mais il n'en fut pas de même en France : l'amirauté du palais fe détermina à accorder aux affureurs une augmentation de prime proportionnée à l'augmentation des rifques caufés par la guerre, quoique les polices faites en temps de paix fuffent pures & fimples ; & les fentences de ce fiège ont été fur ce point confirmées par arrêt, toutes les fois qu'il y en a eu appel. Les raifons fur lefquelles on s'eft fondé font qu'il étoit d'une néceffité abfolue & indifpenfable pour l'intérêt du commerce maritime, de prévenir & d'empêcher la ruine des affureurs, & des chambres d'Affurance, laquelle auroit été infaillible, fi on ne leur eût pas accordé cette augmentation de prime. Ce cas eft un de ceux dans lefquels on doit s'écarter de la rigueur des principes.

Les hoftilités que commirent les Anglois avant la déclaration de la dernière guerre, donnèrent lieu à une autre queftion : on fait que ces hoftilités commencèrent le 8 juin 1755, par la prife des vaiffeaux du roi le Lys & l'Alcide ; qu'elles continuèrent depuis, & que la guerre ne fût déclarée qu'au mois de juin 1756. La queftion étoit de favoir fi ces hoftilités avoient pû avant la déclaration de guerre, donner lieu à l'augmentation de prime qui étoit ftipulée par les polices en ces termes, *en cas de guerre*, ou même en ces termes, *en cas de déclaration de guerre?* La raifon de douter étoit qu'il n'y a proprement de guerre, ni même d'hoftilités proprement dites, que lorfqu'elles ont été précédées d'une déclaration folemnelle de guerre : fans cela ce font des violences ou des pirateries dont les affureurs font toujours garants.

La raifon de décider que le cas de ces hoftilités devoit être cenfé renfermé dans ces claufes, eft que la déclaration de guerre eft requife à la vérité, pour rendre les hoftilités légitimes felon le droit des gens : mais qu'elles aient été légitimes ou non, précédées ou non d'une déclaration de guerre, elles n'en étoient pas moins dans le fait des hoftilités. Or le cas qu'ont eu en vue les contractans dans la claufe d'augmentation de prime en cas de guerre, eft le feul fait d'hoftilités commifes en guerre, & non leur légitimité ; parce qu'il eft fort indifférent par rapport au contrat d'Affurance, que ces hoftilités fe commettent d'une façon régulière ou irrégulière. Ces hoftilités font dans l'intention des contractans un commencement de guerre ; & par conféquent font renfermées dans la claufe *en cas de guerre;* elles le font même dans la claufe *en cas de déclaration de guerre*, parce que ces hoftilités font dans le fait une déclaration de guerre.

Cela a été ainfi jugé par un grand nombre

d'arrêts , & entr'autres par un de la première chambre des enquêtes , confirmatif d'une fentence de l'amirauté du palais du 16 mars 1761, au profit de la première chambre des Affurances de Paris , contre le fieur Pafcaud , député du commerce de la Rochelle. Ce particulier avoit fait affurer des marchandifes fur quatre vaiffeaux différens ; il y avoit claufe par les polices , qu'*en cas de déclaration de guerre* , la prime feroit augmentée au cours de la place. Les vaiffeaux fur lefquels étoient les marchandifes affurées , s'étoient trouvés en mer le 8 juin 1755 , jour auquel les hoftilités avoient commencé , & ils étoient tous arrivés heureufement à leur deftitination avant la déclaration de guerre ; favoir, le 12 juillet , le 15 août & le 17 Septembre de la même année. Il fut jugé par cet arrêt , que les hoftilités commencées le 8 juin avoient donné lieu à l'augmentation de prime ftipulée par les polices d'Affurances, & on la fixa à 25 , 30 & 35 pour cent , felon les différens vaiffeaux fur lefquels étoient les marchandifes affurées.

Les mineurs qui font marchands de profeffion, étant capables de contracter pour les affaires de leur commerce, il n'eft pas douteux qu'ils peuvent être parties dans un contrat d'Affurance pour faire affurer les effets de leur commerce.

Ils peuvent y être auffi parties comme affureurs , s'ils font le commerce d'affureurs.

Quoique le contrat d'Affurance maritime foit un commerce , & que le commerce foit défendu aux eccléfiaftiques par les canons , & aux officiers de judicature par les ordonnances , les contrats d'Assurance maritime que ces personnes auroient faits, soit pour faire assurer leurs marchandises, soit pour assurer celles des autres, ne laissent pas d'être valables. Ces personnes sont seulement en ce cas, sujettes à des peines, comme de suspension de leurs privilèges ou autres, pour leur contravention.

Les mêmes personnes peuvent faire assurer leurs propres effets, quand elles les font revenir par mer des lieux où ils étoient ; & elles ne peuvent, pour cela, être censées faire aucun commerce.

A l'égard des nobles qui ne sont point officiers de judicature, ni ecclésiastiques, ils peuvent licitement faire toutes sortes de contrats d'Assurance, le commerce de mer leur étant permis par l'édit du mois d'août 1669.

L'article 68 du titre des Assurances, fait défenses à tous greffiers de police, commis des chambres d'Assurance, notaires, courtiers, censaux, de faire aucune police dans laquelle ils soient intéressés directement ou indirectement, par eux-mêmes ou par personnes interposées, & de prendre transport des droits des assurés.

La raison paroît être la même que celle pour laquelle il est défendu à tous commissionnaires en général, de faire le même genre de commerce que celui pour lequel ils font la commission, afin d'obvier aux fraudes & aux infidélités qu'ils pourroient commettre, en saisissant pour eux les occasions favorables qui se présenteroient, au préjudice de ceux qui leur confient leurs intérêts.

L'ordonnance ne prononce pas la nullité des

contrats d'Affurance que ces perfonnes feroien
contre fa défenfe ; elle ne prononce que l
peine d'une amende de 500 livres, pour la pre
mière fois, & de deftitution de leur état en ca
de récidive.

L'ordonnance défend à ces fortes de gens
non-feulement de faire des contrats d'Affurance
foit comme affureurs, foit comme affurés, pa
eux-mêmes, ou par perfonnes interpofées
elle leur défend auffi de prendre tranfport de
droits des affurés. La raifon en eft que ce tranf
port forme une préfomption que ceux don
ces mêmes gens fe font tranfporter les droits
n'ont été que leurs prête-noms dans le contrat
& que le contrat a été fait pour leur compte
contre la défenfe de la lo.

Les contrats étant du droit des gens, nou
pouvons faire le contrat d'Affurance maritim
avec les étrangers, foit en leur faifant affure
nos effets, foit en affurant les leurs ; c'eft ce qu
eft porté par l'article premier du titre des Affu
rances : « Permettons à tous nos fujets, mêm
» aux étrangers, d'affurer & faire affurer dan
» l'étendue de notre royaume, &c. ».

Il fembleroit que ce contrat ne devroit pa
avoir lieu entre ennemis, puifque les déclarations de guerre portent interdiction de tou
commerce. Néanmoins le contraire s'obferve
car durant le cours de la dernière guerre, le
affureurs Anglois nous affuroient nos marchandifes, & nous rendoient la valeur des prifes
que nous faifoient ceux de la nation.

Non-feulement ceux à qui les marchandifes
appartiennent & qui en font les propriétaires
mais tous ceux aux rifques defquels elles font,

peuvent les faire affurer. C'eft pourquoi un affureur peut faire réaffurer par d'autres les effets qu'il a affurés, & qui font à fes rifques. Et il n'importe que la prime pour laquelle il les fait réaffurer, foit plus ou moins forte que celle qu'il a reçue pour l'Affurance. C'eft un gain que fait le premier affureur, fi elle eft moins forte ; & c'eft une perte qu'il fait, fi elle eft plus forte.

Il eft évident que ce contrat de réaffurance n'anéantit pas l'obligation du premier affureur envers celui dont il a affuré les effets ; il lui donne feulement un recours contre le fecond affureur, pour être par lui indemnifé.

L'affureur peut bien faire réaffurer par un fecond affureur, les effets qu'il a affurés, parce qu'ils font à fes rifques ; mais le propriétaire des mêmes effets qui les a déjà fait affurer par un premier affureur, ne peut plus les faire affurer par un fecond affureur, parce qu'ils ne font plus à fes rifques ; il peut feulement faire affurer la folvabilité de fon affureur & le coût de l'affurance, comme on l'a vu précédemment.

Dans le contrat d'Affurance, nous contractons ou par nous-mêmes, ou le plus fouvent par nos commiffionnaires.

Lorfque nos commiffionnaires contractent en notre nom, c'eft nous qui contractons ; & pour cette raifon, il femble que ne faifant que nous prêter leur miniftère, ils ne doivent contracter eux-mêmes aucune obligation fi cela n'eft exprimé. Cependant, comme les affureurs ne connoiffent le plus fouvent que les commiffionnaires, & ne connoiffent pas les négocians pour le compte defquels le contrat fe fait, il s'en eft

introduit un ufage par lequel ces commiffionnaires font cenfés s'obliger tacitement en leur
nom, conjointement & folidairement avec les
commettans qui contractent par leur miniftère.

A plus forte raifon doivent-ils être obligés
en leur nom, lorfqu'ils font défavoués par ceux
au nom defquels ils ont contracté.

De-là il fuit que les commiffionnaires étant
cenfés avoir tacitement contracté l'obligation
de payer la prime, ils ne font pas déchargés par
la déclaration qu'ils font depuis le contrat, de
la perfonne pour le compte de laquelle ils ont
fait affurer.

L'Ordonnance veut que les polices d'Affurances foient rédigées par écrit; mais elles peuvent être faites fous fignatures privées comme
pardevant notaires.

Il s'étoit gliffé un abus à l'égard de ces actes;
les courtiers & agens en avoient des modeles
imprimés, où Il n'y avoit à remplir que les
noms & qualités du vaiffeau, des marchandifes,
la prime, & le nom des parties contractantes,
& dans lefquels ils inféroient toutes les claufes
qu'ils imaginoient pour favorifer leurs parties:
les affureurs à qui on préfentoit ces modeles à
figner, ne s'informant que de la fomme qu'on
faifoit affurer & du prix de la prime, les fignoient
fans faire attention aux claufes qui y étoient in-
férées, & dont ils n'entendoient pas le fens: ils
fe trouvoient par ce moyen foumis à des claufes
défavantageufes, contre leur intention. Pour
remédier à cet abus, l'amirauté du palais a fait
un règlement qui ordonne que toutes les claufes dérogatoires à quelqu'article de l'ordonnance, ou extraordinaires dans les polices

d'Affurance, y feroient écrites à la main ; & défend d'avoir égard à ces claufes lorfqu'elles feront imprimées.

Il y a un autre règlement trés-fage du même fiege du 18 juillet 1759, qui fait défenfes à tous courtiers & agens d'Affurance, de mettre aucun renvoi fur les polices, finon en préfence & du confentement des parties, par lefquelles chaque renvoi doit être paraphé à l'inftant de la paffation de la police. Le même règlement leur défend auffi de faire aucun avenant (*) aux polices, finon à la fuite des mêmes po-lices, ou par acte féparé, du confentement & en préfence des parties, lefquels avenants doivent être fignés fur le champ par les parties ; le tout à peine de nullité des renvois non para-phés, & avenants non fignés, & de faux contre les courtiers & agens.

Selon l'article 3 de l'ordonnance, la police d'Affurance doit contenir, 1°. le nom & domi-cile de celui qui fait affurer.

2°. Sa qualité de propriétaire ou de commif-fionnaire.

3°. Les effets fur lefquels l'Affurance eft faite ; ce qui s'exprime ainfi : *La fomme de tant, fur un chargement de tant de pièces de toiles*, &c.

On doit fur-tout défigner par la police, les marchandifes fujettes à coulage, telles que font les huiles, les vins & autres liquides ; c'eft ce qui eft porté par l'article 31. La raifon en eft que ces marchandifes étant fujettes à plus de rifques que les autres, les affureurs qui doivent

---

(*) On donne le nom d'*avenant* aux claufes ajoutées aux polices d'Affurance.

avoir connoiſſance des riſques dont ils ſe chargent, doivent être inſtruits combien il entre
dans le chargement, de marchandiſes de cette
eſpèce. Faute de cette déſignation dans la poli-
lice, l'aſſureur ne ſeroit pas tenu des dommages que les tempêtes pourroient cauſer ſur cette
eſpece de marchandiſes.

M. Valin dit que les parties dérogent à
l'article qui ordonne la déſignation dont il s'agit,
en ſtipulant par une clauſe particulière de la
police, que *les aſſureurs courront les riſques ſur
les marchandiſes chargées ſur le navire, ſujettes au
coulage ou non*, ſans en faire d'autre déſignation.

L'ordonnance diſpenſe de cette déſignation
les Aſſurances qui ſe font ſur le retour des pays
étrangers. La raiſon en eſt que ceux qui font
aſſurer le retour, ignorent le plus ſouvent
quelles marchandiſes on leur enverra en retour.

4°. Lorſqu'on fait aſſurer des marchandiſes
qui partent ſur un certain vaiſſeau, la police
doit contenir le nom du vaiſſeau ſur lequel elles
font chargées.

A l'égard des retours qu'on attend des pays
étrangers & qu'on fait aſſurer, comme on ignore
ſouvent ſur quel vaiſſeau ces retours font ou
feront chargés, la police porte en ce cas, qu'on
aſſure ces retours ſur quelque vaiſſeau qu'ils
ſoient chargés.

Lorſqu'on a aſſuré des marchandiſes qui partent ſur un certain vaiſſeau, & qu'on s'eſt
trompé ſur le nom du vaiſſeau où elles font
chargées, auquel, par erreur, on a donné le
nom d'un autre vaiſſeau, la police eſt nulle. Par
exemple : ſi voulant aſſurer un chargement que

'ai fur le vaisseau l'Alcide, je fais avec des af-
ureurs une police d'Assurance, où il est dit que
e chargement est fur le vaisseau le Lys, l'Assu-
ance fera nulle ; parce qu'en ce cas les assureurs
e courent les risques ni du vaisseau le Lys,
uisque ce n'est pas fur ce vaisseau qu'est mon
hargement, ni du vaisseau l'Alcide fur lequel
st mon chargement, puisque ce vaisseau n'est
as celui qui est nommé par la police, & dont
ls ont entendu assurer le chargement.

Mais fi l'erreur fur le nom du vaisseau est une
rreur légère qui n'empêche pas de le recon-
oître, le contrat fera valable. C'est ce qui a
té jugé par arrêt du parlement d'Aix du 2 mai
750, cité par M. Valin, dans l'espèce d'un
hargement assuré fur le Brigantin *le Lion-Heu-*
ux, désigné par la police fous le nom feule-
ent du Brigantin l'*Heureux*.

L'Assurance feroit aussi nulle, fi voulant faire
ssurer des effets que j'avois fur un pinke, ou
ne barque, j'avois, par la police d'Assurance,
onné à ce petit bâtiment le nom de navire ;
ar quoique le terme de *navire*, dans fa signi-
ication étendue, comprenne tous les bâtimens,
etits & grands, qui naviguent fur la mer, néan-
oins en fait de contrats d'Assurance, on
'entend par navires, que les grands bâtimens
ui font à trois mâts ; & l'assureur pourroit dire
en ce cas, qu'il entendoit assurer un navire,
& qu'il n'eût pas voulu assurer une barque.

5°. Le nom du maître peut être absolument
nécessaire lorsqu'il fe trouve plusieurs vaisseaux
de même nom, afin de désigner le vaisseau affuré, en le distinguant des autres.

Hors ce cas, fi le vaisseau étoit suffisamment

connu & défigné fans le nom du maître, il y a lieu de croire que l'omiffion dece nom n'annulleroit pas le contrat. Car quoique les af- fureurs aient quelque intérêt de favoir quel eft le maître du vaiffeau du rifque duquel ils fe chargent, y ayant des maîtres dans lefquels ils peuvent avoir plus ou moins de confiance, rien n'empêche néanmoins qu'ils ne conviennent de fe charger des rifques à courir fur un vaiffeau, quel que foit le Capitaine qui le commande.

Mais fi la police portoit le nom d'un autre capitaine que celui qui commande le vaiffeau, cette erreur pourroit rendre nulle l'affurance; parce que les affureurs pourroient dire qu'ils ne fe font portés à affurer que par la confiance que leur infpiroit l'habileté du capitaine nommé par la police; & qu'ils n'auroient pas voulu affurer, du moins au même prix, s'ils euffent fu qu'un autre dût commander le vaiffeau.

Cette difpofition qui porte que la police contiendra le nom du navire & celui du maître, eft faite pour les chargemens qui fe font en Eu- rope. Mais lorfque j'attends des marchandifes des pays éloignés, tels que les Echelles du le- vant, les côtes d'Afrique, & qui doivent y être chargées pour de-là m'être envoyées en Eu- rope, l'ordonnance me permet de les faire affu- rer fur quelque navire qu'elles puiffent être, fans défignation du navire, ni du maître, par la police. La raifon en eft que ceux qui ont des effets dans des pays éloignés, ignorent ordinai- rement par quel navire on les leur enverra; & encore plus, par quel capitaine. Or on ne peut être obligé à l'impoffible.

L'ordonnance veut feulement par la fin de
cet

cet article, que la police, en ce cas, contienne le nom de la perſonne à qui les effets doivent être *conſignés*, c'eſt-à-dire, adreſſés. Mais M. Valin nous apprend que cela ne s'obſerve pas, parce que ſouvent on ignore auſſi, lorſqu'on les fait aſſurer, à qui ils ſeront adreſſés.

6°. La police doit contenir *le nom du lieu où les marchandiſes auront été ou devront être chargées*, c'eſt-à-dire, *du Havre d'où le vaiſſeau devra partir, ou ſera parti.*

7°. *Des ports où il devra charger & décharger ; & de tous ceux dans leſquels il devra entrer.*

8°. *Le temps auquel les riſques commenceront & finiront.* Il n'eſt néceſſaire d'exprimer ce temps que dans le cas où par une convention particulière, les parties ont voulu s'écarter en quelque choſe de la diſpoſition de l'article 5 du titre des Aſſurances, & de l'article 13 du titre des contrats à la groſſe aventure ſur le temps des riſques. Faute d'inſérer cette convention dans la police, ſi les parties en diſconviennent, le temps des riſques doit ſe régler ſuivant l'article 13 qu'on vient de citer.

9°. La police doit auſſi exprimer *les ſommes qu'on entend aſſurer.*

10°. *La prime ou le coût de l'Aſſurance.*

11°. *La ſoumiſſion des parties aux arbitres.* Ceci n'eſt dit que parce qu'il eſt d'uſage que la police contienne cette ſoumiſſion ; l'ordonnance n'a pas néanmoins prétendu y aſſujettir les parties, à peine de nullité ; elle ſuppoſe au contraire en l'article 70, qu'il peut y avoir des polices qui ne contiennent pas cette ſoumiſſion.

12°. Enfin la police doit contenir *générale*

ment toutes les autres conditions dont les partie
voudront convenir.

Faute de cela, les conditions dont les parties
disconviennent sont censées n'avoir pas eu lieu,
parce qu'elles ne peuvent être justifiées que par
la police.

L'ordonnance ne requiert pas que l'estimation
des marchandises qu'on fait assurer soit faite par
la police, parce qu'il est facile de la faire d'ailleurs par les factures & les livres. L'article 64
suppose même que souvent elle ne se fait pas
par la police : mais suivant l'article 8, « Si l'As-
» surance est faite sur le corps & quille du vais-
» seau, ses agrès, apparaux, armement & vi-
» tuailles, l'estimation en sera faite par la po-
» lice ; sauf à l'assureur en cas de fraude, &c.»

Néanmoins si l'on avoit omis de faire cette
estimation par la police, l'Assurance ne laisseroit
pas d'être valable, comme l'observe M. Valin
sur cet article : l'ordonnance ne la prescrit pas à
peine de nullité, & il y a lieu de penser que le
seul objet de cette disposition est de permettre
aux assureurs la preuve de l'iniquité de l'estimation portée par la police, lorsqu'ils la soutiennent frauduleuse.

L'article 9 prescrit la forme de la police
d'une espèce particulière d'Assurance, savoir
celle qui concerne la liberté des personnes. Il y
est dit » que ces polices contiendront le nom,
» le pays, la demeure, l'âge & la qualité de
» celui qui se fait assurer : » (tout ceci n'est requis
que pour constater la personne qui s'est fait assurer ; c'est pourquoi l'omission de quelqu'une de
ces choses n'annulle pas la police, lorsque la per-

fonne eſt d'ailleurs connue & exiſtante) : » le nom
»du navire, celui du Havre dont il doit partir,
»& celui de ſon dernier reſte ; (c'eſt-à-dire,
du terme de ſa navigation) » la ſomme qui ſera
»payée en cas de repriſe, tant pour la rançon
»que pour les frais du retour, à qui les deniers
»en ſeront fournis & ſous quelle peine ».

Les articles 68 & 69 concernent auſſi la forme
des polices d'Aſſurance ; le 68 défend aux officiers qui les paſſent, d'y laiſſer des blancs à peine
de tous dommages & intérêts ; le 69 leur enjoint de les enregiſtrer dans un regiſtre deſtiné
pour cela, paraphé en chaque feüillet par le
lieutenant de l'amirauté.

Le droit de contrôle des Aſſurances pour les
particuliers, & de celles priſes pour le compte
du roi par les intendans & commiſſaires des
fournitures de la marine, avoit été fixé par les
articles 7 & 9 du tarif du 29 ſeptembre 1722 :
mais par arrêt du conſeil du 12 août 1732, les
contrats ou polices d'Aſſurance, ſoit qu'ils ſoient
paſſés par-devant les notaires royaux, *cenſaux*,
courtiers, agens de change, greffiers des ami-
rautés & des juridictions conſulaires ou autres
qui ſont dans l'uſage de les recevoir, ſoit qu'ils
ſoient faits ſous ſignature privée, ont été diſpenſés de la formalité & du payement du contrôle des actes.

Les aſſureurs contractent par le contrat d'Aſſurance, deux eſpeces d'obligations envers l'aſſuré.

La première eſt de payer à l'aſſuré la ſomme
aſſurée portée par la police en cas de perte totale
ou preſque totale des choſes aſſurées, par quelqu'accident de force majeure, à la charge par

l'affuré de leur faire l'abandon de ce qui peut refter des chofes affurées, & de tous fes droits par rapport à ces chofes.

La feconde eft d'indemnifer feulement l'affuré des avaries arrivées par quelqu'accident de force majeure fur les chofes affurées, ou par rapport à ces chofes.

La faillite de l'affuré qui n'a pas payé la prime arrivée durant le temps des rifques, ne décharge pas de plein droit les affureurs de ces obligations ; mais ils peuvent durant le temps des rifques s'en faire décharger en demandant la réfolution du contrat, fi mieux n'aiment l'affuré ou fes créanciers leur donner bonne & fuffifante caution pour le payement de la prime ; car il n'eft pas jufte qu'ils courent les rifques s'ils ne font certains d'en recevoir le prix.

Lorfque les affureurs n'ont affuré que le retour des marchandifes, la faillite de l'affuré ne leur donne pas lieu de demander la réfolution du contrat ; parce que le privilége qu'ils ont fur les marchandifes pour le payement de leur prime en cas d'heureux retour leur fait une fûreté fuffifante, & en cas de perte, ils font déduction de cette prime fur la fomme affurée qu'ils doivent.

L'article 46 du titre des Affurances détermine les cas dans lefquels l'affuré peut être autorifé à faire l'abandon ou délaiffement des effets affurés, pour demander à l'affureur le payement de la fomme portée par la police d'Affurance. Voici comme il s'exprime : » Ne pourra le délaiffement » être fait qu'en cas de prife, naufrage, bris, » échouement, arrêt de prince, ou perte entière » des effets affurés ; & tous autres dommages ne

»feront réputés qu'avarie, qui fera régalée entre
»les affureurs & les affurés, à proportion de
»leur intérêt».

Obfervez néanmoins que ces termes de *perte
entière* ne doivent pas s'entendre trop à la lettre.
Il y a felon M. Valin, *perte entière des effets affurés*,
non-feulement lorfque tous, ou prefque tous ces
effets ont été pris, ou ont été perdus dans la mer;
mais encore lorfqu'ils font fi confidérablement
endommagés que leur valeur en eft diminuée de
plus de moitié; car on dit dans l'ufage de parler
ordinaire, que lorfque toutes ou prefque toutes
les marchandifes affurées fe trouvent en cet état,
c'eft une perte entière que l'affuré fouffre de
fes marchandifes.

Il en feroit autrement, felon M. Valin, fi de
trois ballots de marchandifes qu'un marchand a
fait affurer, il y en avoit deux de péris entièrement & un reftć fain & entier; il n'y a pas en
ce cas ouverture à l'action pour demander la
fomme affurée : car la perte que l'affuré a foufferte, eft à la vérité une perte de la partie la plus
confidérable des marchandifes affurées; mais on
ne peut pas dire que ce foit une perte entière
puifqu'il refte un ballot fain & entier ou peu endommagé, qui eft une partie confidérable de ces
marchandifes, quoique la moindre. L'affureur
ne doit donc être tenu en ce cas, que de payer
le prix des deux ballots qui font péris, & du
peu de dommage caufé au troifième s'il y en a;
mais il ne doit pas être obligé de payer la fomme
entière qu'il a affurée & d'accepter le délaiffement des trois ballots.

Pour qu'il y ait ouverture à l'action qu'a l'affuré pour demander la fomme affurée, & pour

qu'il puisse l'intenter & faire son délaissement, il ne suffit pas que quelqu'un des accidents qui y donne ouverture soit arrivé, il faut qu'on en ait eu nouvelle.

Il y a néanmoins un cas auquel la seule présomption de la perte du vaisseau donne ouverture à l'obligation de payer la somme assurée & à l'action qui en résulte, quoiqu'on n'ait eu aucune nouvelle de la perte & même quoique le vaisseau ne soit peut-être pas péri.

Ce cas est rapporté dans l'article 58, qui dit : » si l'assuré ne reçoit aucune nouvelle de son » navire, il pourra après l'an expiré, à compter » du jour du départ pour les voyages ordinaires » & après deux ans pour ceux de long cours, » faire son délaissement aux assureurs & leur de- » mander payement sans qu'il soit besoin d'au- » cune attestation de la perte. »

Pour qu'il y ait lieu à la présomption de cet article, il faut non-seulement que l'assuré n'ait eu aucune nouvelle de son navire ; il faut aussi que personne n'en ait eu ; si les assureurs en ont eu ou s'ils peuvent justifier que d'autres personnes en ont eu, l'assuré doit être débouté de sa demande.

Le temps d'un an ou de deux ans dont le laps donne lieu à la présomption de cet article, se compte du jour du départ du navire lorsqu'on n'en a eu aucune nouvelle depuis ce temps : lorsqu'on en a eu quelques nouvelles, le temps ne se compte que du jour de la réception des dernières nouvelles.

Il y a lieu à la présomption de cet article, quand même l'Assurance auroit été faite pour un temps limité. L'assuré étant fondé sur cette préfomption dans fa demande de la fomme affurée, les affureurs ne peuvent s'en défendre qu'en excipant que la perte du navire n'eft arrivée qu'après l'expiration du temps porté par la police d'Affurance ; mais c'eft à eux à le juftifier. M. Valin rapporte un arrêt de 1749 par lequel le confeil a caffé deux arrêts du parlement de Provence qui avoient décidé le contraire, comme ayant jugé contre la difpofition de l'ordonnance.

L'article 59 nous apprend quels font les voyages qui font appelés de long-cours. Il dit que ce font ceux de France en Mofcovie, Groenland, Canada, & autres côtes & ifles de l'Amérique; au Cap-Verd, aux côtes de Guinée, & tous autres au-delà du Tropique.

L'ordonnance du 18 novembre 1740 répute voyages de long-cours tous ceux qui fe font fur l'Océan au-delà des détroits de Gibraltar & du Sund.

L'accident qui a caufé la perte des effets affurés étant le fondement de l'action que l'affuré intente, ou fe propofe d'intenter contre les affureurs, & tout demandeur étant obligé de fonder fa demande ; c'eft avec raifon que l'ordonnance, article 24, prefcrit cette formalité : » lorfque » l'affuré aura eu avis de la perte du vaiffeau ou » des marchandifes affurées, de l'arrêt du prince, » & d'autres accidens étant aux rifques des affureurs, il fera tenu de les leur faire incontinent » fignifier, ou à celui qui aura figné pour eux » l'Affurance, avec proteftation de faire fon délaiffement en temps & lieu. »

L'affuré peut faire cette fignification quand même l'avis qu'il a eu ne feroit pas bien certain: car quoique par la fuite il fe trouvât faux, il n'en réfulteroit autre chofe que l'inutilité de fignification.

L'ordonnance dit que l'affuré doit faire cette fignification *incontinent* : effectivement la bonne foi l'oblige de ne rien laiffer ignorer de ce qui concerne l'Affurance aux affureurs. Cependant l'affuré n'eft fujet à aucune peine faute d'avoir fait cette fignification incontinent, fi les affureurs n'en ont rien fouffert ; & il lui fuffit de la faire par fon exploit de demande.

L'affuré peut faire cette fignification quoiqu'il n'ait pas encore réfolu s'il demandera la fomme affurée en délaiffant les effets affurés , ou s'il formera une fimple demande en dédommagement; & alors il fait la fignification avec proteftation de faire fon délaiffement en temps & lieu ; au moyen de quoi il demeure en fon pouvoir de ne le pas faire s'il trouve qu'il ne foit pas de fon intérêt de le faire.

Cela n'empêche pas l'affuré de travailler au recouvrement des effets naufragés en attendant qu'il ait pris fon parti, fauf à en compter aux affureurs s'il fait le délaiffement: Telle eft la difpofition de l'article 45.

Lorfque l'affuré eft décidé à demander la fomme affurée & à faire fon délaiffement, il n'a pas befoin de faire de proteftation. Il peut, en fignifiant aux affureurs la perte des effets affurés, faire en même-temps & par la même charte fon délaiffement & demander la fomme affurée. C'eft ce que porte l'article 43.

Ces fignifications peuvent fe faire, fuivant l'article 24, à celui qui a figné l'Affurance pour les affureurs, (c'eft-à-dire à leur prépofé) auffi bien qu'aux affureurs.

Il y a à Marseille un usage particulier pour la forme de cette signification : aussi-tôt que l'assuré est instruit de la perte de son vaisseau ou des effets qu'il a fait assurer, il se présente à la chambre du commerce avec la lettre d'avis qu'il a reçue pour y faire la déclaration de sa perte : si la pièce que l'assuré présente est reconnue suffisante pour la constater, la chambre du commerce reçoit sa déclaration ; on enregistre la pièce sur laquelle la déclaration est faite ; on y certifie au bas des signatures la déclaration faite à la chambre & le jour qu'elle a été faite : cette déclaration ainsi faite tient lieu de signification, & l'assuré peut, trois mois après, sur le certificat de cette déclaration, poursuivre le recouvrement de la perte : cet usage suivi à Marseille, paroît s'écarter de la disposition de l'ordonnance, & il est probable que cette forme ne seroit pas admise ailleurs : en effet, l'ordonnance ayant requis une signification elle doit être faite juridiquement par un huissier, à personne ou domicile, & il n'y a que la reconnoissance que donneroit l'assureur qu'il a été averti de la perte, qui puisse suppléer à cette signification.

Le délaissement doit être de tout ce qui a été assuré par la police d'Assurance ; c'est-à-dire qu'on ne peut faire le délaissement d'une partie & retenir l'autre. C'est la disposition de l'article 47.

C'est pourquoi si j'ai fait assurer par une même police d'Assurance une somme de quinze mille livres sur un chargement que j'avois sur un tel vaisseau, consistant en un certain nombre de caisses de sucre de la valeur de cinq mille livres, & en un certain nombre de caisses d'indigo de la valeur de dix mille livres ; que ce chargement

ait péri par un naufrage & qu'on n'ait pu retirer
que quelques caisses de sucre & d'indigo consi-
dérablement endommagées ; je ne puis pas demander aux assureurs la somme de dix mille
livres, valeur des indigos que j'ai fait assurer,
aux offres de leur délaisser ce qui en a été sauvé,
& retenir ce qui a été sauvé des sucres, en me
réservant de me faire dédommager par eux de
ce qui en est péri & de ce qui est endommagé ;
mais je dois faire le délaissement de tout ce qui
a été sauvé du chargement, tant en sucre qu'en
indigo, & demander la somme entière des quinze
mille livres ; ou sans rien délaisser, ne demander
qu'un simple dédommagement tant pour les indigos que pour les sucres.

Il en seroit autrement si j'avois fait assurer ces
effets par différents contrats ou polices d'Assurance, quoique par les mêmes assureurs : par
exemple, si par une police d'Assurance je me
suis fait assurer une somme de cinq mille livres
pour valeur d'un chargement de sucre sur un tel
vaisseau, & par un autre police une somme de
dix mille livres pour valeur d'un chargement
d'indigo sur le même vaisseau, il n'est pas douteux que je ne puisse en ce cas demander la
somme de dix mille livres assurée par l'une de
ces polices en faisant le délaissement de tous les
indigos & retenir les sucres que j'ai fait assurer
par l'autre police. Ce n'est pas en ce cas délaisser
pour partie & retenir pour partie, puisque je
délaisse tout ce qui est contenu dans une police.

A plus forte raison si je n'avois fait assurer
que les indigos & que je n'eusse pas fait assurer
les sucres, ou que je les eusse fait assurer par

d'autres assureurs, je ne serois obligé de délaisser que ce qui est resté des indigos.

Lorsque je n'ai fait assurer que pour partie son chargement, je ne suis obligé de faire le délaissement de ce qui en est resté que pour cette partie. Par exemple, si j'ai fait assurer une somme de vingt mille livres sur un chargement de la valeur de trente mille livres qui est péri, je ne dois délaisser aux assureurs ce qu'on en pourra sauver que pour deux tiers, & je le partagerai avec eux pour un tiers. Ce n'est point en ce cas délaisser pour partie, c'est un délaissement total puisqu'il est fait pour le total de la perte assurée, & que la partie que je retiens est pour celle qui n'étoit pas assurée, dans laquelle les assureurs n'ont aucun droit puisqu'elle n'étoit pas à leurs risques.

Cette décision a lieu non-seulement pour ce dont la valeur de mon chargement excédoit la somme assurée au temps du contrat, mais pour l'augmentation qui y est survenue. Ainsi supposez que j'aie fait assurer une somme de quinze mille livres sur un chargement de marchandises qui valoient alors pareille somme, & que le vaisseau ait dû aller à Saint Domingue & passer par les côtes d'Afrique pour y faire la traite; si par la conversion de mes marchandises en négres & en poudre d'or, la valeur de mon chargement est devenue de trente mille livres & qu'ensuite il soit péri, pour pouvoir demander la somme assurée, je ne serai obligé de délaisser que pour moitié ce qui pourra être sauvé, parceque mon chargement ayant acquis la valeur de trente mille livres, il n'étoit que pour moitié aux risques des assureurs puisqu'ils n'avoient assuré qu'une somme de quinze mille livres.

Les effets sauvés ne doivent être délaissés aux assureurs, qu'à la charge par eux de rembourser à l'assuré les frais qu'il a faits pour les sauver du naufrage, & l'assuré doit à cet égard être cru sur son affirmation : c'est ce que porte l'article 45 ; mais comme les assureurs ne sont tenus de ces frais, suivant le même article, que *jusqu'à concurrence de la valeur des effets recouvrés*, les assureurs peuvent les laisser à l'assuré pour les frais.

En cas de prise, lorsque l'assuré a fait sans le consentement des assureurs une composition avec le corsaire pour racheter ses effets, l'article 67 laisse au choix des assureurs de prendre à leur profit la composition ou de la rejeter.

Cet article dit : » les assureurs pourront pren- » dre la composition à leur profit à proportion » de leur intérêt, & en ce cas ils seront tenus » d'en faire leur déclaration sur le champ, de » contribuer actuellement au payement du rachat » & de courir les risques du retour, sinon de » payer les sommes assurées sans qu'ils puissent » rien prétendre aux effets rachetés. »

Au premier cas lorsque les assureurs prennent le parti de prendre à leur profit la composition, il n'y a pas lieu à la demande de la somme assurée ; les assureurs sont seulement tenus de contribuer au prix du rachat à proportion de l'intérêt qu'ils y ont, & ils continuent d'être chargés des risques du retour du vaisseau sans qu'ils puissent, en cas d'un nouveau malheur, faire sur la somme assurée aucune déduction ni imputation de la somme payée pour le rachat.

Par exemple : un Armateur a fait assurer une somme de 50000 livres sur un vaisseau valant avec sa cargaison cinquante mille écus. Ce vaisseau est pris ; & le corsaire, moyennant une rançon de vingt-cinq mille écus que lui paie l'armateur, relâche le vaisseau avec toute sa cargaison. Si les assureurs veulent prendre à leur profit cette composition, l'assuré ne pourra pas leur demander la somme de 50000 livres qu'ils ont assurée ; il suffira que ces assureurs lui rendent la somme de vingt-cinq mille livres, qui est le tiers de celle qu'a coûté le rachat du vaisseau & de sa cargaison ; & si le vaisseau avant son retour, étoit encore pris ou péri, les assureurs qui continuent en ce cas d'être chargés des risques, seroient tenus de payer la somme de 50000 livres qu'ils ont assurée dans l'origine, sans pouvoir rien retenir de celle de 25000 livres payée pour le rachat.

Ce qui est dit par l'article 67, que les assureurs doivent contribuer actuellement au paiement du rachat, doit s'entendre du cas auquel le corsaire n'auroit pas accordé de terme pour le payement : s'il en avoit accordé, il seroit juste que les assureurs en profitassent.

Au second cas, qui est celui auquel les assureurs rejettent la composition, il y a lieu à la demande de la somme assurée. Ils sont tenus de la payer, *sans qu'ils puissent rien prétendre aux effets relâchés ;* c'est ce que porte expressément l'article 67.

L'assuré n'est donc pas tenu alors de leur faire le délaissement des effets rachetés, ni du profit qu'il pourroit faire sur ces effets. Les assureurs en refusant la composition, sont censés les avoir abandonnés à l'assuré pour le prix du rachat de même qu'ils peuvent abandonner les effets sauvés d'un naufrage, pour les frais faits pour les recouvrer.

Les assureurs devant avoir le choix d'accepter à leur profit la composition ou de la refuser, l'assuré doit les avertir par écrit de la composition qu'il a faite. Les assureurs de leur côté, doivent aussi-tôt qu'ils ont été avertis, déclarer s'ils entendent accepter la composition, sinon ils peuvent être poursuivis pour le payement de la somme assurée.

M. Pothier est néanmoins d'avis que les assureurs sont toujours à temps de se faire renvoyer de cette demande, en offrant leur part du prix de la composition, les intérêts, & les dépens de contumace faits contr'eux.

Le délaissement que l'assuré fait aux assureurs des effets assurés, en transfere d'une manière irrévocable aux assureurs la propriété, soit pour le total, soit pour la partie pour laquelle ils ont été assurés ; & tout ainsi que l'assuré ne pourroit plus les répéter en offrant de décharger les assureurs de la somme assurée, ou de la leur rendre s'ils l'avoient payée, de même les assureurs ne peuvent éviter de payer la somme assurée après que le délaissement leur a été fait des effets assurés, quoique les ayant depuis recouvrés, ils offrent de les rendre à l'assuré.

Par exemple : le vaisseau qu'un armateur a fait assurer a été pris : l'armateur a demandé aux assureurs la somme assurée & leur a fait pour cet effet le délaissement de ses droits & des effets qui ont pu être sauvés : les assureurs comme subrogés par ce délaissement aux droits de l'as-

uré, ont poursuivi la restitution des effets en
soutenant la prise illégitime & l'ont obtenue,
ou ils ont racheté du Corsaire les effets pris;
mais ils ne peuvent pas pour cela se dispenser
de payer la somme assurée.

Voici un autre cas : j'ai fait assurer une somme
de mille livres sur un chargement que j'avois
sur un certain vaisseau dont on n'a point eu de
nouvelles pendant deux ans.

Après ce temps, j'ai fait aux assureurs le délaissement des effets que j'avois sur ce vaisseau,
& je leur ai demandé le payement de la somme
assurée. Dans la suite, le vaisseau qu'on croyoit
perdu est arrivé à bon port : mais cela n'empêche pas que les assureurs à qui j'en ai fait le
délaissement ne doivent prendre pour leur
compte le chargement assuré, & ils ne peuvent
se dispenser de me payer la somme assurée. C'est
la disposition précise de l'article 60.

L'article 53 veut que l'assuré en faisant son
délaissement, déclare toutes les assurances qu'il
a fait faire & l'argent qu'il a pris à la grosse sur
les effets assurés. Cela est ainsi ordonné afin de
connoître si l'assurance dont on demande le
payement a été légitimement contractée : car
elle n'auroit pas ce caractère, si l'assuré avoit
fait de nouveau assurer des effets pour une
somme qui excédât ce qu'ils valoient de plus que
les sommes pour lesquelles ils avoient déja été
assurés.

Si par l'acte de délaissement, l'assuré omettoit
de faire la déclaration dont on vient de parler,
& qu'il la fît depuis, le délaissement n'auroit
d'effet que du jour où elle auroit eu lieu, & le
terme accordé par l'article 44 pour le payement

de la fomme affurée, ne commenceroit à courir qué de ce jour.

Si l'affuré faifoit une déclaration infidelle, les affureurs feroient déchargés du payement de la fomme affurée.

Obfervez toutefois que cette difpofition ne doit avoir lieu que quand les Affurances ou les emprunts à la groffe aventure que l'affuré a récélés, excède avec ce qu'il a déclaré, la valeur des effets affurés.

Par exemple : j'avois fur un vaiffeau un chargement de la valeur de 100000 livres : j'ai fait affurer fur ce chargement une fomme de 60000 livres : j'ai encore depuis fait affurer fur ce chargement une fomme de quinze mille livres, ou j'ai pris à la groffe aventure une fomme de quinze mille livres pour payer ce que je devois du prix du même chargement. Ces deux fommes faifant celles de foixante-quinze mille livres, je ne pouvois plus faire affurer ce chargement que pour une fomme de vingt-cinq mille livres; néanmoins je l'ai fait affurer par d'autres affureurs pour une fomme de quarante mille livres. Le vaiffeau étant péri, je demande aux derniers affureurs le payement de la fomme de quarante mille livres qu'ils m'ont affurée; & par le délaiffement que je leur fais, je déclare feulement la première Affurance de foixante mille livres, & je tais celle de quinze : fi les affureurs viennent à découvrir cette affurance de quinze mille livres dont je n'ai rien dit, il y aura lieu à la peine, & ils feront déchargés de ma demande; parce que cette fomme de quinze mille livres que j'ai celée, jointe à celle de foixante mille livres que j'ai déclarée, & à celle de quarante mille

mille livres de la dernière Affurance dont je
demande le payement, excède la valeur de mon
chargement ; ainfi les quinze mille livres celées
ont préfumer qu'en faifant affurer par les derniers affureurs pour une fomme de quarante
mille livres, ce qui reftoit à affurer de mon
chargement, j'avois connoiffance qu'il ne valoit
pas la fomme pour laquelle je le faifois affurer.
C'eft en punition de cette fraude que je fuis
privé en entier de la fomme affurée ; au lieu
que fi j'avois déclaré cette Affurance de quinze
mille livres, & qu'il n'y eût pas de preuve d'ailleurs que lorfque j'ai fait affurer pour quarante
mille livres ce qui reftoit à affurer de mon chargement, j'avois connoiffance qu'il ne valoit pas
cette fomme, je ne ferois pas privé en entier de
la fomme affurée, elle feroit feulement réduite
à 25000 livres, valeur de ce qui me reftoit à
affurer.

La privation entière de la fomme affurée étant
une peine de la fraude, s'il paroiffoit que l'o-
miffion que l'affuré a faite de déclarer quelqu'une des Affurances n'a pas été frauduleufe,
& qu'il pouvoit n'en avoir pas connoiffance, il
n'y auroit pas lieu à la peine.

Par exemple : un négociant de Bayonne ayant
fait un chargement de cinquante mille livres
fur lequel il avoit emprunté à la groffe vingt
mille livres, a donné ordre à fon correfpondant
à Hambourg de faire affurer fon chargement
pour trente mille livres qui reftoient à affurer.
Son correfpondant, au reçu de la lettre, la fait
affurer à Hambourg pour une fomme de vingt
mille livres. Peu de jours après, le prix des Affurances ayant baiffé à Bayonne, ce négociant

ignorant que fon correfpondant de Hambou
eût déja exécuté en partie fes ordres, a fa
affurer à Bayonne, fur ce chargement, la fomm
de trente mille livres, & a écrit un contre ord
à fon correfpondant de Hambourg. La nouvel
de la perte du navire arrive prefqu'auffitôt;
négociant de Bayonne la fait fignifier aux aff
reurs & leur fait fon délaiffement par lequ
il déclare feulement la fomme de vingt mill
livres qu'il avoit prife à la groffe, & ne décla
point celle de vingt mille livres que fon corre
pondant avoit fait affurer pour lui à Hambourg
n'en ayant pas encore eu de nouvelle : cett
omiffion n'étant pas alors frauduleufe, l'Aff
rance faite à Hambourg ayant pu être ignoré
par ce négociant, il n'y aura pas lieu à la peim
& l'affurance de Bayonne devra feulement êt
réduite à la fomme de dix mille livres qui re
toient à affurer.

L'affuré ne pouvant pas faire affurer légiti
mement une fomme au-delà de la valeur de
effets qu'il a fur le navire; pour qu'il puiffe de
mander l'exécution de l'Affurance & le paye
ment de la fomme, il faut qu'il juftifie du char
gement des mêmes effets fur le navire, & d
leur valeur.

Pareillement, comme c'eft la perte de ce
effets arrivée par quelqu'un des accidens d
force majeure dont les affureurs fe font char
gés, qui donne ouverture à la demande de l'af
furé, & qui y doit fervir de fondement, l'affur
doit juftifier de cet accident & de la perte de
effets.

C'eft conformément à ce principe que l'arti
cle 56 dit « les affureurs fur le chargement

ne pourront être contraints au payement des fommes affurées, que jufqu'à concurrence de la valeur des effets dont l'affuré juftifiera le chargement & la perte ».

Et l'article 57 ajoute : » les actes juftificatifs du chargement & de la perte des effets affurés, feront fignifiés aux affureurs incontinent après le délaiffement , & avant qu'ils puiffent être pourfuivis pour le payement des chofes affurées.

La principale preuve du chargement eft le connoiffement. On appelle ainfi la reconnoiffance que le maître d'un vaiffeau donne à un marchand, des marchandifes qu'il a chargées fur fon vaiffeau.

Il eft évident que cette reconnoiffance eft une preuve non fufpecte de la quantité des marchandifes qui ont été chargées fur le vaiffeau ; car le maître qui eft obligé de les repréfenter lors de l'arrivée du vaiffeau au lieu de fa deftination, a intérêt de ne pas comprendre dans le connoiffement plus qu'il n'y en a.

Pourroit-on par une claufe particulière , convenir que l'affuré ne fera pas tenu de juftifier fon chargement par le rapport du connoiffement ? il ne paroît pas qu'une telle claufe puiffe difpenfer l'affuré de le repréfenter : on ne peut y concevoir d'autre motif que celui de tromper les affureurs ; or toute convention qui tend à pouvoir tromper, n'eft pas valable.

A défaut de connoiffement, s'il eft perdu, l'atteftation du Capitaine ou des principaux de l'équipage en tiendra lieu ; & à leur défaut s'ils étoient péris, celle des autres perfonnes de l'é-

quipage qui fe font fauvées. C'eft l'avis de M.
Valin fur l'article 57.

Lorfque le chargement eft fait en pays étranger par des mariniers ou autres particuliers
qui font dans le navire comme paffagers, &
qu'ils le font affurer en France par leurs correfpondans, ces mariniers ou paffagers doivent
laiffer un double du connoiffement entre les
mains du conful françois, ou de fon Chancelier,
au lieu où s'eft fait le chargement ; ou s'il n'y a
point de Confulat en ce lieu, entre les mains
d'un notable marchand de la nation françoife.
C'eft la difpofition de l'article 63.

Le motif de cette difpofition eft pour obvier
aux fraudes & à la collufion entre les mariniers
ou paffagers & le Capitaine, qui en cas de
naufrage ou de prife, pourroit donner aux affureurs un faux connoiffement contenant une plus
grande quantité de marchandifes que celle dont
étoit compofé le chargement.

Les mariniers & paffagers qui ont fait quelque chargement fur un navire dans le levant
ou en barbarie, & qu'ils ont fait affurer par
leurs correfpondans en France, doivent en cas
de perte du connoiffement, juftifier de ce qui
eft contenu dans le chargement par une autre
efpèce d'acte qu'on appelle *un manifefte ;* c'eft
un acte que le capitaine de chaque navire doit
remettre à la chancellerie du lieu du chargement:
cet acte doit contenir un extrait fidèle de toutes
les polices concernant la cargaifon du navire :
il eft conçu à peu-près en ces termes : *a chargé*
M ***. d'ordre & pour compte de M **. d'une telle
ville & à fa confignation, telles & telles marchan-

difes, dont on exprime la qualité, la quantité, le poids, &c. cet état eſt certifié véritable par le capitaine ; & le chancelier du conſulat à qui cet acte eſt remis, l'enregiſtre & en donne au capitaine deux copies en forme légaliſées par le conſul.

A l'égard des voyages de l'Amérique, l'acquit que le capitaine doit avoir des droits qu'il a payés pour les marchandiſes chargées ſur ſon navire peut ſervir de juſtification du contenu du chargement.

Lorſque c'eſt le maître lui-même qui a fait aſſurer un chargement de marchandiſes pour ſon compte ſur le vaiſſeau qu'il commande, comme il ne peut pas ſe donner de connoiſſement il doit s'en faire donner un par l'écrivain du vaiſſeau & le pilote : mais comme ces officiers qui ſont ſous ſa dépendance ne ſont pas par cette raiſon exempts de tout ſoupçon de colluſion, il doit en outre juſtifier de l'achat des marchandiſes dont ſon chargement étoit compoſé ; ſoit par les factures, ou par les livres des marchands de qui il les a achetées. C'eſt la diſpoſition de l'article 62.

Il eſt un cas où la preuve de chargement n'a pas lieu. C'eſt lorſqu'un corſaire fait aſſurer une priſe qu'il a faite : il eſt évident qu'il ne peut faire cette preuve, puiſqu'il n'a rien chargé : ce qu'il a fait aſſurer ne conſiſte alors qu'en eſtimation.

La quantité des marchandiſes dont le chargement étoit compoſé ſe juſtifie par le connoiſſement. A l'égard de leur valeur, l'aſſuré peut la juſtifier par les factures & par les livres de commerce, tant de l'affuré, que des marchands qui lui ont vendu les marchandifes.

A défaut de cette preuve par les livres & les factures, on doit faire eftimer ces marchandifes par experts, fuivant le prix commun & courant que les marchandifes de pareille efpèce valoient au temps & au lieu du chargement. C'eft la difpofition de l'article 64.

La valeur du chargement jufqu'à concurrence de laquelle on peut le faire affurer, n'eft pas feulement compofée du prix de l'achat des marchandifes, on doit encore fuivant l'article 64, *y joindre tous droits & frais faits jufqu'à bord,* c'eft-à-dire, tous les frais qu'il faut faire pour conduire les marchandifes à bord & pour les charger fur les navires, & tous les droits qu'il faut payer pour le chargement des mêmes marchandifes, tels que les droits de douane.

Le profit que l'affuré efpéroit faire fur ces marchandifes n'entre pour rien dans l'eftimation; parce que comme nous l'avons fait voir, il n'eft pas permis de faire affurer l'efpérance des profits.

Obfervez que les marchandifes qu'on charge en retour à l'affuré dans les îles de l'Amérique ne doivent pas être eftimées fuivant la valeur de l'argent de ce pays, fur lequel il y a un tiers à perdre en France, mais feulement fur le pied de l'argent de France; parce qu'elles ne font de valeur pour l'affuré, que de ce qu'il en peut retirer en France. La convention de les eftimer fans aucune déduction de ce qu'il y a à perdre en France a été par plufieurs fentences de l'amirauté du palais, déclarée nulle & illicite comme contraire à l'article 22 du titre des Affurances, qui défend de faire affurer des effets au-delà de leur valeur.

L'ordonnance dans l'article 65 a prévu un cas auquel on ne peut pas eftimer les marchandifes du chargement à la fomme qu'elles valoient au temps & au lieu du chargement : c'eft quand celui qui les a fait affurer les a eues des fauvages par échange dans un lieu où l'on ne connoît pas l'argent , & où le commerce ne fe fait que par troc. Il eft évident que ces marchandifes ne peuvent s'eftimer à la fomme qu'elles valoient au lieu du chargement, puifque l'argent n'y eft pas connu ni aucune autre mo noie qui y puiffe répondre : pour fuppléer à cela l'ordonnance veut qu'on donne à ces marchandifes l'eftimation de celles qu'on a données aux fauvages en échange pour les avoir , & qu'on y oigne tout ce qu'il en a coûté pour les tranfporter au lieu où elles ont été données en échange.

On n'a recours à une eftimation des marchandifes par les factures & les livres ou par experts, que lorfqu'elle n'eft pas faite par la police d'Affurance. C'eft pourquoi l'article 64 ajoute : *fi ce n'eft qu'elles foient eftimées par la police.*

En ce cas l'eftimation fait foi au moins par provifion, & jufqu'à ce que les affureurs aient fait la preuve que l'affuré les a furpris, & a enflé cette eftimation.

On n'eft guère dans l'ufage de faire par la police l'eftimation des marchandifes ; mais lorfque c'eft le navire qui eft affuré, on en fait toujours l'eftimation.

La juftification que l'affuré doit faire de la

valeur de son chargement, est nécessaire non-
seulement pour constater la légitimité de l'Assurance, c'est-à-dire que la somme assurée n'excède pas la valeur de ce qu'on a fait assurer,
mais aussi pour connoître la part que les assureurs doivent avoir dans le délaissement ; cette
part devant être en même raison qu'est la somme
assurée au total de la valeur du chargement.

Lorsque c'est un assureur qui a fait réassurer,
ou lorsque c'est un prêteur à la grosse aventure
qui a fait assurer les marchandises sur lesquelles
il a fait le prêt, ils sont obligés de justifier du
chargement & de la valeur des marchandises
assurées, de même que le propriétaire qu'ils représentent y eût été obligé si les marchandises
eussent été à ses risques, & que c'eût été lui qui
les eût fait assurer.

Les actes justificatifs de la perte des effets
assurés & des accidens de force majeure que
l'assuré suivant l'article 57, doit faire signifier
aux assureurs, comme on l'a vu, sont en cas
de naufage ou échouement, les procès-verbaux
des officiers de l'amirauté du lieu qui ont fait
travailler au sauvement des effets, & le rapport
vérifié des gens de l'équipage fait au greffe de
l'amirauté du lieu le plus voisin où le naufrage
est arrivé, ou devant notaires lorsqu'il n'y a pas
d'amirauté.

En cas de prise, les actes justificatifs sont les
lettres d'avis du capitaine ou des principaux de
l'équipage.

Il y a un cas auquel il n'est pas nécessaire de
rapporter d'actes justificatifs de la perte des effets assurés ; c'est celui où le défaut de nouvelles

du vaiffeau au bout d'un an ou de deux ans a
donné ouverture à l'action.

L'ordonnance, article 58, dit que cette fignification des actes juftificatifs, tant du chargement que de la perte des effets affurés, fera faite
aux affureurs *incontinent*, & *avant qu'ils puiffent
être pourfuivis pour le payement des chofes affurées.*

Quoique l'ordonnance dife *incontinent*, il n'y
a néanmoins aucune peine contre l'affuré qui ne
l'a pas fait incontinent; fi ce n'eft que jufqu'à
ce qu'il l'ait faite, il ne peut comme il eft dit
en cet article, faire aucune pourfuite contre les
affureurs pour le payement de la fomme affurée.

Quant aux exceptions ou fins de non recevoir
que les affureurs peuvent oppofer a l'affuré contre la demande de la fomme affurée, la principale eft celle qui réfulte de ce que le délaiffement n'a pas été fait ni la demande formée dans
le temps réglé par l'ordonnance.

L'article 48 règle ce temps; » les délaiffe-
» mens, y eft-il dit, & toutes demandes en exé-
» cution de la police, feront faites aux affureurs
» dans *fix femaines* après la nouvelle des pertes
» arrivées aux côtes de la même province où
» l'Affurance aura été faite; & pour celles qui
» arriveront en une autre province de notre
» royaume, dans *trois mois* ; pour les côtes de
» Hollande, de Flandres, d'Angleterre, dans
» *quatre mois* ; pour celles d'Efpagne, d'Italie,
» Portugal, Barbarie, Mofcovie ou Norvege,
» dans un an ; & pour les côtes de l'Amérique,
» Bréfil, Guinée & autres pays plus éloignées
» dans *deux ans* : & ce temps paffé, les affurés
» ne feront plus recevables en leur demande ».

Le temps de la nouvelle d'où cet article fait

courir le délai, doit s'entendre du temps auquel la nouvelle a commencé d'être publique & notoire dans le lieu où l'Affurance a été faite.

Si l'affuré avoit eu nouvelle de la perte & l'eût fignifiée aux affureurs avant qu'elle fût publique avec proteftation de faire fon délaiffement, il n'eft pas douteux que le temps pour faire le délaiffement ne commence à courir dès le jour de la fignification.

Dans le cas *d'arrêt de prince*, le délaiffement ne pouvant être fait & la demande de la fomme affurée ne pouvant être intentée qu'après les délais portés par les articles 49 & 50, le temps porté par l'article 48 ne peut commencer à courir que du jour de l'expiration de ces délais.

Pareillement, lorfque c'eft le défaut de nouvelles du vaiffeau depuis un an ou deux ans qui a donné ouverture à la demande, le temps dont parle l'article 48 ne doit commercer à courir qu'après que l'an ou les deux ans font écoulés.

. Il ne fuffiroit pas que l'affuré eût fait fon délaiffement dans le temps réglé par l'article 48, fi la demande en payement de la fomme affurée n'étoit pas auffi formée dans le même temps.

Cela a été ainfi jugé par arrêt du parlement d'Aix du 30 juin 1759, contre le fieur Gremon qui avoit fait fon délaiffement dans le temps légal & n'avoient donné fa requête aux fins du payement de la fomme affurée que cinq jours après l'expiration de ce temps.

La reconnoiffance de l'affureur par lui écrite au bas de la police, & dans laquelle il reconnoît avoir été averti de la perte & promet de payer lorfqu'elle aura été liquidée, fait ceffer la fin de

non-recevoir & perpétue l'action de l'assuré jusqu'à trente ans. M. Valin cite même un arrêt du
parlement d'Aix qui a jugé qu'une simple attestation donnée par le courtier ou par le notaire de
l'avertissement fait à l'assureur & de sa promesse
de payer, suffisoit pour faire cesser la fin de non-
recevoir : mais la décision de cet arrêt paroît
souffrir beaucoup de difficulté : car l'ordonnance
veut qu'il soit fait une signification aux assureurs ;
leur reconnoissance qu'ils ont été avertis équi-
vaut bien à cette signification ; mais un certificat d'un courtier, ni même d'un notaire qui
par rapport à ce certificat n'est qu'une personne
privée, ne peut pas suppléer à la signification
juridique que l'ordonnance exige.

Une seconde espèce d'exception est lorsque
les assureurs opposent contre la demande de la
somme assurée que la perte des effets assurés n'est
pas suffisamment justifiée par les attestations produites par l'assuré, ou qu'il n'est pas justifié que
l'accident qui en a causé la perte, soit une force
majeure dont les assureurs ont du être garans.
Les assureurs sur cette exception peuvent être
admis à faire une preuve contraire aux attestations produites par l'assuré. C'est ce que porte
l'article 61.

Enfin une troisieme espèce d'exception est
lorsque les assureurs opposent que la somme
assurée qui leur est demandée excède la valeur
des effets que le demandeur avoit sur le navire ;
ou du moins qu'elle excède la valeur de ce qui
en restoit à assurer, si par une précédente police
on avoit déjà fait assurer une somme sur ces
effets.

Les assureurs pour établir cette exception

font admis à faire la preuve contraire de ce qui réfulte des pièces fignifiées par le demandeur pour établir la quantité & la valeur des marchandifes de fon chargement.

Les affureurs font admis à la preuve contraire de l'eftimation, même lorfqu'elle eft portée par la police. C'eft ce qui réfulte de l'article 8, où il eft dit : » fi l'Affurance eft faite fur le corps & » quille du vaiffeau, fes agrès..... l'eftimation en » fera faite par la police ; fauf à l'affureur en cas » de fraude de faire procéder à une nouvelle ef- » timation ».

M. Valin prétend que pour que les affureurs foient écoutés à alléguer qu'il y a fraude dans l'eftimation, & pour qu'ils foient en conféquence reçus à une nouvelle eftimation, il faut qu'ils foutiennent qu'il y a léfion au moins du quart dans l'eftimation portée par la police ; mais il n'apporte aucune autorité pour fonder cette opinion.

Les affureurs doivent être admis à cette preuve, quand même par une claufe expreffe de la police ils auroient renoncé à demander une autre eftimation que celle portée par la police. Cette claufe a été profcrite avec raifon par plufieurs fentences de l'amirauté du palais, comme tendante à éluder la difpofition de l'article 22, & à autorifer les fraudes qu'on peut commettre par les fauffes eftimations.

Cette exception lorfque les affureurs l'établiffent, tend à faire réduire la fomme affurée qui leur eft demandée à la valeur du chargement, ou de ce qui en reftoit à affurer s'il y avoit déja eu de précédentes Affurances.

Elle peut même quelquefois tendre à faire de-

outer entièrement l'affuré de fa demande lorfqu'il y a preuve de fraude, c'eft-à-dire, de
a connoiffance que l'affuré avoit lors du con-
rat que la fomme qu'il faifoit affurer excédoit
a valeur de fon chargement, ou de ce qui en
eftoit à affurer.

L'affuré après qu'il a fait fon délaiffement &
qu'il a établi la quantité & la valeur des effets
ffurés & leur perte, doit lorfque la fomme
ffurée n'en excède pas la valeur, faire condam-
er les affureurs à la lui payer.

Cette condamnation eft définitive lorfque les
ffureurs n'oppofent rien contre les actes par
efquels l'affuré établit la valeur & la perte
es effets affurés. Mais lorfque les affureurs font
eçus à faire la preuve du contraire de ce qui
ft établi par les atteftations produites par l'af-
uré, ils ne laiffent pas à la vérité de devoir
tre condamnés au payement de la fomme af-
urée, parce que la provifion eft due au titre ;
nais la condamnation ne doit être que provi-
ionnelle, & à la charge par l'affuré de donner
onne & fuffifante caution pour la reftitution de
a fomme, le cas échéant. C'eft la difpofition de
'article 61.

Lorfque la fomme affurée n'eft pas liquidée, il
e doit intervenir de condamnation qu'après la
iquidation.

L'ordonnance accorde aux affureurs pour le
ayement de la fomme affurée, un terme de
rois mois qui commence à courir du jour que
'affuré leur a fait fignifier fon délaiffement.

Au refte ce terme n'a lieu que lorfque les
arties ne s'en font pas expliquées autrement ;

elles peuvent par la police convenir d'un terme ou plus long ou plus court.

Sur la somme assurée que les assureurs sont tenus de payer, il doit leur être fait déduction de la prime due par l'assuré, à moins que par une clause particulière de la police il n'ait été convenu que la somme assurée seroit payée sans aucune déduction de prime, laquelle ne seroit due qu'en cas d'heureuse arrivée du vaisseau.

Lorsque la somme assurée s'étant trouvée excéder la valeur des effets assurés a souffert une réduction, la prime est sujette aussi à une réduction dans la même proportion ; mais il faut en ce cas déduire aux assureurs un demi pour cent, de ce qui a été retranché de la somme assurée.

Lorsque l'assuré a reçu quelque somme pour le prix des effets assurés, dont il a fait le délaissement, il en doit aussi faire déduction aux assureurs.

Les avaries étant à la charge des assureurs, lorsqu'ils ont indemnisé l'assuré des pertes & dommages occasionnés pour le salut commun dans les marchandises assurées, ils doivent être subrogés aux droits de l'assuré dans la contribution qui se fait à ce sujet.

Remarquez que les assureurs ne font censés s'obliger à indemniser l'assuré des avaries qui pourront survenir pendant le temps que doit durer l'Assurance, que dans le cas auquel elles seroient un peu considérables ; assez souvent on s'en explique par la police, en stipulant que les assureurs ne seront tenus des avaries si elles n'excédent par exemple, trois, quatre pour tent, &c. Lorfque les parties ne s'en font pas expliquées, l'ordonnance défend de faire aucune demande d'avaries, fi elles n'excédent un pour cent.

De-là naît une queftion : j'ai fait affurer une fomme de 10000 livres fur un chargement de pareille fomme que j'ai fur un vaiffeau , & il eft dit par la police que les affureurs ne feront tenus des avaries, fi elles n'excèdent trois pour cent. J'ai fouffert des avaries qui montent à cinq cens livres , je demande aux affureurs cette fomme : font-ils fondés à me faire déduction fur cette fomme , de celle de 300 livres jufqu'à concurrance de laquelle ils doivent n'être pas tenus des avaries fuivant la claufe de leur police ? M. Valin dit à cet égard que les ufages des différentes places font différens ; qu'à Rouen on accorde aux affureurs cette déduction , & qu'on la leur refufe à la Rochelle. L'ufage de la Rochelle paroît le plus conforme au fens grammatical : en effet pour que les affureurs fuffent fondés à prétendre cette déduction il faudroit qu'il fût dit, *qu'ils ne feront tenus des avaries que jufqu'à concurrence de ce qu'elles excéderont trois pour cent :* mais ces termes, *fi elles n'excèdent trois pour cent,* n'expriment que la condition fous laquelle les affureurs s'obligent à payer les avaries ; ils n'expriment que le cas auquel ils en doivent être tenus. Il femble qu'il devroit en être de cette claufe comme de celle par laquelle un vendeur, après avoir déclaré la contenance de l'héritage qu'il vend , ftipuleroit que l'acheteur ne pourroit avoir de recours contre lui pour défaut de contenance , fi ce défaut n'excédoit la quantité d'un demi-arpent ; s'il fe trouvoit dix perches au-delà de ce demi-arpent, le vendeur feroit mal fondé à prétendre qu'il ne doit faire raifon à l'acheteur que des dix perches.

Quelquefois on ftipule par la police que les affureurs ne feront pas tenus des avaries, ou qu'ils feront *francs d'avaries*. Le fens de cette claufe eft qu'ils ne fe chargent que des accidents qui caufent une perte entière des effets affurés, & qui donnent lieu au délaiffement, & qu'ils ne fe chargent point de tous les autres.

De l'obligation que contractent les affureurs envers l'affuré de l'indemnifer de toutes les pertes & dommages auxquels donnera lieu quelqu'un des accidens dont ils ont pris fur eux les rifques, naît une action perfonnelle que l'affuré ou ceux qui font à fes droits ont contre les affureurs ou leurs héritiers, pour leur demander cette indemnité.

L'affuré pour fonder cette action doit rapporter le connoiffement afin de juftifier que les marchandifes perdues ou avariées pour lefquelles il demande un dédommagement, font & faifoient partie du chargement qu'il a fait affurer. Il doit auffi produire des atteftations du maître du vaiffeau, ou des gens de l'équipage pour juftifier les avaries & l'accident qui les a caufées, fauf aux affureurs à faire preuve contraire. La détérioration des effets endommages doit s'eftimer par experts, dont les parties doivent convenir. On peut pour cette eftimation comparer la valeur des chofes fuivant qu'elle eft portée par la police, à leur valeur prefente. Par exemple : fi une marchandife qui avoit été eftimée cent livres par la police fe trouve au moyen de fa détérioration n'être plus eftimée que quarante livres, c'eft

une

une avarie de foixante livres dont les affureurs font tenus.

Quelle que foit l'eftimation des dommages & à quelque fomme qu'on faffe monter les avaries, lorfque la fomme que j'ai fait affurer fur un vaiffeau n'eft pas de toute la valeur du chargement, mais feulement d'une partie ; comme lorfque fur un chargement de foixante mille livres j'ai fait affurer une fomme de 40000 livres qui n'en fait que les deux tiers, le chargement n'étant en ce cas aux rifques des affureurs que pour les deux tiers, je ne peux prétendre contr'eux qu'une indemnité des deux tiers des avaries arrivées fur les effets du chargement.

Il ne peut y avoir lieu à cette action que lorfqu'il n'y a pas lieu à la première, foit parce que l'accident n'a pas caufé une perte entière des effets affurés, foit que l'affuré ait préféré cette action en payement d'avarie, à celle qui en lui donnant le droit de demander toute la fomme affurée, l'auroit obligé à faire le délaiffement.

De-là naît la queftion de favoir fi l'affuré doit avoir le choix de ces actions ; ou fi au contraire dans le cas d'une perte totale, les affureurs ne font pas fondés à oppofer contre la demande en payement d'avarie, que ce n'eft pas le cas de cette action, & que l'affuré doit leur faire le délaiffement, après quoi ils lui payeront la fomme affurée ? M. Valin fur cette queftion décide que les affureurs ne font pas fondés à demander le délaiffement, qui n'eft qu'une faculté accordée à l'affuré pour pouvoir demander le payement de toute la fomme affurée, & qu'il peut ne pas ufer de cette faculté. Mais cette décifion paroît foufftir beaucoup de difficulté lorfque l'avarie eft une avarie confidérable qui eft de la fomme ou de prefque toute la fomme affurée. En effet fi les affureurs n'étoient pas reçus dans ce cas à demander qu'on leur fît l'abandon aux offres qu'ils feroient de payer en entier la fomme affurée , & qu'après que l'affuré auroit reçu en entier , ou prefque en entier , par forme d'avarie , la fomme affurée, il lui fût permis de fe réferver les débris du naufrage ; il fe trouveroit que ce naufrage lui auroit été profitable , ce qui eft contre l'efprit du contrat d'Affurance , l'affuré devant feulement être dédommagé de la perte qu'il a foufferte fans pouvoir retenir aucun profit.

' Lorfque les affureurs ont affuré la liberté de quelqu'un, la prife du vaiffeau & la captivité de l'affuré qui en réfulte donnent ouverture à l'action par laquelle on peut demander la fomme que les affureurs fe font obligés de payer pour la rançon de l'affuré & les frais de fon retour.

L'affuré pour pouvoir intenter utilement cette action n'eft tenu à autre chofe qu'à rapporter une atteftation de la prife , & de fa captivité , & la police d'Affurance.

L'ordonnance ne s'eft pas expliquée fur le temps auquel les affureurs doivent payer cette fomme ; mais le rachat d'un captif étant une carfe qui requiert la plus grande célérité, les affureurs ne doivent pas avoir à cet égard le délai de trois mois dont ils jouiffent pour le payement des fommes affurées fur des navires, ou fur des marchandifes. C'eft pourquoi M. Pothier penfe qu'on doit fuppléer en ce cas au filence de l'ordonnance par le guidon de la mer,

qui dit que les affureurs doivent payer la fomme convenue pour la rançon dans la quinzaine
après la certification faite de la captivité.

Il eft d'ufage d'indiquer par la police une perfonne à qui cette fomme fera payée ; s'il n'y en
a pas d'indiquée, elle doit être payée à la perfonne qui a une procuration du captif ou qui a
droit de recevoir pour lui.

Lorfque la perfonne qui a fait affurer fa liberté & qui a été faite captive ou prifonnière,
eft morte avant que les affureurs aient été mis
en demeure de payer la fomme portée par la
police, l'action qui a été ouverte par la captivité pour le payement de cette fomme paffe-
t-elle aux héritiers du captif ? M. Pothier penfe
qu'elle leur paffe, & qu'ils font bien fondés à
demander aux affureurs la fomme portée par la
police. La raifon en eft que ce n'eft pas le
rachat du captif ou prifonnier qui eft l'objet
de l'obligation que les affureurs ont contractée
par le contrat d'Affurance ; elle n'eft que la caufe
finale & le motif du contrat : l'objet de l'obligation des affureurs eft la fomme d'argent qu'ils
fe font engagés à payer ; or le droit qui réfulte
de l'obligation d'une fomme d'argent eft un
droit de nature à paffer aux héritiers de la perfonne envers qui cette obligation a été contractée.

Par la même raifon, fi ayant fait affurer ma
liberté, après que l'obligation & l'action qui en
naît ont été ouvertes à mon profit par la captivité de ma perfonne, & qu'avant que j'aie demandé la fomme portée par la police, j'aie trouvé
le moyen de me fauver, je ne laifferai pas d'être
fendé à demander aux affureurs cette fomme,

quoique je n'en aie plus befoin pour ma rançon

Il en feroit autrement, fi par la police d'Af furance dans laquelle quelqu'un a fait affurer f liberté, les affureurs n'avoient pas promis de payer une fomme, mais de le délivrer au ca qu'il fût pris ; alors ce feroit le fait même de l délivrance de ce particulier qui feroit l'objet de l'obligation des affureurs ; & l'action qui naî d'une telle obligation n'eft pas tranfmiffible aux héritiers. C'eft pourquoi fi le captif eft mori avant que les affureurs aient été mis en demeur de le délivrer, ils font entièrement quittes de leur obligation, & les héritiers du captif n'on aucune action contr'eux.

Par la même raifon, fi le captif a trouvé les moyens de s'évader avant que fes affureurs aient été mis en demeure de le délivrer, ils font quittes de leur obligation ; car l'affuré ne peut plus demander qu'on le rachete, puifqu'il n'eft plus captif ; le fait qui faifoit l'objet de l'obliga- tion des affureurs étant devenu un fait impoffi- ble, l'obligation de ce fait eft éteinte.

Mais fi les affureurs avoient été mis en de- meure de fatisfaire à leur obligation & de ra- cheter le captif avant fa mort, ou fon évafion, cette obligation ayant été ainfi convertie en une obligation de dommages & intérêts, & par con- féquent d'une fomme d'argent, l'action qui en naît fubfifteroit nonobftant la mort ou l'évafion du captif.

Si ceux chez qui l'affuré eft captif ou pri- fonnier demandoient une fomme exorbitante pour fa rançon, les affureurs qui n'ont limité aucune fomme par la police d'Affurance fe- roient-ils obligés de la donner ? M. Pothier

penfe que les affureurs ne feroient en ce cas
obligés de donner au captif pour fa rançon que
la fomme à laquelle ils ont pu prévoir que pourroit monter au plus haut prix la rançon de l'affuré, eu égard à fa qualité : la raifon en eft que
les obligations qui naiffent des conventions ne
peuvent pas excéder les chofes auquelles il paroît que la perfonne qui a contracté l'obligation
a voulu s'obliger ; or les affureurs dans cette
efpèce n'ont eu intention de s'obliger que jufqu'à concurrence de la fomme à laquelle ils pouvoient prévoir que monteroit la rançon ; ils ne
font donc tenus qu'à payer au captif la fomme
à laquelle s'eftime ordinairement au plus cher
la rançon d'un captif de fa qualité. Il en eft de
cette efpèce comme de celle dans laquelle quelqu'un fe feroit obligé de m'acheter à fes frais la
chofe d'autrui ; il n'eft tenu de l'acheter qu'au
prix qu'elle vaut. Si le propriétaire ne la veut
vendre que pour un prix exorbitant, il fuffit
à l'autre de m'en donner le jufte prix.

Outre l'obligation principale que les affureurs
contractent envers l'affuré de lui payer, au cas
qu'il foit pris, la fomme portée par la police
pour fa rançon & les frais de fon retour ; ou s'il
n'y a pas de fomme limité par la police, celle
qui fera néceffaire pour cela, les affureurs contractent encore une obligation acceffoire ; favoir, celle de payer à l'affuré la peine portée
par la police pour lui tenir lieu des dommages
& intérêts qu'il fouffre de ce que les affureurs
n'ont pas fatisfait à l'obligation principale.

Il paroît par l'article 9 du titre des Affurances, que cette peine fait partie de ce que doit
contenir la police d'Affurance.

Z iij

Si l'on avoit omis dans la police d'y faire mention de la peine, les affureurs n'en feroient pas moins tenus des dommages & intérêts de l'affuré que leur retard retient dans la captivité, & il faudroit en ce cas les eftimer eu égard au genre de la captivité, & à la qualité de la perfonne.

Tout ce que nous avons dit fur l'obligation & l'action qui naiffent de l'Affurance de la liberté d'une perfonne a également lieu, foit que l'Affurance ait été faite pour un voyage de mer, foit qu'elle ait été faite pour un voyage de terre; comme quand un pélérin qui veut aller à Jérufalem & qui craint d'être pris en chemin par les Arabes, fait affurer fa liberté.

On doit en ce cas limiter par le contrat le temps que pourra durer le voyage, & le plus long-temps ne doit pas excéder trois ans. Si l'accident de la perfonne affurée n'arrive qu'après l'expiration de ce temps, les affureurs n'en font pas tenus quelqu'excufe qu'elle allègue fur le retard de fon voyage.

Quoique l'obligation de payer la prime ait été contractée purement & fimplement, cependant comme cette prime eft le prix des rifques que doivent courir les affureurs, l'obligation de la payer renferme par fa nature cette condition tacite, *fi les affureurs courent les rifques.*

Delà il fuit que fi le voyage pour lequel un armateur a fait affurer fon vaiffeau, vient à être rompu avant le départ du vaiffeau, quoique par le fait de l'affuré, la prime ne fera pas due aux affureurs, parce que le vaiffeau n'étant au rifque des affureurs que du jour qu'il a mis à la voile, ils n'ont en ce cas couru aucun rifque; & fi elle leur avoit été déja payée, ils feroient tenus de la rendre comme l'ayant reçue induement. C'est la disposition de l'article 27.

Pareillement si des marchands ont fait assurer des marchandises qu'ils se proposoient de charger sur un certain vaisseau, & que ces marchands ayant changé d'avis le chargement ne se soit pas fait, la prime d'assurance de ces marchandises ne sera pas due aux assureurs, parce qu'ils n'ont en ce cas couru aucun risque.

Mais lorsque c'est par le fait de l'assuré que le contrat d'Assurance n'a pas eu son exécution, au lieu de la prime, l'assuré doit aux assureurs pour dommages & intérêts *un demi pour cent* de la somme assurée. C'est une des obligations que l'assuré contracte par la nature du contrat d'Assurance. L'ordonnance permet par l'article 37 aux assureurs de retenir ce demi pour cent sur la prime qu'ils doivent restituer.

S'ils n'avoient pas encore reçu la prime, ils auroient la voie d'action pour exiger ce demi pour cent.

Ce demi pour cent étant dû pour les dommages & intérêts résultans de l'inexécution du contrat d'Assurance, par le fait de l'assuré, il s'ensuit que lorsque ce n'est pas par son fait que le contrat d'Assurance n'a pas eu son exécution, il ne doit pas ce demi pour cent. Par exemple, si c'est l'incendie du vaisseau par le feu du ciel avant le départ, qui ait empêché l'exécution du contrat d'Assurance, les assureurs ne peuvent prétendre le demi pour cent ; parce que l'inexécution du contrat ne provient pas en ce cas du fait de l'assuré, mais d'une force majeure dont l'assuré ne peut être tenu.

Lorsque les assureurs ont commencé à courir

les rifques de toute la fomme affurée , la prime
entière leur eft dès-lors acquife & due irrévocablement , quand même le voyage pour lequel
l'Affurance a été faite auroit été racourci. C'eft
la difpofition formelle de l'article 36.

L'ordonnance ne diftingue point fi le voyage
a été peu ou beaucoup racourci : ainfi quand
le vaiffeau n'auroit fait que fortir du port , y
feroit rentré peu après , & n'en feroit plus forti,
cela fuffiroit pour que la prime fût entièrement
due aux affureurs. C'eft affez qu'ils aient commencé à courir les rifques pendant quelque tems,
quelque court qu'il ait été. C'eft pourquoi l'article 37 n'ordonnne la reftitution de la prime,
que lorfque le voyage eft rompu avant le départ du vaiffeau : d'où il fuit que lorfque le
vaiffeau eft une fois parti , & que par fon départ les rifques ont commencé , la prime eft entièrement acquife aux affureurs. C'eft l'avis de
M. Valin fur cet article.

Cet auteur va plus loin : il prétend que ce qui
eft porté par l'article 37 , que *la prime fera rendue lorfque le voyage aura été rompu avant le départ du vaiffeau* , doit s'entendre du cas auquel
les rifques ne commencent qu'au temps du départ du vaiffeau affuré , ou lorfque dans une Affurance de marchandifes il a été ftipulé par une
claufe particulière qu'elles ne commenceroient
à être aux rifques des affureurs , que du jour du
départ du vaiffeau. Mais hors ces cas , lorfque
les marchandifes affurées ont été chargées fur le
vaiffeau , ou fur des gabarres pour y être portées , ayant dès-lors commencé à être aux rifques
des affureurs , la prime , fuivant cet auteur , leur
eft à l'inftant due irrévocablement, & n'eft fu-

jette à aucune reſtitution, quand même le voyage auroit été rompu depuis, même avant le départ du vaiſſeau. L'uſage eſt conforme à cette
déciſion.

Ce principe, que la prime eſt due en entier &
irrévocablement aux aſſureurs auſſi-tôt qu'ils
ont commencé de courir les riſques des effets
aſſurés, quelqu'abrégé qu'ait depuis été le temps
pendant lequel ils les ont courus, reçoit trois
exceptions.

La première eſt lorſque la prime a été convenue à raiſon de tant par chacun des jours, ou
des mois que durera le voyage. Il eſt évident
qu'une prime de cette nature ne peut être due
qu'à proportion du tems qu'aura duré le voyage,
telle ayant été la convention des parties.

La ſeconde exception eſt lorſque pour une
Aſſurance de marchandiſes on eſt convenu d'une
ſeule prime tant pour l'aller que pour le retour,
ce qui s'appelle *une prime liée* ; dans ce cas, ſi le
vaiſſeau étant arrivé au lieu de ſa deſtination, *il
ne ſe fait pas de retour*, l'ordonnance veut que
l'aſſureur ſoit tenu de rendre le tiers de la prime,
à moins qu'il n'y ait ſtipulation au contraire :
c'eſt la diſpoſition de l'article 6.

La raiſon de cette diſpoſition eſt que cette
prime en réunit deux, celle de l'aller & celle du
retour, c'eſt pourquoi elle eſt appelée *prime
liée.* Les riſques pour aller que les aſſureurs ont
courus leur ont bien fait gagner la prime pour
l'aller, dès qu'ils ont commencé de les courir ;
mais celle du retour ne leur eſt pas due, puiſque
n'y ayant pas eu de retour, on ne peut pas dire
qu'ils aient commencé d'en courir les riſques.

Le temps du retour & les riſques du retour

étant ordinairement égaux au temps & aux rifques pour l'aller, la prime du retour paroîtroit
devoir être la moitié de celle qui réunit les deux:
pourquoi donc l'ordonnance n'ordonne-t-elle que
la reftitution du tiers? La réponfe eft que ce que
les affureurs retiennent de plus que la moitié de
la prime, leur eft accordé pour leur tenir lieu
des dommages & intérêts réfultans de l'inexécution du contrat d'Affurance pour le retour.
Delà il fuit qu'ils n'en peuvent prétendre d'autres, ni par conféquent le demi pour cent.

La difpofition de cet àrticle concerne le cas
auquel le vaiffeau eft parvenu au lieu de fa deftination : mais s'il étoit péri en chemin, il n'y auroit pas lieu à la reftitution d'une partie de la
prime ; parce que par la perte du vaiffeau le
contrat d'Affurance a reçu une entière exécution:
les affureurs étant devenus par cet accident débiteurs de la fomme affurée, tant pour l'aller que
pour le retour, il eft jufte que l'affuré paye de
fon côté toute la prime convenue.

La troifième exception a la règle que la prime
appartient aux affureurs dès que les rifques ont
commencé, eft le cas où les affureurs feroient
faillite pendant le temps des rifques. Comme
celui qui auroit fait affurer cefferoit alors d'être
affuré, il feroit fondé à demander la réfolution
du contrat, & en conféquence la décharge de la
prime, s'il ne l'avoit pas encore payée, ou la
reftitution s'il l'avoit payée. Si fur une telle demande, les créanciers des affureurs interve-
noient, ils pourroient en offrant à l'affuré une
bonne & fuffifante caution, faire fubfifter la convention.

C'eft aufiège l'amirauté dans le reffort de

uel le contrat d'Assurance a été passé, que la onnoissance des contestations auxquelles il peut onner lieu est attribuée.

Néanmoins, suivant l'article 70, lorsque la police porte la clause ordinaire par laquelle *les parties soumettent à l'arbitrage les contestations qu'elles pourront avoir*, l'une des parties peut, avant contestation en cause, malgré l'autre partie, obtenir le renvoi de la cause devant des arbitres.

M. Valin observe à cet égard deux différences entre le contrat d'Assurance & le contrat de société. Dans celui-ci, un associé, suivant l'article 9 du titre 4 de l'ordonnance de 1673, est fondé à demander le renvoi devant des arbitres, sur les contestations qu'il a avec ses associés, quoiqu'ils n'y consentent pas & qu'il n'y ait aucune clause à cet égard par le contrat de société. Au contraire, dans le contrat d'Assurance, l'ordonnance par ces termes, *lorsque la police contiendra soumission à l'arbitrage*, déclare suffisamment que l'une des parties ne peut obtenir, malgré l'autre, le renvoi devant les arbitres, que quand cette clause se trouve dans la police.

La seconde différence entre le contrat d'Assurance & le contrat de société est qu'un associé peut, même après le procès commencé & après la contestation en cause, faire renvoyer la cause devant des arbitres; au lieu que dans le contrat d'Assurance, quoiqu'il contienne une clause de soumission à l'arbitrage, on n'est reçu qu'avant la contestation en cause à demander un pareil renvoi.

Huitaine après la nomination des arbitres, la partie qui veut aller en avant peut produire entre les mains des arbitres, & signifier à l'autre qu'elle a produit, avec sommation d'en faire autant. Huitaine après cette sommation, les arbitres peuvent, si bon leur semble, rendre leur sentence par forclusion.

Ces sentences doivent être homologuées au siège de l'amirauté, sans qu'il soit permis aux juges qui les homologuent de prendre en connoissance du fond.

L'appel s'en porte au parlement dans le ressort duquel est l'amirauté, & il n'y doit être reçu qu'après le payement de la peine, s'il y en a une stipulée par la soumission à l'arbitrage.

' Ces sentences sont exécutoires nonobstant l'appel en donnant caution. Telles sont les dispositions des articles 71, 72, 73 & 74 du titre des Assurances. Voyez *l'ordonnance de la marine du mois d'août 1681 ; le traité du contrat d'Assurance de M. Pothier ; l'ordonnance du mois d'avril 1667 ; les loix civiles ; le guidon de la mer ; Loccenius, de jure maritimo ; Stypmannus, ad jus maritimum ; Stracha, de nautis ; le traité des avaries de Quintin Weytsen ; Kuricke & casa regis ; M. Jousse, dans son commentaire sur l'ordonnance de la marine ; le journal des audiences ; M. Valin, dans son nouveau commentaire sur l'ordonnance de la marine*, &c. Voyez aussi les articles AVARIE, AFFRÈTEMENT, ARRÊT DU PRINCE, ABORDAGE, JET, TEMPÊTE, NAUFRAGE, ECHOUEMENT, PILLAGE, PRISE, REPRÉSAILLES, PRIME, &c.

ASSUREMENT. Est un terme de coutume employé pour marquer l'assurance qu'on demandoit autrefois devant le juge à un particulier dont on appréhendoit les voies de fait, qu'il se comporteroit de façon qu'on n'eût aucun reproche à lui faire : cette assurance se donnoit sous la religion du serment, & lorsqu'on manquoit la promeffe, on encouroit des peines très-févères & mêmes capitales.

Les Affûremens fe font introduits dans ces temps malheureux où le plus fort opprimoit le plus foible, & où celui-ci n'avoit d'autre reffource pour fe mettre à l'abri de l'outrage, que d'implorer la protection du juge.

Il y a apparence que les Affûremens étoient fort en ufage lors de la rédaction des coutumes, puifqu'on en voit plufieurs qui contiennent un titre exprès fur cette matière.

Quoique depuis l'abrogation des duels, l'ufage des Affûremens fe foit comme perdu, il paroît néanmoins qu'on feroit encore fondé à prendre cette voie fi l'occafion le demandoit.

Voici la marche qu'on tenoit anciennement pour parvenir à un Affûrement. Lorfqu'on avoit été menacé & qu'on avoit fujet de craindre des outrages fur fa perfonne ou fur fes biens, on faifoit affigner devant le juge le particulier dont on redoutoit les procédés, pour voir dire qu'il feroit tenu de promettre par ferment de ne *méfaire* d'aucune façon au demandeur. Sur l'affignation il comparoiffoit, ou il faifoit défaut : au premier cas s'il prétendoit n'avoir donné aucun fujet de défiance, le demandeur étoit tenu d'affirmer qu'il avoit fujet de craindre : on s'en rapportoit à fon affirmation, & le défendeur étoit obligé de donner l'Affûrement en la manière ordinaire. Si au contraire ce dernier ne comparoiffoit point, il intervenoit fentence qui lui faifoit défenfes fous les peines portées par la coutume d'effectuer aucune menace ni voie de fait envers le demandeur, & cette fentence lui étoit fignifiée.

Aujourd'hui la marche n'eft plus la même : on

commence par rendre plainte des faits & des menaces ; on informe, & d'après les connoissances que les témoins fourniffent, le juge peut accorder au plaignant une efpèce d'Affûrement qui confifte à le mettre fous la protection du roi & de la juftice. Cet Affûrement eft un jugement provifoire qui peut fe rendre même avant que l'information foit clofe, & celui qui l'obtient le fait fignifier à la partie accufée.

On remarque cependant que le pouvoir d'un juge feigneurial à cet égard n'eft pas tout-à-fait le même que celui du juge royal. Celui-ci peut accorder *Affûrement* en mettant le plaignant fous la fauve-garde du roi & de juftice ; au lieu que le juge feigneurial ne peut le mettre que fous la protection de juftice. Diftinction peu néceffaire, mais qui cependant fe trouve introduite & à laquelle les juges fubalternes doivent fe conformer.

Lorfque le plaignant n'a point demandé cet Affûrement provifoire dans le cours de l'inftruction de la procédure, il peut le demander par fes conclufions définitives, & les juges en puniffant le coupable de fes voies de fait ou fimplement de fes menaces peuvent lui faire défenfes foit de récidiver ou de *méfaire* en déclarant qu'ils mettent le plaignant fous la protection du roi ou de juftice.

Anciennement quand un particulier avoit obtenu un Affûrement, c'étoit un crime grave de la part de l'accufé que d'attenter à la perfonne ou au bien de celui auquel il avoit été accordé. *Infraction d'Affûrement, dit la coutume de la Marhe, emporte la peine de la Hart* (*).

(*) C'eft-à-dire de la vie, car le terme de *hart* fignifie la corde qui fert à fufpendre les criminels au gibet.

Lorfqu'après l'Affûrement donné, il arrivoit quelque accident à celui qui l'avoit obtenu, on préfumoit de plein droit que celui contre lequel l étoit donné, étoit l'auteur du délit ; & fur cette préfomption on le puniffoit, à moins qu'il ue fût en état de fe juftifier. Aujourd'hui une préfomption pareille pourroit fuffire pour accufer, mais non pour faire prononcer une condamnation fans des preuves particulières ; & quoique e délit eût été commis au préjudice de la proection accordée au plaignant, il ne s'enfuivroit pas qu'on dût être puni d'une peine capitale : ceci dépendroit de la qualité du fait & des circonftanes.

Il n'eft pas d'ufage qu'on accorde d'Affûrement à un fimple bourgeois contre un homme en place, ni à un inférieur contre fon fupérieur ; la décence des rangs s'y oppofe.

Dans les coutumes qui ne parlent point d'Affûremens, on y fuppléoit autrefois en obtenant les lettres de fauve - garde en chancellerie. Le roi mandoit au premier huiffier ou fergent fur ce requis de maintenir l'impétrant dans fes droits & fes poffeffions contre tous ceux qui voudroient 'y troubler. Ces lettres dont l'ufage s'introduifit dans ces temps de défordres qui affligeoient le royaume, fe lignifioient aux perfonnes dont on craignoit les mauvais procédés, & copie s'en affichoit dans les endroits que l'on vouloit mettre à l'abri du ravage.

On expédie bien encore des lettres de fauvegarde en chancellerie, mais pour une fin différente de celle de l'Affûrement dont il s'agit ici ; c'eft ce qu'on pourra remarquer au mot *fauvegarde*. Voyez *les coutumes de Melun, de Troyes, de Sens, de Chaumont en Baſſigni, d'Auxerre, de Nivernois, de Poitou, de la Marche, &c. Loiſel avec les notes de Laurière; Baquet en ſon traité des droits de juſtice; Dumoulin ſur la coutume de Bourbonnois, Ragueau ſur celle de Berry, la conférence de Guénois, &c.* (Article de M. DAREAU, avocat au parlement.)

ATERMOIEMENT. On appelle ainſi une ſorte d'accommodement par lequel un débiteur obtient de ſes créanciers un délai pour ſe libérer & quelquefois la remiſe abſolue d'une partie des ſommes qu'il leur doit (*).

Formule d'Atermoiement pur & ſimple. Furent préſens Claude.... demeurant.... d'une part, &.... tous créanciers dudit Claude, d'autre part : diſant leſdites parties; ſavoir, ledit Claude, qu'ayant été obligé de faire quelques dépenſes pour ſon établiſſement, dont les commencemens ſont toujours difficiles, & n'ayant juſqu'à préſent pu faire ſon négoce, de manière qu'il ait pu ſoutenir les dépenſes néceſſaires, il ſe trouve pourſuivi par pluſieurs de ſes créanciers, pour le payement des ſommes qu'il leur doit, montant à celle de.... ſuivant l'état qu'il en a fait, & n'ayant à préſent aucuns deniers pour les ſatisfaire, il ſe trouve hors d'état de pouvoir agir dans ſon négoce; ce qui ne peut produire que la perte entière de ce qu'il doit auxdits créanciers; mais que cependant, ayant bonne intention de les payer entièrement de leur dû, il ſe trouve obligé, après avoir examiné ſes affaires, de leur demander ſix années pour les ſatisfaire, ſans quoi il ne peut ſe diſpenſer d'abandonner le tout. Ce que leſdits créanciers ayant conſidéré, lui ont volontairement accordé terme de ſix années, pour le payement de leur dû, pour lequel ledit Claude s'oblige de leur payer un ſixième de leur dû par chacune année, dont la première commencera à courir du jour de l'homologation du préſent contrat; & à l'égard des intérêts & frais qui ſe trouveront dus juſqu'à cejourd'hui, ledit Claude s'oblige de les payer, lors du dernier payement deſdites

Pour

fix années, confentant, faute par lui de fatisfaire au premier ou autre fubféquent payement, d'être contraint pour
le tout, ainfi que lefdits créanciers auroient pu faire avant
ces préfentes, dont il demeurera déchu, fans que cette peine
puiffe être réputée comminatoire, pour raifon de quoi ils demeurent confervés dans tous leurs droits, noms, raifons,
actions, hypothèques & privilèges, fans aucune novation;
promettant ledit Claude de faire obliger folidairement avec
lui M. fa femme, auffi-tôt qu'elle aura atteint l'âge de
majorité, au payement de leur dît; pourquoi il l'a dès à
préfent autorifée, foit qu'elle le faffe en fa préfence ou abfence. Et pour faire homologuer le préfent contrat, les parties conftituent leur procureur le porteur, &c. Donnant
pouvoir, &c. Car ainfi, &c.

*Autre Atermoiement & remife de fept huitièmes, avec
les intérêts, frais & dépens.*

Furent préfens.... tous créanciers de damoifelle Marguerite.... maitreffe.... lefquels fur ce qui leur a été repréfenté
par ladite damoifelle.... à ce préfente, que depuis fix mois
ou environ qu'elle eft détenue ès prifons de.... elle a cherché tous les moyens convenables pour fatisfaire lefdits fieurs
créanciers; mais que le mauvais état de fes affaires, les
grandes pertes qu'elle a foufferces, & fa longue captivité,
font mife hors d'état de le pouvoir faire. Cependant une
perfonne remplie de bonté pour elle, ayant offert le huitième de toutes les fommes principales qu'elle doit à fes
créanciers, pour les payer, & pouvoir par ce moyen fe
procurer la liberté, elle offroit auxdits fieurs créanciers de
leurs payer la huitième de leurs fommes principales, en
lui faifant par eux remife des fept autres huitièmes enfemble de tous les intérêts, frais & dépens : fur quoi lefdits
fieurs créanciers ayant réfléchi, & trouvé qu'il leur eft avantageux d'accepter les propofitions de ladite damoifelle.... ils
font, à fa prière & réquifition, convenus de ce qui fuit :
c'eft à favoir, que lefd'ts créanciers ont, par ces préfentes,
remis à ladite damoifelle.... les fept huitièmes des fommes
principales qu'elle leur doit, enfemble la totalité des intérêts, frais & dépens, dont ils la quittent & déchargent

qu'il soit passé par-devant notaires : cependant par arrêt du 3 mai 1765, le parlement de Paris a ordonné l'exécution d'un acte d'Atermoiement passé entre un débiteur & ses créanciers assemblés pour cet effet, non pas chez un notaire, mais devant les juges-consuls de Chartres. Il étoit dit dans le procès-verbal fait en présence de ces juges-Consuls, que « tout ce » qui venoit d'être fait par les créanciers présens vaudroit avec les absens & défaillans » comme s'ils eussent été présens ».

Le nommé Guibé se rendit appellant de la sentence des consuls de Chartres, contenant cet accord : il soutenoit que cet acte passé en présence des consuls n'étoit point un contrat d'*Atermoiement*, & que pour avoir l'effet d'un tel contrat, il auroit dû être rédigé devant no-

purement & simplement ; au moyen de quoi ladite damoiselle Marguerite.... s'oblige par ces présentes, envers lesdits sieurs créanciers de leur payer en leur demeures Paris, ou au porteur, &c. ledit huitième des sommes principales qu'elle leur doit incontinent après l'homologation du présent contrat, avec tous ses autres créanciers ; & en leur faisant lesdits payemens, lesdits sieurs créanciers seront tenus, ainsi qu'il promettent & s'obligent, de consentir la liberté de ladite Marguerite.... hors desdites prisons, & que toutes les poursuites faites à l'encontre d'elle, tant ordinaires qu'extraordinaires, soient & demeurent nulles, comme non faites ni avenues, & jusqu'au payement actuel du susdit huitième, demeurent conservés dans tous leurs droits, actions & hypothèques sans aucunement y déroger ni innover, & pour faire homologuer ces présentes avec les créanciers refusans en toutes juridictions, aux frais & diligence de ladite damoiselle.... entre lesdites parties, constituent leur procureur le porteur, &c. auquel ils en donnent pouvoir, promettant, &c.

aires : il citoit même un arrêt qui avoit jugé
conformément à fes prétentions. Mais comme
il paroiffoit que ce n'étoit que par pure humeur
que Guibé refufoit de foufcrire à un arrangement dont étoient convenus tous les autres
créanciers, la cour ordonna l'exécution de la
fentence ou procès-verbal des confuls de Char-
res, & condamna Guibé aux dépens.

Lorfque pour paffer un contrat d'Atermoiement, tous les créanciers ne font pas de même
avis, l'opinion de ceux qui réuniffent les trois
quarts des fommes dues prévaut fur celle des
créanciers de l'autre quart.

Suivant la déclaration du 11 janvier 1716,
& celle du 5 août 1721, aucun particulier ne
peut fe dire créancier, ni figner en cette qualité aucun contrat d'Atermoiement, qu'après
avoir affirmé que fa créance eft férieufe (*). Les
créanciers qui n'ont pas prêté cette affirmation,
ne doivent pas faire nombre pour déterminer
ceux qui réuniffent les trois quarts des créances.

On conçoit que cette précaution a pour objet
d'empêcher le débiteur de faire intervenir au
contrat d'Atermoiement, des créanciers fimulés
qui ne feroient aucune difficulté de foufcrire à
tout ce qu'il voudroit, puifque dans la réalité,
il ne leur feroit rien dû.

Il faut auffi pour qu'un débiteur puiffe parvenir à un Atermoiement, qu'il repréfente &
dépofe au greffe de la juridiction confulaire, un

(*) Dans la ville, prévôté & vicomté de Paris, l'affirmation dont il s'agit doit être prêtée par devant le prévôt de
Paris ou fon lieutenant, & dans les autres villes, par devant les juges-confuls lorfqu'il y en a d'établis.

état exact, détaillé & certifié véritable, de tous
ſes biens & effets, tant meubles qu'immeubles,
& de toutes ſes dettes. Ce n'eſt qu'après ces
formalités remplies, que les créanciers peuvent
connoître la ſituation de leur débiteur & déterminer la remiſe qui doit lui être faite.

Pour que le contrat d'Atermoiement oblige
les créanciers qui ont refuſé d'y ſouſcrire, il
faut qu'il ſoit homologué.

Par arrêt de règlement du 27 mars 1702, le
parlement de Paris décida que les demandes
en homologation de contrats d'Atermoiement
devoient être portées devant les juges ordinaires, & fit défenſes aux juges - conſuls d'en
connoître.

Cependant, par une déclaration du 10 juillet
1715, toutes les juriſdictions conſulaires avoient
été autoriſées à connoître de l'homologation des
contrats d'Atermoiement ; mais par une autre
déclaration du 30 du même mois, il fut ordonné
que toutes les conteſtations mues ou à mouvoir
pour raiſon des faillites & banqueroutes ouvertes, ou qui s'ouvriroient dans la ville, prévôté
& vicomté de Paris, ſeroient portées au châtelet. Cette dernière déclaration a fait revivre
l'arrêt de règlement du 27 mars 1702, lequel a
toujours été exécuté depuis, quoique par une
autre déclaration du 13 ſeptembre 1739, les
juridictions conſulaires aient été autoriſées à recevoir les bilans de ceux qui ſe trouvent en
faillite.

Il y a néanmoins une exception en faveur de
la conſervation de Lyon. Un édit du mois de
juillet 1669 auquel il n'a point été dérogé, a
attribué à cette juridiction le droit d'homolo-

guer les contrats d'Atermoiement : mais ce droit ne peut avoir lieu que quand il s'agit de la faillite d'un marchand , & qu'il n'y a que des marchands qui aient accédé au contrat. Si c'est tout autre qu'un négociant qui soit en faillite , ou si quelques-unes des créances n'ont point de rapport au commerce , l'homologation du contrat doit être poursuivie devant les juges ordinaires. Le parlement de Paris l'a ainsi jugé par arrêt du 7 mars 1761 rendu entre les officiers de la Sénéchaussée & ceux de la conservation de Lyon.

Dans le nombre des créanciers obligés de suivre la loi de l'Atermoiement faite par le suffrage des trois quarts , il ne faut pas comprendre les créanciers privilégiés sur les meubles , ni ceux qui ont des hypothèques sur les immeubles : ceux-ci *ne peuvent être tenus d'entrer en aucune composition, remise ou Atermoiement , à cause des sommes pour lesquelles ils ont privilège ou hypothèque.* Telle est la disposition de l'article du titre 11 de l'ordonnance de 1673.

Ainsi les créanciers hypothécaires peuvent faire saisir réellement les immeubles qui leur ont hypothéqués. Mais il s'est présenté au parlement de Paris la question de savoir si un créancier qui avoit été partie avec d'autres créanciers dans un contrat d'Atermoiement fait avec le débiteur & sa femme , pouvoit faire saisir réellement les immeubles de ce débiteur & de sa femme , au préjudice des autres créanciers faisant plus des trois quarts en somme , lesquels avoient accordé une nouvelle remise à la veuve. Le saisissant disoit qu'étant devenu créancier hypothécaire en vertu du premier contrat d'Atermoiement qui avoit été paffé par-devant notaire, le plus grand nombre des créanciers en fomme ne pouvoit l'obliger, fuivant l'ordonnance du commerce de 1673, d'entrer dans le fecond contrat d'Atermoiement. D'où il concluoit que la faifie réelle qu'il avoit fait faire étoit valable : en effet, elle avoit été confirmée par le premier juge.

On foutenoit au contraire, de la part de la veuve débitrice & des autres créanciers, que l'hypothèque n'étant acquife au faififfant que par le contrat d'Atermoiement qui donnoit une hypothèque de même date aux autres créanciers, il ne devoit y avoir aucune préférence entr'eux ; que quand les délais accordés par le contrat feroient expirés, ils viendroient tous au fou la livre fur les immeubles, s'ils n'étoient point payés auparavant ; qu'il étoit jufte par conféquent, que le faififfant entrât dans le contrat d'Atermoiement, & que fa faifie n'eût aucun effet. C'eft fur ces principes que la cour, par arrêt du 15 avril 1707, ordonna l'homologation du contrat avec le faififfant.

Obfervez que quoique l'homologation du contrat d'Atermoiement éteigne l'action perfonnelle jufqu'à concurrence de la remife portée au contrat, tant par rapport aux créanciers qui l'ont foufcrit, que par rapport à ceux qui ont refufé de le foufcrire, la caution du débiteur ne laiffe pas de demeurer obligée pour la dette entière. Le parlement de Grenoble l'a ainfi jugé par arrêt du 22 mai 1680. En effet, l'engagement de la caution eft de payer le créancier au défaut du débiteur principal : ainfi cet engagement doit fubfifter.

Si le débiteur avoit produit un état frauduleux de fes dettes actives & paffives, foit en y comprenant des créanciers fimulés, ou en n'y rapportant qu'une partie de ce qui lui étoit dû, l'Atermoiement & la remife qu'il auroit obtenus demeureroient fans effet, & il pourroit être pourfuivi extraordinairement comme banqueroutier. Il y auroit d'ailleurs contre les créanciers fimulés complices de la fraude, la peine des galères contre les hommes, & celle du banniffement contre les femmes, outre la reftitution du double de ce qu'ils auroient voulu détourner, & 1500 livres d'amende.

Tout débiteur qui a paffé avec fes créanciers un contrat d'Atermoiement ne peut plus être reçu à faire les fonctions d'agent de change, *ou courtier de marchandifes.* C'eft une difpofition de l'article 3 du titre 2 de l'ordonnance du commerce.

Les étrangers ne peuvent pas en France, obliger leurs créanciers à leur paffer contrat d'Atermoiement.

L'article 12 du tarif de 1722 porte que le droit de contrôle d'un contrat d'Atermoiement doit fe payer *à proportion de toutes les fommes y contenues, jointes enfemble, fur le pied réglé par les articles 3 & 4.*

D'après cette difpofition, le fermier a prétendu que le droit de contrôle d'un acte d'Atermoiement devoit être perçu fur le montant de toutes les dettes paffives, c'eft-à-dire, tant fur les fommes convenues avec le débiteur, que fur celle dont on lui faifoit remife, attendu que la remife, jointe à l'obligation ou à la quittance du furplus, formoit un total dont le débiteur fe trouvoit déchargé.

Les parties ont foutenu au contraire que ce droit n'étoit dû que fur les fommes que le débiteur s'obligeoit de payer, jointes à celles qu'il leur payoit comptant, c'eft-à-dire, fur les fommes convenues, auxquelles feules on pouvoit appliquer le terme générique de *toutes les fommes jointes enfemble*, employé dans le tarif; mais que de l'étendre aux fommes dont on a fait remife, c'eft donner un fens forcé à ce tarif, puifque ces fommes fe trouvent anéanties par le contrat, lequel ne donne de titre aux créanciers contre leur débiteur, que pour le furplus.

Ces raifons ont été adoptées par le confeil, comme le prouvent deux décifions des 4 juillet 1733, & 17 avril 1736.

La première intervenue fur un Atermoiement d'un million, avec une remife de 45 pour cent, à condition de payer le refte dans les temps convenus, porte que le droit de contrôle n'eft dû que fur le pied des fommes auxquelles les créances font réduites.

La feconde intervenue fur le mémoire des notaires de Touloufe, juge pareillement que le droit de contrôle des Atermoiemens n'eft dû que fur le pied des fommes qui reftent à payer, déduction faite des remifes.

Si les créanciers hypothécaires qui ne font pas obligés d'accéder à un Atermoiement, & qu'on ne doit pas même y appeler, interviennent dans l'acte & qu'ils foient payés de leurs créances, ce font autant de difpofitions particulières pour chacune defquelles il eft dû un droit de contrôle , indépendamment de celui de l'Atermoiement.

Lorfque l'état ou bilan des dettes actives & paffives a été préalablement contrôlé , & que l'Atermoiement ne contient pas d'autres effets , le droit de contrôle ne doit pas être perçu une feconde fois fur la maffe ; il n'eft dû dans ce cas pour l'Atermoiement , que comme pour un acte fimple.

L'acte par lequel des créanciers dérogent à la contrainte par corps qu'ils ont obtenue , ou pourroient être en droit d'obtenir contre leur débiteur , doit être contrôlé comme acte fimple, fauf à percevoir le droit entier fur le contrat d'Atermoiement lorfqu'il aura lieu entre le débiteur & les créanciers. C'eft ce que le confeil a décidé par arrêt du 6 mai 1747.

Suivant l'édit du mois de décembre 1703 , l'Atermoiement doit être infinué au greffe du lieu où le débiteur eft domicilié , & le droit eft fixé à dix livres par l'article 16 du tarif des infinuations du 29 feptembre 1722. Si l'Atermoiement étoit fait à plufieurs débiteurs , il feroit dû un droit de 10 livres par chacun d'eux: la raifon en eft que dans le délai qu'on leur accorde pour payer , l'Atermoiement a le même effet que des lettres de répit pour l'infinuation defquelles la déclaration du 3 avril 1708 veut qu'il foit perçu autant de droits qu'il y a d'impétrans. En effet, dans la remife générale faite à tous les débiteurs par un feul acte, chacun d'eux y en trouve une particulière qui lui eft abfolument perfonnelle.

Un arrêt du confeil du 24 août 1748 a condamné un huiffier à trois cens livres d'amende pour avoir fignifié un acte portant délai de huit ans & remife du quart de la créance, fans qu'il fût infinué. Le confeil jugea que cet acte ne pouvoit être confidéré que comme un Atermoiement. *Voyez l'ordonnance du commerce du mois de mars 1673 ; le Journal des audiences ; le droit commun de la France ; le commentaire de M. Jouffe fur l'ordonnance du commerce ; la collection de Jurifprudence ; le traité de la vente des immeubles par décret ; les déclarations des 11 janvier 1716, 5 août 1721, & 13 feptembre 1739 ; les arrêts d'Augeard ; les déclarations du 10 & du 30 juillet 1715 ; le journal du palais ; le dictionnaire raifonné des domaines ; le commentaire fur le tarif des droits de contrôle ; l'édit du mois de décembre 1703 ; la déclaration du 3 avril 1708,* &c. Voyez auffi les articles FAILLITE, BANQUEROUTE, BILAN, RÉGISTRE, CESSION, CONSERVATION DE LYON, HOMOLOGATION, INSINUATION, CONTRÔLE, DIRECTION, CENTIÈME DENIER, AGENS DE CHANGE, &c.

ATTACHE. On appelle *lettres d'Attache*, une ordonnance jointe à une autre pour la faire mettre à exécution.

Les lettres d'Attache des cours font néceffaires dans certaines provinces du royaume pour l'exécution des bulles, brefs, refcrits & provifions émanés de la cour de Rome.

On appelle *annexe* au parlement de Provence, ce qu'on appelle *Attache* en Franche-Comté, en Flandres & en Artois. Dans cette dernière province, les lettres d'Attache font néceffaires conformément à la déclaration d'avril 1675, pour valider les réfignations en faveur. Il en eft de même dans les trois évêchés de Metz, Toul & Verdun.

Par un usage pratiqué dans la Franche-Comté, & confirmé par un arrêt de règlement que le parlement de cette province a rendu le 29 avril 1712, il faut, pour mettre à exécution les brefs ou autres expéditions émanées de la cour de Rome, obtenir du roi des lettres d'Attache adressées au parlement, & qu'elles y soient enregistrées.

On appelle aussi *lettres d'Attache*, des lettres de la grande Chancellerie que le roi donne sur des bulles du pape ou sur des ordonnances d'un chef d'ordre du royaume pour les faire exécuter. Mais ces lettres se nomment plus communément *lettres patentes*.

On appelle pareillement *lettres d'Attache*, les lettres de *paréatis* qui s'obtiennent en chancellerie & qui contiennent une permission de faire mettre à exécution un jugement dans l'étendue d'une autre juridiction que celle où il a été rendu.

On appelle de même *lettres d'Attache*, les ordonnances que rend un gouverneur de province pour faire exécuter les ordres qui lui sont adressés de la part du roi.

On donne encore ce nom aux commissions expédiées à la chambre des comptes ou ailleurs, pour faire exécuter quelque ordonnance ou arrêt.

En matière d'eaux & forêts, on appelle *Attaches des grands maîtres*, les mandemens qu'ils donnent sur les lettres patentes, commissions & autres ordres du conseil, pour les faire mettre à exécution par les officiers des maîtrises lorsqu'ils ne veulent pas y vaquer eux-mêmes, comme ils en ont le droit.

Les officiers des maîtrifes ne peuvent fans l'Attache du grand-maître des eaux & forêts du département, mettre à exécution aucun ordre ou arrêt du conseil, quand même il auroit été enregiftré dans les cours supérieures, & que ces cours le leur auroient adreffé. C'eft une conféqnence des difpofitions que contiennent les articles 2 du titre 3 & 6 du titre 24 de l'ordonnance des eaux & forêts.

Ces officiers ne peuvent même pas fans l'Attache du grand maître, ordonner l'enregiftrement de quelque ordre que ce foit. C'eft pourquoi un arrêt du conseil du 8 mars 1735 a caffé l'enregiftrement que la maîtrise d'Iffoudun avoit fait des lettres de vétérance obtenues par un ancien procureur du roi, parce qu'il n'y avoit point d'Attache.

Les officiers des tables de marbre ne peuvent exécuter aucune commiffion, ni entreprendre des réformations, fi le roi ne les a commis pour cet effet, & s'ils n'ont pris l'Attache du grand maître. Divers arrêts du conféil l'ont ainfi jugé; entr'autres un du premier août 1682, qui a caffé un arrêt du parlement de Dijon, en ce qu'il ordonnoit que les officiers de la table de marbre pourroient, en fait de réformation, prendre l'Attache du fiége fous le nom du grand maître. *Voyez la déclaration du mois d'avril 1675; les mémoires du clergé; le dictionnaire de droit canonique; l'ordonnance des eaux & forêts du mois d'août 1669; le dictionnaire raifonné des eaux & forêts; les arrêts du confeil des premier août 1682, 3 août 1706, & 8 mars 1735, &c.*

Voyez auſſi les articles BULLE, BREF, PRO-
VISIONS, BÉNÉFICE, PARÉATIS, MAÎTRISE,
RÉFORMATION, &c.

ATTEINT ET CONVAINCU. Ces termes
ſont uſités en matière criminelle pour déclarer
un accuſé coupable.

Un arrêt de règlement rendu par le parlement
de Paris le 19 janvier 1731 a enjoint à tous les
officiers & à tous bailliages & ſénéchauſſées du
reſſort de la cour, de n'employer dans leur jugement la formule d'*Atteint & Convaincu*, que
quand les procès auront été inſtruits par recol-
ement & confrontation (*).

Par un autre arrêt du 22 décembre de la
même année, la cour a fait défenſe au juge de
Limours d'employer dans ſes ſentences cette
formule, *Atteint & Convaincu des cas mentionnés
au procès*, & lui a enjoint d'exprimer le crime
dont il trouvera l'accuſé coupable.

ATTELIER. Lieu où travaillent des ouvriers.

L'article 23 du titre 27 de l'ordonnance des
aux & forêts défend aux cercliers, vanniers,
tourneurs, ſabotiers & autres de pareille condition, de tenir leurs Atteliers plus près des forêts que d'une demi-lieue, à peine de cent
livres d'amende & de confiſcation des marchandiſes.

Il eſt pareillement défendu par l'article 30 du
même titre aux habitans des maiſons ſituées

(*) On trouve dans le journal du parlement de Bretagne
un arrêt du 14 juillet 1727 qui a jugé qu'on ne devoit employer les termes d'*atteint & convaincu* que dans les jugemens définitifs des crimes capitaux.

dans l'enclos & aux rives des forêts du roi, de tenir aucun Attellier de bois, & d'en ramaffer plus qu'il ne faut pour leur chauffage, à peine d'amende arbitraire, de confifcation des bois, & de démolition des maifons.

Suivant l'article 19, les adjudicataires & leurs affociés ne peuvent tenir d'Atteliers, ni faire travailler leurs bois ailleur que dans les ventes, à peine de cent livres d'amende & de confifca-tion des bois.

La difpofition de cet article n'eft point oppo-fée à celles des articles 23 & 30. Elle a eu pour objet d'empêcher les vols que pourroient com-mettre dans les bois du roi les ouvriers des adjudicataires, s'ils avoient la liberté de tenir des Atteliers ailleurs que dans les ventes.

Les officiers des maîtrifes doivent vifiter de temps en temps les Atteliers qui font dans le voifinage des forêts du roi, afin de reconnoître fi l'on n'y a point porté de bois de délit. *Voyez l'ordonnance des eaux & forêts du mois d'août 1669 ; l'arrêt du confeil du 2 juillet 1749 ; le dictionnaire raifonné des eaux & forêts*, &c. Voyez auffi les articles ADJUDICATAIRE, VENTE, BOIS, MAÎTRISE, VISITE, &c.

ATTENTAT. Voyez ABUS, ASSASSINAT, PARRICIDE, LFZE-MAJESTÉ, &c.

ATTENUATION. On appelloit autrefois *dé-fenfes par Atténuation*, des exceptions propo-fees en matière criminelle par l'accufé, afin de détruire les raifons & moyens employés par l'accufateur pour prouver que l'accufé étoit auteur du délit. Ces défenfes ont été abrogées par l'ordonnance de 1670. Les parties peuvent feulement préfenter leurs requêtes refpectives,

ans cependant que le jugement du procès puisse
être retardé, faute par elles d'avoir présenté ces
requêtes.

La requête de l'accusé s'appelle requête d'Atténuation (*). Il peut y prendre des conclusions
à fin civile, s'il le juge à propos. On répond
à cette requête d'une simple ordonnance, *en jugeant*; ou s'il y a des pièces jointes à la requête,

---

(*) *Forme d'une requête d'Attenuation.* A.... supplie
humblement.... disant que par la connoissance qu'il a eue à
la confrontation de la qualité des témoins & de leurs dépositions en l'information & récolement, il a reconnu, &c. *expliquer les reproches contre chaque témoin, contredire leurs dépositions par la variation, contradiction, contrariété, impossibilité, défaut de vraisemblance, proposer les moyens pour faire connoître l'innocence de l'accusé, ainsi que les nullités de la procédure s'il y en a.*

Ce considéré.... il vous plaise décharger le suppliant de la
calomnieuse accusation contre lui intentée par.... & renvoyer le suppliant absous, ordonner qu'il sera élargi *ou relaxé* & mis hors des prisons, à ce faire le géolier contraint
par corps, quoi faisant déchargé, & que l'écrou de la personne du suppliant sera rayé & biffé du registre de la géole,
à côté duquel il sera fait mention de la sentence qui interviendra; pour la calomnieuse accusation, condamner ledit...
en telle réparation, en.... livres de dommages & intérêts, &
en tous les dépens; & pour la justification du contenu en la
présente requête, permettre au suppliant d'y joindre les pièces
qui suivent; la première, &c.

Quand il n'y a point de partie civile, l'accusé doit demander que la partie publique soit tenue de nommer son dénonciateur; sinon condamnée aux dommages, intérêts & dépens, en son propre & privé nom.

Le juge met au bas de la requête son ordonnance en ces termes :

Soient la requête & pièces communiquées, & d'icelles
donné copie, pour en jugeant y être fait droit, & acte de
l'emploi. Fait ce....

on ordonne qu'elles *feront jointes au procès, pour y avoir, en jugeant, tel égard que de raifon.* Les moyens d'Atténuation font ordinairement fondés fur des nullités de procédures, fur les reproches des témoins, ou fur les contrariétés qui pourroient fe trouver dans leurs dépofitions ; en un mot, fur toutes les circonftances qui peuvent tendre à faire difparoître l'accufation ou à diminuer l'atrocité du crime.

Les requêtes d'Atténuation peuvent être fignées par des avocats, & fe taxent comme écritures d'avocats, en quoi elles diffèrent des autres requêtes qui font cenfées faites par le procureur, & ne fe taxent que comme ouvrage de procureur. *Voyez l'ordonnance criminelle du mois d'août 1670, avec le commentaire de M. Jouffe; l'efprit des ordonnances de Louis XIV*, & les articles, ACCUSÉ, INTERROGATOIRE, RECOLLEMENT, CONFRONTATION, TÉMOIN, &c.

ATTERRISSEMENT. Amas de terre qui fe forme par la vafe ou le fable que la mer ou les rivières apportent le long des rivages (*).

Les loix romaines attribuoient les Atterriffemens aux propriétaires des héritages voifins ; mais parmi nous, lorfque les Atterriffemens font faits par des rivières navigables, ils appartiennent au roi, en vertu du feul titre de fa fouveraineté.

Il a même été jugé par un arrêt du confeil

(*) Il ne faut pas confondre l'Atterriffement avec l'alluvion. L'accroiffement occafionné par celle-ci fe fait infenfiblement & peu à peu : l'Atterriffement au contraire, dans le fens où nous le confidérons ici, eft le produit d'un débordement ou de quelqu'autre cas fortuit.

d'état,

ATTERRISSEMENT. 385

l'état, que lorfqu'un terrein a été inondé & fait partie d'une riviere navigable pendant plus de dix ans, il appartient à fa majefté lorfque l'eau ft retirée, fans que les anciens propriétaires y uiffent rien prétendre fous quelque prétexte que ce foit.

Cet arrêt, qui eft du 10 février 1728, eft apporté dans le quatrième tome de la fuite du ecueil des édits & règlemens concernant les lomaines du roi.

Quant aux Atterriffemens des rivières non avigables, ils appartiennent aux propriétaires le ces rivières.

La longue poffeffion en matière d'Atterriffe- nent eft-elle un moyen fuffifant pour faire naintenir le poffeffeur d'un Atterriffement dans a poffeffion contre la teneur même de fes titres rimitifs? Et le poffeffeur de l'Atterriffement eut-il valablement oppofer la prefcription au eigneur haut-jufticier qui a laiffé prendre pof- effion du terrein formé par l'Atterriffement? Cette queftion s'eft préfentée il y a quelques nnées dans la coutume de Bourbonnois : voici 'efpèce.

Les mineurs du nommé Le Moine repréfen- és par leur tuteur fe trouvoient en poffeffion le 100 fefterées de terre le long de l'allier, au ieu de 36 fefterées que leur donnoient les titres rimitifs de conceffion.

Le fieur Cazaubon, écuyer, prétendit qu'en a qualité de feigneur haut-jufticier, il devoit voir aux termes de la coutume de Bourbon- ois, articles 340 & 341, les 64 fefterées pro- venues de l'Atterriffement : il oppofoit aux mi- eurs leurs titres primitifs qui ne leur donnoient

Tome III. - B b

que 36 fefterées ; & il pofoit pour principes
d'après beaucoup d'arrêts , que les premiers
baux à cens faifoient une loi inviolable entre
le feigneur & le cenfitaire, de telle maniere
que celui-ci ne pouvoit jamais prefcrire contre
fon feigneur la propriété d'un terrein excédant
la mefure déterminée pas les baux à cens.

Au contraire , le tuteur foutenoit pour les
mineurs que le feigneur haut-jufticier ne s'étant
point mis dans le temps en poffeffion des 64
fefterées formées par l'Atterriffement , & ayant
laiffé les mineurs ou leurs auteurs s'en mettre
en poffeffion, ceux-ci avoient acquis la prefcription contre le feigneur par une poffeffion
immémoriale. Le tuteur des mineurs combattoit
auffi , en remontant à des principes de droit, la
jurifprudence moderne qu'on lui oppofoit relativement à l'excédant de mefure , & prétendoit
que quand il feroit vrai que le feigneur auroit
eu des droits, ils feroient prefcrits. La fentence
rendue par la fénéchauffée de Moulins le 21
août 1758 avoit déclaré le feigneur non recevable dans toutes fes demandes ; & cette fentence fut confirmée par arrêt du 12 mai 1766.
Le principal moyen qui détermina les juges
fut la prefcription que les mineurs avoient op-
pofée au feigneur haut-jufticier. *Voyez les infli-
tutes de Juftinien ; le recueil des édits, ordonnances
& règlemens concernant les domaines du roi ; l'édit
du mois d'avril 1683; la déclaration du mois d'août
1689 ; l'édit du mois de février 1710 ; la collection
de jurifprudence ; Bacquet , des droits de juftice ;
la pratique des terriers , &c.* Voyez auffi les articles ALLUVION, ÎLES, DOMAINE , &c.

ATTESTATION. Voyez CERTIFICAT.

ATTROUPEMENT. Affemblée illicite & tumultueufe de gens fans autorité & fans aveu.

On vient d'avoir un exemple plus vrai que vraifemblable de cette efpèce de crime : des brigands attroupés fe répandirent dans les campagnes vers la fin du mois d'avril dernier (1775) & au commencement de mai, pour y piller les moulins & les maifous des laboureurs. Ils eurent même l'audace de s'introduire à Verfailles & à Paris, où ils volèrent le bled dans les marchés & le pain chez les boulangers : mais pour donner une idée plus particulière de cet événement, nous inférerons ici les difcours que le roi & M. le garde des fceaux firent au lit de juftice tenu le cinq mai dernier pour l'enregiftrement de la déclaration qui attribue aux prévôts généraux des maréchauffées toute juridiction pour connoître des excès de ces brigands.

Lorfque le roi eut pris fa place, il dit :

Messieurs,

» Les circonftances où je me trouve & qui
» n'ont point d'exemples, me forcent de prendre
» un parti qui fort de l'ordre commun ; il faut affu-
» rer la fubfiftance & la tranquillité, non-feule-
» ment des habitans de ma bonne ville de Paris,
» mais encore de tout mon royaume. Je dois &
» je veux arrêter le cours de brigandages qui
» dégénereroient en rebellion, & je vous ai
» affemblés pour vous faire connoître ma vo-
» lonté. Mon garde des fceaux vous expliquera
» mes intentions ».

M. le garde des fceaux, après avoir à l'inftant pris les ordres du roi, dit :

Messieurs,

« Les événemens qui occupent depuis plufieurs

» jours l'attention du roi n'ont point d'exemple.
» Des brigands attroupés fe répandent dans les
» campagnes, s'introduifent dans les villles pour
» y commettre des excès qu'il eft néceffaire de
» réprimer avec la plus grande activité ; leur
» marche femble être combinée , leurs appro-
» ches font annoncées ; des bruits publics indi-
» quent le jour , l'heure, les lieux où ils doivent
» commettre leurs violences. Il fembleroit qu'il
» y eût un plan formé pour défoler les cam-
» pagnes, pour intercepter la navigation, pour
» empêcher le tranfport des blés fur les grands
» chemins , afin de parvenir à affamer les gran-
» des villes , & fur-tout la ville de Paris. Le mal
» s'eft tellement répandu en peu de temps , qu'il
» n'a pas été poffible d'oppofer par-tout la force
» à la rapidité des crimes ; & fi le roi ne prenoit
» lés mefures les plus vives & les plus juftes
» pour arrêter un mal auffi dangereux dans fon
» principe , & auffi cruel dans fes effets, fa ma-
» jefté fe verroit dans la trifte néceffité de mul-
» tiplier des exemples indifpenfables , mais qui
» ne font réellement efficaces que lorfqu'ils font
» faits fans délai.

» Tels font les motifs qui engagent fa majefté
» à donner dans ce moment-ci à la juridiction
» prévôtale toute l'activité dont elle eft fufcep-
» tible.

» Lorfque les premiers troubles feront tota-
» lement calmés , lorfque tout fera rentré dans
» le devoir & dans l'ordre , lorfque la tran-
» quillité fera rétablie & affurée , le roi laiffera,
» lorfqu'il le jugera convenable, à fes cours &
» à fes tribunaux ordinaires , le foin de recher-
» cher les vrais coupables , ceux qui , par des

» menées fourdes, peuvent avoir donné lieu aux
» excès, qu'il ne doit penfer, dans ce moment-
» ci, qu'à réprimer ; mais quant à préfent, il ne
» faut fonger qu'à arrêter dans fon principe,
» une contagion dont les fuites & les progrès
» conduiroient infailliblement à des malheurs
» que la juftice & la bonté du roi doivent pré-
» venir.

Il fut enfuite procédé à la lecture & à l'enregiftrement de la déclaration dont nous avons
parlé. Elle porte en fubftance, que la juridiction prévôtale étant principalement deftinée à
établir la fûreté des grandes routes, à réprimer
les émotions populaires, & à connoître des
excès & violences commis à force ouverte, le
roi veut que les particuliers arrêtés à Paris &
ailleurs, ou qui feront arrêtés par la fuite pour
raifon des crimes énoncés dans cette déclaration, foient remis entre les mains des prévôts
généraux des maréchauffées, pour être le procès
des coupables fait & parfait en dernier reffort
par ces prévôts & leurs lieutenans affiftés des
officiers des préfidiaux ou autres affeffeurs appelés à leur défaut.

En exécution de cette loi, deux particuliers,
domiciliés à Paris qui avoient eu part à l'émotion populaire arrivée en cette ville le 3 mai ,
ont été condamnés à mort par jugement prévôtal & exécutés le 11 de ce mois (*).

_____

(*) *Voici ce jugement.* Extrait des regiftres du greffe de
la prévôté & maréchauffée générale de l'Ifle de France, du
11 mai 1775.

Entre le procureur du roi, demandeur & accufateur.

Jean Denis Defportes , *travaillant du métier de perru-*

B b iij

Le même jour onze, on publia une ordon-

quier, *ci-devant soldat du régiment de la vieille Marine;*
  Jean-Charles l'Eguiller, *gazier;*
  Ignace Derives, Jean Derives, *porteurs d'eau, défendeurs*
& accusés.

Nous disons par délibération du conseil, jugement prévôtal & en dernier ressort, en vertu du pouvoir à nous donné
par la déclaration du roi du 5 du présent mois : ouï, sur ce
le procureur du roi, que lesdits Jean Charles l'Eguiller &
Jean-Denis Desportes sont déclarés duement atteints &
convaincus, savoir, ledit Jean-Charles l'Eguiller, de s'être
trouvé dans l'Attroupement d'une grande foule de peuple,
qui se préparoit à enfoncer la boutique d'un boulanger, faubourg St. Marcel, d'avoir porté un coup de pied à la porte
de ladite boutique, & d'avoir encouragé les autres à forcer
la boutique dudit boulanger, lequel a été contraint de leur
livrer une fournée & demie de pain; & ledit Jean-Denis
Desportes, de s'être successivement transporté au-devant des
boutiques de deux boulangers dudit faubourg St. Marcel, à
l'un desquels ayant dit : *vous ne fermez pas votre boutique,*
vous allez être pillé; combien avez-vous de pains chez vous?
Et ledit boulanger ayant répondu : *j'en ai bien cinq four-*
nées : ledit Desportes repliqua : *c'est bien;* & alors il survint
plus de trois cens personnes, lesquelles avec ledit Desportes,
ont pillé tous les pains de la boutique, à laquelle boutique
ledit Desportes est revenu plusieurs fois & en a emporté du
pain. Et à l'égard dudit second boulanger, de s'être ledit
Desportes trouvé dans la premiére bande qui s'est présentée
à la boutique dudit boulanger, lequel pour éviter le pillage
a passé tous les pains de sa boutique à ladite premiere bande
par-dessus la porte; desquels pains desdites deux boutiques,
ledit Desportes a été trouvé saisi au nombre de trois dans la
chambre par lui occupée; & d'avoir ainsi lesdits Jean Charles
l'Eguiller & Jean-Denis Desportes participé à l'émotion
populaire arrivée dans Paris, ledit jour mercredi 3 du présent mois, lors de laquelle une multitude considérable d'hommes & de femmes ont saccagé, pillé & volé à force ouverte
la farine & le pain destinés aux habitans de Paris, dans les
halles, marchés & boutiques des boulangers de cette ville,

nance portant que tous les particuliers qui étant entrés dans les Attroupemens par séduction ou par l'effet de l'exemple des principaux séditieux, s'en sépareroient immédiatement après la publication de cette ordonnance, ne pourroient être arrêtés, poursuivis ni punis pour raison de ces Attroupemens, pourvu qu'ils rentrassent sur le champ dans leurs paroisses, & qu'ils restituassent, en nature, ou en argent, suivant la véritable valeur, les grains, farines ou pain qu'ils auroient pillés ou qu'ils se seroient fait donner au dessous du prix courant.

qu'ils ont enfoncés, & se sont fait livrer le pain avec violence, & à un prix au-dessous du courant, ou même sans payer, le tout & ainsi qu'il est mentionné au procès : pour réparation, lesdits l'Eguiller & Desportes condamnés à être pendus & étranglés, tant que mort s'ensuive, par l'exécuteur de la haute-justice, chacun à une potence, qui pour cet effet seront plantées dans la place de Grève, leurs biens acquis & confisqués au roi, ou à qui il appartiendra, sur iceux préalablement pris la somme de deux cens livres d'amende envers le roi, à l'égard de chacun d'eux, au cas que confiscation n'ait pas lieu au profit de sa majesté, sursis au jugement du procès à l'égard desdits Jean & Ignace Derives, jusqu'après l'exécution du présent jugement : disons en outre que le présent jugement sera, à la diligence du procureur du roi, imprimé, publié & affiché dans tous les lieux & carrefours accoutumés de la ville, faubourgs & banlieue de Paris, même dans les bourgs & villages circonvoisins, & par-tout où besoin sera.

Ce fut fait & donné par messire JEAN-CHARLES PAPILLON, écuyer, conseiller du roi en ses conseils, prévôt-général susdit, en la chambre criminelle du châtelet de Paris, où étoient messieurs du siége présidial du châtelet, de service à la chambre criminelle, au nombre de onze, le onze mai mil sept cent soixante-quinze. *Signé*, GUILLEBERT, *greffier en chef.*

La même ordonnance a défendu, fous peine
de mort, de continuer de s'attrouper après
qu'elle auroit été publiée.

Elle porte d'ailleurs que ceux qui viendront
à quitter leurs paroiffes fans être munis d'un
certificat de bonnes vie & mœurs figné de leur
curé & du fyndic de leur communauté, feront
pourfuivis & jugés prévôtalement comme vagabonds, fuivant la rigueur des ordonnances.

Les chefs & inftigateurs des Attroupemens
ont été exceptés de l'amniftie accordée par l'ordonnance dont nous venons de rapporter les
difpofitions.

En matière de droits d'aides & autres femblables, on appelle *Attroupement*, la réunion de
plufieurs perfonnes qui font ou favorifent la
contrebande.

Suivant les déclarations des 30 janvier 1717,
& 12 juillet 1723, les foldats, les vagabonds &
gens fans aveu qui font trouvés attroupés au
nombre de cinq & au deffus, avec armes offen-
fives, entrant ou efcortant, foit de jour ou de
nuit, des boiffons, du bétail, de la viande &
toute autre denrée ou marchandife fujette aux
droits, ou de contrebande, qui s'oppofent avec
violence & rebellion aux vifites des commis,
forcent les bureaux & enlevent les chofes faifies,
doivent être punis de mort.

Ceux qui font en moindre nombre doivent
en cas de violence ou rebellion, être condamnés aux galères pour trois ans & à deux cens
livres d'amende, & punis de mort en cas de
récidive.

Les lettres patentes du 8 décembre 1722 &
un arrêt du confeil du 2 août 1729 ont enjoint

aux fyndics & habitans des bourgs par lefquels
il paffera des particuliers attroupés avec port
d'armes & des ballots fur leurs chevaux, dé
fonner le tocfin pour les faire arrêter, à peine
de complicité & de 500 livres d'amende. *Voyez
le procès-verbal de ce qui s'eft paffé au lit de juftice
tenu à Verfailles le 5 mai 1775 ; l'ordonnance du
11 du même mois ; les déclarations des 30 janvier
1717, & 12 juillet 1723 ; le traité général des
droits d'aides ; les lettres patentes du 8 décembre
1722 ; l'arrêt du confeil du 2 août 1729, &c.*
Voyez auffi les articles ASSEMBLÉES ILLICITES,
VAGABONDS, CAS ROYAL, CAS PRÉVÔTAL,
PRÉVÔT DES MARÉCHAUX, CONTREBAN-
DE, &c.

AVAL. Soufcription qu'on met fur une lettre
ou billet de change par laquelle on s'engage à
payer la fomme mentionnée en cette lettre ou
billet, dans le cas qu'elle ne feroit pas acquittée
par la perfonne fur laquelle la lettre ou le billet
eft tiré (*).

Ceux qui mettent leur Aval fur des lettres de
change, promeffes, billets & autres actes de
commerce deviennent folidairement obligés avec
ceux pour lefquels ils ont pris un engagement.
Ainfi le propriétaire d'une lettre de change à
contre celui qui a mis fon Aval au bas, la même action que contre le tireur de cette lettre.

De même celui qui met fon Aval au bas de
l'endoffement ou de l'acceptation d'une lettre de
change donne contre lui au propriétaire de cette

_____

(*) L'Aval fe fait en écrivant fimplement au bas de la
lettre ou billet ces mots, *pour Aval,* avec la fignature de
celui qui la foufcrit.

lettre une action pareille à celle que ce propriétaire peut exercer contre l'endoſſeur ou l'accepteur.

Une choſe particulière aux cautionnemens faits par Aval eſt que ceux qui les ont ſouſcrits, ſoit qu'ils ſoient marchands ou qu'ils ne le ſoient pas, ſont ſujets à la contrainte par corps comme le tireur, l'endoſſeur ou l'accepteur pour leſquels ils ſe ſont cautionnés & qu'ils ne peuvent oppoſer les exceptions de diſcuſſion & de diviſion dont les cautions ordinaires peuvent faire uſage.

Mais ſi le cautionnement au lieu d'être fait par un Aval l'étoit par un acte ſéparé, celui qui ſe feroit cautionné ne feroit pas privé des exceptions dont on vient de parler. Il ne feroit pas ſujet non plus à la contrainte par corps, à moins qu'il ne fût l'aſſocié de celui pour lequel il ſe feroit cautionné. Telle eſt l'opinion de *Heinneccius. Voyez l'ordonnance du commerce du mois de mars 1673 ; Heinneccius, elemen. jur. camb. le traité du contrat de change ; Bornier & Jouſſe ſur l'ordonnance du commerce*, &c. Voyez auſſi les articles LETTRE DE CHANGE, TIREUR, ENDOSSEUR, FAILLITE, &c.

AVANCEMENT D'HOIRIE. C'eſt ce qui eſt donné à un héritier préſomptif par anticipation ſur ce qu'il avoit droit d'eſpérer d'une hérédité à échoir ; car *hoirie* & *hérédité* ſignifient la même choſe.

Comme une donation en Avancement d'hoirie eſt un avantage pour celui à qui elle eſt faite, cette donation eſt permiſe ou prohibée, ſuivant qu'il eſt permis ou défendu d'avantager la perſonne à qui l'on donne par anticipation : liberté

ou prohibition qui peuvent encore fe confidérer
fuivant la nature des actes conftitutifs de la libéralité. Sur quoi l'on .doit confulter ce que nous
difons à l'article *Avantage*.

Une donation en Avancement d'hoirie diffère
d'une ʼdonation ordinaire , en ce que l'on eft
obligé de rapporter à la fucceffion dans laquelle
on demande fa portion héréditaire, ce que l'on
a reçu par anticipation ; au lieu que lorfque la
donation a été pure & fimple , on profite de
l'objet donné & on ne laiffe pas de prendre dans
la fucceffion la portion qu'on doit y avoir.

Dans le doute fi la donation eft en Avancement d'hoirie ou fi elle ne l'eft pas , on ne fait
aucune difficulté en ligne collatérale de la regarder comme pure & fimple. Mais en ligne directe
comme l'égalité entre les enfans eft de droit naturel, la moindre indication fuffit pour faire préfumer que la donation eft en Avancement d'hoirie. S'il étoit dit, par exemple , que le pere
donne *dès-à-préfent* fans autre explication, cette
expreffion feroit fuffifante pour annoncer que la
donation n'eft faite que par anticipation.

Lorfque le pere donne en Avancement d'hoirie par le contrat de mariage de fon fils, ce fils
donataire a la liberté de fe borner au don à lui
fait en renonçant à la fucceffion, fauf la légitime
des autres enfans qu'il eft obligé de fournir ou
de completter, parce que la légitime eft un droit
facré auquel un pere ne peut donner atteinte
en faveur d'un de les enfans au préjudice des
autres.

La démiffion qu'un pere fait de fes biens à fesʼ
enfans eft une autre efpèce de don en Avance-

ment d'hoirie, fur lequel on peut voir ce qui
nous difons à l'article *Démiffion*.

Comme il eft de règle que ce que l'on a reçu
en Avancement d'hoirie fe rapporte ou du moins
fe précompte fur la portion héréditaire que l'on
réclame, nous détaillerons tout ce qui eft de
jurifprudence & d'ufage en pareil cas à l'article
Rapport.

Nous obferverons feulement ici qu'il n'eft
point dû de droits feigneuriaux pour une donation d'immeubles à titre d'Avancement d'hoirie,
pourvu que la donataire foit réellement un héritier préfomptif. Il doit être indifférent au feigneur que cet héritier recueille plutôt ou plus
tard puifqu'il doit recueillir.

Les droits de contrôle d'une donnation en
Avancement de fucceffion font énoncés en l'article 44 du tarif du 19 feptembre 1722, & il
eft dit qu'ils feront perçus fur le pied des articles 3 & 4 de ce même tarif, c'eft-à-dire, fur
l'évalution des objets donnés, ou à défaut d'évaluation fuivant le plus fort droit qui eft de 200
livres non compris les fous pour livre.

Indépendamment des droits de contrôle, une
donation pareille eft encore fujette à l'infinuation fuivant le tarif, pour le mobilier qu'elle peut
renfermer, & au centième denier pour les immeubles, à moins que cette donation ne foit
par contrat & en faveur de mariage en ligne
directe ; c'eft ce qui réfulte de l'article 3 de la
déclaration du roi du 20 mars 1708. De forte
que fi la donation quoiqu'en ligne directe n'étoit
point en faveur & par contrat de mariage, le
droit d'infinuation & de centième denier feroit

dû, suivant plusieurs décisions du conseil, dont l'une est du 17 mars 1725 ; une autre du 14 août 1728; & une troisième du 21 janvier 1730.

Si cette règle avoit pu souffrir une exception, c'étoit sans doute dans le cas que voici : un nommé René Guenot avoit avancé une somme à deux de ses fils pour les mettre en état de commercer & il en avoit tiré quittance. Après la mort de ce particulier cette quittance s'étant retrouvée dans son inventaire, on demanda le droit d'insinuation sur le montant de la somme. Les enfans prétendirent que cette quittance ne pouvoit être regardée que comme la reconnoissance d'une somme empruntée ; que ce n'étoit point une donation en Avancement d'hoirie, que dès-lors il n'étoit dû aucun droit d'insinuation ; cependant par une décision du conseil du 10 juillet 1752, il fut jugé que le droit étoit dû parce que l'effet de cette quittance équivaloit à une donation en Avancement d'hérédité. Voyez AVANTAGE, DÉMISSION, RAPPORT, DONATION, SUCCESSION, &c. (article de M. DAREAU, avocat au parlement.)

AVANTAGE. Ce mot en terme de pratique signifie la faveur que fait le juge à une partie de lui accorder ce qu'elle desire lorsqu'après lui avoir exposé le sujet de sa réclamation & en avoir établi la légitimité, il ne se trouve personne pour la contredire & empêcher l'effet de sa demande. C'est dans ce sens qu'après avoir écouté la partie, le juge lui dit : *prenez votre Avantage;* ce qui signifie qu'il consent qu'elle se fasse expédier un jugement conforme à ses conclusions.

Quelque présomption qu'il se présente en faveur d'une partie qui ne trouve point de contradiction, le juge ne doit pas laisser d'examiner si la demande qu'on lui fait est juste & bien fondée ; ceci lui est particulièrement recommandé par l'ordonnance de 1667 ; car quoique la paradverse ne comparoisse point, ce n'est pas une raison pour la condamner sans motif. Le juge doit présumer alors que cette partie absente s'en rapporte à sa prudence, ainsi son devoir est de s'assurer du fondement de la demande afin de ne rien accorder qui puisse blesser la justice & l'équité.

Il n'est pas sans exemple que des parties ayent été condamnées sur leur propre demande sans contradicteur ; & la chose arriveroit bien plus souvent si les juges étoient plus attentifs à se conformer à l'ordonnance qui en cela ne prescrit rien que de très-sage & de très-régulier. Souvent une partie ne se décide à un action que parce qu'elle sait que sa partie adverse n'aura pas le tems ou la faculté de se défendre ; tentative qui deviendroit plus rare si l'on étoit bien prévenu de l'éxactitude du juge à ne rien accorder qu'après une entière vérification.

AVANTAGE, se prend encore quelquefois pour ce qui est donné d'avance à un héritier présomptif sur une succession à échoir. C'est en quelque façon un Avantage pour cet héritier de pouvoir jouir par anticipation d'une hérédité qui ne sera ouverte que dans le tems aux autres héritiers. Tout ce que nous pourrions dire ici au sujet d'un Avantage pareil se rapporte à ce que nous avons dit à l'article *Avancement d'hoirie.*

AVANTAGE en matière de libéralité. Quoiqu'il soit de règle générale que chaque individu dans la société est maître de ce qui lui appartient & qu'il peut en user & disposer à son gré, cependant cette régle ne laiſſe pas de ſouffrir des exceptions introduites en conſidération du droit public ou des bonnes mœurs, ainſi il y a des cas où nous ne pouvons faire de libéralité ni en recevoir, comme il y en a où nous avons une entière faculté active & paſſive à cet égard.

Ces exceptions ſont pour l'ordinaire du mari à la femme & de la femme au mari, du pere & de la mere aux enfans, des particuliers à leurs héritiers préſomptifs, & à des perſonnes prohibées, prohibition en général qui eſt toujours la même, ſoit qu'on emploie des perſonnes interpoſées, ſoit qu'on cherche à déguiſer les actes conſtitutifs des libéralités, c'eſt ce que nous allons développer.

Avantage entre conjoints. Lorſqu'une fois on eſt lié par les nœuds du mariage, il s'en faut de beaucoup qu'on ſoit auſſi libre qu'auparavant. Avant le mariage, il n'eſt pas d'avantage que des futurs époux ne puiſſent ſe faire par leur contrat : donations entrevifs ou à cauſe de mort, préciput, ou autres diſpoſitions, le tout à quelque clauſe & condition que ce ſoit eſt valable & doit être exécuté. Un contrat pareil eſt ſi favorable, que ce qui eſt de rigueur pour des diſpoſitions conſignées dans d'autres actes qu'un contrat de mariage, ne l'eſt plus de même lorſque ces diſpoſitions interviennent dans cette ſorte de contrats. Une donation, par exemple, ne peut ſe ſoutenir ſi elle n'eſt expreſſément acceptée : mais qu'elle ſoit faite par contrat de mariage, cette omiſſion ne nuit plus à la libéralité. (*)

_____

(*) Quoique nous diſions ici que le mari & la femme peuvent ſe faire toutes ſortes d'Avantages par leur contrat de mariage, il faut pourtant obſerver que lorſqu'un des fu-

Obfervons cependant que cette faveur n'eft que pour les futurs conjoints entr'eux lors de leur contrat. Si par ce même acte on donnoit à un tiers, ce ne feroit plus la même chofe. Nous dirons encore que fi l'un des conjoints étoit une perfonne prohibée, la libéralité qu'un tiers lui feroit n'acquerroit pas à caufe de fon mariage plus de validité. Il n'eft pas plus permis en gé-néral de donner aux perfonnes prohibées lorf-qu'elles fe marient qu'auparavant, à moins que la coutume n'en ait une difpofition particulière, comme on le verra au fujet des enfans qui font mariés par pere & mere.

Lorfqu'une fois le mariage eft célébré, cette faculté qu'avoient les époux de s'avantager n'eft plus la même. Et en cela on diftingue entre le droit écrit & le droit coutumier. Dans le pays de droit écrit, les époux n'ont plus d'autre reffource que le teftament. Il eft vrai que cette reffource eft confidérable dans ce pays où l'on peut difpofer de tout fon bien fauf la légitime de ceux qui ont droit de la réclamer. Anciennement le mari & la femme pouvoient s'avantager encore par do-nation entrevifs, & cette donation produifoit fon entier effet lorfque le donateur conjoint dé-cédoit fans l'avoir révoquée : ce qui ne pouvoit valoir alors comme donation, valoit du moins comme teftament ; mais depuis l'ordonnance de 1431 concernant les *donations*, articles 3 & 4,

turs conjoints a des enfans d'un précédent mariage, il ne peut favorifer l'autre conjoint par quelque difpofition que ce foit, que jufqu'à concurrence de la portion du moins prenant de ces enfans dans la fucceffion de ce conjoint. C'eft ce que nous expliquerons plus particulièrement en parlant des fecondes nôces.

des

des actes pareils ne peuvent plus se soutenir. La donation & le testament ont aujourd'hui leur caractère particulier il faut que chacun de ces actes soit revêtu des formes qui lui conviennent pour produire son effet : de sorte que ce qui ne peut valoir comme donation ne peut valoir comme testament. Ainsi dans le droit écrit comme les époux ne peuvent point se faire de donation l'un à l'autre par acte entre vifs , il s'ensuit que s'ils avoient pris cette voie , l'Avantage ne pourroit se soutenir comme disposition à cause de mort ; on leur diroit vous pouviez vous avantager par testament & vous ne l'avez pas fait ; vous vous êtes avantagé par donation entre vifs & vous ne le pouviez point faire : *quod potuit non fecit , fecit autem quod non potuit.*

Dans le pays coutumier en général le mari & la femme après le mariage ne peuvent s'avantager directement ni indirectement de quelque manière que ce soit si ce n'est par don mutuel. L'article 282 de la coutume de Paris contient là-dessus une disposition formelle : ainsi il ne peut être question dans cette coutume ni de donation ni de testament.

Pourquoi une si grande différence entre le pays de droit écrit & le pays coutumier ? dans le pays de droit écrit on ne veut pas à la vérité que les époux puissent être tyrans l'un de l'autre au point de se dépouiller irrévocablement ; mais on y suppose des mœurs : on présume que le mari & la femme ont bien vécu ensemble & l'on croit dès-lors qu'il seroit trop rigoureux de leur interdire toutes marques d'affection de l'un envers l'autre.

Tome III.   C c

En pays coutumier on penſe différemment. On s'imagine que ſi les époux avoient la faculté de s'avantager l'un l'autre, ce ſeroit les mettre dans le cas d'uſer de violence ou d'artifice pour s'extorquer des libéralités. Nous ne porterons point de jugement ſur la préférence des motifs qui permettent ou qui empêchent une libéralité entre conjoints.

Quoi qu'il en ſoit pour en revenir au droit coutumier, la prohibition portée par la coutume de Paris n'eſt pas ſi générale qu'elle ne reçoive bien des exceptions dans d'autres coutumes. Dans les unes, comme dans celle de la Marche, il eſt permis au mari & à la femme de teſter l'un en faveur de l'autre juſqu'à concurrence du tiers de tous leurs biens ; dans d'autres, comme en Auvergne, le mari peut teſter en faveur de ſa femme, & non la femme en faveur du mari. Dans une province on peut diſpoſer de certains biens, dans une autre on ne le peut pas. Ici on peut le faire lorſque les conjoints s'en ſont réſervés la faculté par le contrat de mariage, là on ne le peut ni d'une façon ni d'une autre ; rien de plus varié ſuivant les différentes coutumes ; mais en général il eſt de droit commun qu'il y a une prohibition, à moins qu'elle ne ſoit levée par la coutume du pays où l'on a envie de diſpoſer. Sur quoi il eſt bon d'obſerver que cette prohibition n'eſt que locale, c'eſt-à-dire, qu'elle ne porte que ſur les biens qui ſont ſitués ſous la coutume prohibitive, & qu'elle ne s'étend nullement ſur ceux qui ſont ſitués en pays d'entière liberté.

Il eſt de maxime que lorſqu'on ne peut s'avanager directement entre conjoints, on ne peut le faire non plus indirectement. Ainsi quoique le don mutuel ne soit point à proprement parler un avantage, puisqu'il peut tourner au profit de l'un comme de l'autre (*), cependant si ce don ne se faisoit qu'aux approches d'une mort inévitable, l ne produiroit aucun effet ; on présumeroit par-là que le survivant a cherché à se faire faire un avantage indirect.

On le présumeroit de même encore, si le mari recevant une succession échue à sa femme, il exagéroit par ses quittances le montant de cette succession. On seroit fondé à croire qu'il a voulu gratifier sa femme, en lui fournissant le moyen de réclamer quand il seroit mort, des objets plus considérables que ce qu'il auroit réellement touché de la succession.

Comme les fruits & revenus du bien de la femme appartiennent au mari, s'il paroissoit qu'ils ne se font séparés que pour donner occasion à la femme d'appliquer ces mêmes fruits à son profit particulier, ce seroit une ouverture aux héritiers du mari pour s'en plaindre.

Si par le contrat de mariage il étoit dit que la femme partagera la communauté sans participer aux dettes, cette clause ne pourroit non plus se soutenir, parce que rien ne seroit plus facile que de l'avantager de cette manière : le mari n'auroit pour cet effet qu'à faire beaucoup d'emprunts pour des acquisitions. Si le mari par con-

---

(*) Le don mutuel n'est pas également accueilli dans toutes les coutumes. Les unes le veulent à égalité de biens, les autres le tolerent à égalité d'âge, &c. c'est ce que l'on fera voir plus particulièrement à l'article *Don-mutuel.*

trat de mariage avoit inftitué fa femme héritière de tout le mobilier qui fe trouveroit dans fa fucceffion, le prix des propres aliénés tomberoit-il dans la faveur de l'inftitution ? Si l'aliénation s'étoit faite fans fraude ce prix lui appartiendroit : mais dans le cas contraire on penferoit différemment fuivant qu'il a été jugé dans la coutume de Paris par arrêt du 29 février 1760.

Quoique la coutume de Paris foit une des coutumes les plus févères, elle permet pourtant aux époux lorfqu'ils marient leurs enfans de ftipuler *que ces enfans laifferont jouir le furvivant de leur père ou de leur mère des meubles & conquêts du prédécédé la vie durant du furvivant pourvu qu'il ne fe remarie pas.* Il ne falloit pas moins qu'une exception marquée pour les fouftraire à la rigueur de l'article 282 ; & comme cette exception n'eft pas de droit commun, elle ne fauroit s'étendre aux autres coutumes qui n'en parlent pas.

Mais fi dans ces autres coutumes un père par exemple faifoit un avantage à fon fils à la charge & condition par celui-ci de laiffer jouir fa mère de tel ou tel objet fa vie durant, une pareille difpofition pafferoit-elle pour un avantage prohibé ? La queftion eft délicate : il paroît d'abord que ce feroit un avantage indirect. Cependant comme toutes les conventions & principalement les conventions matrimoniales font fufceptibles de toutes fortes de claufes & conditions qui n'ont rien de contraire aux bonnes mœurs, on peut dire qu'une ftipulation pareille obtiendroit fon effet ; parce qu'enfin on ne peut point féparer la condition de la libéralité à laquelle elle eft attachée. D'ailleurs il dépendroit du fils d'accepter l'avantage ou de le refufer ; mais en l'accep-

tant il faudroit qu'il acceptât néceffairement ce
qui feroit une fuite de ce même avantage : *Qui*
fentit commodum fentire debet & onus.

On prétend que lorfque les deux conjoints
font proches parens n'ayant dès-lors été mariés
qu'avec difpenfe, la prohibition n'a plus lieu à
leur égard ; & cela dans l'idée que les avantages
qu'ils fe feroient auroient plutôt alors l'affection
que la tyrannie ou la féduction pour principe.
Mais nous ne faurions adopter cette diftinction
qui dans l'ufage ne fe propofe point. Il eft rare
que la parenté contribue à rendre les mariages
plus unis & plus heureux. L'intérêt & la cupidité font aveugles, ils ne favent rien difcerner.

Avantage concernant les enfans. Les enfans font
naturellement appelés à partager la fucceffion
de leur père & de leur mère par égale portion,
& cette égalité s'obferve à moins qu'il ne foit
permis d'y déroger. Le droit écrit & le droit
coutumier n'ont prefque rien de commun à cet
égard.

Dans le droit écrit il eft permis de faire la
condition d'un de fes enfans meilleure que celle
des autres, foit par teftament, foit par donation
contractuelle. En pays coutumier il en eft autrement : dans quelques coutumes, on ne peut avantager les uns plus que les autres fi ce n'eft par
leur propre contrat de mariage ; dans d'autres on
ne peut les favorifer que d'une certaine quotité
& d'une certaine nature de biens. Ici on diftingue
entre nobles & roturiers : là on accorde un préciput ; ailleurs il n'en eft point queftion : autant
de coutumes, autant pour ainfi dire de difpofitions diverfes & fingulières.

Lorfqu'il eft porté par une coutume que le

père & la mère ne pourront avantager l'un de leurs enfans plus que les autres, fi ce n'eft dans les cas où il leur eft permis de ne point s'arrêter à cette égalité, il eft certain que ce qu'on ne peut point faire pour eux directement on ne peut le faire non plus d'une manière indirecte, c'eft-à-dire par des voies détournées.

Un ftatut pareil eft-il réel ou perfonnel ? Il devroit fans doute être perfonnel & s'étendre à toutes fortes d'avantages fans confidérer fi les biens font fitués ou non dans la coutume prohibitive ; mais il en eft ici comme à l'égard du mari & de la femme pour lefquels il eft décidé qu'ils peuvent exercer leurs libéralités refpectives fur d'autres biens que ceux qui font fitués dans la coutume prohibitive où ils ont leur domicile. Sans doute qu'on regarde la prohibition comme trop rigoureufe pour lui donner de l'effet hors du territoire où elle eft introduite.

Mais fi un père pour avoir occafion d'avantager l'un de fes enfans dans une coutume prohibitive, vendoit de fes fonds fitués dans cette coutume pour en acheter d'autres dans une province où il eft permis d'avantager l'un de fes enfans plus que les autres, la difpofition qui feroit faite de ces biens nouvellement acquis en faveur de cet enfant au préjudice des autres feroit-elle valable ? Ceci dépendroit des circonftances : il eft certain que fi peu de temps après l'acquifition le pere en difpofoit en faveur de fon fils cette difpofition paroîtroit faite pour éluder la loi & le fils feroit obligé de rapporter ce qu'il auroit pris ; mais fi d'un côté on peut préfumer de la prédilection de la part du père, on eft d'un autre côté éloigné de foupçonner de la fraude, lorfqu'on fait attention qu'un père chérit également fes enfans, & que l'amour de l'égalité eft autant chez lui dans la nature que dans la loi. On ne peut donc point donner de règles certaines en pareil cas : tout dépend des circonftances, des lumières & de la prudence des juges.

Lorfqu'il eft permis d'avantager un de fes fils en le mariant on voudroit trouver fouvent l'occafion d'en avantager un autre en même temps : la difficulté a fait imaginer une tournure qui au fond eft une contravention à la loi, mais qui cependant ne laiffe pas de produire fon effet, & la voici : c'eft de ne faire l'avantage au fils qu'on marie qu'à la charge par lui d'y affocier pour un quart, un tiers, une moitié, l'autre enfant qu'on veut avantager & qui ne fe marie pas. Comme il eft de maxime qu'on ne peut point divifer les contrats pour n'en exécuter que ce qui eft avantageux & abandonner ce qui en peut être onéreux fuivant que nous l'avons obfervé au fujet du mari & de la femme, on décide que le fils ne peut point accepter l'avantage qu'on lui a fait fans effectivement en communiquer le bénéfice à l'autre fils affocié pour la quote-part déterminée. Cette tournure eft d'un ufage établi, notamment dans la coutume de la Marche où il eft défendu d'avantager l'un de fes enfans plus que les autres fi ce n'eft par contrat de mariage. Cet ufage eft confirmé par la jurifprudence du principal fiége de l'endroit & par nombre d'arrêts de la cour de parlement dans le reffort de laquelle fe trouve fituée la province de la Marche.

Dans cette coutume & dans d'autres femblables le père & la mère en fe mariant peuvent-ils par leur contrat de mariage faire des avantages

par anticipation à un de leurs enfans à naître au
préjudice des autres? Suivant ces coutumes les
enfans ne pouvant être avantagés que par leur
propre contrat de mariage il semble qu'une faveur par anticipation blesseroit la loi, cependant
on regarde une pareille disposition comme valable & comme une suite naturelle de la faculté
qu'on a par un contrat de mariage de stipuler
pour soi & pour ses descendans telles clauses &
conditions que l'on juge à propos lorsqu'elles
n'ont rien de contraire aux bonnes mœurs. Envain diroit-on qu'un avantage par anticipation est
contraire à la loi : la loi ne s'explique que pour
les avantages à faire, & non pour ceux qui se
trouvent déja faits : la première loi sous laquelle
les enfans sont venus au monde, est celle du
mariage, & c'est cette même loi qui doit toujours être suivie.

Question. Un enfant qui auroit rendu à son père
un service de la dernière importance qui par
exemple se seroit exposé à un danger prochain
pour le sauver d'un naufrage, d'un incendie, ne
pourroit-il point par forme de récompense recevoir autrement que par contrat de mariage un
avantage particulier de son père sans être tenu de
le précompter à ses co-héritiers ? La raison de
douter se tire de ce qu'un fils en pareil cas ne
fait que son devoir ; mais en raisonnant plus conformément à la nature humaine, nous pensons
que la justice bien loin de le dépouiller de cet
avantage viendroit à son secours pour le lui conserver. L'exemple d'un fils qui affronte le danger
pour sauver la vie de son père est trop précieux
pour que ce père soit privé de la douce satisfac-
tion de le récompenser comme son bienfaiteur,

& trop rare pour qu'il ne soit point permis de le faire servir de leçon aux autres enfans qui n'auroient point la même générosité que lui. Jamais on ne pourroit faire d'application plus matérielle de la loi qu'en l'employant en pareil cas à combattre une récompense due au courage & à la vertu.

Avantage aux héritiers présomptifs. Il y a des coutumes ainsi que nous venons de le voir où il n'est point permis d'avantager ses enfans ou petits enfans au préjudice les uns des autres. Cette prohibition est fondée du moins sur des motifs apparens d'équité, en ce qu'il est naturel de conserver l'égalité parmi ceux que la nature a rendus égaux entr'eux, & d'éviter ainsi tout sujet de haîne & de jalousie. Mais il est singulier que dans d'autres coutumes comme dans celle de Poitou on ait étendu cet esprit d'égalité à la ligne même collatérale, & qu'il soit défendu dans ces coutumes d'avantager son héritier ou l'héritier présomptif de son héritier au préjudice des autres si ce n'est ou d'une certaine nature de biens ou d'une certaine quotité. Cependant quoique les dispositions de ces coutumes s'exécutent à la rigueur, la prohibition n'est pas telle qu'on doive généralement suspecter de fraude tous les actes qui se passent entre parens héritiers prochains ou immédiats. On ne veut pas que le soupçon soit porté au point qu'ils ne puissent faire ensemble valablement tout ce que les hommes font entre eux dans le commerce de la vie; ils peuvent se rendre acquéreurs les uns des autres, contracter des sociétés, & même il est naturel que lorsqu'on a besoin d'argent on l'emprunte plutôt d'un parent que d'un étranger. Ainsi lorsqu'il s'agit de l'exécution des actes qui ont pu avoir lieu entr'eux on n'est pas facilement reçu à les arguer de fraude. Que j'aie prêté une certaine somme à un de mes parens dont je me trouve aujourd'hui l'héritier avec d'autres parens, si mon prêt est constaté par écrit, ces autres parens ne sont pas recevables à demander à faire preuve au préjudice de cet écrit que le prêt n'a point été fait & que cet écrit n'a eu lieu que pour m'avantager d'autant dans les biens de la succession. La règle qui veut qu'on n'attaque point des écrits par des preuves testimoniales est en pareil cas en ma faveur.

Il en seroit différemment si de l'écrit même on pouvoit induire des soupçons de fraude ; s'il étoit par exemple d'une date voisine de la mort du parent, ou que le terme du payement fût porté à une époque si reculée qu'il ne dût naturellement écheoir qu'après la mort de ce parent, ou que le prétendu débiteur jouît notoirement d'une fortune & d'une aisance telle qu'il eût pu se passer de faire l'emprunt & qu'il parût au contraire que l'héritier porteur de l'écrit n'étoit pas assez bien dans ses affaires pour faire un prêt pareil : toutes ces circonstances réunies pourroient faire sensation & il resteroit alors au créancier de prouver plus particulièrement la réalité du prêt, mais dans le doute la cause du créancier seroit toujours la plus favorable en affirmant qu'il a réellement déboursé le montant de l'obligation.

Il faut observer que la fraude ne se présume pas aussi facilement en ligne collatérale qu'en ligne directe ; on est moins porté à favoriser des parens éloignés que ses propres enfans ; c'est pourquoi il faut des indices plus marqués dans une espèce que dans l'autre.

Avantages prohibés par la qualité des personnes. Dans les cas où il est permis d'être libéral il ne suffit pas d'un acte de libéralité pour conclure aussi-tôt que cet acte doit avoir son exécution. Il faut que ce même acte porte tellement le caractère d'une volonté libre que rien ne puisse en faire douter , & cette liberté devient facilement suspecte lorsque l'acte qui semble l'indiquer se rapporte à des personnes qui avoient un certain empire sur l'esprit de ceux qui ont exercé les libéralités dont il s'agit. Dans le droit écrit comme dans le droit coutumier il est de jurisprudence reçue qu'il suffit que l'acte soit en faveur d'une personne prohibée pour que sans autre examen il soit déclaré nul & comme non-avenu, à moins que de fortes circonstances ne déterminent à penser différemment. Voici quelles sont les personnes auxquelles parmi nous il est défendu de recevoir des libéralités de ceux sur lesquels ils sont présumés avoir un certain ascendant.

1°. *Les tuteurs à l'égard de leurs pupilles.* Il est certain qu'on a toujours regardé les tuteurs comme maîtres de la volonté de leurs pupilles , & dès-lors on a cru qu'il seroit extrêmement dangereux d'autoriser les libéralités que ceux-ci leur feroient ; aussi ne fait-on aucune difficulté de regarder ces mêmes libéralités comme nulles & de condamner les tuteurs à s'en désister. Le pupille auroit même atteint sa pleine majorité que la chose seroit égale à moins que le tuteur n'eût rendu son compte & remis les pièces justificatives. Le mineur est toujours regardé comme mineur jusqu'à un compte parfait & consommé.

On a même jugé que le tuteur ne pouvoit point
employer comme une preuve de libre volonté de
la part du mineur l'éloignement confidérable qui
fe trouvoit entre l'un & l'autre lors de la libéralité. On s'en tient étroitement à la maxime
qu'un tuteur ne peut rien recevoir de fon mineur.

On pourroit cependant fe relâcher de la rigueur de la maxime fi le tuteur étoit un afcendant ou un proche parent collatéral, tel qu'un
aïeul ou un oncle, fur-tout fi le mineur avoit
des motifs d'exercer fa reconnoiffance pour des
foins particuliers qui lui auroient été donnés. Au
refte tout ceci doit dépendre de la conduite
qu'ont tenue les parens tuteurs, de la réputation
dont ils jouiffent & de l'objet des libéralités.

Les tuteurs honoraires ne font point compris
dans la prohibition. Ils font cenfés par leur qualité être incapables d'ufer d'aucune mauvaife
voie pour extorquer des libéralités.

2°. *Les confeffeurs des malades.* Il eft certain
que perfonne n'a plus d'empire auprès d'un homme en danger de mort qu'un confeffeur & dès-
lors on a tout lieu de préfumer qu'une libéralité
en pareil cas en fa faveur ne peut être que l'effet
de la fuggeftion.

En feroit-il de même fi l'acte de libéralité avoit
été fait dans un temps où le pénitent étoit en
bonne fanté ? Ceci dépendroit des circonftances ;
mais fi celui dont émaneroit la libéralité étoit
reconnu pour un homme fréquentant habituel-
lement le tribunal de pénitence du confeffeur
dont il s'agiroit, nous ne faurions douter qu'un
avantage pareil ne fût dans le cas d'être déclaré
nul ; il y auroit bien moins de doute encore fi la
libéralité émanoit d'une femme.

Quoiqu'en général un confeffeur ne puiffe recevoir de dons de la part de fon pénitent , cependant fi le don étoit chargé de prières , c'eft-à-dire qu'il fût à titre onéreux & fans être exceffif , il ne feroit point dans le cas d'être attaqué. On a même jugé qu'un curé recevant comme curé un teftament avoit pu recevoir en même temps un legs que le malade lui faifoit d'une fomme de cent cinquante livres pour être employée en meffes pour le repos de fon ame.

3°. *Les médecins , les chirurgiens & les apoticaires.* On regarde encore ces perfonnes comme ayant beaucoup d'afcendant fur leurs malades, & on ne fait aucune difficulté d'annuller toutes les libéralités qu'ils peuvent recevoir dans le temps qu'ils font leurs fonctions auprès de ceux qui font confiés à leurs foins & à leurs traitemens.

Cependant fi la liberalité n'intervenoit qu'après une parfaite guérifon on pourroit alors la regarder comme l'effet d'une reconnoiffance également libre & bien placée ; mais il n'en feroit pas de même fi le donateur étoit une perfonne fujette à de fréquentes infirmités : l'envie de s'attacher un médecin trop fouvent néceffaire , pourroit avoir influé pour beaucoup fur l'avantage dont on l'auroit gratifié. Au furplus cette confidération cefferoit fi le médecin , chirurgien , &c. étoit proche parent du malade ; il feroit plus jufte & plus honnête d'attribuer à l'affection qu'à tout autre motif la libératlité exercée envers ce parent.

Il faut remarquer que la prohibition ne s'étend dans aucun cas aux préfens qui fe font de la main à la main de la part de certaines perfonnes affez à l'aife pour témoigner ainfi leur reconnoiffance.

4°. *Les précepteurs à l'égard de leurs élèves.* Il leur eſt étroitement défendu de rien recevoir de ceux dont ils font l'éducation pendant que ceux-ci ſont confiés à leurs ſoins, à moins que ce ne ſoit de l'aveu des parens. On ſent les motifs d'une prohibition pareille.

5°. *Les maîtres à l'égard de leurs domeſtiques.* On tient encore pour maxime que les maîtres ne peuvent rien recevoir de ceux qui ſont à leur ſervice & cette prohibition eſt également ſage ; car enfin les maîtres peuvent avoir un certain empire ſur ces ſortes de perſonnes, & il ſeroit indécent qu'ils puſſent en abuſer.

On ne regarde pas de même les domeſtiques comme perſonnes prohibées à l'égard de leurs maîtres : on eſt au contraire dans l'uſage de leur faire des libéralités lorſqu'ils ont ſervi pendant un certain temps. On met ſouvent pour condition qu'ils ne profiteront de la libéralité qu'autant qu'ils ſe trouveront encore au ſervice lors du décès de ceux qui les gratifient, & perſonne ne leur diſpute ces ſortes d'Avantages.

Il faut pourtant convenir qu'un ancien ſerviteur a beaucoup d'aſcendant ſur ſon maître ſurtout lorſque ce dernier eſt parvenu à cet âge avancé où l'on craint toujours d'être abandonné. Dans ces circonſtances nous croyons ſans difficulté que ſi ce ſerviteur s'étoit procuré des libéraliéts exceſſives on ne fût bien dans le cas de les faire reſtreindre à ce que peut mériter un ancien domeſtique à raiſon de ſes ſervices & de la fortune de ſon maître.

Sur quoi il eſt bon d'obſerver qu'on ne comprend point dans la prohibition les intendans des ſeigneurs ni les ſecrétaires des gens d'af-

faires à moins qu'il ne s'élève contr'eux de violens soupçons.

6°. *Les maîtres à l'égard de leurs apprentis.* Les
Avantages concernant ces sortes de personnes
peuvent être permis ou prohibés suivant les circonstances. Voyez ce que nous avons dit à ce
sujet à l'article *Arts & Métiers.*

7°. *Les avocats & les procureurs à l'égard de leurs
clients.* La prohibition est étroite pour les procureurs pendant qu'ils ont des affaires de leurs
clients non-encore terminées. Il leur est même
défendu de recevoir des présens d'une certaine
importance, sans quoi il leur seroit facile comme
on le conçoit aisément de mettre les plaideurs
à contribution. La défense ne seroit pas la même
si la libéralité venoit d'un proche parent, suivant ce que nous avons dit des médecins &
chirurgiens.

A l'égard des avocats la loi n'est pas aussi ri-
goureuse : cependant une libéralité excessive dans
le temps qu'un avocat seroit chargé de la défense
d'un client & qui ne seroit point fondée sur de
grandes liaisons & des habitudes particulières
seroit suspecte & pourroit être rejetée. Il n'en
est pas de même des présens : ces présens sont
censés lui tenir lieu d'honoraires. Voyez au surplus ce que nous disons à l'article *Avocat.*

8°. *Les novices à l'égard de leur monastère.* S'il
étoit permis aux novices de disposer en faveur de
la communauté où ils sont admis à faire profession, on pourroit souvent abuser de l'ascendant
qu'on auroit sur eux pour les engager à des libéralités, mais il leur est défendu de disposer de
leurs biens non-seulement au profit du monastère
où ils font profession, mais encore des autres

monaftères du même ordre, fans quoi il feroit facile de leur faire éluder la loi.

Avantage par interpofition de perfonnes. Dans les cas où l'on fait qu'il n'eft point permis d'avantager ceux que l'on voudroit gratifier, on cherche fouvent des détours en recourant à de tierces perfonnes ; mais ces moyens aux yeux de la juftice ne font pas plus heureux que ceux qui paroîtroient plus ouvertement contraires à la loi.

Ainfi lorfqu'il n'eft point permis d'avantager une femme on ne peut faire paffer cet Avantage ni au père ni à la mère de la femme non plus qu'aux enfans qu'elle auroit d'un premier mariage : la fraude en ce cas fe manifefte prefque auffi ouvertement que fi elle agiffoit directement. Il faut dès-lors prendre pour règle générale que le pere, la mère & les enfans de la perfonne prohibée font compris dans la prohibition : nous dirons auffi que la femme de la perfonne prohibée y eft également comprife ; de façon que le mineur qui ne peut avantager fon tuteur ne pourroit non plus avantager la femme de ce dernier.

A l'égard des frères & des fœurs de la perfonne prohibée, la chofe n'eft pas la même à moins qu'il n'y ait de violens foupçons de fraude : lorfque les foupçons ne peuvent pas s'éclaircir de façon à donner une efpèce de certitude, la juftice alors n'a d'autre reffource que de demander l'affirmation des perfonnes avantagées, & lorfqu'elles font ferment que la libéralité eft pour elles & qu'elles ne fe font prêtées à aucune fraude on leur adjuge l'Avantage dont il s'agit.

Dans les coutumes qui défendent d'être héritier & légataire en ligne collatérale on ne laiffe

pas

pas de regarder comme bon & valable le legs fait à l'un des enfans de l'héritier qui recueille la fucceffion. C'eft fur ce fondement qu'on a jugé dans la coutume de Poitou par arrêt du 9 décembre 1606 qu'une donation faite au mari de l'héritière préfomptive étoit bonne, quoique par événement au moyen d'un don mutuel les biens fuffent retournés à la femme. On a pareillement jugé par arrêt du 12 juillet 1759 dans la même coutume, que la femme de l'héritier préfomptif ne devoit point être comprife dans la prohibition.

Avantage par déguifement des contrats. C'eft encore une rufe de la part de ceux qui veulent avantager des perfonnes prohibées, de déguifer les actes à la faveur defquelles ils veulent leur faire paffer leurs libéralités.

Un père par exemple ne peut avantager fon fils autrement que par contrat de mariage : pour éluder la loi que fait-il ? Un contrat de vente au profit d'un de fes amis avec mention que le prix a été payé en deniers comptans. Peu de temps après il fait exercer un retrait lignager au nom de ce fils ; il intervient fentence qui condamne à paffer revente au profit de ce dernier : par le contrat de revente on affecte de ftipuler que les deniers ont été empruntés d'un particulier auquel même on accorde toute fubrogation & voilà le fils propriétaire de l'héritage de fon père. Un fait pareil peut-il nuire aux autres enfans ? Non fans doute lorfqu'on eft en état de prouver la fraude ; mais lorfque cette preuve eft impoffible, il eft certain que le fils profite de cette manœuvre, parce qu'il eft vrai de dire qu'il pouvoit exercer le retrait & emprunter pour cet effet.

De même un teftateur ne peut difpofer que

d'une certaine quotité de ses biens comme du tiers, par exemple : pour éluder la loi aprè avoir épuisé en faveur d'un particulier la faculté que la loi lui donnoit, il se reconnoît ensuite débiteur envers d'autres particuliers de tels & tels autres objets soit pour argent prêté ou autrement ; comme ces reconnoissances sont censée être des dispositions déguisées pour excéder les bornes de la loi, elles ne doivent avoir d'effet qu'autant que ceux en faveur de qui elles se trouvent faites sont en état de prouver que ce que le testateur déclare leur devoir leur est réellement dû : & cette preuve se reçoit facilement par témoins parce que la déclaration du testateur est déja un commencement de preuve par écrit.

Il est pourtant bon d'observer que lorsque ceux en faveur desquels se trouvent ces reconnoissances ne sont point des personnes prohibées, on commence par épuiser pour eux le legs, parce qu'enfin dans le doute si le testateur a voulu excéder ou non les bornes de la loi, il est naturel de penser qu'il a voulu que ceux pour lesquels il se déclaroit débiteur fussent satisfaits les premiers sauf au légataire à profiter du surplus. Dans quelques tribunaux ces prétendus créanciers ne sont régardés que comme des légataires & on les fait concourir au marc la livre si l'objet excede la faculté de disposer.

On demandera peut-être comment un acte qui ne peut valoir comme obligation peut valoir comme testament? Il est vrai que dans la rigueur des principes cet acte ne peut avoir l'effet d'un testament : mais dans l'incertitude si la chose est due ou non on croit qu'il est de l'équité d'en ordonner le payement jusqu'à concurrence de la quotité disponible, en affirmant par le prétendu créancier que la chose lui est bien & légitimement due.

Si l'on nommoit pour exécuteur testamentaire d'une disposition secrette une personne prohibée il est certain que cette disposition ne pourroit s'exécuter. Si le mari par exemple chargeoit sa femme de prendre sur sa succession une certaine somme pour en disposer suivant les intentions secrettes de lui mari, ceci paroîtroit évidemment un Avantage prohibé tout comme le seroit aussi ce qu'il lui plairoit de donner dans ce moment au-delà des bornes de la loi pour la décharge de sa conscience.

Caractères de la fraude. Lorsque les parties sont intelligentes & subtiles, rien n'est souvent plus difficile que de découvrir la fraude qu'elles ont eu dessein de pratiquer ; elle peut cependant se présumer sur certains indices, comme nous venons de le voir. Lorsqu'un acquéreur par exemple, n'avoit aucun intérêt de faire l'acquisition dont il s'agit, soit à raison de la situation de ses affaires ou du peu de convenance de l'objet acquis, il est présumé n'avoir prêté que son nom pour la vente, sans en avoir déboursé le prix. De même aussi lorsque le vendeur s'est dépouillé d'un objet qui lui convenoit, qu'il l'a fait sans y être contraint par le dérangement de ses affaires, il est présumé avoir fait cette vente gratuitement.

Par la même raison, lorsqu'on fait une libéralité par donation ou par testament à une personne plus riche que soi, à une personne que l'on n'étoit pas dans le cas de voir familiérement

& dont l'on n'avoit reçu aucun fervice, on préfume que c'eft un *fidéi-commis* déguifé.

Lorfqu'un fils exerce un retrait d'un bien vendu par fon pere & que ce fils n'étoit pas affez accrédité pour trouver à emprunter la fomme néceffaire pour le rembourfement de l'acquéreur, il eft dès-lors vraifemblable ou que la vente n'étoit qu'une aliénation fimulée ou que le père a affecté de faire paroître un créancier pour prêter au fils.

La fraude peut fe préfumer encore d'une infinité d'autres manières felon les voies différentes que l'on emploie à la pratiquer : l'âge, le temps, le lieu, les perfonnes tout peut concourir à la dévoiler. Mais il ne fuffit pas de fimples conjectures pour l'établir comme fi elle étoit réelle. Ces conjectures peuvent feulement autorifer le juge à admettre la preuve de certains faits inconnus & qui peuvent conduire à des découvertes ultérieures.

Il y a cependant des préfomptions qui ont une connexité fi étroite avec le fait préfumé, qu'elles fuffifent en pareil cas pour déterminer la religion du juge. Mais il faut que ces préfomptions fe tirent principalement de la nature des actes & de la qualité des parties, en obfervant toujours comme nous l'avons dit, que la préfomption de fraude eft moins efficace entre parens éloignés qu'entre parens proches,& moins efficace encore à l'égard des étrangers que de fimples parens.

Lorfque la loi n'a pas réglé que telle ou telle préfomption tiendroit lieu de preuve, il refte à la prudence du juge de fe déterminer fuivant les apparences les plus probables. Mais dans le

oute , comme la fraude eft un moyen odieux à
aire valoir , & qu'on ne doit que difficilement
e décider pour la nullité des actes revêtus des
ormes requifes , le parti le plus conforme à
'honnêteté eft de ne point s'arrêter à de fimples
oupçons & de donner aux actes qu'on ne peut
émontrer ouvertement frauduleux , toute l'e-
écution que doivent avoir dans le cours ordi-
aire de la vie les conventions qu'ils renferment.

Une dernière obfervation qui ne doit point
ous échapper, c'eft que toutes les fois qu'il y
lieu de réclamer contre un Avantage prohibé,
l n'eft point néceffaire d'obtenir des lettres
le refcifion : il fuffit d'exciper ou de la loi ou de
a jurifprudence adoptée pour le faire annuller.
Voyez *Louet & Brodeau ; les commentateurs de la
outume de Paris ; Doucheul , fur la coutume de
Poitou ; Ricard en fon traité des donations ; Le
Brun en fon traité de la communauté ; le journal
des audiences & du palais ; Brillon en fon diction-
aire des arrêts ; Lacombe en fa jurifprudence civile ; la collection de jurifprudence*, &c. Voyez
uffi les articles DONATION, LEGS , TESTA-
MENT, NÔCES, RAPPORT, MÉDECIN, CHI-
RURGIEN, APOTHICAIRE, AVOCAT, PROCU-
REUR , &c. (*Article de M.* DAREAU *avocat au
parlement, de la fociété littéraire de Clermont-Ferrand.*)

AVARIE. Dommage arrivé à un navire, ou
aux marchandifes dont il eft chargé , depuis le
départ jufqu'au retour.

On diftingue trois fortes d'Avaries. Les fimples ou particulières; les groffes ou communes,
& les menues.

Les fimples Avaries confiftent dans les dépenſes extraordinaires faites pour le bâtiment ſeul, ou pour les marchandiſes ſeulement ; & alors le dommage arrivé en particulier, doit être ſupporté & payé par la choſe qui a ſouffert ce dommage ou cauſé la dépenſe.

On met au nombre des ſimples Avaries, la perte des cables, des ancres, des voiles, des mâts & des cordages, arrivée par la tempête ou autre fortune de mer : & encore le dommage des marchandiſes cauſé par la faute du maître du vaiſſeau ou de l'équipage, ſoit pour n'avoir pas bien fermé les écoutilles ou bien ancré le bâtiment, ſoit pour n'avoir pas fourni de bons guindages & cordages, &c. toutes ces Avaries doivent tomber ſur le maître, le navire & le fret.

Les dommages arrivés aux marchandiſes par leur vice propre, par tempête, priſe, naufrage ou échouement ; les frais faits pour les ſauver & les droits, impoſitions & coutumes, doivent tomber ſur le compte des propriétaires.

Quand on dit *le vice propre des marchandiſes*, cela doit s'entendre de la pourriture, dégât, mouillure d'eau, coulage, &c.

La nourriture & le loyer des matelots, lorſque le navire eſt arrêté en voyage par ordre du ſouverain, ſont auſſi reputés ſimples Avaries, lorſque le vaiſſeau eſt loué au voyage & non au mois ; & c'eſt le vaiſſeau ſeul qui les doit ſupporter.

Les *groſſes* ou *communes Avaries* ſont les dépenſes extraordinaires faites, & le dommage ſouffert pour le bien & le ſalut commun des marchandiſes du vaiſſeau, telles que les choſes données par compoſition aux pirates pour le rachat du navire & des marchandises ; les effets jetés à la mer, les cables & mâts rompus ou coupés ; les ancres & autres effets abandonnés pour le bien commun du navire & des marchandises.

Le dommage fait aux marchandises restées dans le navire en faisant le jet en mer, les pansemens & nourritures des matelots blessés en défendant le bâtiment , & les frais de la décharge pour entrer dans un havre ou dans une rivière , ou pour remettre à flot le vaisseau.

La nourriture & les loyers des matelots d'un navire arrêté en voyage par l'ordre d'un souverain lorsque le bâtiment est loué au mois, & non pour le voyage.

Toutes ces Avaries grosses & communes , doivent tomber tant sur le vaisseau que sur les marchandises, pour être réparties sur le tout au ou la livre.

Les *menues Avaries* sont les lamanages, touages , pilotages pour entrer dans les havres & rivières ou pour en sortir; & elles doivent être supportées , un tiers par le navire , & les deux autres tiers par les marchandises.

Pour prévenir toute discussion entre les propriétaires ou les maîtres des navires & les marchands, affreteurs au sujet de la répartition des menues Avaries , l'usage s'est établi depuis long-temps de passer outre le fret une certaine somme aux propriétaires des navires pour les indemnifer de ces menues Avaries , sans distinguer si elles sont ordinaires ou extraordinaires (*) ; & dans plusieurs ports où l'entrée des

_____

(*) Les lamanages, touages & pilotages dont parle l'or-

D d iv

navires chargés est difficile & dangereuse, on y a joint aussi l'indemnité des frais extraordinaires de décharge des marchandises.

En conséquence, le formule des connoissemens est telle partout, qu'après la stipulation du fret, on ajoute toujours cette phrase, *outre les Avaries aux us & coutumes de la mer*, ou d'autres termes équivalens. Cet usage est tellement accrédité, que si les marchandises étoient chargées sans connoissement dans un navire, on ne manqueroit pas d'en faire payer le fret sur le pied des autres marchandises chargées par connoissement, & d'y ajouter le prix des Avaries *aux us & coutumes de la mer*.

Comme les droits à payer par les navires ne sont pas les mêmes dans tous les ports, & que dans les uns la décharge des marchandises coûte plus que dans les autres, il y a aussi de la différence dans la fixation de l'indemnité accordée au-delà du fret.

Il y a néanmoins assez d'uniformité à cet égard dans le cabotage François : on passe communément pour les Avaries dix pour cent du fret : mais les étrangers ne s'en tiennent à cette fixation qu'autant qu'ils y trouvent leur indemnité, autrement ils fournissent leur état de frais & de dépenses dont ils demandent les deux tiers aux marchands chargeurs. Ils font entrer dans cet état de dépenses, non-seulement les objets

———

donnance de la marine, ne doivent être considérés comme menues Avaries que quand ils sont frais ordinaires; car s'ils avoient été occasionnés par la tempête ou quelqu'autre *fortune de mer*, ce seroit des frais extraordinaires qu'il faudroit regarder comme Avarie commune.

énoncés par l'article 8 du titre des Avaries, mais encore ceux de l'article 9, en y ajoutant de plus tout ce qu'il leur en coûte, excepté leur nourriture, dans tous les ports où ils font obligés de relâcher fur la route. Il en eft même qui font dans l'ufage de ftipuler jufqu'à trente-trois pour cent du fret, mais lorfqu'il n'y a point de convention expreffe à ce fujet, leur condition eft la même que celle des autres ; c'eft-à-dire, qu'ils n'ont que les dix pour cent, fi mieux ils n'aiment fournir l'état de leurs mifes pour en prétendre les deux tiers.

Quant aux voyages de long cours, l'ufage eft à la Rochelle de faire payer par chaque marchand chargeur, outre le fret, quatre fous du cent pefant pour les fucres, cinq fous pour les indigos & les cafés, fix fous pour les cotons, &c.

A Bordeaux c'eft cinq pour cent du prix du fret, autrement le fou pour livre; & ce qu'il y a de fingulier, c'eft que l'armateur, indépendamment de cette augmentation du fret, exige les frais de la décharge des marchandifes réglés par l'ufage à tant par barrique, caiffe ou ballot, &c.

On prétend qu'au havre de grace il y a pour les Avaries & frais de décharge dix pour cent du fret; & qu'à Marfeille il y a jufqu'à douze pour cent.

Quoique ces frais puiffent paroître exceffifs, les marchands affreteurs font néanmoins cenfés s'y être foumis en acceptant les connoiffémens. Mais parce que des marchands ont chargé leurs marchandifes fur un navire de Bordeaux avec foumiffion de payer les Avaries felon *les us & coutumes de la mer*, doivent-ils payer les cinq pour cent du prix du fret, lorſque le navire au lieu de décharger les marchandiſes à Bordeaux, les décharge dans un port où les Avaries dont il s'agit ſont d'un prix inférieur ?

Cette queſtion s'eſt préſentée il y a quelques années à l'amirauté de la Rochelle au ſujet des marchandiſes chargées ſur le navire *la Fortune* de Bordeaux, que conduiſoient les ſieurs Riſteau armateurs. Le navire chargé à ſaint-Domingue étoit véritablement deſtiné pour Bordeaux ; mais comme en temps de guerre on aborde où l'on peut, tous les connoiſſemens portoient *pour Bordeaux ou autres ports où ſe feroit la droite décharge.*

A l'arrivée du navire dans le port de la Rochelle, les armateurs, ſans conſulter les marchands chargeurs ni leurs correſpondans, y firent décharger les marchandiſes ; il n'y eut par conſéquent aucune convention formelle pour les cinq pour cent du fret, parce qu'ils ne doutoient pas, diſoient-ils, que le payement ne leur en fût fait ſans difficulté à l'exemple de ce qui s'étoit déjà pratiqué pour quatre autres navires Bordelois déchargés de même ailleurs qu'à Bordeaux.

Après la décharge entière, ils demandèrent aux marchands chargeurs le payement du fret ſtipulé, & ils y joignirent les cinq pour cent. Ceux-ci offrirent ſur le champ le fret ; mais ils refuſerent les cinq pour cent, & ſoutinrent que la décharge s'étant faite dans le port de la Rochelle, ils ne devoient les Avaries que conformément à l'uſage de ce même port ; c'eſt-à-dire qu'à raiſon de quatre ſous du cent peſant, &c.

La queſtion ſe réduiſoit donc au point de ſavoir fi les Avaries étoient dues fuivant l'ufage établi dans le port de la décharge , ou en conformité de celui de Bordeaux , à caufe que le navire étoit Bordelois & qu'il devoit retourner à Bordeaux.

Si dans les cinq pour cent du fret les frais de décharge des marchandifes étoient compris avec les Avaries à Bordeaux comme ils le font à la Rochelle, il n'y auroit peut-être pas eu de difficulté à décider fuivant l'ufage de la Rochelle , puifque les armateurs auroient par-là été fuffifamment indemnifés , n'ayant pas eu à payer les mêmes frais que s'ils avoient déchargé à Bordeaux : mais à Bordeaux, les frais de décharge étant portés en compte aux marchands chargeurs, outre les cinq pour cent du fret , c'eft delà que partoit la difficulté , attendu qu'on pouvoit confidérer ces cinq pour cent comme un fupplément ou acceffoire du fret tout-à-fait indépendant de l'indemnité due pour les frais extraordinaires de décharge.

Pour appuyer la demande , on difoit que le navire étant de Bordeaux & devant naturellement y retourner faire fa décharge , il étoit évident que le capitaine, en ftipulant les Avaries aux us & coutumes de la mer , avoit entendu qu'elles feroient payées fuivant l'ufage de Bordeaux, à raifon de cinq pour cent du fret , non-feulement parce qu'il fe propofoit d'y conduire fon navire en exécution de l'article 2 des lettres patentes de 1717, mais encore parce que fans cela fa ftipulation feroit devenue illufoire ou fujette à réduction, le cas arrivant qu'il abordât dans un autre port, qu'il y fît fa décharge , & que dans ce port il n'y eût rien de réglé à part pour l'indemnité des Avaries, ou que la quotité fût au-deffous de cinq pour cent du fret.

On ajoutoit que quoique dans l'origine la quotité des cinq pour cent du fret n'eût été introduite que pour tenir lieu des Avaries ordinaires, elle étoit devenue néanmoins dans la fuite une partie acceffoire du fret qui par conféquent n'en pouvoit plus être féparée ; de manière qu'en toute ftipulation de fret pour Bordeaux, il étoit entendu que ce fret étoit compofé de la fomme convenue & des cinq pour cent de cette fomme.

De la part des défendeurs on répondoit que ce raifonnement feroit fans réplique fi dans les connoiffemens la deftination du navire eût été précifément & uniquement pour Bordeaux, parce qu'alors le capitaine auroit été cenfé ftipuler les Avaries fuivant l'ufage particulier de Bordeaux ; mais qu'ayant indiqué pour le lieu de la décharge, Bordeaux ou tout autre port, & par-là ayant prévu que la décharge pourroit fe faire dans un autre port que Bordeaux, il devoit être préfumé n'avoir ftipulé les Avaries que conformément à l'ufage du port où fe feroit la décharge, ou en tout cas que c'étoit fa faute de ne s'être pas mieux expliqué, étant le maître de le faire ; c'eft à-dire, de n'avoir pas ajouté que les Avaries feroient payées aux us & coutumes de Bordeaux, en quelque port que fe fît la décharge.

Ils ajoutoient que leurs refus de payer les cinq pour cent du fret étoit d'autant mieux fondé, qu'en offrant de payer quatre fous du cent pefant fuivant l'ufage du port de la Rochelle, ils offroient tout à la fois les Avaries & les frais de

lécharge, puifque tout étoit compris dans ces
quatre fous; au moyen de quoi ils exécutoient
a claufe des Avaries autant qu'on pouvoit la
aire valoir coutr'eux, puifqu'elle ne devoit
'entendre qu'aux us & coutumes du lieu de la
lécharge; que l'exemple des quatre autres navires Bordelois déchargés à la Rochelle &
illeurs, dont les marchandifes avoient payé
outre le fret cinq pour cent, ne pouvoit tirer à
conféquence contr'eux, attendu que cela s'étoit
ait par convention précife avant la décharge,
& que dans l'efpèce il n'y en avoit point eu;
qu'ainfi les demandeurs n'avoient pour eux ni
titre ni convention verbale pour appuyer une
prétention injufte de fa nature, & qui ne pourroit fe foutenir qu'autant que les marchands
chargeurs fe feroient foumis au payement des
cinq pour cent du fret fuivant l'ufage de Bordeaux.

Ils difoient encore que fi le navire fût allé
faire fa décharge au havre de grace, les demandeurs n'auroient pas manqué d'abandonner
alors l'ufage de Bordeaux pour s'en tenir à celui
du havre, comme leur étant plus avantageux;
d'où ils concluoient que la claufe des Avaries
devoit naturellement être réglée par l'ufage
établi dans le port de la décharge. Ils alléguoient
enfin que les cinq pour cent du fret ne pouvoient jamais être dus que dans le cas de la décharge du navire à Bordeaux, que c'étoit beaucoup même qu'on y tolérât un ufage auffi injufte
fans une convention formelle; & pour preuve
de l'injuftice, ils demandoient à quel titre &
pourquoi l'armateur prétendoit les cinq pour
cent d'un fret exorbitant en temps de guerre fur

les mêmes marchandifes qui, en temps de paix, ne payoient qu'ún fret cinq à fix fois moins fort.

Les armateurs demandeurs répliquoient de leur côté que leur capitaine ne pouvoit avoir ftipulé les Avaries que relativement à l'ufage de Bordeaux, puifque le navire étoit deftiné pour ce port par préférence à tout autre, & qu'il ne connoiſſoit pas l'ufage des autres ports ; qu'il étoit bien plus naturel après tout, de fe conformer pour le règlement des Avaries en queſtion à l'ufage du port d'où eſt le navire & où il doit retourner, qu'à celui des ports où il peut aller fortuitement ou par néceſſité faire fa décharge fuivant la permiſſion qui en eſt accordée en temps de guerre par dérogation aux lettres patentes de 1717, attendu qu'en prenant ce parti, la convention demeureroit fixe ſans être fujette aux variations que la cupidité pourroit occaſionner en préférant pour la décharge un port où l'armateur trouveroit mieux ſon compte ; que ſi la convention par rapport aux Avaries devoit dépendre de l'ufage du port où ſe feroit la décharge, tout armateur de Bordeaux, pour conferver ſes cinq pour cent, ne voudroit plus faire décharger ſon navire ailleurs qu'à Bordeaux, à quoi les marchands chargeurs ne pourroient s'oppofer, quelque préjudice qu'ils en fouffriffent; qu'ainfi dans cette occafion les défendeurs par leur réfiftance travailloient contre le bien du commerce , en même temps qu'ils fe roidiffoient contre une ftipulation faite de bonne foi par le capitaine : convention par conféquent qu'il falloit exécuter de même, en quelque lieu que le navire fît fa décharge, d'autant mieux que par l'événement, les marchands chargeurs ne pouvoient jamais y perdre, & qu'au contraire ils devoient y gagner au moyen de la plus prompte délivrance qui leur étoit faite de leurs marchandises.

Enfin, que les défendeurs avoient d'autant plus de tort de refuser les cinq pour cent, qu'au moyen de l'apparition des Anglois sur nos côtes au mois d'avril dernier, il avoit fallu faire remonter le navire dans la rivière où il étoit resté un mois ; ce qui avoit causé une augmentation considérable de dépense, de laquelle les armateurs auroient pu demander les deux tiers comme Avarie commune.

Tels étoient à-peu-près les moyens allégués de part & d'autre ; sur quoi sentence intervint le 19 juillet 1758, par laquelle les marchands chargeurs, vu leurs offres de payer les Avaries & frais de décharge suivant l'usage du port de la Rochelle, furent renvoyés & déchargés de la demande des cinq pour cent du fret avec dépens.

Le dommage causé par les abordages des vaisseaux les uns sur les autres doit être payé & supporté par égale portion par les maîtres des navires, cela n'entrant point & ne faisant point partie des autres Avaries ; cependant lorsque l'abordage est arrivé par la faute d'un des maîtres du vaisseau, le dommage doit être réparé par lui seul.

Ce seroit par exemple, par la faute du maître que l'abordage auroit eu lieu, si son navire n'ayant pas été bien amarré s'étoit détaché & en avoit heurté un autre.

Il y auroit aussi de sa faute, si après avoir ancré dans un port il n'avoit pas attaché une *bouée* ou *graviteau* pour indiquer le lieu où étoit l'ancre de fon navire : pour n'avoir pas pris cette précaution, il feroit refponfable du dommage caufé aux vaiffeaux qui feroient venus fe heurter à fes ancres. *Voyez l'ordonnance de la marine du mois d'août 1681 & les commentaires de M. Valin & de M. Jouffe ; le traité des contrats de louage maritimes ; l'ordonnance des rivières de l'an 1415 ; Loccenius de jure maritimo ; les jugemens d'Oleron ; le guidon de la mer ; Kuricke, ad jus hanfeaticum ; l'ordonnance de Wisbuy*, &c. Voyez auffi les articles NAUFRAGE, JET, CONTRIBUTION, ASSURANCE, PRISE, MATELOT, BARATERIE, ABORDAGE, &c.

AUBAINE. On appelle *Aubaine*, le droit en vertu duquel le fouverain recueille la fucceffion d'un étranger qui meurt dans fes états fans y être naturalifé.

Ce droit confifte auffi en France à fuccéder à l'étranger naturalifé quand il n'a pas difpofé de fes biens ni par donation entre vifs, ni par teftament, & qu'il ne laiffe aucun héritier regnicole ou naturalifé.

Ce droit confifte encore à fuccéder au régnicole qui eft forti du royaume & qui a renoncé à fa patrie en s'établiffant dans un pays étranger.

Et l'on appelle *Aubain*, celui qui eft fujet au droit d'*Aubaine*.

On diftinguoit anciennement en France deux fortes d'aubains.

Lorfqu'une perfonne quoique regnicole quittoit le diocèfe où elle étoit née pour aller s'établir dans un autre, elle étoit regardée comme Aubaine, & c'étoit la première efpèce d'Aubains.

La

La seconde espèce étoit de ceux qui nés en pays étranger venoient s'établir dans le royaume ; on les appelloit *mécrus* ou *méconnus* , comme ne pouvant être crus sur leur origine.

Quant aux aubains de la première espèce ; ils ne reconnoissoient pas un seigneur dans l'an & jour , ils payoient l'amende au baron dans la châtellenie duquel ils avoient établi leur domicile ; & s'ils décédoient sans laisser au baron quatre deniers , tous leurs meubles après leur décès lui étoient acquis : c'est la disposition textuelle du chapitre LXXXVII du premier livre des établissemens de Saint-Louis.

« Se aucuns hons étrange vient ester en aucune châtellenie de aucun baron , & il ne fasse seigneur dedans l'an & jour , il en sera exploitable au baron : & se avanture étoit qu'il mourût & n'eût commandé à rendre quatre deniers au baron , tuit li meubles seroient au baron ».

Quant à l'autre espèce d'aubains , savoir ; ceux nés en pays étrangers qui venoient s'établir dans le royaume , ils étoient traités très-durement par les seigneurs dans les terres desquels ils venoient s'établir ; & dans plusieurs provinces du royaume , il étoit d'usage que les seigneurs les réduisissent à l'état de serfs ou main-mortables de corps.

Nos rois ayant affranchi de la servitude de corps non-seulement les habitans de leur domaine , mais encore ceux des grandes villes , ils firent cesser par rapport aux étrangers un usage aussi contraire à l'humanité , au droit des gens & à l'intérêt même du royaume : ils prirent les aubains sous leur avouerie ou protection royale :

dès qu'un aubain avoit reconnu le roi ou lu
avoit fait aveu, il confervoit fa franchife & étoit
à l'abri des entreprifes & des violences des feigneurs particuliers : l'ufage même s'établit fucceffivement en plufieurs lieux, que les aubains
ne pourroient fe faire d'autre feigneur que le
roi feul, & cet ufage eft prouvé par le chapitre
XXXI du premier livre des établiffemens de
Saint-Louis.

Ce chapitre fait à la vérité connoître qu'il y
avoit encore alors dans le royaume des provinces où il en étoit ufé différemment, & l'on
voit qu'au commencement du XIVᵉ. fiècle,
plufieurs feigneurs en France étoient en poffeffion de recueillir la fucceffion des non regnicoles
décédés dans leurs terres ; c'eft ce qui eft juftifié par l'article 1ᵉʳ. d'une ordonnance de Philippe-le-Bel de 1301.

Cet article porte que « les collecteurs établis
» par le roi dans les affaires des main-mortes
» des aubains & des bâtards n'exploiteront
» point les biens des bâtards, ni des autres dé-
» cédans dans les terres des barons & des autres
» fujets du roi qui ont toute manière de juftice,
» qu'auparavant il n'ait été conftaté par une en-
» quête qui fera faite par un homme capable
» que le roi aura député à ce, & lequel y aura
» appelé les parties, les collecteurs & le fei-
» gneur du lieu, que le roi eft en bonne poffef-
» fion de percevoir & d'avoir les biens de tels
» bâtards & aubains décédans dans lefdites ter-
» res, &c. »

L'autorité royale rentra fucceffivement &
par degrés dans tous les droits dont pendant
l'anarchie féodale, les feigneurs s'étoient mis en

offeffion : Charles VI dans les lettres patentes
u 5 feptembre 1386 adreffées à des commif-
iires qu'il avoit établis pour la vifitation des
omaines, dit « qu'il eft notoire & a apparu à
fon confeil par les chartres, ordonnances ,
regiftres, actes & jugemens, déclarations &
ufages anciens, qu'en fon comté de Champagne lui appartiennent de fon droit, tous les
biens, meubles & immeubles des aubains, en
quelque juftice que ces aubains foient demeurans & décédent, & en quelque lieu que leurs
biens foient fitués ».

Comme la Champagne étoit un pays où la
ervitude de corps avoit lieu, ces lettres paten-
es font un monument que les vrais principes
ommençoient à reprendre leur empire, & il
lemeura bientôt apres pour conftant que le
roit d'aubaine étoit un droit royal & dont
'effet ne pouvoit ceffer que par les lettres de
naturalité que nul autre que le fouverain ne pouvoit accorder.

Pour ce qui eft du droit d'Aubaine, dit Loi-
eau, il eft jufte de l'attribuer au roi feul : « ce
» n'eft point qu'il y ait vacance ou déshérence
» abfolue en l'étranger qui ordinairement a fes
» parens auffi-bien que le naturel François ; ce
» n'eft pas même que ces parens foient empê-
» chés de lui fuccéder par le droit de nature ou
» des gens ; mais par la loi particulière du
» royaume qui prive l'étranger d'être héritier
» & de laiffer héritiers en France : loi qui regarde
» la police générale de l'état & partant appar-
» tient au roi feul comme faite pour l'augmen-
» tation du royaume, non pour accroître &
» avantager les feigneurs particuliers ».

Le droit d'Aubaine est essentiellement inhéren
à la couronne, & ne peut être communiqué
les principes qui le régissent sont les mêmes pou
toutes les provinces du royaume ; ainsi les dispo
sitions particulières des coutumes ou qui ex
cluent ce droit ou qui ne l'admettent que pa
rapport aux biens de certaines personnes ou qu
l'admettant indistinctement, l'attribuent aux sei
gneurs particuliers ou avec un titre ou même san
titre ne font d'aucune considération, ni d'aucu
poids sur cette matière : la nature de ce droi
repugne aux conséquences que l'on voudroit tire
de ces différentes dispositions : d'ailleurs c'e
une maxime ainsi que le remarque Loiseau
» Que les coutumes des lieux ne peuvent ôte
» les droits du roi auquel elles ne peuvent pré
» judicier n'obligeant pas même le peuple *in vin*
» *statuti, sed tantum in vim pacti*, à cause d
» consentement volontaire qu'il y prête ; c'e
» pourquoi les officiers du roi & notamment fo
» procureur assiste à la rédaction d'icelles & pou
» la solennité de l'acte principalement & pou
» la manutention de ses droits, mais non pa
» pour préjudicier au roi par sa simple présence
» attendu qu'il ne le pourroit pas par un consen
» tement exprès «.

Les étrangers résidans dans le royaume
étoient autrefois sujets à des droits particulier
dont Bacquet prétend qu'il a trouvé les trace
dans une pièce des registres de la chambre de
comptes qui est en forme d'instruction & don
il rapporte de la manière suivante l'intitulé.

« Ce sont les droits & seigneuries apparte
» nant au roi notre sire, au droit & à cause d
» Gouvernement & administration générale d

» royaume, & par souveraineté & ancien do-
» maine, à cause des mortemains & formaria-
» ges par-tout le royaume de France. En spé-
» cial, en bailliage & ressort de Vermandois,
» lesquels doivent être cueillis, reçus & fait venir
» ens par le collecteur d'iceux & par ses lieutenans
» & sergens, que pour ce faire il doit commet-
» tre & ordonner comme il est notoire audit
» bailliage ».

Cette pièce fournit à cet auteur la preuve :

1°. Que les Aubains étoient tenus de payer au
receveur du roi 12 deniers chaque année à la
saint Remi pour droit appelé de chevage, à
peine de 7 sous 6 deniers d'amende, lesquels 12
deniers & amende se comptoient en Parisis ou
Tournois, selon l'usage des lieux :

2°. Que lors que les Aubains se marioient à
d'autres personnes que celles de leur condition
sans permission du roi, ils encouroient la peine
de 60 sous d'amende ; mais dans le cas même
où ils avoient obtenu cette permission, ils devoient au roi le droit de for-mariage pour s'être
alliés dans une famille d'autre condition que la
leur : ce droit étoit dans plusieurs lieux de la
moitié, & dans d'autres du tiers de leurs biens
de toute espece, soit meubles ou immeubles :

3°. Que s'ils se marioient à des personnes de
leur condition, ils n'étoient sujets ni à l'a-
mende de 60 sous ni au droit de for-mariage
& devoient seulement le droit annuel de chevage.

Il paroîtroit résulter de cette pièce citée par
Jacquet que les droits qui y sont énoncés n'é-
toient perçus qu'au profit du roi seul : il est cependant constant que les seigneurs particuliers

fous prétexte de leur juftice fe les étoient attribués.

M. le Fevre de la Planche, dans fon traité du
domaine obferve que ces droits de chevage &
de for-mariage fe font évanouis avec les veftiges
des anciennes fervitudes : il cite l'article 16 de
la coutume de Châlons qui décide que l'étranger peut fe marier en France fans encourir la
peine de for-mariage.

Mais fi ces droits anciens ont ceffé , on a exigé
dans différentes circonftance & felon les befoin
de l'état différentes taxes des étrangers : la première a eu lieu fous le règne de Henri III : ce
prince par un édit du mois de feptembre 1587
ordonna que tous les marchands , banquiers &
courtiers étrangers refidans dans le royaume feroient obligés de prendre des lettres qui leur
tiendroient lieu de naturalité en payant les fommes auxquelles ils feroient taxés ; & que dans
cette taxe feroient compris ceux-mêmes des
étrangers qui avoient obtenu des lettres de naturalité , au moyen de quoi les uns & les autres
jouiroient des mêmes privilèges que les regnicoles ; & que fur les taxes de ces derniers on
déduiroit ce qu'ils juftifieroient avoir payé pour
la conceffion de leurs premières lettres.

Louis XIII pour fubvenir aux dépenfes de la
guerre , ordonna par la déclaration du 29 janvier
1639 que tous les étrangers réfidans ou poffe-
dans des biens, offices ou bénéfices dans le royaume de quelque nation, qualité & condition qu'ils
fuffent & leurs premiers defcendans , héritiers ,
fucceffeurs ou donataires de leurs biens paye-
roient les fommes auxquelles ils feroient taxés
fuivant les rôles qui feroient expédiés.

Louis XIV par les édits des mois de janvier
1646 & mai 1656 ordonna que les étrangers
habitués en ce royaume & leurs premiers defcendans , héritiers , fucceffeurs & donataires
feroient confirmés dans la jouiffance des droits
à eux accordés par leurs lettres de naturalité
en payant les fommes auxquelles ils feroient
impofés.

Néanmoins par un arrêt du 23 juin 1637 il
excepta de la taxe ordonnée par l'édit de 1656
ceux des étrangers & premiers defcendans qui
avoient payé les taxes de leurs lettres de naturalité & de confirmation en vertu de la déclaration du 26 janvier 1639 & de l'édit du mois de
janvier 1646.

Par une déclaration du 27 juillet 1697 , ce
prince fit payer une nouvelle taxe aux étrangers
pour la confirmation de leurs lettres de naturalité : on eft fort furpris de voir énoncer dans
cette déclaration les droits de chevage & de
fort-mariage comme s'ils euffent encore fubfifté,
& cette circonftance trouve fa place dans les
motifs de la demande aux étrangers d'un droit de
confirmation.

Il y eut le 30 juillet de la même année 1697
un arrêt du confeil qui exempta de la taxe les
defcendans , fucceffeurs & donataires en quelque dégré que ce fût qui l'avoient payée en
vertu de la déclaration de 1639 & des édits de
1646 & 1656.

Les principes fur cette matière font conftans ;
tout étranger eft capable dans le royaume des
actes du droit des gens ; il peut librement vendre , échanger , & en général paffer toutes fortes de contrats que ce droit autorife : il peut

donner & recevoir entre-vifs : mais il ne peut recevoir ni difpofer par teftament, ni pour caufe de mort : *il vit libre, mais il meurt ferf.*

Les actes du droit civil lui font interdits ; & comme la capacité pour les fucceffions actives & paffives eft du droit civil il en réfulte que tout étranger en eft exclu ; il eft incapable de tranf- mettre fa fucceffion, & cette incapacité eft un des principaux fondemens du droit d'Aubaine : le prince peut feul par fon autorité, effacer le vice qui réfulte de la naiffance fous une domi- nation étrangère & habiliter par des lettres de naturalité à participer aux avantages & aux droits dont jouiffent les citoyens dans le royau- me : mais fi un étranger quoique naturalifé ne laiffe pour recuillir fa fucceffion que des enfans nés & demeurans hors du royaume ou des pa- rens étrangers, cette fucceffion eft dévolue au roi a titre d'Aubaine, & le feigneur haut-jufticier ne peut la prétendre comme biens vacans & à titre de déshérence : » Je tiens, dit Loifeau, » qu'il eft très-jufte d'exclure le haut-jufticier de » la fucceffion de l'étranger, bien même que » naturalifé mourant fans parens regnicoles ; tant » à raifon de la condition appofée de ftyle com- » mun ès lettres de naturalité, *pourvu qu'il ait* » *héritiers regnicoles*, qui défaut en ce cas, que » parce que la naturalifation de l'étranger ne » profite pas à fes parens étrangers qui n'étant » naturalifés eux-mêmes font toujours exclus de » fuccéder fut-ce à un naturel françois ».

Il faut cependant obferver que les enfans des étrangers quoique leur pere n'ait pas obtenu de lettres de naturalité, lui fuccèdent lorfqu'ils font regnicoles : mais le pere étranger ne fuccède pas à fes enfans, & c'eft un des cas où la règle de la réciprocité dans l'ordre des fucceffions n'a pas lieu.

Celui qui a obtenu des letttres de naturalité doit fe pourvoir devant les juges auxquels elles font adreffées, afin d'en demander l'enre-giftrement.

Ce que le roi fait par une grace & une con-ceffion particulière en faveur d'une feul étranger eft fouvent établi avec plus ou moins d'étendue par des édits, déclarations & règlemens, ou en faveur d'une certaine claffe d'étrangers, par des confidérations relatives au bien de l'état; ou en faveur de tous, foit par rapport aux privilèges attachés à certains lieux lorfqu'ils y forment leur établiffement, foit pour un certain genre d'effets dont le gouvernement fe propofe par cette voie de faciliter l'acquifition : ou enfin envers des puiffances & nations étrangères par des traités & conventions dont la réciprocité eft la bafe : on va parcourir ces différentes ex-ceptions au droit commun & général de l'Au-baine.

On a dit que la première exception étoit en faveur d'une certaine claffe d'étrangers : on va en citer plufieurs exemples.

1°. Les marchands fréquentant les foires jouif-fent pendant leur voyage, leur féjour en France & leur retour dans leur pays de l'exemption du droit d'Aubaine ; ce privilège avoit lieu dès le temps des foires de Champagne fi célébres dans notre hiftoire, & fur lefquelles nous avons plufieurs anciennes ordonnances de nos rois.

Lorfque Charles VII accorda a la ville de Lyon le privilège de trois foires franches, il fut exprimé dans les lettres de conceſſion qu'elles étoient établies à l'inſtar de celles de Champagne qui ne ſubſiſtoient plus : à ces trois premières foires, Louis XI par des lettres patentes du mois de mars 1462 en ajouta une quatrième : afin que les marchands étrangers fréquentent plus volontiers ces foires & cherchent à avoir leur habitation & demeure à Lyon, l'article 9 de ces lettres leur permet de teſter & diſpoſer de leurs biens ainſi que bon leur ſemblera ; veut que leur teſtament ſoit valable en ce qui ſera de raiſon quoiqu'il ait été fait durant les foires, devant ou après, dans le royaume ou dehors & qu'il ait ſon effet comme s'il eût été fait dans leur patrie ; & que dans le cas où ils viendroient à décéder dans le royaume ſans avoir teſté, ceux qui ſont leurs héritiers ſuivant les ſtatuts, coutumes & uſages de leur pays recueillent leur ſucceſſion comme ſi elle eût été ouverte par leur décès dans leur pays & domicile, ſans que ces héritiers ſoient tenus de payer à ce ſujet aucune finance, nonobſtant tous édits & ordonnances à ce contraires.

Les prévôt des marchands & échevins de la ville de Lyon obtinrent ſous Charles IX le 27 août 1569 de nouvelles lettres-patentes qui exemptèrent du droit d'Aubaine tous les étrangers fréquentant les foires de Lyon, demeurant, ſéjournant ou réſidant en cette ville & négociant ſous la faveur de ces privilèges, tant pour leurs marchandiſes & effets mobiliers que pour leurs rentes conſtituées ; mais l'arrêt d'enregiſtrement au parlement de Paris, du 4 février 1572, a excepté les rentes conſtituées qu'il a ſans diſtinction déclarées immeubles à cet égard.

M. le Fevre de la Planche dans son traité du domaine, prétend que ce privilege dont le principal objet à été d'attirer les étrangers aux foires de Lyon n'a lieu qu'en faveur de ceux qui les fréquentent & ron de ceux qui sont établis dans cette ville ; il cite à ce sujet différentes letres-patentes postérieures à celles que l'on a appelées & prétend que la jurisprudence y est conforme.

Il paroît aussi que le droit d'Aubaine n'est point exercé dans toute sa rigueur à l'égard des marchandises & des autres effets mobiliers des marchands étrangers qui viennent trafiquer dans le royaume avec le dessein de s'en retourner, & qui y décèdent.

2°. Lorsqu'il a été question pour différens établissemens de manufactures d'appeler des étrangers soit pour y travailler, soit pour en avoir la conduite & direction, on a cherché à les attirer par différens priviléges dont l'exemption du droit d'Aubaine & les avantages dont jouissent les regnicoles ont toujours fait partie.

Lorsque par édit du mois de janvier 1607, Henri IV établit des manufactures de tapisseries de Flandre, tant à Paris que dans d'autres villes du royaume, il anoblit les sieurs de Commans & de la Planche étrangers chargés de la direction & de l'entreprise de l'ouvrage, ainsi que leur postérité, & il déclara naturels & regnicoles les étrangers qui viendroient travailler à ces manufactures sans qu'ils fussent tenus de prendre des lettres de naturalité ni de payer aucune finance ; ce qui fut ordonné de même par Louis XIII le 18 avril 1625, & confirmé par lettres-patentes de Louis XIV du dernier décembre 1643.

Ces manufactures étant presque tombées, Louis XIV en établit une nouvelle de tapisseries de haute & baffe liffe à Beauvais fous la conduite de Louis Hinard, par lettres-patentes du mois d'août 1664, dans lesquelles il déclara régnicoles & naturels françois les ouvriers étrangers qui y auroient travaillé pendant huit années entieres & consécutives, à la charge de continuer leur demeure dans le royaume.

Par l'article 5 de l'arrêt du Conseil du 25 Juillet 1722 concernant la même manufacture, les ouvriers étrangers qui y sont employés & qui professent la religion catholique sont réputés regnicoles & naturels françois, après dix ans de travail.

Enfin par deux autres Edits de Louis XIV, l'un du mois d'Octobre 1663 portant établissement d'une manufacture de glaces, cristaux & verres comme ceux de Venise ; l'autre d'une manufacture royale des meubles de la couronne en l'hôtel des Gobelins, les mêmes priviléges furent accordés aux ouvriers étrangers, par le premier édit après huit années & par le second après dix années de service.

3°. Un édit du mois d'avril 1687 porte que les pilotes, maîtres, contre-maîtres, canonniers, charpentiers, calfats, & autres officiers, mariniers, matelots & autres gens de mer étrangers qui s'établiront dans le royaume seront réputés regnicoles après avoir servi cinq années, à compter du jour de leur enrôlement.

Nous avons dit que le second genre d'exception au droit commun & général que la volonté & la grace du prince introduisoient en faveur de tous les étrangers indistinctement, s'appliquoit ou à certains lieux lorſque les étrangers venoient y former leur établiſſement, ou à une certaine nature d'effets d'après les diſpoſitions des édits & déclarations intervenus à ce ſujet.

1°. Les villes de Dunkerque & de Marſeille nous fourniſſent des exemples de la premiere de ces exceptions.

Louis XIV annonce par ſa déclaration du mois de novembre 1662 qu'un des plus grands fruits qu'il s'étoit propoſé en acquérant la ville de Dunkerque qu'il venoit de retirer des mains des Anglois moyennant cinq millions, avoit été l'établiſſement du commerce, & de rendre à cette ville autrefois ſi fameuſe parmi les négocians ſon ancienne réputation : c'eſt dans cette vue que par cette déclaration il maintient & garde la ville de Dunkerque, port, havre & habitans de cette ville, dans tous les droits, priviléges, franchiſes & exemptions dont ils avoient joui avant & depuis la guerre, & accorde le droit de naturalité à tous les marchands & négocians étrangers qui voudront trafiquer & s'établir à Dunkerque, pour en jouir par eux aux mêmes priviléges, prérogatives, exemptions & avantages dont jouiſſent les naturels François ſans être tenus de prendre des lettres de naturalité ni de payer aucune finance, ſoit qu'ils s'y établiſſent pour toujours, ou ſeulement pour leur trafic & négoce, le tout à condition par eux de garder les ordonnances pour le faiſ de la mer & les ſtatuts & réglemens concernant le fait du négoce, à peine de déchéance.

Les ſucceſſions immobiliaires d'Hélène & Catherine Jauſen, Angloiſes de nation ayant été

ouverres à Dunkerque où elles étoient décédées
en 1743 , donnèrent lieu à une contestation
entre leurs héritiers pareillement étrangers &
habitués à Dunkerque & le fermier des domaines.

Cette contestation d'abord portée au bureau
des finances de Lille , & ensuite sur l'appel au
parlement de Paris, y fut jugée par arrêt du 6
mai 1751 qui ordonna l'exécution de la déclaration du mois de novembre 1662 & des édits &
déclaration du mois de février 1700 ; en conséquence maintint & garda les marchands &
négocians étrangers qui viendroient trafiquer,
s'établir & habiter dans la ville de Dunkerque
dans le droit de naturalité , pour par eux jouir
des mêmes priviléges , prérogatives , exemptions & avantages dont jouissent les naturels
sujets du roi , soit qu'ils voulussent s'y établir ou
habituer pour toujours , soit qu'ils s'y établissent
seulement pour leur trafic & négoce , en conséquence débouta le fermier de toutes ses demandes & prétentions , sur les successions & biens
d'Hélene & Catherine Jausen , & le condamna à
rendre & restituer ce qu'il en avoit touché.

L'édit du mois de mars 1669 déclare le port
& havre de Marseille libres à tous marchands &
négocians & pour toutes sortes de marchandises ; le roi pour exciter les étrangers à fréquen-
ter ce port , même à venir s'y établir, ordonne
qu'ils pourront y entrer par mer & en sortir
avec leurs marchandises sans payer aucun droit
quelque séjour qu'ils y eussent fait , sans être sujets au droit d'Aubaine , & sans qu'ils puissent
être traités comme étrangers en cas de décès ;
que dans ce cas leurs enfans , héritiers ou ayans

çaufe pourront recueillir leurs fucceffions , comme s'ils étoient vrais & naturels François; que les étrangers qui prendront parti à Marfeille & y époufetont des filles du lieu , ou qui ac- querront une maifon dans l'enceinte du nouvel agrandiffement du prix de dix mille livres & au-deffus qu'ils habiteront pendant trois années, ou qui en acquerront une de cinq jufqu'à dix mille livres qu'ils habiteront pendant cinq an- nées , même ceux qu y auront établi leur do- micile & fait un commerce affidu pendant le temps de douze années confécutives , quoiqu'ils n'aient acquis aucun bien ni maifon feront cenfés naturels François , réputés bourgeois de la ville & rendus participans à tous leurs droits , priviléges & exemptions.

2°. La feconde exception s'applique à certains effets que les étrangers font admis à acquérir avec faculté d'en difpofer & de les tranfmettre à leurs héritiers naturels , le roi renonçant à cet égard au droit d'Aubaine : on en trouve des exemples dans l'édit du mois de décembre 1674 & la déclaration du 19 juin 1720 pour les ren- tes fur la ville , & dans différens autres édits , déclarations & lettres-patentes , foit pour les augmentations de gages , foit pour les rentes viagères , foit pour les rentes fur les tailles , foit pour celles qu'a conftituées le clergé dans les différens emprunts qu'il a faits à l'occafion des dons gratuits : comme les opérations de ce genre ne font déterminées que par les befoins , cette confidération oblige à en affurer le fuccès par tous les expédiens qui peuvent y concourir & à ne point négliger les fecours que peuvent pro- curer à cet égard les fonds des étrangers.

Enfin la troisième exception ou dérogation au droit commun & général est celle qui ainsi qu'on l'a déja observé est fondée sur les traités & conventions passés avec les puissances étrangères. Les questions que peuvent faire naître ces traités se décident par les dispositions qu'ils contiennent.

Ces dispositions sont plus ou moins étendues : les unes sont renfermées dans la simple exemption du droit d'Aubaine dont l'effet est que lorsque l'étranger meurt en France, ses parens sont admis à venir recueillir sa succession ; les autres s'étendent à la capacité de succéder à des parens regnicoles, & communiquent à l'étranger les principaux effets du droit civil.

La réciprocité entre les nations contractantes est la base de ces différentes conventions sur lesquelles il est d'usage qu'il soit expédié des lettres-patentes qui les ratifient, & qui sont enregistrées dans les cours pour en assurer l'exécution : nous en avons des exemples récens dans les lettres-patentes du mois de juillet 1762 qui abolissent à l'égard des sujets du roi d'Espagne & du roi des deux Siciles le droit d'Aubaine, leur donne la liberté de disposer par testament, donation ou autrement de tous leurs biens sans exception de quelque nature qu'ils soient, & à leurs héritiers sujets du roi d'Espagne, demeurans tant dans le royaume quailleurs, la faculté de recueillir leurs successions même *ab-intestat*, soit par eux-mêmes, soit par leurs procureurs ou mandataires quoiqu'ils n'aient point obtenu de lettres de naturalité.

Il est ajouté que les sujets respectifs seront généralement traités en tout & pour tout ce qui

concerne cette difpofition comme les propres
& naturels fujets de la puiffance dans les états
de laquelle ils réfideront.

Par les conventions paffées entre les miniftres
du roi & ceux du duc des deux Ponts & de
l'électeur Palatin & ratifiées par des lettres-patentes des 29 mai 1766 & 15 janvier 1767,
l'exercice du droit d'Aubaine tant fur les meubles que les immeubles eft réciproquement aboli
à l'égard des fujets refpectifs ; les fucceffions qui
viendront à leur échoir, foit par teftament,
donation ou autre difpofition quelconque, foit
ab-inteftat ou de quelqu'autre manière que ce
foit, doivent leur être délivrées librement,
fans empêchement, & fans affujettiffement à
aucun autre droit que ceux qui fe payent par
les propres & naturels fujets dans chaque état.

Des lettres-patentes du 3 août 1766 ratifient
la convention paffée à Vienne le 24 juin précédent, par laquelle les fujets du roi & ceux de
l'impératrice-reine doivent avoir refpective-
ment en France & dans les états héréditaires de
Hongrie, de Bohème, d'Autriche & d'Italie la
libre faculté de difpofer de leurs biens quelcon=
ques, par teftament, par donation entre vifs ou
pour caufe de mort ou autrement en faveur de
qui bon leur femblera ; & leurs héritiers la fa=
culté de recueillir leurs fucceffions, foit *ab-*
inteftat, foit en vertu de teftament ou autres
difpofitions légitimes & de poff* les mêmes
biens, foit meubles, foit immeubles, droits,
raifons, noms & actions fans avoir befoin de
lettres de naturalité ou autre conceffion fpé=
ciale ; & les fujets refpectifs doivent être traités
à cet égard réciproquement auffi favorablement

que les propres & naturels sujets de l'une ou de l'autre des puissances contractantes : ils doivent en outre jouir avec la même réciprocité de la faculté de pouvoir succéder dans tous les biens dont les sujets respectifs auront droit de disposer soit en faveur de leurs concitoyens, soit en faveur des étrangers.

D'autres lettres-patentes ont pareillement ratifié plusieurs autres conventions de la même espèce passées entre la France & l'électeur de Trèves, l'Evêque de Strasbourg, pour raison des états qu'il possède en Allemagne, le prince héréditaire de Hesse-d'Armstadt, le prince de Hesse-Cassel, l'électeur de Bavière, la ville impériale de Francfort sur le Mein, le grand duc de Toscane, l'infant duc de Parme, la noblesse immédiate des cercles de Suabe, de Franconie & du Rhin, l'évêque & prince de Liége, l'électeur de Cologne, l'évêque & prince de Spire, la ville de Hambourg, les états de Saxe-Veymar d'Eisenach & d'Iena, le prince de Monaco, les Cantons suisses & les villes de saint-Gal, Mulhouze & Brienne, le roi de Dannemarck, l'évêque prince de Bamberg & de Wurtzbourg, les principautés de Neuf-chatel & Valengin, les états généraux des Provinces unies, les grand maître & commandeurs de l'ordre Teutonique, le prince de Nassau-Saarbruck, & les villes impériales de Ratisbonne, Cologne, Augsbourg, Nuremberg, Worms, Ulm, Spire, Eslingen, Noerdhingen, Hall en Suabe, Nordhausen, Rotweil, Dortmand, Uberlingen, Fridberg, Heillbronn, Wetzlar, Memmingen, Lindau, Dunckeilspiel, Offenbourg & Gengenback.

Il faut néanmoins observer à ce sujet que le

droit d'Aubaine étant un droit de souveraineté qui ne peut être aliéné ni en tout ni en partie, l'exemption qu'un roi en accorde ne peut être utile que pendant son règne, parce qu'il ne peut disposer des fruits de l'Aubaine que pendant qu'il occupe le trône : c'est pourquoi pour qu'une telle exemption ait son effet, il faut qu'elle soit confirmée par le roi régnant.

C'est parce que le droit d'Aubaine est domanial & inaliénable, que par arrêt du 29 Juillet 1706, le parlement de Rouen en a refusé la jouissance à M. le duc de Gesvres à qui ce droit avoit néanmoins été cédé par le contrat d'engagement de la Vicomté de Saint-Sylvain.

Le même principe a aussi déterminé un pareil refus de la part du parlement de Paris lorsque par arrêt du 9 janvier 1719, il a enregistré le contrat d'échange dans lequel les commissaires du roi avoient nommément cédé ce droit au comte de Belle-isle.

Quel doit être relativement au droit d'Aubaine le sort des habitans d'un pays conquis lorsqu'ils continuent à demeurer dans le royaume après que ce pays est rentré sous la domination de son ancien souverain ?

Cette question s'est présentée au sujet de la succession de Jean Simon, natif de Villaledy en Savoie. Il vint à Bordeaux lors de la conquête de la Savoie en 1701 ; il se maria, & nonobstant la reddition de la Savoie par le traité d'Utrecht en 1713, il continua de demeurer à Bordeaux jusqu'à son décès arrivé en 1731.

Le fermier du domaine ayant demandé la succession à titre d'Aubaine, Françoise Dupuy veuve de Jean Simon prétendit que son mari devenu régnicole par la conquête n'avoit pu perdre ce avantage par la reftitution, puifqu'il avoit continué de demeure en France ; & elle obtint en conféquence le 4 juillet 1747 un arrêt par lequel le parlement de Bordeaux lui donna gain de caufe.

Le fermier s'étant pourvu au confeil contre cet arrêt, & l'affaire ayant été communiquée à M. Fréteau infpecteur général du domaine de la couronne, ce magiftrat obferva que l'intérêt du roi & de l'état contre lequel on ne peut prefcrire & auquel les arrêts les plus formels ne fauroient porter atteinte, exige qu'on ne s'arrête pas à l'opinion des arrêts qui peuvent avoir été rendus & que l'on ramène les chofes à l'obfervation des vrais principes que l'on doit fuivre en cette matière. Or il eft de principe en fait d'Aubaine que la feule volonté de l'étranger qui fixe fon domicile dans le royaume, ne fuffit pas pour lui acquérir les droits de régnicole ; il faut le concours de l'autorifation du fouverain & que cette autorifation foit renfermée ou dans un titre particulier pour fa perfonne, ou dans un titre général commun à une certaine claffe d'étrangers.

Le titre général ceffe de produire fon effet à la fin du tems qui y eft ftipulé, ou à la rupture, fi la guerre furvient, quoique les fujets de la nation foient venus en France fur la foi du traité & qu'ils y aient demeuré depuis fon expiration ou depuis la rupture.

En cas de conquête lors que le roi exige le ferment de fidélité des habitans qu'il a foumis & qu'il prépofe des officiers pour les gouverner en fon nom, il eft préfumé avoir intention de les ranger au nombre de ses sujets, du moins pour un temps : il leur communique par ce moyen le droit de regnicole dont ils jouissent par l'effet de l'adoption qu'ils ont reçue tant que les cho-ses restent dans cet état.

Mais si nos rois n'usent de leurs conquêtes que pour amener les puissances rivales à des con-ditions raisonnables & qu'ils restituent ces con-quêtes à la paix, on ne doit considérer ce qui s'est passé auparavant que comme conditionel & provisoire ; & sans s'arrêter aux révolations des armes, il faut s'attacher aux actes définitifs tels que les traités de paix qui déterminent quelle a été la véritable intention du roi.

Si sa majesté restitue avec les clauses ordinai-res en pareil cas, c'est-à-dire, avec faculté à tous ceux qui sont originaires du pays rendu d'y retourner ; alors il est certain que le roi en ré-voquant par un titre public la conquête, retire l'autorisation & l'adoption que cette conquête avoit communiquées ; d'où il suit que ces sujets étrangers sont remis au même état que s'il n'y avoit point eu de guerre ni de conquête, ni le serment de fidélité prêté en leur nom. Ils ont donc besoin d'un nouveau titre particulier qui les adopte de nouveau & spécialement, puisque l'adoption générale dont ils voudroient le pré-valoir a cessé & a été annullée par le prince de qui elle étoit émanée.

Leur persévérance à demeurer dans le royau-me depuis cette révocation ne peut pas leur être plus avantageuse que la démarche qu'ils ont faite, soit pendant la guerre, soit auparavant de venir s'établir dans l'intérieur du royaume ; cette démarche, cette continuité de séjour indiquent bien de leur part une volonté fixe de demeurer attachés au roi & à l'état ; mais cela ne fuffit pas pour acquérir l'exemption de l'Aubaine ; il eft indifpenfable outre cela d'avoir une autorifation fubfiftante de la part du fouverain ; celle qui a paru n'étant que momentanée eft révoquée par la reftitution du pays.

Pour faire fentir combien le roi eft intéreffé effentiellement au maintien de ces principes, l'infpecteur général dit que la convenance & l'expérience fourniffent fur cela une confidération abfolument décifive, en ce que les étrangers qui ont le plus de penchant à venir s'établir en France font ceux qui font nés dans les pays limitrophes de ce royaume.

Or ces pays limitrophes font précifément ceux qui font le plus à portée d'être occupés par les troupes du roi dès qu'il y a guerre ; par conféquent s'il fuffifoit pour procureur l'exemption de l'Aubaine aux originaires de ces pays, que leur patrie eût paffé une feule fois fous la domination du roi par voie de conquête depuis qu'ils ont tenté de venir demeurer dans le royaume, ce feroit rendre le droit d'Aubaine purement illufoire, ce feroit ouvrir une voie indirecte pour fouftraire à l'exercice de ce droit le plus grand nombre de ceux qui y font naturellement fujets, & à l'égard defquels la raifon d'état paroît exiger qu'on le mette à exécution.

Car on fent aifément que les liaifons que ces originaires confervent avec leurs compatriotes & conféquemment avec leur ancien fouverain, font bien plus étendues que celles d'un particulier qui s'eft tranfplanté d'un pays très-éloigné pour venir faire fon féjour en France ; il eft moins important pour l'état de connoître ce particulier ifolé que de connoître tous les fujets des états limitrophes de la France qui fe rendent dans le royaume pour y féjourner & y commercer. L'abus que ceux-ci pourroient faire de leur réfidence en France , en cas de rupture avec leurs anciens maîtres , exige qu'on ne les admette à la participation des droits de regniçole que par des conceffions perfonnelles à chacun deux , qui mettent à portée de s'inftruire de la nature de leur commerce , de la fituation & de l'étendue de leur fortune & de leurs rapports avec l'étranger. Il eft intéreffant de leur imprimer par ces conceffions perfonnelles un motif de reconnoiffance particulière qui les attache au roi & qui les détourne par les avances qu'ils auront faites pour s'affurer un établiffement ftable & permanent, de la tentation de varier dans leur choix & de démériter de l'état , en confervant avec leur ancienne patrie des liaifons qui pourroient nous devenir préjudiciables.

Il y a lieu de croire que fi cette affaire a été décidée, l'arrêt n'aura pas été différent de celui qui a été rendu fur une pareille queftion en 1748. Il s'agiffoit de la fucceffion d'Anne-Claire Deinfchs, née en 1647 au village de Groff, dans l'électorat de Tréves : elle paffa en France pendant que cet électorat étoit fous la domination françaife comme ayant été conquis fur les Efpagnols ; elle fe maria à Paris en 1690 & elle y décéda en 1725. Les nommés Deinfchs prétendirent qu'il ne pouvoit y avoir lieu au droit d'Aubaine , & que la fucceffion de la défunte devoit leur être adjugée en leur qualité d'héritiers regnicoles. Par fentences de la chambre du domaine de 1734 & 1735, cette fucceffion fut adjugée au roi. Sur l'appel l'affaire fut évoquée & renvoyée au bureau de la direction du domaine ; & par l'arrêt des commiffaires généraux du 30 mai 1748 les fentences furent confirmées avec depens.

Voici encore l'efpèce d'un autre arrêt qui a prononcé fur une queftion femblable. François Bourgogne né à Neuf-Chateau en Lorraine avoit paffé en France lorfque cette ville étoit fous la domination du roi ; il fut commenfal de madame la Dauphine ; en 1705 il fut pourfuivi pour le payement de la fomme de 10000 livres à laquelle il avoit été taxé en exécution de la déclaration du roi du 22 juillet 1697, portant confirmation de la naturalifation des étrangers. Il fe pourvut en décharge, & fes moyens furent que la ville de Neuf-Château eft mouvante en fief-lige du roi ; qu'il en étoit forti lors même quelle étoit fous la domination de fa majefté ; que par une habitation de 43 ans en France fans interruption il avoit acquis la qualité & le caractère de français ; qu'il fuffit pour réputer regnicoles les habitans d'un pays conquis par les armes ou autrement, qu'il ait été uni à la couronne ; & que le roi ayant poffédé la Lorraine pendant plus de dix années, le même Bourgogne avoit acquis le droit de naturel français par la force du droit des gens, par fon habitation de 43 ans & par l'honneur d'avoir été commenfal de la maifon de madame la dauphine ; enfin il dit que les Lorrains établis dans les trois évêchés avoient été déchargées par arrêt du 22 mars 1701 de l'exécution de la déclaration de 1697. On lui oppofa que fi pour réputer regnicoles les habitans d'un pays conquis il fuffit qu'il ait été uni à la couronne, cela n'a lieu que pour le tems que les peuples foumis ou fubjugués font fous la domination du vainqueur; mais qu'auſſitôt que le pays eſt rentré fous la domination de fon prince naturel, ces habitans deviennent étrangers à l'égard du prince qui les avoit foumis comme ils l'étoient avant la conquète; que l'arrêt de 1701 ne concerne que les Lorrains établis dans les évéchés de Metz, Toul & Verdun, & que la déclaration du mois de mars 1702 rendue en faveur des fujets du duc de Lorraine ne regarde que ceux qui s'établiroient dorénavant en France. Par l'arrêt du confeil du 28 feptembre 1706 la taxe de Bourgogne fut confirmée & néanmoins réduite à 3000 livres.

Comme il y a des pays tels que le Milanois & la Navarre, fur lefquels la France conferve fes anciens droits quoique les événemens les aient fouftraits à fa domination, elle ne ceffe point d'en confidérer les habitans comme fes fujets; & lorſqu'ils viennent s'établir dans le royaume on leur accorde non des lettres de naturalité qui feroient contraires aux droits que l'on regarde comme toujours fubfiftans, mais des lettres de déclaration qui font jouir dans le royaume ceux qui les obtiennent des privilèges des citoyens.

L'ufage d'obtenir des lettres de déclaration avoit principalement lieu à l'égard des flamands; mais cette formalité eſt devenue fuperflue & inutile à leur égard par les difpofitions des different traités qui les en ont difpenfés.

C'eſt pourquoi par un arrêt du confeil rendu le 26 février 1737 en faveur des héritiers de la demoifelle le Fevre de Caumartin née à Bru-

xelles &. morte a Valenciennes en 1734, il a
été jugé que les flamands nés dans les provinces des pays-bas Autrichiens & domiciliés dans
les pays de l'obéiffance du roi, ne font pas réputés Aubains ni leurs fucceffions fujettes au
droit d'Aubaine.

Un autre arrêt du parlement de Paris du 11
juillet 1741 rendu contre le receveur du domaine d'Amiens a adjugé à la demoifelle Mera
& à fes cohéritiers originaires de Mons la fucceffion de François-Brelard né à Mons en Hainault, marié à Bruxelles & décédé à Wailly près
d'Amiens en 1736 : ainfi cet arrêt juge comme le
précédent que les habitans de Mons & ceux des
pays-bas Autrichiens ne font point fujets à la
loi de l'Aubaine en France. Ces arrêts font fondés fur le traité de paix conclu entre la France,
l'empereur & l'empire à Baden le 7 feptembre
1714, par lequel il fut convenu que le droit
d'Aubaine n'auroit point lieu dans les pays-
bas. Ce traité a été confirmé dans cette partie
par celui d'Aix-la-Chapelle du 18 octobre 1748.

Obfervez que quoique l'exemption du droit
d'Aubaine donne aux fujets de l'état auquel elle
a été accordée le droit de recueillir la fucceffion
d'un parent leur compatriote décédé en France,
ils ne pourroient pas fans un privilège particulier fuccéder à ce parent s'il avoit été naturalifé.

C'eft d'après ce principe que par fentence de
la chambre du domaine de Paris du 21 août
1748, la fucceffion de la demoifelle Hélène Flé-
ming née Anglaife & naturalifée a été adjugée
au roi à titre d'Aubaine : madame la princeffe
d'Auvergne & la demoifelle Trante fa fœur

étoient filles du Baronnet Trante qui avoit été
attaché au roi d'Angleterre Jacques II : elles
avoient obtenu des lettres de naturalité au
moyen desquelles la demoiselle Trante hérita
de la princesse d'Auvergne décédée le 27 décembre 1738 ; la même demoiselle Trante est ensuite décédée le 23 août 1743 & sa succession a
passé en vertu de son testament à la demoiselle
Fleming sa nièce née Anglaise , mais qui avoit
obtenu des lettres de naturalité. Cette demoiselle Fleming est décédée le 7 août 1748 ; mais
comme l'effet des lettres de naturalité est personnel à l'impétrant & ne peut profiter à ses
héritiers qu'autant qu'ils sont regnicoles , la succession de cette demoiselle a été adjugée au roi
à titre d'Aubaine par sentence de la chambre
du domaine du 21 août 1748 & le receveur général du domaine a été autorisé à faire le recouvrement des effets en dépendans par autre sentence du 4 décembre de la même année.

De prétendus héritiers regnicoles & étrangers ont réclamé cette succession ; les uns n'ont
pu prouver leur parenté & les autres étoient incapables n'étant pas naturalisés ; en conséquence
les uns & les autres ont été déboutés de leurs
prétentions : un procureur au parlement comme occupant pour un créancier s'étoit fait autoriser par arrêt du parlement à se charger comme dépositaire de plusieurs titres & papiers ; &
ne cherchant qu'à absorber la succession par ses
chicanes, il a prétendu qu'il y avoit des héritiers habiles à succeder & que le receveur général ne devoit pas s'immiscer dans les biens ; il
l'a même fait juger ainsi au parlement ; mais
après une ample instruction contradictoire avec

M. Freteau inspecteur général du domaine de la couronne qui a établi que la dame de Mézières regnicole que l'on disoit habile à succéder s'abstenant d'user de son prétendu droit, les créanciers n'avoient pu argumenter d'une qualité qu'elle n'avoit pas, il est intervenu arrêt du conseil le 8 septembre 1750 qui en cassant celui du parlement du 16 Juillet 1749 a ordonné l'exécution des sentences de la chambre du domaine ; en conséquence, a évoqué toutes les contestations & les a renvoyées à la cour des aides en ordonnant au surplus la remise de tous les effets & papiers entre les mains du receveur général.

Le sieur & la demoiselle Proffer Irlandais d'origine, mais nés en France ont encore paru ; ils ont dit qu'ayant dénoncé leur opposition au receveur général dès 1749 il avoit du les mettre en cause au conseil ; on s'est fait un moyen de cela pour refuser d'exécuter l'arrêt du conseil du 8 septembre 1750 ; mais après plusieurs procédures il est intervenu arrêt de la cour des aides le 27 août 1751 qui a jugé que pour dépouiller le roi d'une succession adjugée à sa majesté à titre d'Aubaine il faut prouver son droit & établir sa qualité par des titres autentiques ; en conséquence la cour a débouté les prétendus héritiers & a ordonné l'exécution des sentences de la chambre du domaine & de l'arrêt du conseil de 1750.

Le sieur & la demoiselle Proffer se sont ensuite pourvus au conseil en cassation de l'arrêt de la cour des aides ; mais il ont été déboutés de leur demande par arrêt du conseil du 13 février 1759 rendu contradictoirement avec l'inspecteur général du domaine , qui a évidemment fait voir l'insuffisance des certificats & autres actes rapportés pour prouver la parenté.

Ainsi on ne peut douter que la succession de l'étranger naturalisé n'appartienne au roi, lorsque cet étranger n'a pas d'héritiers régnicoles qui prouvent clairement leur parenté & leur droit à la succession.

On a agité la question de savoir si dans le cas de contestation sur l'état d'un défunt , c'est au roi à faire preuve que ce défunt étoit aubain , ou si c'est à ceux qui prétendent sa succession, soit comme héritiers légataires ou à titre de déshérence , à prouver qu'il étoit regnicole : on oppose au droit d'Aubaine que dans l'incertitude , on doit présumer la naissance dans le royaume, & cela a été ainsi décidé par trois arrêts des 31 mai 1683, 19 mars 1685 , & 7 mai 1697 contre des donataires du roi , en jugeant que c'étoit à eux à faire preuve de l'état des défunts sur lesquels sa majesté leur avoit donné le droit d'Aubaine.

Quant aux questions relatives à l'état d'un François qui s'est retiré hors du royaume , c'est aux circonstances à en déterminer la décision. On est toujours porté à présumer qu'il a conservé l'esprit de retour dans sa patrie , à moins que cette présomption ne soit détruite par des actes totalement opposés & desquels il résulte qu'il s'est retiré dans le pays étranger pour y faire une perpétuelle demeure.

Un arrêt du parlement de Paris du 28 août 1630 a jugé qu'une Françoise mariée avec un Anglois qui l'avoit conduite en Angleterre, étoit recevable à succéder en France , à la charge de ne pouvoir aliéner les immeubles ou d'en faire remploi en France.

Par un au're arrêt du parlement de Paris du 16 décembre 1715, la fucceffion d'Antoinette de Cherois, Françoife, a été adjugée à fes deux nièces nées en Hollande de Marie de Cherois fa fœur qui époufa en France en 1661, un Hollandois avec lequel elle paffa peu de temps après en Hollande, au préjudice d'une coufine germaine qui prétendoit devoir hériter feule comme plus proche parente capable de fuccéder en France.

Comme les biens qui fe trouvent dans les fucceffions des aubains appartiennent au roi, il n'en peut être dû aucun droit de centième denier, non plus que de ceux qui font échus au roi à titre de déshérence, bâtardife ou confifcation. Il n'eft même point dû de droit de contrôle pour la prife de poffeffion de ces biens par les officiers du domaine. Le confeil l'a ainfi décidé le 19 mai .726.

Toutes les conteftations relatives au droit d'Aubaine doivent être portées aux chambres du domaine. *Voyez les établiffemens de Saint-Louis ; l'ordonnance de Philippe-le-Bel de l'année 1301 ; les lettres patentes de Charles VI du 5 feptembre 1386 ; Bacquet, du droit d'Aubaine ; les arrêtés du premier préfident de Lamoignon ; Lefevre de la Planche, traité du domaine ; l'édit de Henri III du mois de feptembre 1587 ; la déclaration de Louis XIII du 26 janvier 1639 ; les édits des mois de janvier 1646, & mai 1656 ; l'arrêt du confeil du 23 juin 1657 ; la déclaration du 27 juillet 1697, & l'arrêt du confeil du 30 du même mois ; les lettres patentes du mois de mars 1642,*

& du 27 août 1569 ; l'édit du mois de janvier 1607 ; les lettres patentes du dernier décembre 1643 , & du mois d'août 1664 ; l'arrêt du conseil du 25 juillet 1722 ; les édits d'octobre 1665 , & d'avril 1687 ; la déclaration du mois de novembre 1662 , & celle du mois de février 1700 ; l'édit du mois de mars 1669 ; la déclaration du 19 juin 1720 ; l'édit du mois de décembre 1674 ; les mémoires concernant les impositions & droits qui ont lieu en France ; les loix civiles ; le recueil de jurisprudence de Lacombe ; Le Bret, traité de la souveraineté du roi ; Le Brun, des successions ; le journal des audiences ; les principes de Routier ; Chopin , du domaine ; Brodeau sur Louet ; le dictionnaire raisonné des domaines ; les traités de paix du 7 septembre 1714 , & du 18 octobre 1748 ; les lettres patentes en forme d'édit du mois de juillet 1762 ; le traité de commerce du 23 août 1742 ; les lettres patentes des 28 avril 1718 , 3 février 1719 '& 6 juillet 1726 ; le traité fait avec les villes Anséatiques le 28 septembre 1716 ; les lettres patentes des 29 mai , & 3 août 1766 ; celles du 15 janvier, 27 mars , 24 avril, 8 mai , 6 & 26 septembre, & du mois d'octobre 1767 ; celles des 23 août , 6 octobre & 19 décembre 1768 ; celles du 10 janvier, du mois de février, du 18 mars & du 21 juin 1769 ; celles du 18 août 1770 ; celles du 19 mars 1771 ; celles du 20 janvier & du 6 mars 1772 ; celles du 22 juin & du premier septembre 1773 ; celles du 18 février & du 27 avril 1774 , &c. Voyez aussi les articles Déshérence, Domaine, Étranger, Naturalité, Hambourg, Hollandois, Genevois, Dunkerque, Suédois, Savoye , Suisses , &c. Succession , Testament ,

AMBASSADEUR , PRESCRIPTION , ALIÉNA-
TION , &c.

AUCUNEMENT. Cet adverbe signifie proprement en aucune façon, nullement : mais il a
un autre sens lorsqu'il est employé dans les
jugemens en cette phrase , *ayant aucunement
égard à la demande* , &c. Cette phrase signifie
que le juge ne rejette pas en tout la demande
qui lui est faite , mais aussi qu'il ne l'accorde pas
dans toute son étendue. Ainsi dans cette acception, *aucunement* signifie *en quelque sorte , à certains égards* , & il s'emploie sans négative.

AUDIENCE. Ce mot est pris en terme de
palais, pour marquer la séance dans laquelle les
juges écoutent les plaintes & les contestations
qui sont portées devant eux.

Ce n'est pas une chose indifférente pour le
bien de la justice, que le lieu, le temps & la
manière de tenir les Audiences. Les juges sont
faits pour écouter les parties ; & puisque les
parties elles-mêmes sont obligées de recourir à
eux , il faut qu'elles puissent leur parler avec
une égale liberté ; ce qui ne seroit pas si les
juges pouvoient les obliger de venir s'expliquer
chez eux. Il pourroit se faire qu'une partie par
son crédit & par ses habitudes chez un juge , y
prît un ton que l'autre partie ou timide ou
malheureuse n'oseroit prendre de son côté, & le
bon droit pourroit très - souvent en souffrir.
D'ailleurs il est intéressant que les Audiences
soient publiques, parce que chaque particulier
peut trouver par-là le moyen de s'instruire en
y assistant. Les juges eux-mêmes environnés du
public qui est un juge sans partialité , sont
comme obligés d'user d'une plus grande cir-
conspection,

confpection , & de régler le plus qu'il leur eft poffible leurs décifions fur les principes du droit & de l'équité. L'eftime & la confiance de leurs concitoyens eft l'objet de leur plus noble ambition , & ce n'eft qu'en donnant ainfi publiquement des preuves de fageffe & de lumières qu'ils peuvent la mériter.

Le lieu de l'Audience doit donc être un lieu de liberté ouvert à tous ceux qui jugent à propos de s'y prefenter ; & c'eft ce lieu qu'on appelle l'*auditoire* de la jurifdiction. C'eft-là que les juges doivent entendre les parties & porter publiquement leurs décifions. Les ordonnances leur défe dent de les rendre ailleurs que dans l'endroit confacré à cet effet , même à peine de nullité (*).

Dans les parlemens , les cours fouveraines , les préfidiaux, les bailliages & dans les jurifdictions royales, on fait parfaitement que la juftice doit être adminiftrée dans un lieu public & de liberté. Rien n'eft plus majeftueux fur-tout , que la chambre où fe tiennent les grandes Audiences du parlement de Paris : c'eft cet endroit qu'on peut appeller le fanctuaire de la juftice : il femble qu'elle y préfide d'une manière fpéciale. Un juge environné de tous les attributs de cette divinité , ceffe en quelque façon d'être homme dans ces momens pour ne fonger qu'à fes devoirs , & le public lui-même frappé de l'éclat &

(*) On peut voir à ce fujet l'article 94 du chapitre 1 & l'article 12 du chapitre 12 de l'ordonnance du mois d'octobre 1535, ainfi que l'article 55 de l'ordonnance d'Orléans, & l'article 19 de la coutume de Bretagne.

de la majefté du lieu , devient plus attentif & plus refpectueux.

Dans les jurifdictions fubalternes , le lieu où fe rend la juftice ne répond pas toujours à la dignité d'un exercice pareil. Ici c'eft au pied d'un arbre qu'on s'affemble ; là c'eft dans une efpèce de galetas : tel feigneur veut qu'elle fe rende dans un appartement de fon château, tel autre laiffe le juge maître de la rendre où bon lui femble , tantôt chez lui , tantôt au cabaret.

Les ordonnances cependant n'entendent point qu'il foit libre de tenir les Audiences dans tel endroit qu'il plaît au feigneur ou au juge : elles veulent qu'il y ait un lieu convenable déterminé pour cet effet , & que les feigneurs foient obligés de le fournir à peine de privation de leur droit de juftice. Anciennement ils le fourniffoient dans leur château, mais cet endroit ne pouvant point être regardé comme un lieu de liberté , foit pour le juge , foit pour les parties, il leur a été enjoint de le fournir hors de leur château & même hors de leur enclos.

L'arrêt de règlement rendu aux grands jours de Clermont le 10 décembre 1665 , porte que les feigneurs feront tenus de fournir *un auditoire certain pour rendre la juftice , & dans icelui un lieu fûr pour fervir au dépôt du greffe dans lequel toutes les minutes, expéditions & regiftres , tant de l'audience que des procès civils & criminels demeureront..........* à peine *de privation de la juftice.*

Il ne fuffit de fournir un endroit quelconque, il faut qu'il foit sûr & commode , décemment orné & à l'abri des injures de l'air ; qu'il foit garni de fiéges , de tables & de tout ce qui eft d'ufage ou de néceffité ordinaire, & fur-tout que l'image du chrift y foit dans l'endroit le plus apparent pour imprimer plus de refpect à ceux qui font dans le cas d'y prêter ferment.

Les officiers du feigneur fe contentent fouvent de ce que celui-ci veut bien leur fournir. La crainte de lui déplaire fait qu'ils n'ofent murmurer ; mais les jufticiables font en droit d'exiger que le feigneur rempliffe toutes fes obligations à cet égard. Les habitans de Dormans fur Marne ayant exigé que le feigneur jufticier de l'endroit leur fît faire un auditoire, le parlement de Paris renait un arrêt le 7 feptembre 1761, par lequel *il fut donné acte au feigneur de fa déclaration qu'il en faifoit conftruire un hors de l'enceinte de fon château , & au furplus ordonné qu'il feroit mis fin à cette conftruction dans fix mois.*

Lorfqu'il n'y a point d'auditoire convenable pour l'exercice de la juftice , le feigneur ne peut point revendiquer les caufes de fes fujets portées devant le juge fupérieur immédiat : il fuffit d'exciper de ce défaut d'auditoire pour qu'on foit fondé à faire retenir la caufe.

Voici quelques préjugés relatifs à ce que nous venons de dire :

Par deux arrêts du parlement de Paris, l'un du 22 janvier 1672 rapporté dans les anciens mémoires du clergé , & l'autre du 28 avril 1673 rapporté au journal des Audiences, tous les deux rendus fur le réquifitoire du procureur général , il eft défendu de tenir les Audiences & de rendre la juftice dans les cabarets , fous les porches des églifes & dans les cimetières. Ces arrêts prononcent même l'interdiction con-

tre les juges qui oublient la dignité de leur miniſtère au point de rendre la juſtice dans les
cabarets.

En 1711 par arrêt du parlement de Provence
du 11 avril, le ſeigneur de Rongiers fut condamné à fournir à ſes juſticiables un auditoire
ailleurs que dans la maiſon par lui habitée.

Par arrêt du parlement de Paris du 25 janvier
1715 rapporté au journal des Audiences, il a
été fait défenſes ſur les concluſions du procureur général au bailli de Thourailles en Beauce,
de rendre la juſtice dans ſa maiſon, ſauf à lui à
ſe pourvoir auprès du ſeigneur de l'endroit pour
qu'il eût à donner un lieu propre à y tenir le
ſiége de la juſtice.

Un arrêt de règlement du parlement de Toulouſe du 13 août 1729 a fait défenſes aux officiers de la ſénéchauſſée de Gourdon de s'aſſembler dans des maiſons particulières pour y tenir
les Audiences & y juger les procès à peine de
nullité, d'interdiction, &c.

Par arrêt du parlement de Paris du 9 mars
1763, il fut ordonné que le comte de la Riviere
ſeigneur de Chaudigny, ſeroit tenu de fournir
un auditoire dans un lieu autre qu'un de ceux
habités par lui ou ſes fermiers.

Quoique la peine de nullité ſoit annoncée par
les ordonnances & par les règlemens, elle n'eſt
cependant regardée que comme comminatoire:
mais ſi le jugement avoit été rendu dans un cabaret, on ne devroit nullement être ſurpris de
voir prononcer cette peine dans toute ſa rigueur.

Lorſque l'auditoire a beſoin de réparations,
on peut tenir l'Audience dans quelqu'autre en-

droit particulier, pourvu que cet endroit soit honnête & décent, quoique moins commode ; mais le seigneur doit travailler promptement à faire remettre l'ancien auditoire en état de servir comme auparavant.

Il se trouve quelquefois qu'un même seigneur est propriétaire de différens fiefs voisins avec droit de justice dans chacun de ces fiefs ; ce seigneur est alors obligé de fournir autant d'auditoires que de justices particulieres. C'est ce qui a été ainsi jugé par arrêt du grand conseil du 29 mars 1759 entre l'abbé & les religieux de Notre-Dame de Ham d'une part, & les sieurs Martine d'autre part.

Quand la réunion de plusieurs justices voisines peut se faire sans inconvénient, il est aisé de l'opérer en obtenant des lettres patentes.

On a cru que le parlement de Paris se regardoit comme en droit de permettre cette réunion sans lettres patentes, mais c'est une erreur. Lorsque deux justices appartenantes à un même seigneur sont proches l'une de l'autre & qu'un seul auditoire peut servir pour toutes les deux, la cour dispense volontiers le seigneur d'en faire bâtir un second , mais elle veut que les jours de l'exercice de l'une soient différens de ceux de l'exercice de l'autre & que chaque jurisdiction ait ses regiſtres séparés. C'est ainsi qu'il faut entendre l'arrêt rendu le 19 mai mai 1756 dans une affaire concernant M. le duc d'Orléans au sujet des justices de Bagnolet & du fief de Maulny. Il fut dit que l'auditoire de Bagnolet serviroit pour Maulny qui n'est qu'à une demi-lieue, mais il fut ajouté qu'on tiendroit des regiſtres séparés, ce qui n'auroit pas été prononcé si le parlement avoit pu faire décidément une réunion entière & abfolue.

Quoique les juges doivent tenir leurs Audiences en lieu décent & porter leurs décifions publiquement, il eft cependant de certaines affaires qui ne peuvent fe juger fur le champ & qui demandent un examen particulier. Telles font les affaires que préfentent des queftions difficiles fur des points de droit particuliers. Ces fortes d'affaires qu'on appelle ordinairement affaires *appointées* fe mettent entre les mains d'un des juges. Ce juge les examine feul en particulier ; il fait un extrait des pièces & des moyens refpeétifs ; il en fait enfuite fon rapport aux autres juges, lefquels délibèrent & rendent entr'eux un jugement. Quoique ce jugement ne fe prononce point publiquement, il faut cependant qu'il foit rendu à l'auditoire ou dans la chambre particulière deftinée au jugement des affaires de rapport : & encore eft-il à obferver qu'aucune affaire ne peut être appointée qu'elle n'ait été plaidée publiquement fuivant que s'en explique l'ordonnance de 1667.

Lorfqu'au lieu d'un appointement on fe contente d'un délibéré, il faut que ce délibéré fe prononce à l'audience où il a été rendu ou à une Audience fubféquente.

A l'égard des affaires criminelles, on diftingue entre celles du grand & du petit criminel : les affaires de grand criminel inftruites par recollement & confrontation doivent bien à la vérité fe juger dans l'auditoire ou dans la chambre deftinée à cet effet, mais le jugement ne fe rend point fous les yeux du public (*). On ne juge

_____

(*) Plufieurs criminaliftes modernes defireroient fort qu'on

publiquement que celles de petit criminel où il ne peut y avoir lieu à aucune peine afflictive ni infamante.

Quoiqu'en général toutes les affaires susceptibles de plaidoirie doivent être plaidées publiquement, il en est quelquefois de nature à demander des exceptions : telles sont par exemple celles où il s'agit de séparation de corps entre mari & femme. Lorsque ces affaires intéressent certaines personnes de considération & qu'elles présentent des détails dont le récit peut blesser les mœurs & l'honnêteté publique, le magistrat qui a la police de l'Audience est maître de ne laisser plaider ces sortes d'affaires qu'à *huis-clos*, c'est-à-dire les portes étant fermées. On peut en agir ainsi dans d'autres affaires qui présentent des contestations scandaleuses, telles que seroit celle d'enrre un père & ses enfans, &c. tout ceci dépend de la considération que méritent les Parties & de la délicatesse du Juge qui préside.

Il y a d'autres affaires qui ne sont point susceptibles d'être traitées à l'Audience & dont nous parlons ci-après.

---

abrogeât l'usage de juger secretement les accusés prévenus de ces crimes qui emportent des peines publiques : après le rapport & l'examen de la procédure, pourquoi ne seroit il point permis d'entendre publiquement ce qu'un accusé ou son défenseur viendroient proposer ou pour l'atténuation du crime ou pour le triomphe de l'innocence? Dans les affaires civiles les juges font souvent redevables aux avocats de nombre de réflexions, & ces réflexions leur seroient encore bien plus précieuses en matière criminelle, quand elles ne les auroient préservés qu'une seule fois d'une erreur aussi cruelle que celle qui fait perdre la vie à un innocent.

Du temps de la tenue des Audiences. Le temps de tenir les Audiences, foit pour le jour ou pour l'heure, n'eft pas non plus une chofe indifférente ; & à cet égard on diftingue entre les Audiences ordinaires & les Audiences extraordinaires.

Dans tous les fiéges, les jours & les heures pour tenir les Audiences ordinaires doivent être déterminés fuivant le nombre des affaires, de façon que l'ufage accoutumé ne foit point interverti. Ainfi lorfqu'on affigne quelqu'un dans les délais ordinaires à comparoître devant le juge, on n'eft pas obligé de lui indiquer le jour ni l'heure de l'Audience, il eft préfumé en être inftruit par la notoriété publique.

Dans les fiéges confidérables où l'abondance des affaires oblige quelquefois les juges à multiplier les Audiences, il leur eft libre de le faire & même d'en accorder de relevée ; mais ils doivent auparavant l'annoncer de façon que le public foit fuffifamment inftruit du jour & de l'heure de chacune.

Lorfque les juges font affez négligens pour laiffer languir les affaires à défaut d'Audiences en nombre fuffifant, on peut les contraindre d'en donner de façon que toutes les affaires puiffent s'expédier. Les lieutenans généraux des juftices fubalternes du comté de Bourgogne étoient anciennement dans une indifférence pareille ; ils ne donnoient qu'une Audience par femaine, & encore ne la tenoient-ils qu'après midi : par une déclaration du 27 octobre 1686, ils furent affujettis à en donner deux chaque femaine, depuis 9 heures du matin jufqu'à onze.

Les Audiences doivent être réglées de ma-

nière que les affaires de différente nature ne
foient point confondues, fur-tout dans les préfidiaux & les bailliages ; car pour ce qui eſt des
juſtices ſubalternes, il eſt aſſez ordinaire que
toutes fortes d'affaires ſoient portées à la même
Audience. On doit auſſi avoir attention que les
cauſes criminelles puiſſent ſe vider avec plus de
célérité que les cauſes civiles, & que les affaires
d'importance ſoient jugées plutôt le matin que
de relevée.

A l'égard des affaires qui demandent des
Audiences extraordinaires, c'eſt-à-dire des Audiences autres que celles qui ſe tiennent aux
jours & aux heures accoutumés, il dépend de
la prudence des juges de les accorder ou de les
refuſer ; cependant s'il y avoit péril dans la demeure, ce ſeroit une eſpèce d'injuſtice de leur
part de s'y refuſer. Ces Audiences doivent ſe
demander ſur requête : le juge règle le jour &
l'heure, & ſon ordonnance ſe ſignifie à la partie
aſſignée afin qu'elle en ſoit inſtruite. Il faut même
qu'il lui ſoit accordé un délai ſuffiſant pour avoir
le temps de comparoître, & ce délai dépend de
l'éloignement du domicile de la partie qu'on
veut aſſigner ; le juge ſeul doit le régler.

De la manière de tenir les Audiences. On doit
apporter à la tenue des Audiences toute la décence poſſible. Les juges, les gens du roi, les
avocats, les procureurs & les huiſſiers doivent
y être en robes de palais : ce ſont ces robes que
les ordonnances & les règlemens appellent *habits
décens.* Chacun doit y être à ſa place, & celui
qui préſide doit avoir l'attention d'y faire régner
le plus grand ſilence. Les cauſes doivent s'y
expédier à tour de rôle & ſans acception de

perfonne. Lorfqu'un des juges manque, le plus ancien gradué préfent eft appelé de plein droit à completter le nombre. Et dans les affaires civiles fufceptibles d'appel, le plus ancien procureur à défaut de gradués, eft pareillement dans le cas d'être appelé.

Il eft étroitement défendu d'ufer d'aucune infulte & fur-tout de voies de fait pendant qu'on rend la juftice. L'injure la plus repréhenfible feroit celle qu'on feroit au juge dans fon auditoire ou à ceux qui fous fes yeux coopèrent à fes fonctions. Dans ce moment pour venger l'honneur de fon tribunal, il pourroit faire arrêter le délinquant & le punir fur le champ.

Les préfidiaux par leur édit d'ampliation du mois de mars 1551 ont pouvoir de condamner fans appel comme en matière de police, à trois livres d'amende tous ceux qui dans l'auditoire manquent de refpect ou troublent la tranquillité.

Un échevin de Joinville fut condamné par arrêt du 28 février 1578 à vingt écus d'amende & aux dépens, pour avoir dit au juge de l'endroit par irrévérence, que c'étoit *un beau juge, qu'il en feroit bien davantage.*

Deux particuliers pour avoir injurié l'Audience tenante, l'un le lieutenant-criminel de Meaux & l'autre l'avocat du roi au bailliage de Carenton, furent condamnés, le premier par arrêt du 15 mars 1578, & le fecond par arrêt du 13 décembre 1588, à une amende-honorable, à l'amende pécuniaire, à l'interdiction, à des dommages-intérêts & aux dépens.

Les ordonnances de 1507 & de 1535 enjoignent expreffément aux cours de parlement *de ne pas fouffrir les magiftrats être vitupérés par ou-*

rageuses paroles. En effet il est essentiel qu'un
juge dans son tribunal ne puisse être insulté impunément de qui que ce soit. Si au lieu d'une
injure verbale il y avoit une voie de fait sur la
personne du juge, ce délit pourroit aller jusqu'à
faire punir de mort le coupable.

Il arrive quelquefois qu'un plaideur qui vient
d'entendre sa condamnation s'échappe en mauvais propos ; mais il est assez ordinaire que les
juges n'y fassent pas attention, & en cela rien
le plus conforme à leur dignité ; ce seroit cependant une erreur que d'adopter ce mauvais
procard du palais suivant lequel on a dit-on 24
heures pour déclamer contre ses juges : les parties doivent toujours recevoir en silence les décisions de la justice, & si elles se livroient à des
clameurs trop vives, elles pourroient en être
sévèrement reprises.

Il ne suffit pas d'être circonspect envers les
juges, on doit l'être aussi envers ceux qui exercent sous leurs yeux quelques fonctions de leur
ministère. Une partie pour avoir injurié en pleine
Audience l'avocat de sa partie adverse fut condamnée à cent livres par forme de réparation
envers cet avocat, par arrêt du 12 juillet 1638
rapporté au journal des Audiences.

Par un autre arrêt du parlement de Paris une
femme pour avoir souffleté son avocat adverse
en 1752, lorsqu'il sortoit de la seconde chambre des requêtes, fut condamnée à une amende
honorable seche en présence des juges.

Il en seroit à peu près de même si une partie
insultoit hors de l'auditoire un officier qui viendroit de prêter contr'elle son ministère à l'Audience. M°. Eynard procureur au parlement de

Paris, en fortant de la troifième chambre des enquêtes où il avoit plaidé une caufe pour fon client, fut injurié par le comte de.... partie adverfe de ce client : Me. Eynard rentra fur le champ dans la chambre où il rendit plainte de l'infulte. Les parties furent renvoyées au bailliage du palais ; il y eut information & appel de toute la procédure de la part du comte ; mais par arrêt du 28 juin 1769 la cour en évoquant le principal fit défenfe à l'appelant de récidiver, le condamna à 300 livres de dommages-intérêts applicables au pain des prifonniers & à tous les dépens.

Les parties litigantes mêmes lorfqu'elles font devant les juges, doivent bien prendre garde à ne point s'infulter. Le mardi 27 octobre 1733, une demoifelle retenue pour dettes à la conciergerie à Paris, ayant été déboutée de fa demande en liberté formée à une Audience de la *féance* (qui eft une de celles qui fe tiennent cinq fois l'an dans la conciergerie pour la délivrance des prifonniers) fe jeta fur fon créancier préfent à l'Audience & lui donna un foufflet. Le fubftitut en rendit plainte auffitôt, & la prifonnière fut condamnée à une amende-honorable fèche, ce qui fut exécuté fur le champ.

Si les parties doivent ufer de circonfpection envers les juges à l'Audience & envers ceux qui co-opèrent à leurs fonctions, les uns & les autres ne font pas moins obligés de fe comporter avec fageffe envers les parties. Voici l'exemple d'une indifcrétion auffi marquée qu'on puiffe en trouver de la part de deux officiers de juftice en pareille occafion.

Le fieur Turle, bourgeois de la ville de Noir-

Moutier en Poitou, confulté par un particulier
fur le parti qu'il prendroit au fujet d'une nouvelle reconnoiffance quon lui demandoit à la
feigneurie de l'endroit, dans un tems où fes titres pour faire cette reconnoiffance étoient in-
cendiés, répondit qu'il falloit fimplement remontrer ce fait & demander qu'on lui donnât à
fes frais copie des titres du feigneur & qu'il
feroit la reconnoiffance. Le particulier répéta à
l'Audience ce que le fieur Turle lui avoit dicté.
Le juge fit en conféquence arrêter à l'inftant ce
particulier & les huiffiers le conduifirent au gouvernement.

Après l'Audience le juge & le procureur-fifcal montèrent au gouvernement : ils y trouvè-
rent le fieur Turle qui avoit donné le confeil au
particulier ; le gouverneur prit fa canne & en
frappa ce bourgeois pour avoir donné ce confeil. La canne paffa enfuite au juge qui en fit le
même ufage, & pour terminer la fcène le fieur
Turle fut conduit en prifon.

Plainte du procédé en la Sénéchauffée de Poitiers. Le gouverneur, le juge, le procureur-
fifcal, le grefier & un garde des eaux & forêts
furent enveloppés dans les charges & informations. Décret contre les accufés : appel de leur
part : arrêt du 11 mai 1740, qui fit défenfe de
récidiver fous peine de punition corporelle, interdit le juge, le procureur-fifcal & le greffier
de leurs fonctions pour 4 ans, les condamna folidairement avec le gouverneur à fix mille livres
de dommages-intérêts & aux dépens avec permiffion au plaignant de faire imprimer, publier
& afficher l'arrêt, &c.

· Il ne faudroit pourtant point prendre pour

injure la mercuriale qu'un juge feroit à une partie, à un procureur, à un huiſſier en pleine Audience. Il a droit de remontrer lorſque l'occaſion s'en préſente ; il eſt même de ſon devoir de
le faire, & il eſt à l'abri de tout reproche lorſqu'il le fait ſans paſſion.

A l'égard des avocats & de tous ceux qui ont
droit de porter la parole à l'Audience, les ordonnances veulent qu'ils ſoient particulièrement
réſervés envers les parties contre leſquelles ils
prêtent leurs miniſtère. Le champ de Thémis ne
doit point être pour eux une arêne de gladiateurs.
Si avec le droit le plus légitime on ne pouvoit
ſe préſenter au temple de la juſtice ſans y recevoir des affronts qu'on n'auroit point mérités,
on aimeroit ſouvent mieux renoncer à ſes prétentions que de les exercer en ſoutenant les
excès de l'injure & de la calomnie. S'il leur
échappe donc, diſoit en 1707 M. Portail avocat-
général, des expreſſions trop hardies ou trop
peu ménagées, il eſt de la religion du magiſtrat à
qui appartient la police de l'Audience de venger la dignité de ſon tribunal en les avertiſſant
de leur devoir ou en leur impoſant ſilence. Il
ajoute cependant qu'au milieu de ces règles de
bienſéance il ne faut pas toujours retenir dans
une contrainte ſervile ces grands orateurs qu'une
juſte indignation tranſporte quelquefois. Il eſt une
noble hardieſſe qui dans l'occaſion fait partie de
leur miniſtère, ſurtout lorſqu'il s'agit de repouſ-
ſer l'impoſture & la calomnie, ſans quoi ils ſeroient obligés de borner leurs fonctions à un
récit froid & ſtérile dans des cauſes où il faut de
la chaleur & de l'ame pour en hâter le ſuccès.
Mais ces circonſtances à part, on doit uſer de

la plus grande modération. L'ordonnance de Charles VII de l'an 1440 recommande la plus grande retenue, & lorfque l'avocat y manque, il eft dans le cas d'être pris à partie. Sur quoi nous obferverons que s'il y a eu de fa part des expreffions peu ménagées dans la chaleur de la plaidoirie, & qu'alors la partie préfente n'en ait point demandé fur le champ réparation, elle n'eft plus recevable à lui faire de procès à ce fujet. C'eft ce qui a été décidé par arrêt du 14 février 1759 en faveur d'un avocat du fiége de Mayenne contre l'avocat-fifcal de la juftice d'Averton.

Quant aux délits qui fe commettent à l'Audience par des particuliers qui y viennent fous prétexte de s'inftruire ou de fatisfaire leur curiofité, on les juge plus févèrement que ceux qui fe commettent ailleurs. Les juges qui tiennent l'Audience peuvent faire arrêter le coupable furpris en flagrant délit, lui faire fur le champ fon procès & le condamner avant de défemparer l'auditoire. Quoique l'inftruction des procès criminels ne foit point dévolue au lieutenant-civil dans les fiéges où il y a un lieutenant-criminel, cependant il peut faire en pareil cas le procès au coupable arrêté; ceci lui eft permis pour venger l'honneur de fon tribunal & pour rendre le châtiment plus fenfible par un exemple prefque auffi prompt que la faute même.

Il fut volé le 29 août 1733 un mouchoir à une Audience de la grand'chambre du parlement de Paris. Ce vol excita du bruit: on fe faifit de la perfonne de l'accufé. M. l'avocat-général rendit fur le champ plainte du fait. L'accufé fut interrogé, on entendit en dépofition les affiftans qui s'étoient apperçus du vol. Immédiatement après on procéda au recollement & à la confrontation : on delibéra , & par arrêt du même jour , fans qu'on eut quitté le fiége , le coupable fut condamné à la flétriſſure & à trois ans de galères. La circonſtance du lieu où le délit avoit été commis fut aggravante , fans quoi on fe fut vraiſemblablement borné à la flétriſſure & à un banniſſement.

Il y a d'autres exemples de punition auſſi promptes prononcées en pareil cas.

Nous avons dit que la juſtice ne devoit point s'adminiſtrer alleurs que dans l'endroit ſpécialement conſacré à cet effet : mais ceci n'eſt pas ſi eſſentiel qu'il ne reçoive quelques exceptions. Il eſt vrai que toutes les affaires contentieuſes où il s'agit d'entendre les deux parties doivent être renvoyées à l'Audience afin qu'elles puiſſent s'y expliquer librement. Cependant il en eſt quelques - unes ſur leſquelles il n'y a point de litige formé , ou qui requierrent une grande célérité , ou qu'il ne ſeroit pas poſſible d'expédier à l'Audience , & alors il eſt permis au juge de s'en occuper en ſon hôtel.

Voici à peu près qu'elles ſont les affaires ſur leſquelles le juge peut chez lui exercer ſon miniſtère.

Il peut y rendre toutes les ordonnances ſur requête , ſoit au civil ſoit au criminel , lorſqu'elles ne tendent qu'à l'inſtruction de l'affaire que l'on pourſuit. Il peut permettre d'aſſigner , de ſaiſir , taxer des ſalaires , des dépens, liquider des dommages intérêts , recevoir des cautions, accorder des défenſes contre l'exécution proviſoire des

ſentences

fentences des juges de fon reffort , donner des *paréatis* , &c.

Il peut recevoir chez lui des parens convoqués à l'effet de donner leur avis pour la nomination d'un tuteur ou d'un curateur à des mineurs , à des prodigues , à des infenfés , & y homologuer l'avis de ces parens , foit pour la tutelle, l'émancipation, la curatelle ou l'interdicion , en obfervant toutefois qu'à l'égard des prodigues , il eft obligé de renvoyer l'homologation à l'Audience , parce que le prodigue peut y déduire des moyens pour empêcher fon interdiction.

Il peut permettre d'informer , de fe faire vifiter , faire l'information , mais il ne peut interroger les accufés ni les décréter , excepté dans ces momens où les accufés ayant été pris en flagrant délit font conduits chez lui pour recevoir fes ordres. Il peut alors leur faire fubir le premier interrogatoire & les décréter provifoirement ; mais les autres interrogatoires & les nouveaux décrets , ainfi que les fentences de provifion alimentaire, de récollement & de confrontation ne doivent fe rédiger que dans la chambre deftinée à cet effet.

Les fentences d'élargiffemens provifoires doivent être pareillement rendues à la chambre. Cependant il eft porté par l'article 6 d'un édit de janvier 1685 concernant le châtelet de Paris, que quand il s'agira de la liberté des perfonnes qualifiées ou conftituées en charge , de celle des marchands & négocians emprifonnés à la veille de plufieurs fêtes confécutives ou de jours auxquels on n'entre point au châtelet, le juge pourra l'ordonner en fon hôtel.

Il eſt dit par ce même règlement que lorſqu'on demandera la main-levée de marchandiſes prêtes à être envoyées & dont les voituriers feront chargés ou qui pourroient dépérir, que lorſqu'il fera queſtion du payement que des hôteliers ou des ouvriers demandent à des étrangers pour des nourritures, fournitures d'habits ou autres choſes néceſſaires ; que lorſqu'on réclamera des dépôts, des gages, des papiers ou autres effets divertis, le lieutenant civil, s'il le juge ainſi à propos pour le bien de la juſtice, pourra ordonner que les parties comparoîtront le jour même en ſon hôtel pour y être entendues, & être par lui ordonné par proviſion ce qu'il eſtimera de plus juſte ; mais il ne peut ſe taxer ni frais ni vacations à cet égard.

Quoique ce règlement ne ſemble fait que pour le châtelet il peut néanmoins s'appliquer à toutes les juriſdictions où il ſe préſente des cas pareils. Autrement comment ſeroit-il poſſible dans des occaſions urgentes de tenir des audiences en règle & d'y faire trouver les autres juges qui auroient droit d'y aſſiſter ? Il a paru raiſonnable de laiſſer toutes ces déciſions proviſoires au premier juge en ſon hôtel : le bien de la juſtice & l'intérêt public l'exigeoient ainſi, ſauf en cas de plus grande conteſtation à renvoyer les parties à l'Audience pour les entendre contradictoirement & décider définitivement leur différend au principal.

Nous obſerverons encore qu'il régne au châtelet un uſage qui nous paroît bien établi au ſujet des demandes en ſéparation de corps entre mari & femme. Lorſqu'on porte plainte au lieutenant civil de ſévices & de mauvais traitemens, ce magiſtrat ordonne que la partie dont on ſe plaint

fera affignée pour l'Audience dans les délais ordinaires, & cependant il ordonne que les deux
époux comparoîtront au paravant par-devant lui
en fon hôtel au jour & à l'heure qu'il lui plaît
de déterminer pour être ouis en préfence l'un
de l'autre. Ce préliminaire produit fouvent le
meilleur effet : après les avoir entendues il
tâche de les concilier : fi au contraire fes remontrances n'ont aucun fuccès, il les renvoie à l'Audience où on leur rend la juftice qui convient.

Comme cet ufage eft plein de fageffe, il eft
à defirer qu'il s'introduife par-tout où il n'a
point encore lieu.

Le juge peut encore faire en fon hôtel des par-
tages ordonnés par juftice ; des enquêtes, des
interrogatoires fur faits & articles, recevoir des
redditions de compte, nommer des experts, recevoir leur ferment & leur procès-verbal de vifite ou d'appréciation ; accorder des compul-
foires, dreffer des procès verbaux d'extraits &
de collations de pièces, d'ouverture de teftamens olographes, de comparaifon & de vérification d'écritures & de fignatures, légalifer des
actes & en attefter l'autenticité, &c. (*)

A l'égard des réceptions d'officiers il peut
faire l'information de vie & mœurs, mais le

―――――――――――――――――――――

(*) Pour voir plus particulièrement ce qui peut être fait à
l'Audience ou à l'hôtel, on peut confulter le règlement du
18 Juillet 1684 fait pour le bailliage du palais à Paris ; celui
du 17 feptembre 1660 pour le fiège de Dreux ; un autre du
21 avril 1679 pour le bailliage de Richelieu ; un quatrième
du 15 mai 1714 pour la juftice de Pontchartrain. On peut
confulter auffi l'article 2 de l'arrêt des grands jours de Lyon
du 29 novembre 1596, rapporté par Chenu.

reſte dépend de l'uſage introduit dans chaque ſiège.

Le lieutenant civil au châtelet de Paris reçoit les juges des juſtices ſeigneuriales, les meſſagers de l'Univerſité, les huiſſiers, &c. il n'en eſt pas de même dans tous les ſièges de province.

Un règlement fait pour l'adminiſtration de la juſtice dans la Sénéchauſſée de Poitiers le premier juillet 1688, homologué par arrêt du conſeil du 2 août ſuivant, porte que le lieutenant général pourra vacquer dans ſa maiſon aux informations de vie & mœurs de tous ceux qui ſe préſenteront pour être reçus officiers tant du ſiège préſidial que des ſièges qui y reſſortiſſent, mais qu'il ne pourra recevoir que le ſerment des notaires, greffiers, procureurs, huiſſiers, ſergens & autres miniſtres ſubalternes.

Et à l'égard des conſeillers du ſiège préſidial, des baillis, ſénéchaux, leurs lieutenans, aſſeſſeurs & autres qui font des fonctions de juges dans les juriſdictions royales, greffiers, procureurs, huiſſiers & concierges des priſons du ſiège de Poitiers, il eſt dit qu'ils feront examinés, qu'ils prêteront le ſerment & qu'ils feront reçus en préſence de tous les officiers du ſiège. Ce règlement paroît fort ſage & mérite de recevoir une extenſion à tous les autres ſièges où s'éleveroit des conteſtations qui ne pourroient point ſe décider par un uſage certain & bien établi.

Pour ce qui eſt des faits de police qui ne préſentent rien de contentieux, le magiſtrat qui a cette partie de l'adminiſtration peut faire en ſon hôtel tout ce qui tend à la ſûreté publique. Il a droit de rendre des ordonnances, & faire des règlemens proviſoires : mais lorſque quelqu'un eſt cité à fon tribunal pour répondre aux plaintes du procureur du roi ou des particuliers, il eft obligé de donner Audience & d'entendre les parties dans le lieu deftiné à cet effet.

·A l'égard des officiaux on prétend qu'ils ne peuvent faire aucun acte de leur jurifdiction ailleurs que dans leur auditoire ou *prétoire*, fous prétexte qu'ils n'ont aucun territoire ; mais ce prétexte eft une idée qui tient plus à la fubtilité du raifonnement qu'à la réalité du fait. Il eft vrai qu'ils ne connoiffent point des caufes réelles entre eccléfiaftiques, quoique cependant ils puiffent connoître fuivant quelques auteurs du pétitoire des bénéfices, mais ils peuvent connoître des caufes perfonnelles de ceux qui font fous leur jurifdiction, & cette jurifdiction eft bornée au territoire du diocèfe, ou du moins à une partie de ce même territoire, lorfque dans le diocèfe il fe trouve plufieurs officialités ; ainfi ils ne font pas abfolument comme on voudroit le dire fans territoire : dès-lors nous ne faurions croire qu'il y auroit abus de la part d'un official s'il faifoit en fon hôtel comme tout autre juge ce qu'il feroit trop incommode ou trop difficile de faire à l'Audience c'eft-à-dire au prétoire.

Il nous refte à obferver que les juges ne doivent point s'occuper d'affaires foit à l'Audience foit à l'hôtel les jours de fêtes, à moins qu'il ne s'agiffe de cas extrêmement preffans, fur quoi l'on doit s'en rapporter à leur difcrétion. Les affaires criminelles & de police peuvent pourtant fe pourfuivre les jours de fêtes. C'eft toujours une bonne œuvre de veiller à la fûreté publique & de hâter l'abfolution d'un innocent.

A l'égard de ces jours qu'on appelle jours *de*

Hh iij

féries au palais, quoiqu'on ne tienne point d'Audiences ces jours-là, on ne laisse pas d'être entièrement libre pour toutes les affaires d'hôtel. Voyez l'ordonnance *de Charles VII de l'an* 1440 ; *celles de* 1507, *de* 1535 *&* *de* 1667 ; *un arrêt des grands jours de Lyon du* 29 *novembre* 1596 *rapporté par Chenu ; un autre arrêt des grands jours de Clermont du* 10 *décembre* 1665 ; *une déclaration du* 27 *octobre* 1686 *pour les justices du comté de Bourgogne ; un règlement fait pour le siège de Poitiers du premier juillet* 1688 ; *l'édit de janvier* 1685 *concernant le châtelet de Paris ; l'édit d'ampliation des préfidiaux du mois de mars* 1551 ; *un arrêt de règlement du parlement de Toulouse du* 13 *août* 1729 ; *les mémoires du clergé ; le journal des Audiences ; la collection de jurisprudence ; le traité des injures par Me. Dareau, &c.* Voyez aussi les articles AUDITOIRE, ASSISES, RÔLE, DÉLIT, JUGE, AVOCAT, PROCUREUR, PARLEMENT, PRÉSIDIAL, BAILLIAGE, CHATELET, HUISSIER, PROCÈS, HAUT-JUSTICIER, CONCLUSIONS, &c. (*Cet article est de M. DAREAU, avocat au parlement, de la société littéraire de Clermont-Ferrand.*)

AUDIENCIER. Se dit d'un huissier présent à l'audience pour appeler les causes, faire faire silence, garder les portes, recevoir & exécuter les ordres du juge.

Dans les cours souveraines il y a ordinairement plusieurs huissiers de service pour les audiences : le premier d'entr'eux est préposé pour appeler les causes, les autres pour se tenir à la barre & faire faire silence & les autres pour garder les portes.

Dans les sièges présidiaux il y en a deux de préposés à cet effet. Le premier appelle les caufes & le fecond fe tient à la barre de la cour. Ce n'eft point par droit d'ancienneté que l'un eft premier & l'autre fecond : chacun a fon titre d'office à cet égard ; de forte que celui qui n'étoit que le fecond ne devient pas le premier à la mort de celui-ci, à moins qu'il ne fe faffe pourvoir de l'office dont le premier étoit revêtu. Nous parlerons plus particulièrement des huiffiers Audienciers à l'article *Huiffier*.

AUDIENCIER fe dit encore fimplement d'un officier de petite chancellerie qui rapporte les lettres qui font à fceller & qui y met la taxe. Il y en a quatre à la chancellerie établie près du parlement de Paris.

A l'égard de ceux qui font attachés à la grande chancellerie on les appelle *grands Audienciers* de France ; ils font au nombre de quatre. Leur inftitution eft fort ancienne. Ils jouiffent des mêmes honneurs, priviléges & prérogatives que les fecrétaires du roi du grand college. Ils font même créés fecrétaires par l'édit de janvier 1551 fans être obligés de poffeder aucun de ces offices, & par une déclaration du roi du 17 feptembre 1598, il eft dit qu'ayant exercé leurs offices pendant vingt années ils pourront réfigner, & conferver les priviléges à eux accordés (*).

(*) *Provifions d'un office de grand Audiencier de France.*
LOUIS, par la grace de Dieu, roi de France & de Navarre, à tous ceux qui ces préfentes verront, falut : l'état & office de notre confeiller-fecrétaire, maifon couronne de France & de nos finances grand Audiencier de France fe trouvant vaquer par la réfignation qu'en a faite notre amé & féal le fieur André-Jean Sauvage, nous en avons accordé

Par un arrêt du conseil du 25 juin 1685 il est

notre agrément à notre amé & féal le fieur Guillaume-
Charles Bioche avocat en parlement déjà pourvu de l'état &
office de notre confeiller-fecrétaire maifon couronne de
France, confervateur des hypothèques, auquel il a été reçu
le 13 juillet 1769, & dans l'exercice duquel il nous a donné
des preuves de fon attachement à notre perfonne, & voulant
d'ailleurs recompenfer les fervices qu'il nous avoit précédemment rendus dans l'exercice d'un office de notre confeiller-
notaire en notre châtelet de Paris dont il a obtenu des lettres
d'honneur le 3 mai 1770 & lui donner des preuves de notre
affection & de notre bienveillance; pour ces caufes & autres
nous lui avons donné & octroyé, donnons & octroyons par
ces préfentes l'office de notre confeiller-fecrétaire maifon
couronne de France & de nos finances grand Audiencier de
France pour fervir au quartier de janvier que tenoit & exerçoit ledit fieur André-Jean Sauvage dernier poffeffeur qui
en jouiffoit par furvivance & qui s'eft demis volontairement
dudit office en faveur dudit fieur Bioche par acte du 4 du préfent mois & ci attaché avec autres pièces fous le contre-
fcel de notre chancellerie, pour ledit office avoir, tenir &
dorénavant exercer, en jouir & ufer par ledit fieur Bioche
aux honneurs, pouvoirs, liberté, fonctions, autorité, gages, droits, exemptions, franchifes, immunités, prérogatives, prééminences, privilèges, droits de bourfes & de pré-
fences de furvivance & autres droits, avantages, fruits,
profits, revenus & émolumens audit office appartenans &
y attribués tels & tout ainfi qu'en a joui ou du jouir ledit
fieur Sauvage & qu'en jouiffent ou doivent jouir les autres
pourvus de pareils offices conformement à l'édit du mois
d'avril 1672 & à la déclaration du 24 dudit mois & an, édit
de décembre 1743 & autres édits & déclarations donnes en
leur faveur, encore bien que ledit fieur Sauvage ne vive les
quarante jours portés par nos règlemens de la rigueur defquels, attendu la finance par lui payée pour le droit de furvivance & les lettres expédiées en conféquence le 22 avril
1755, nous avons relevé & difpenfé ledit fieur Bioche par
ces préfentes; fi donnons en mandement à notre très-cher
& féal chevalier garde des fceaux de France le fieur Hue

dit qu'ils feront exemts des droits de contrôle
de dépens & de greffe ; & comme par l'édit de
mars 1704 portant création de quarante fecrétaires du roi il étoit accordé plufieurs immunités à ces officiers pour droits d'entrée, fans que
les grands Audienciers y fuffent compris, le roi

---

de Miiomenil que lui étant apparu des bonnes vie, mœurs,
âge compétant, converfation & religion catholique, apoftolique & romaine dudit fieur Bioche, & ayant pris & reçu
de lui le ferment requis & accoutumé, il le reçoive, mette
& inftitue de par nous en poffeffion dudit office, l'en faifant
jouir & entendre de tous ceux & ainfi qu'il appartiendra és
chofes concernans ledit office : mandons en outre à nos amés
& féaux confeillers les grands Audienciers de France & contrôleurs généraux de notre grande chancellerie, qu'ils laiffent immatriculer ledit fieur Bioche és regiftres de l'audience
de France ainfi qu'il eft accoutumé, & à nos amés & féaux
confeillers, fecrétaires, tréforiers de l'émolument du fceau
& de la bourfe commune des expéditions de faire payer &
délivrer audit fieur Bioche les bourfes, droits de préfence &
autres droits & émolumens attribués audit office par nos édits
& déclarations tout ainfi que les avoit & percevoit ou les
pouvoit prendre & percevoir ledit fieur Sauvage & que les
perçoivent les autres pourvus de pareils offices, mandons
aux tréforiers payeurs des gages attribués audit office & autres qu'il appartiendra de les payer audit fieur Bioche aux
termes & en la manière accoutumée, à commencer du jour
& date de fa réception de laquelle rapportant copie collationnée ainfi que des préfentes pour une fois feulement avec
quittance dudit fieur Bioche fur ce fuffifantes, nous voulons lefdits gages & droits être paffés & alloués en la dé-
penfe des comptes de ceux qui en auront fait le payement
par nos amés & féaux confeillers les gens de nos comptes de
Paris auxquels mandons ainfi le faire fans difficulté ; car tel
eft notre plaifir, en témoin de quoi nous avons fait mettre
notre fcel à cefdites préfentes, donné à Paris le dix feptième
jour de mai l'an de grace 1775 & de notre règne le deuxième.
Par le roi, Laurent avec grille & paraphe.

par une déclaration du 6 avril même année s'expliqua plus particulièrement en leur accordant les mêmes exemptions qu'aux fecrétaires.

Les grands Audienciers peuvent avoir entr'eux une bourfe d'honoraires, cette faculté leur eft attribuée par un édit de décembre 1697.

Anciennement les grands Audienciers fe permettoient de dreffer eux-mêmes les lettres qu'ils préfentoient au fceau, mais par un arrêt du confeil du 17 juin 1681, il leur a été fait défenfes d'en préfenter qu'elles ne foient accompagnées d'un certificat des fecrétaires du roi atteftant que ceux-ci les ont dreffées & que la groffe en eft écrite par leurs commis.

Ce font les grands Audienciers de France qui font prépofés par un règlement du 11 avril 1682 pour l'information des vies & mœurs des Audienciers des chancelleries près les cours. Voyez l'*hiftoire de la chancellerie par Teffereau*. Voyez auffi les articles CHANCELLERIE, SECRÉTAIRE DU ROI, &c. (Article de M. DAREAU, avocat au parlement, de la fociété littéraire de Clermont-Ferrand.)

AUDITEUR. C'eft le titre de certains officiers de la chambre des comptes.

Les confeillers du roi Auditeurs en la chambre des comptes de Paris font au nombre de quatre-vingt-deux, dont quarante-un pour le fémeftre de janvier & pareil nombre pour le fémeftre de juillet.

Ils font diftribués en fix chambres appellées du *Tréfor, de France, de Languedoc, de Champagne, d'Anjou & des Monnoies*. Tous les comptes qui fe rendent font répartis dans ces fix chambres.

Douze Auditeurs des comptes de chaque fémeftre font diftribués dans la chambre du tréfor, huit en celle de France, huit en celle de Languedoc, quatre en celle de Champagne, quatre en celle d'Anjou, & cinq en celle des Monnoies: ils ne peuvent être nommés rapporteurs que des comptes attachés à chacune de ces chambres, dont ils font changés tous les trois ans, conformément aux ordonnances des 3 avril 1388 & 23 décembre 1554, afin qu'ils puiffent connoître toutes les différentes efpèces de comptes.

Anciennement les Confeillers-Auditeurs travailloient aux comptes qui leur étoient diftribués dans les différentes chambres où ils étoient diftribués & où ils avoient des bureaux particuliers.

Mais depuis que les comptes fe font multipliés & font devenus très-confidérables, ils les examinent chez eux.

On voit par l'ordonnance de Philippe V dit le Long du mois de janvier 1319, & par celle de Philippe dit de Valois du 14 décembre 1346 que les Confeillers-Auditeurs étoient appelés clercs.

Louis XII les a qualifiés du nom d'Auditeurs dans fon édit du mois de décembre 1511.

Henri II par édit de février 1551 leur a donné le titre de confeillers attendu l'importance de leurs charges & états; & par letrres en forme d'édit du mois de juin 1552 il leur a accordé voix délibérative dans les affaires dont ils feroient rapporteurs, foit pour le fait des comptes ou autres charges & commiffions où ils feroient appelés.

La fonction qui les occupe le plus eft l'examen ou le rapport de tous les comptes qui fe rendent à la chambre & qui leur font diftribués.

Le Confeiller-Auditeur qui eft nommé rapporteur d'un compte en fait l'examen fur les états du roi & au vrai fur le compte qui précede celui qu'il examine, fur l'original du compte qui eft à juger & fur les pièces juftificatives appellées *ac-quits* ; en même temps qu'il examine la validité des pièces rapportées fur chaque partie de ce compte , il met à la marge gauche du compte à l'endroit où chaque piece eft énoncée le mot *vú* ; & à l'endroit où les pièces font dites être rapportées le mot *vrai* ; à la marge droite il met les mêmes cottes qui font fur chacune des pièces lefquelles font enliaffées & cottées par première & dernière ; & il a une copie du bordereau du compte qui doit lui fervir à faire fon rapport fur laquelle il fait mention des pièces rapportées & de celles qui manquent.

Lorfqu'il a fini fon travail il rapporte le compte au bureau , après quoi il tranfcrit fur l'original de ce compte les arrêts qui ont été rendus ; il fait enfuite le calcul des recettes & dépenfes & met l'état final du compte.

. Les Confeillers-Auditeurs du fémeftre de janvier ne peuvent rapporter que les comptes des années paires & ceux du fémeftre de juillet les comptes des années impaires , à l'exception de ceux qui étant dans leur première année de novice font réputés de tout fémeftre & de toutes les chambres.

Les comptes des exercices pairs devoient être jugés dans le fémeftre de janvier , & ceux des exercices impairs dans le fémeftre de juillet ; mais en 1716 le roi ayant confidéré que le recouvrement de fes deniers avoit été retardé & que les états n'en avoient pû être arrêtés régulièrement , ce qui avoit beaucoup retardé la préfentation & le jugement des comptes au préjudice de fon fervice , & voulant rétablir l'ordre dans fes finances ce qui dépend principalement de la reddition des comptes, a ordonné par une déclaration du 15 juillet 1716 que tous les comptes qui avoient été ou feroient préfentés à la chambre des comptes par les comptables des exercices pairs & impairs feroient jugés indiftinctement dans les fémeftres de janvier & juillet pendant trois ans, à commencer du 1er. juillet 1716. Ce délai a été prorogé par différentes déclarations jufqu'en 1743 que le roi par une déclaration du 26 mars a permis aux officiers de la chambre des comptes de Paris, de juger les comptes des exercices pairs & impairs dans les fémeftres de janvier & juillet fans aucune diftinction ni différence d'années d'exercices, jufqu'à ce qu'il en ait été autrement ordonné par fa majefté, au moyen de quoi les Confeillers-Auditeurs des fémeftres de janvier & de juillet rapportent indiftinctement dans les deux fémeftres.

Lorfqu'un Confeiller-Auditeur eft dans fa première année de fervice, il eft réputé des deux femeftres ; & il eft auffi de toutes les chambres jufqu'à ce qu'il s'en faffe une nouvelle diftribution. Les Confeillers-Auditeurs font auffi rapporteurs des requêtes de rétabliffement ; ils exécutent fur les comptes originaux les arrêts qui interviennent aux jugemens de ces requêtes, ainfi que ceux qui fe rendent dans les inftances des corrections.

En 1605 Henri IV ordonna que les comptes du revenu du collège de Navarre feroient rendus chaque année par le provifeur de ce collège, lequel feroit tenu de mettre fon compte & les pièces juftificatives de fes recettes & dépenfes entre les mains du Confeiller-Auditeur nommé par la chambre, qui fe tranfporteroit

au collège de Navarre où les comptes feroient
rendus en fa préfence , & que les débats qui
furviendroient au jugement de ces comptes feroient jugés fommairement par la chambre au
rapport du Confeiller-Auditeur & en préfence
des députés du collège.

Les Confeillers Auditeurs ont de temps immémorial la garde du dépôt des fiefs , qui comprend les originaux des foi & hommages rendus
au roi entre les mains de M. le chancelier ou
en la chambre & au bureau des finances du
reffort de la chambre , les aveux & dénombremens de toutes les terres qui relèvent du roi, les
déclarations du temporel des archevêchés, évêchés , abbayes , prieurés & autres bénéfices de
nomination royale , & les fermens de fidélité
des eccléfiaftiques.

Tous ces actes ne font admis dans ce dépôt
qu'en vertu d'arrêts de la chambre , & il n'en
eft donné d'expédition qu'en exécution d'arrêts
de la chambre rendus fur la requête des parties
'qui en ont befoin.

Les Confeillers-Auditeurs ont feuls le droit
d'expédier les attaches & commiffions adreffées
aux juges des lieux pour donner les mains-levées
des faifies faites à caufe des devoirs de fiefs non
faits & non rendus ; ils fignent ces attaches &
les fcellent d'un cachet du roi dont ils font dépofitaires , & pour vaquer plus fpécialement à
cette fonction & adminiftrer les pièces aux perfonnes qui ont à faire des recherches dans le
dépôt des fiefs , ils nomment au commencement
de chaque femeftre deux d'entr'eux qu'ils chargent des clefs de ce dépôt & qui viennent tous
les jours à la chambre.

Louis XIV par édit de décembre 1691, a créé un dépôt particulier pour raſſembler toutes les expéditions des papiers terriers faits en exécution de ſes ordres dans les provinces & généralités tant du reſſort de la chambre des comptes de Paris que des autres chambres du royaume & pays conquis, les doubles des inventaires des titres du domaine de ſa majeſté qui ſont dans les archives des chambres des comptes, greffes des bureaux des finances, juridictions royales & autres dépôts publics du royaume, & les états de la conſiſtance, de la valeûr & des revenus du domaine, leſquels avoient été ou devoient être dreſſés par les tréſoriers de France ſuivant les arrêts du conſeil.

Une grande partie de ce dépôt a été détruite par l'incendie arrivée à la chambre le 27 octobre 1737 : mais il ſeroit fort aiſé de le rétablir parfaitement, parce qu'il ſubſiſte des doubles de tous les titres qui avoient été remis dans ce dépôt dont le rétabliſſement ſeroit d'autant plus utile qu'il réuniroit tous les renſeignemens du domaine en un même lieu.

Par le même édit, Louis XIV a créé un office de conſeiller dépoſitaire de ces titres qu'il a uni à ceux de Conſeillers-Auditeurs & les a chargés de veiller à la conſervation des terriers, inventaires & états & des aurres titres du dépôt, & d'en délivrer des extraits aux parties qui les requerront ſur les concluſions du procureur-général du roi & de l'ordonnance de la chambre.

Les Conſeillers-Auditeurs nomment auſſi au commencement de chaque ſemeſtre un d'entr'eux qui vient tous les jours à la chambre pour vaquer plus particuliérement aux fonctions de cet office & délivrer des extraits des regiftres & volumes des terriers, inventaires & états & autres titres aux fermiers & receveurs des domaines & autres parties qui en ont befoin.

Ils ont feuls le droit de collationner les pièces qui fe trouvent dans ces deux dépôts & dans celui du garde des livres, & ils collationnent auffi les pièces qui peuvent fervir au jugement des comptes ou des requêtes de rétabliffement de parties tendantes à apurer les comptes.

Les Confeillers-Auditeurs font du corps de la chambre : ils ont le droit d'affifter au bureau au nombre porté par le règlement de la chambre du 20 mars 1673, avec voix délibérative, dans leurs places qui font dans un banc à côté des préfidens : dans les invitations ils font avertis de la part de Meffieurs du bureau par le commis au plumitif, de fe rendre en leurs places au bureau pour y entendre les ordres adreffés par le roi à la chambre & pour y satisfaire. Ils affiftent aux cérémonies publiques en robes noires de taffetas ou moire : dans les commiffions particulières où ils font du nombre des commiffaires, ils ont féance fur le même banc que les confeillers-maîtres & ont voix délibérative. Ils jouiffent des mêmes privilèges que les préfidens & les confeillers-maîtres comme le prouvent un arrêt du confeil d'état du roi du 11 octobre 1723 & les lettres patentes du 16 novembre fuivant regiftrées au parlement, à la chambre des comptes & à la cour des aides, les 4, 13 & 16 décembre de la même année.

Au châtelet de Paris, on appelle *Juge-Auditeur*,

teur , un juge royal qui connoît des affaires purement perfonnelles jufqu'à 50 livres une fois payées. On dit quelquefois *les Auditeurs ,* parce qu'autrefois il y en avoit plufieurs.

On ne fait pas au jufte le temps du premier établiffement des Auditeurs , non plus que celui des confeillers dont ils ont été tirés ; il paroît feulement que dès le douzième fiècle il y avoit au châtelet des confeillers & que le prévôt de Paris en commettoit deux d'entr'eux pour entendre les caufes légères dans les bas auditoires du châtelet après qu'ils avoient affifté à l'audience du fiège d'en haut avec lui ; on les appelloit auffi *Auditeurs de témoins , & enquêteurs ou examinateurs ,* parce qu'ils faifoient les enquêtes & examinoient les témoins.

Le commiffaire de Lamare en fon traité de la police , prétend que S. Louis lors de la réforme qu'il fit du châtelet, élut des Auditeurs & voulut qu'ils fuffent pourvus par le prévôt ; que ce fut lui qui fépara la fonction des Auditeurs de celle des enquêteurs & examinateurs de témoins ; il eft cependant vrai de dire que les Auditeurs firent encore pendant quelque temps la fonction d'examinateurs de témoins , que les uns & les autres n'étoient point des officiers en titre , & que ce n'étoient que des commiffions momentanées que le prévôt de Paris donnoit ordinairement à des confeillers.

En effet , l'ordonnance de Philippe-le-Bel du mois de novembre 1302 fait mention que les Auditeurs de témoins étoient anciennement choifis par le prévôt de Paris lorfque cela étoit néceffaire ; que Philippe-le-Bel en avoit enfuite établi en titre ; mais par cette ordonnance il

les fupprima & laiffa au prévôt de Paris la liberté d'en nommer comme par le paffé felon la
qualité des affaires. Il y en avoit ordinairement
deux.

Cette même ordonnance prouve qu'ils avoient
déjà quelque jurifdiction ; car on leur défend de
connoître du domaine du roi & de terminer
aucun *gros méfait* ; mais de le rapporter au prévôt de Paris, & il eft dit que nul Auditeur ni
autre officier ne fera penfionnaire en la vicomté
de Paris.

Par des lettres de Philippe-le-Bel du 18 décembre 1311, il fut défendu aux Auditeurs &
à leurs clercs ou greffiers de *s'entre-mettre en la
fonction d'examinateurs* ; & dans la fentence du
châtelet, les Auditeurs & confeillers qui avoient
été appellés, font dits *tous du confeil du roi au
châtelet.*

Suivant une autre ordonnance du premier
mai 1313, ils choififfoient avec le prévôt de
Paris les examinateurs & les clercs ou greffiers ;
ils ne devoient juger aucune caufe où il fût queftion d'héritages, ni de l'état des perfonnes ,
mais feulement celles qui n'excéderoient pas
foixante fous ; tous les procès pouvoient s'inftruire devant eux ; & quand ils étoient en état
d'être jugés, ils les envoyoient au prévôt, &
celui-ci leur renvoyoit les *frivoles amendemens*
qui étoient demandés de leurs jugemens.

Le règlement fait pour le châtelet en 1327,
porte qu'ils feront continuelle réfidence en leur
fiège du châtelet s'ils n'ont excufe légitime ;
qu'en ce cas le prévôt les pourvoira de lieutenans ; que ni eux ni leurs lieutenans ne con-
noîtront de caufes qui excèdent 20 livres pari-

fis , ni pour héritages ; qu'ils ne donneront ni
décrets ni commiſſions ſignées , ſinon és cauſes
de leur compétence ; qu'on ne pourra prendre
un défaut en bas devant les Auditeurs, dans les
cauſes commencées en haut devant le prévôt ,
& réciproquément, qu'on ne pourra demander au prévôt l'*amendement* d'une ſentence d'un
Auditeur pour empêcher l'exécution par fraude,
à peine de 40 ſous d'amende que le prévôt
pourra néanmoins diminuer ; qu'il connoîtra
ſommairement de cet amendement ; enfin que
les Auditeurs entreront au ſiège & ſe leveront
comme le prévôt de Paris.

On voit par une ordonnance du roi Jean du
mois de février 1350, que les Auditeurs avoient
inſpection ſur les métiers & marchandiſes & ſur
le ſel ; qu'au défaut du prévôt de Paris , ils
étoient appelés avec les maîtres des métiers
pour connoître de la qualité des marchandiſes
amenées à Paris par les forains ; que dans le
même cas ils avoient inſpection ſur les bouchers
& chandeliers , éliſoient les jurés de la marée
& du poiſſon d'eau douce & avoient inſpection
ſur eux ; qu'ils éliſoient pareillement les quatre
prud'hommes qui devoient faire la police du
pain.

Dans les lettres du même roi de 1354 , un
des Auditeurs eſt qualifié de commiſſaire ſur le
fait de la marée.

Charles V par une ordonnance du 19 octobre
1364, enjoint aux Chirurgiens de Paris qui pan-
ſeront des bleſſés dans des lieux privilégiés ,
d'avertir le prévôt de Paris ou les Auditeurs.
La même choſe fut enjointe en 1370.

Un autre règlement que le même prince fit

en septembre 1377 pour la juridiction des Auditeurs, porte que dorénavant ils seront élus par le roi ; qu'ils auront des lieutenans ; que leurs greffiers demeureront avec eux & prêteront serment entre les mains du prévôt de Paris & des Auditeurs ; que ceux-ci répondront de leur conduite ; que le produit du greffe ne sera plus affermé (comme cela se pratiquoit aussi-bien que pour les offices d'Auditeurs) ; que ces derniers & leurs lieutenans viendront soir & matin au châtelet ; qu'ils y assisteront avec le prévôt ou son lieutenant pour les aider à conseiller & à délivrer le peuple jusqu'à ce qu'il soit heure qu'ils aillent dans leur siège des Auditeurs pour l'expédition des causes *des bonnes gens* qui auront affaire à eux; que les procès où il ne s'agira pas de plus de 20 sous ne pourront être appointés.

Joly en son traité des offices observe à cette occasion que les Auditeurs assistoient aux grandes causes & aux jugemens que rendoit le prévôt de Paris ou son lieutenant civil, depuis sept sept heures du matin jusqu'à dix, & que depuis dix jusqu'à midi, ils descendoient aux bas auditoires où ils jugeoient seuls & chacun en leur siège particulier ; qu'en l'absence du lieutenant civil, ils tenoient la chambre civile ; qu'ils recevoient les maîtres de chaque métier, & que les jurés prêtoient serment devant eux. On voit encore dans les lettres de Charles V du 16 juillet 1378, que les deux Auditeurs du châtelet furent appelés avec plusieurs autres officiers pour le choix des quarante procureurs au châtelet.

D'autres lettres du même prince du 19 novembre 1393, nomment les avocats Auditeurs & examinateurs, comme formant le conseil du châtelet que le prévôt avoit fait assembler pour délibérer avec eux si l'on ne fixeroit plus le nombre des procureurs au châtelet.

Il est encore parlé des Auditeurs dans deux ordonnances de Charles VIII du 23 octobre 1485, qui rappellent plusieurs règlemens faits précédemment à leur sujet. L'une de ces ordonnances porte de plus, qu'ils auront 60 livres parisis de gages ; qu'ils seront conseillers du roi au châtelet & prendront chacun la pension accoutumée ; qu'ils ne seront point avocats, procureurs ni conseillers d'autres que du roi ; qu'ils ne souffriront point que les clercs des procureurs occupent devant eux.

A ce propos, il faut observer qu'autrefois il y avoit douze procureurs en titre aux Auditeurs ; on les appelloit les procureurs d'en bas ; ils avoient aussi un greffier, un receveur des épices, deux huissiers, deux sergens, & tous ces officiers se disoient officiers du châtelet. Présentement il n'y a plus de procureurs aux Auditeurs ; ce sont les parties elles-mêmes qui y plaident ou les clercs des procureurs ; la plupart des autres officiers ont aussi été supprimés.

Par un arrêt du parlement du 7 février 1494 rendu entre les Auditeurs & le lieutenant criminel, il fut ordonné que les Auditeurs connoîtroient des crimes incidens & qu'ils pourroient rapporter & juger à la chambre du conseil avec les lieutenans & conseillers du châtelet.

La juridiction des Auditeurs fut confirmée par l'ordonnance de Louis XII du mois de juillet 1499, portant défenses aux procureurs de tra-

duire les caufes des Auditeurs devant le lieutenant civil, avec injonction au lieutenant civil de
les renvoyer aux Auditeurs.

Les deux fièges des Auditeurs furent réunis
en un par arrêt du parlement du 18 juin 1552,
portant que les deux Auditeurs tiendroient le
fiège alternativement chacun pendant trois
mois; que l'un affifteroit pour confeil l'autre
qui feroit au fiège, & que les émolumens feroient communs entr'eux.

François I donna en 1543 un édit portant que
les fentences des Auditeurs feroient exécutées
jufqu'à 20 livres parifis & au-deffous, outre les
dépens à quelque fomme qu'ils fe puffent monter, nonobftant oppofition ou appellation quelconque : un arrêt du parlement du mois de novembre 1553, portant vérification de cet édit
entre les Auditeurs, lieutenans & confeillers du
châtelet, ordonna de plus, que les Auditeurs
pourroient prendre des épices pour le jugement
des procès inftruits par-devant eux.

Charles IX confirma les Auditeurs dans leur
juridiction jufqu'à 25 livres tournois, par une
déclaration du 16 juillet 1572 qui fut vérifiée
en 1576 ; leur juridiction fut encore confirmée
par un arrêt du 14 avril 1620, que rapporte
Joly ; & par l'ordonnance de Louis XIII du
mois de janvier 1629, il eft dit article 116,
que « les Auditeurs établis au châtelet de Paris
» pourront juger fans appel jufqu'à 100 fous
» entre les mercenaires, ferviteurs & autres
» pauvres perfonnes, & les dépens feront liqui-
» dés par même jugement fans appel ».

Lors de la création du nouveau châtelet en
1674, on y établit deux Auditeurs comme dans

l'ancien châtelet , de forte qu'il y en avoit alors quatre ; il y eut une déclaration le 6 juillet 1683 qui en fixa le nombre à deux , & porta jufqu'à 50 livres leur attribution qui n'étoit jufqu'alors que de 25 livres.

Enfin au mois d'avril 1685 , il y eut un édit qui fupprima les deux Auditeurs réfervés par la déclaration de 1683 & en créa un feul avec la même attribution de 50 livres.

Le juge Auditeur tient fon audience au châtelet près du parquet. On affigne devant lui à trois jours ; l'inftruction y eft fommaire ; il ne peut entendre de témoins qu'à l'audience ; il doit juger tout à l'audience ou fur pièces mifes fur le bureau fans miniftère d'avocat & fans épices ; il ne peut prendre que cinq fous par chaque fentence définitive.

Les fentences du Juge-Auditeur font intitulées de fon nom & de fes qualités & doivent être exécutées nonobftant l'appel conformément à la déclaration du 6 juillet 1683 (*).

(*) *Formule d'une fentence par défaut rendue par le juge Auditeur.*

A TOUS CEUX QUI CES PRÉSENTES LETTRES VERRONT (*on met enfuite le nom & les qualités du juge Auditeur.*) SALUT ; favoir faifons que fur la requête faite en jugement devant nous à l'audience des Auditeurs du châtelet de Paris par Me.... procureur du fieur Paul bourgeois de Paris demandeur aux fins de l'exploit du 27 avril dernier fait par.... huiffier à verge, audit châtelet duement contrôlé le même jour par.... préfenté & contrôlé au greffe ce jourd'hui tendant contre le ci-après nommé, afin de payement de 50 livres contenus en fon billet du 7 avril dernier, reconnoif-fance d'icelui, intérêts & dépens : contre le fieur Pierre bour-geois de Paris défendeur audit exploit, & défaillant ; ouï ledit Me.... en fon plaidoyer, & par vertu du défaut de nous

Lorsqu'il y a appel d'une sentence du Juge-Auditeur, il doit être relevé dans la quinzaine & porté au présidial où on le juge en dernier ressort. *Voyez les ordonnances des 3 avril 1388 & 23 décembre 1484 ; l'ordonnance de Philippe-le-Long du mois de janvier 1319 , & celle de Philippe de Valois du 14 décembre 1346 ; l'édit de Louis XII du mois de décembre 1511 , & celui de Henri II du mois de février 1551 ; les lettres patentes en forme d'édit , du mois de juin 1552 ; les déclarations du 15 juillet 1716 , & du 26 mars 1743 ; l'édit du mois de décembre 1691 ; l'arrêt du conseil d'état du 11 octobre 1723 , & les lettres patentes du 16 novembre suivant ; l'encyclopédie ; le traité de la police du commissaire Lamare ; l'ordonnance de Philippe-le-Bel du mois de novembre 1302 ; les lettres patentes du 18 décembre 1311 ; l'ordonnance du premier mai 1313 ; le règlement fait pour le châtelet en 1327 ; l'ordonnance du roi Jean du mois de février 1350 ; les lettres du même prince de 1354 ; l'ordonnance de Charles V*

---

donné contre ledit Pierre non comparant , ni procureur pour lui duement appelé ; lecture faite des pièces , nous condamnons le défaillant à payer au demandeur la somme de 50 livres portée en son billet susdaté, duement contrôlé que nous avons tenu pour reconnu , avec les intérêts de ladite somme suivant l'édit ; le condamnons en outre aux dépens que nous avons liquidés à la somme de.... ce qui sera exécuté nonobstant l'appel & sans y préjudicier, & soit signifié ; en témoin de quoi nous avons fait sceller ces présentes qui furent faites & données par nous juge susdit, tenant le siège le 26 août 1775, signé.... collationnée.... scellée le.... contrôlé le.... *les grosses des sentences du juge Auditeur se délivrent en papier , ainsi qu'il a été ordonné par un arrêt du conseil du 11 septembre 1688 , à la différence de celles des sentences des autres chambres du châtelet qui se délivrent en parchemin.*

du 19 octobre 1364 ; le règlement du mois de septembre 1367 ; Joly, traité des offices ; les lettres patentes des 16 juillet 1378, & 19 novembre 1393 ; l'ordonnance de Louis XII du mois de juillet 1499; les déclarations des 16 juillet 1572, & 6 juillet 1683 ; l'édit du mois d'avril 1685 ; le dictionnaire des arrêts ; le praticien du châtelet, &c. Voyez aussi les articles COMPTE, CHAMBRE DES COMPTES, CORRECTEUR, MAÎTRE DES COMPTES, SEMESTRE, CHATELET, SENTENCE, &c.

AUDITION. On dit l'*Audition d'un compte*, pour exprimer l'action d'examiner & de régler un compte. Et l'*Audition des témoins*, pour exprimer l'action d'entendre des témoins en justice. *Voyez* COMPTE, ENQUÊTE.

AUDITOIRE. Ce mot signifie le lieu où s'assemblent les juges pour donner audience à ceux qui viennent leur porter des plaintes ou des contestations, & recevoir leurs décisions.

Il doit y avoir dans chaque juridiction un Auditoire convenable à l'importance des affaires qui s'y jugent & à la qualité des officiers qui l'occupent. Anciennement les seigneurs faisoient venir leurs justiciables dans leur château & là ils les écoutoient & les jugeoient ; mais les abus qu'entraînoit la facilité qu'ils avoient de leur rendre la justice d'une manière trop arbitraire exigèrent d'abord qu'ils eussent des officiers préposés pour la rendre en leur nom ; ensuite comme il étoit naturel que ces officiers fussent libres de la rendre suivant le droit & l'équité, il fut réglé que les seigneurs leur fourniroient un Auditoire convenable à cet effet hors de leur château & même de leur enclos. On ne voulut pas que ces officiers euffent plus de droit de rendre la juftice chez eux que les feigneurs n'en avoient alors : on exigea à cet effet un lieu fûr & également libre pour les juges & les plaideurs. Voyez ce que nous avons dit à ce fujet au mot *Audience.*

La convenance, la grandeur & la magnificence d'un Auditoire fe déterminent fuivant la dignité de la juridiction pour laquelle on le conftruit. Dans les cours fouveraines cet Auditoire doit être compofé de plufieurs falles fuivant le nombre des audiences qu'on eft obligé de donner pour différentes affaires. Indépendamment de ces falles qu'on appelle falles d'audience, il doit y avoir des chambres particulières où les juges puiffent s'affembler pour délibérer fecrettement, & juger les affaires de rapport qui n'ont pu recevoir leur décifion à l'audience : ce font ces chambres qu'on appelle *chambres du confeil.* Il doit y avoir un appartement féparé pour les gens du roi, afin d'y recevoir ceux qui ont des caufes à leur communiquer & de pouvoir prendre entr'eux des délibérations fecrettes : cet appartement fe nomme *le parquet.* Il doit y avoir auffi un endroit pour les greffiers, afin de pouvoir y expédier commodément tout ce qui eft de leur miniftère, & un lieu particulier pour fervir de dépôt aux regiftres & aux minutes du greffe. Les officiers de chancellerie qui fervent près des cours doivent avoir pareillement une falle à eux ; les huiffiers un bureau pour les fignifications ; les concierges & les buvetiers un logement ; & c'eft l'enfemble de toutes ces différentes pièces qu'on appelle *le palais* de la juridiction, par analogie à l'an-

cienne demeure des feigneurs hauts-jufticiers
chez lefquels on étoit obligé d'aller demander
juftice.

Tous ces endroits doivent être meublés fuivant les différentes fonctions qui s'y exercent.
A l'égard des ornemens, ceci dépend du goût
& de la générofité du prince ou de fes officiers,
en obfervant toutefois que plus un Auditoire
eft orné, plus il infpire de confiance & de
refpect.

Le feigneur au nom duquel s'exerce la juftice
a droit de faire mettre fes armes partout où bon
lui femble; il peut auffi faire placer fon portrait
dans les falles d'audience & dans les chambres
du confeil.

Dans les préfidiaux & les bailliages les Auditoires doivent être proportionnés à la dignité
du fiège. Il n'eft pas néceffaire qu'il y règne autant de magnificence que dans les cours fupé-
rieures; mais il faut toujours qu'on y trouve ce
qui eft néceffaire à l'adminiftration de la juftice,
& que la décence s'y faffe remarquer.

A l'égard des juftices fubalternes, on n'eft
pas fi difficile : l'efprit des règlemens feroit pourtant que l'Auditoire des juftices des feigneurs
fût compofé de tout ce qui eft convenable pour
l'adminiftration de la juftice; qu'il y eût une
falle d'audience, une chambre du confeil, un
endroit pour le procureur-fifcal & un autre pour
le greffe; mais l'endroit où fe tiennent les audiences fert fouvent & de chambre du confeil
pour le juge & de parquet pour le procureur-
fifcal. Quant au greffe il eft affez ordinaire que
le greffier tienne chez lui les regiftres & les
minutes du greffe; ce qui eft contraire aux or-

donnances, & notament à l'arrêt de règlement des grands jours de Clermont du 10 décembre 1665, qui veut qu'il foit fourni par les feigneurs dans l'Auditoire un lieu de fureté pour tout ce qui concerne le greffe, à peine de privation du droit de juftice.

L'Auditoire doit être fourni aux frais du feigneu · jufticier fans pouvoir lever à cet effet aucune contribution fur les jufticiables.

Le roi contribuoit ci-devant aux frais des réparations des Auditoires; mais depuis un arrêt du confeil du 29 mars 1773, il eft dit que les villes feront tenues de prendre ces réparations fur leurs deniers patrimoniaux fous prétexte qu'elles en font dédommagées par les octrois qu'occafionne l'exercice de la juftice dans ces endroits-là; cependant lorfque ces deniers patrimoniaux ne font pas fuffifans après les charges de ville acquittées, le roi fournit le furplus par impofition ou autrement.

Lorfque les juges condamnent à l'amende, il eft défendu d'ordonner que les amendes prononcées feront appliquées aux réparations de l'Auditoire : fans une défenfe pareille, il pourroit arriver aux juges de prononcer légèrement de pareilles condamnations pour orner leur tribunal. Voyez les articles AUDIENCE, HAUT-JUSTICIER, PARLEMENT, BAILLIAGE, PARQUET, CHAMBRE DU CONSEIL, GREFFE, &c. (article de M. DAREAU, avocat au parlement.)

AVELINE. Sorte de frut qui felon le tarif de 1664, doit par cent pefant feize fous pour droit d'entrée & douze fous pour droit de fortie. Voyez le tarif cité & les articles ENTRÉE, SORTIE, MARCHANDISES, SOU POUR LIVRE, &c.

AVENAGE. Nom d'un droit feigneurial que

les habitans payent en quelques endroits à leur feigneur pour avoir la liberté de mener paître leurs beftiaux dans les terres vagues de la feigneurie. *Voyez le groffaire du droit françois & Salvaing, de l'ufage des fiefs.*

AVENANT. On donne ce nom dans certaines coutumes à la portion héréditaire qu'une fille noble a droit de prendre *ab inteftat* dans les fucceffions de fon pere & de fa mere.

Dans la coutume de Touraine & dans celles qui lui font voifines, l'Avenant eft la part que la fille prend dans le tiers des immeubles de la fucceffion de fon pere & de fa mere. Les deux autre tiers appartiennent avec tous les meubles à l'aîné.

En Normandie on appelle *mariage Avenant*, la légitime des filles qui n'ont point été mariées ni dotées pendant la vie de leur père & de leur mere. *Voyez les coutumes de Touraine, de Loudunois & de Normandie*, & les articles LÉGITIME, SUCCESSION, MARIAGE, &c.

AVÈNEMENT. Voyez JOYEUX AVÈNEMENT.

AVENIR. On appelle ainfi l'acte par lequel un procureur fomme la partie adverfe de fe trouver à l'audience pour y plaider contradictoirement (*).

On ne peut pas obtenir de fentence par défaut contre une partie qui a procureur en caufe fans fignifier préalablement un Avenir ; fi l'on omet-

---

(*) *Formule d'un Avenir.* A la requête du fieur Louis.... foit fommé Me. A.... procureur de François.... de comparoir au premier jour à l'audience du parc civil du châtelet de Paris, pour plaider la caufe d'entre les parties, dont afte.

toit cette fommation la fentence feroit nulle, à moins qu'elle ne fût prife fur un rôle publié ; parce que dans ce cas le rôle qui eft publié interpelle tous ceux qui y font compris de fe trouver à l'audience.

Les Avenirs ne font pas néceffaires pour la régularité des fentences contradictoires : mais lorfque la caufe eft continuée plufieurs fois de fuite, il faut aux termes de la déclaration du roi du 19 juin 1691 fignifier à chaque fois un Avenir ou un fimple acte un jour ou deux avant l'appel de la caufe.

L'article 10 du tarif des falaires des procureurs au châtelet attribue à ces officiers deux fous fix deniers pour l'original d'un Avenir & moitié pour la copie.

AVERTISSEMENT. On appelle ainfi au palais les premières écritures qui fervent à l'inftruction d'un procès par écrit. *Voyez* APPOINTEMENT.

AVEU. Confeffion, reconnoiffance de ce qu'on a dit ou fait.

En matière civile l'Aveu que fait un particulier d'être débiteur de quelqu'un fuffit quelque fois pour le faire condamner au payement de ce qu'il a déclaré devoir ; mais il faut diftinguer entre l'Aveu judiciaire & l'Aveu extrajudiciaire.

Lorfque dans le cours d'une procédure une partie a fait ou d'elle-même ou fur l'interpellation du juge un Aveu de la vérité des faits propofés, il eft certain que fa déclaration devient un titre contr'elle fi ces faits lui font préjudicia bles & le juge ne peut s'empêcher de la condamner en conféquence ; mais pour que cet Aveu tourne contr'elle, il faut qu'il ait été donné fans erreur & qu'il n'ait point été capté , parce que la juftice ne fauroit fe fonder fur ce qui n'eft que l'effet de l'inadvertance ou de la mauvaife foi.

La faculté de faire interroger fur faits & articles pertinens eft un moyen introduit pour porter le défendeur à faire l'Aveu qu'on attend de lui ou du moins pour découvrir la vérité qu'il cherche à déguifer.

Lorfque l'Aveu eft extrajudiçiaire comme lorfqu'on a déclaré à une perfonne non intéreffée qu'on doit à quelqu'un une certaine fomme , cet Aveu n'eft pas toujours une préfomption de la réalité de la dette , parce qu'on peut affecter de devoir tandis que l'on ne doit rien ; ainfi le défendeur en affirmant qu'il n'eft point débiteur doit être cru , parce qu'alors il eft préfumé s'expliquer fuivant la vérité.

Mais lorfque c'eft à la perfonne même intéreffée qu'on a déclaré devoir , cette déclaration eft préfumée s'être faite avec connoiffance de caufe , & lorfqu'elle eft prouvée (*) il eft certain qu'elle entraîne la condamnation de payer.

Si le défendeur enfuite pour éluder l'effet de la preuve de fa déclaration fe retranchoit à foutenir qu'il a payé depuis , il ne mériteroit plus d'être écouté dans cette exception ; parce qu'ayant été d'affez mauvaife foi dans le commencement pour nier fa dette on le croiroit affez injufte pour alléguer un faux payement.

Il en feroit différemment fi en même-tems

(*) Dans les cas toutefois où elle eft fufceptible de preuve, car lorfque la dette eft au-deffus de cent Livres, la preuve teftimoniale n'eft plus admiffible.

qu'il auroit avoué la créance il foutenoit avoit payé depuis, parce qu'alors il eft naturel de mériter autant de confiance fur une déclaration que fur l'autre principalement lorfqu'il eft clair qu'on n'avoit pas plus de précaution à prendre pour fe libérer que pour s'obliger.

En matière criminelle l'Aveu de l'accufé peut de même être judiciaire ou extrajudiciaire & produire des effets différents. Lorfque l'accufé s'eft avoué coupable d'un délit hors de la préfence du juge, on tient pour maxime que cet Aveu ne fauroit lui nuire fur le fondement qu'on ne doit point s'arrêter aux propos d'un homme qui cherche à périr, *non auditur perire volens.* Cependant cette maxime n'eft pas fi générale qu'on doive l'adopter fans réferve. Il eft vrai que lorfqu'un homme s'avoue coupable fans qu'il y ait de délit conftaté, cet Aveu ne peut tout au plus donner lieu qu'à des foupçons; mais lorfque le délit eft certain & que l'Aveu paroît être moins l'effet de la folie que de la fcélérateffe & de l'intrepidité, il feroit auffi dangereux de méprifer un pareil Aveu que de le prendre pour une preuve contre l'accufé, & d'en faire la bafe d'une condamnation.

A l'égard de l'Aveu fait devant le juge, on diftingue entre celui qui eft fait librement, & celui qui eft arraché par la force des tourmens. Lorfque l'accufé a promis par ferment de dire la vérité, & que fur les interpellations qu'on lui fait il déclare fans contrainte en quoi & comment il s'eft rendu coupable du crime ou du délit qu'on lui impute, fon Aveu peut faire fans autre preuve fa condamnation.

Si au contraire cet Aveu n'eft venu que dans
la

la force ou même aux approches des tourmens,
on examine encore fi l'accufé après avoir été
remis en liberté perfifte dans fon Aveu ou s'il le
retracte en tout ou en partie. Au premier cas,
c'eft-à-dire, fi l'accufé perfifte, fon Aveu devient puiffant aidé des preuves ou du moins des
indices qui exiftoient déjà contre lui : (*) fi au
contraire il fe retracte, il n'appartient qu'à des
juges éclairés à prononcer fur fon fort.

Aveu de franchife. Pour favoir ce que c'eft, il
eft bon d'obferver qu'anciennement il régnoit en
France beaucoup de fervitudes locales & perfonnelles. Ces fervitudes étoient comme attachées à certains endroits où l'on ne pouvoit
point s'établir fans être fujet à moins qu'on ne
prît certaines précautions. Ces précautions
étoient d'aller trouver le feigneur de l'endroit
& de lui déclarer qu'on s'avouoit perfonne franche de lui s'il avoit acquis du fouverain les droits
de franchife fur fes terres ; ou qu'on s'avouoit
bourgeois du roi fi le prince n'avoit point encore
cédé fes droits au feigneur.

L'effet de cet Aveu étoit qu'on n'étoit point
foumis aux devoirs de fervitude comme les autres habitans & qu'on pouvoit fe retirer dans
fon pays homme libre comme auparavant. On
étoit cependant jufticiable de l'endroit pendant
qu'on y demeuroit & en cela rien que de natu-

(*) Nous parlons plutôt fuivant l'ancienne pratique exercée encore dans quelques tribunaux que fuivant les opinions
aujourd'hui reçues dans les principales cours du royaume.
La torture n'y eft plus un moyen pour découvrir la vérité ;
parce que la raifon & l'expérience ont prouvé que ce moyen
affreux pouvoit fauver le criminel & faire périr l'innocent.

rel, puifqu'aujourd'hui encore par le feul domicile on devient foumis de plein droit à la jurididion du lieu où l'on demeure.

Aveu d'aubaine. Anciennement lorfqu'un étranger paroiffoit fur la terre d'un feigneur dans le deffein de s'y fixer, ce feigneur étoit en droit d'exiger de lui une déclaration qu'il le reconnoiffoit pour fon feigneur avec ferment de lui demeurer fidel & attaché. Cette précaution étoit comme néceffaire dans ces tems-là où chaque feigneur avoit intérêt de s'affurer de la loyauté & du fervice de ceux qui demeuroient fur fes terres afin de pouvoir compter fur eux en cas d'événement. Ce que nous appelons aujourd'hui *Aveu d'aubaine*, s'appeloit alors *nouvel Aveu*, comme pour fignifier l'Aveu d'un nouvel arrivé,

Depuis long-temps il n'eft plus queftion de cet Aveu d'aubaine : les droits d'aubaine appartiennent aujourd'hui au roi à l'exclufion des feigneurs. (*article de* M. DAREAU, *avocat au parlement, de la fociété littéraire de Clermont-Ferrand.*)

AVEU & DÉNOMBREMENT. C'eft la reconnoiffance que le vaffal donne à fon feigneur de fief pour raifon des terres qu'il tient de lui. L'*acte* de cette reconnoiffance doit contenir la defcription des héritages par tenans & aboutiffans à moins que ce ne foit des fiefs : il doit auffi contenir le détail des droits & devoirs qui dépendent du fief (*).

(*) *Formule d'Aveu & Dénombrement donné au roi.*
Aveu & Dénombrement que donne au roi pardevant vous meffieurs les officiers de la chambre du domaine de fa majefté en la province de.... Nicolas.... des chofes qu'il tient à titre de fief de fa majefté à caufe de fa feigneurie

Anciennement on se contentoit de la foi &

de.... suivant l'acquisition par lui faite de Pierre.... par
contrat passé devant.... notaire à.... le.... duement contrôlé
& insinué au bureau de.... desquelles choses acquises ledit
Nicolas.... a fait la foi & hommage ès mains de monsei-
gneur le chancelier le.... & dont la teneur suit.

1°..... (*On détaille ici tous les objets & quand ce détail est fini on met au bas ce qui suit*).

Pour raison desquels objets ci-dessus dénombrés ledit Nicolas.... comparant devant le notaire & les témoins soussi-
gnés, a déclaré être homme sujet & vassal du roi & lui devoir fidélité, obeissance & service, affirmant que le présent
Aveu est sincère & véritable avec protestation de réparer les
omissions qui viendront à sa connoissance s'il y en a, comme
aussi d'en retrancher ce qu'il auroit pu y inférer de trop
n'entendant se préjudicier ni préjudicier à personne. Déclarant au surplus que le revenu des choses ci-dessus dénom-
brées peut valoir année commune la somme de.... & donnant pouvoir au porteur des présentes de requérir la réception du présent Aveu & Dénombrement par-tout où besoin
sera en la manière accoutumée. De tout quoi il a été donné
le présent acte audit Nicolas.... en cette forme pour lui
servir ce que de raison. Fait, lu & passé triple en présence
de.... &c.

*Lorsque l'Aveu & Dénombrement concerne un seigneur
particulier on l'intitule de cette façon:*

Aveu & Dénombrement que donne à haut & puissant
seigneur, messire Alexandre Pierre.... chevalier, seigneur
de.... noble François.... des choses qu'il possède en foi &
hommage dudit seigneur au fief de.... à cause de son mar-
quisat de.... desquelles choses ladite foi & hommage lui a
été faite par ledit François.... devant.... notaire royal à....
le.... en conséquence de son contrat d'acquisition passé devant.... notaire royal à... le.... duement contrôlé & insinué
au bureau de....

Ledit François déclare posséder 1°.... 2°.... *on continue
le détail au bas duquel on met l'acte d'Aveu dans la même
forme que celui qui concerne le roi.*

Pour raison desquels objets ci-dessus dénombrés, ledit

hommage. Comme les fiefs ne se donnoient qu'à vie, le seigneur se rappeloit aisément tous les objets de sa libéralité. Lorsque ces fiefs furent devenus héréditaires, ce qui s'opéra suivant l'opinion commune au neuvième siècle, les seigneurs exigèrent à chaque mutation une déclaration de ce que le vassal possédoit, & cette déclaration se donnoit en général sans aucune explication plus marquée. Dans la suite les différentes contestations qui s'élevèrent soit entre les seigneurs voisins pour l'étendue de leur fief, soit entre les seigneurs & leurs vassaux pour les différens droits de féodalité, firent qu'on voulut que cette déclaration fût accompagnée d'un dénombrement exact non-seulement de tous les héritages qui composoient le fief pour en connoître plus particulièrement l'étendue, mais encore de tous les droits actifs & passifs, utiles & honorifiques qui y étoient attachés, afin que les seigneurs sussent ce qu'ils avoient à exiger & les vassaux ce qu'ils avoient à payer. De sorte que depuis environ le quinzième siècle on ne donne ni on ne reçoit d'aveu qu'il ne soit bien détaillé; & cet usage se trouve tellement établi qu'il a aujourd'hui force de loi.

Nous allons donc parler du temps où doit se donner cet aveu, de la peine qu'on encourt faute de le donner, de la manière dont il doit être donné pour être exact & régulier, de la façon dont on doit s'y prendre pour le faire recevoir, & des effets qu'il peut produire.

Du temps : le droit commun est que l'Aveu

---

sieur François.... comparant devant le notaire & les témoins, &c.

doit se donner dans les quarante jours après qu'on a été reçu à foi & hommage expressément ou tacitement : *expressément* lorsque le seigneur a reçu lui-même cette foi & hommage ; *tacitement* lorsqu'elle a été faite en son absence au principal manoir du fief comme nous l'expliquerons plus particulièrement à l'article *foi & hommage.* Ce temps de 40 jours est franc , c'est-à-dire qu'on ne compte point celui où l'on fait la foi & hommage , ni celui où expirent les quarante jours. Ce délai est accordé au vassal pour qu'il ait le temps de recueillir ses titres & de prendre tous les renseignemens nécessaires pour former un Aveu juste & régulier. Comme ce délai est en faveur du vassal , il peut l'anticiper & même donner son Aveu immédiatement après la foi & hommage , mais ce délai expire de plein droit après les quarante jours sans qu'il soit nécessaire de la moindre interpellation.

Si le vassal dans cet intervale devenoit malade ou qu'il fût retenu pour des affaires essentielles , il feroit obligé de le faire savoir au seigneur, & de lui demander une prorogation de délai qu'en terme de coutume on appelle *souffrance,* parce que le seigneur est alors obligé de *souffrir* que son vassal soit en état de remplir son devoir.

Lorsque le vassal se trouve en minorité l'Aveu & Dénombrement est differé jusqu'à sa majorité (*). *Les bailliftres , tuteurs , mineurs ,* dit Loisel , *ne reçoivent Aveux ni ne les baillent.* Il y a

_____

(*) La majorité féodale est à 20 ans accomplis pour les mâles & à 15 pour les filles, suivant l'article 32 de la coutume de Paris, & les arrêtés du président de Lamoignon , titre 10, article 30, & titre 14, article 10.

lieu à fouffrance tant pour l'Aveu que pour la foi & hommage ; mais il faut que les bailliftres, tuteurs ou curateurs requièrent ce délai dans le temps, parce que le feigneur n'eft pas obligé de favoir fi fon vaffal eft mineur.

Il y a encore lieu à fouffrance lorfqu'il s'élève un combat de fief entre deux feigneurs : le vaffal offre alors de donner fon Aveu auquel des deux il appartiendra, & cette offre le met à couvert de tout événement.

De la peine faute d'Aveu dans le temps prefcrit. Lorfque le vaffal a laiffé expirer le délai fans donner fon Aveu ou fans requérir fouffrance, le feigneur eft en droit de faire faifir tous les revenus de fon fief, tout comme il l'auroit pû à défaut de foi & hommage ; mais avec cette différence qu'à défaut de foi & hommage le feigneur par la faifie gagne les fruits ; au lieu que quand cette faifie n'intervient qu'à défaut d'Aveu, le feigneur eft obligé de reftituer ces mêmes fruits auffi-tôt que le vaffal lui fournit fon Aveu, fous la déduction néanmoins des frais qu'il a pu faire lefquels demeurent à la charge du vaffal.

Que l'Aveu fourni foit exact ou non il eft fuffifant pour empêcher la faifie ou pour en obtenir main-levée. Mais fi après avoir examiné cet Aveu le feigneur fe trouvoit fondé à le *blâmer*, & qu'il fût ordonné que dans tel délai le vaffal feroit tenu d'en fournir un nouveau plus exact ou plus régulier, le vaffal feroit obligé de le donner dans le temps prefcrit, autrement le feigneur pourroit ufer de la faifie féodale, & dans ce cas il feroit les *fruits fiens* fans reftitution.

De la manière de donner l'Aveu. Il eft bon d'obferver d'abord qu'il n'en eft pas de l'Aveu comme de la foi & hommage. A chaque mutation de la part du seigneur ou du vassal, la foi & hommage est due, mais il n'y a d'obligation pour l'Aveu que quand la mutation arrive du côté du vassal. Ce n'est pas que le nouveau seigneur ne puisse bien l'exiger, mais en ce cas il doit en faire tous les frais.

Pour que l'Aveu soit exact & régulier il faut comme nous l'avons dit qu'il contienne le Dénombrement, c'est-à-dire la description en détail de tout ce qui compose le fief. On doit donc désigner le château & ses pré-clôtures, les autres manoirs, maisons ou bâtimens, les héritages avec la dénomination de leur nature comme bois, prés, pâturages, champs-froids, communaux, terres, vignes, &c. indiquer les eaux, les rivières, les moulins, le tout avec leurs confins tenans & aboutissans, ainsi que le nom des particuliers qui les possedent; déclarer les droits de cens, rentes, dîmes, redevances, tailles, servitudes, & autres droits & devoirs seigneuriaux utiles ou honorifiques. S'il y a des arrières-fiefs on doit pareillement les déclarer avec un détail suffisant pour faire connoître qu'ils font partie du fief. Il ne suffit pas d'énoncer tous ces objets en gros, ils doivent être décrits séparément & distinctement les uns des autres de façon que rien ne soit omis. On doit y joindre une énumération des titres constitutifs sur lesquels les droits dont il s'agit font établis, leur date & le nom des notaires qui les ont reçus, tout comme on doit particulièrement déclarer à quel titre on est devenu possesseur du fief, si c'est par succession, donation, échange, acquisition &c. donner la date de ces actes, le nom du notaire qui les a

reçus, faire mention s'ils font en bonne forme(*)
&c. en un mot ne rien négliger pour que le feigneur ait une connoiffance auffi complette de fon
fief que le vaffal peut l'avoir lui-même. On doit
tâcher fur-tout de fe conformer aux anciens Dénombremens & éviter avec autant de foin de
ne rien exagérer que de ne rien omettre (**).

S'il fe trouvoit quelques propriétés ou quelques droits perdus ou conteftés il faudroit le déclarer & faire mention devant quel juge & en
quel état eft la procédure faite pour les recouvrer, avec foumiffion d'en faire Aveu particulier auffi-tôt qu'ils feront recouvrés.

L'Aveu pour être régulier doit être en forme
autentique paffé devant notaires & en parchemin
dont une copie pour le feigneur & une autre pour
le vaffal en obfervant que chaque copie doit être
contrôlée comme une minute, contrôle cepen-

(*) Cette mention eft requife à peine d'une amende de
300 livres contre le notaire qui auroit reçu l'Aveu, & contre le vaffal qui l'auroit fourni, fi les actes énoncés ne fe
trouvoient point en bonne forme pour le contrôle & pour
l'infinuation, fuivant qu'il réfulte d'un arrêt du confeil du
16 janvier 1717.

(**) Quelques feudiftes prétendent qu'il faut que le vaffal
fourniffe en même-temps copie des titres de fon fief & arrière-fief, mais le plus grand nombre obferve qu'il fuffit de
les indiquer en faifant mention des notaires qui les ont reçus pour éviter que l'Aveu ne foit trop volumineux.

On croit auffi que le vaffal doit donner à la fin de l'Aveu
une évaluation du revenu de fon fief, mais cette omiffion
qui pourroit n'avoir trait qu'aux droits de contrôle ne feroit
point une irrégularité, parce que fur le Dénombrement le
feigneur par lui-même eft en état de favoir ce que vaut
fon fief.

dant pour lequel on ne doit point un double droit (*).

Lorſqu'il y a partage de propriété entre co-héritiers ou co-acquéreurs il ne ſuffit pas à cha-cun d'eux de donner un Dénombrement de ſon lot ni qu'un ſeul donne ce Dénombrement en entier pour lui & pour les autres. Il faut que cha-cun ſatisfaſſe à ce devoir en déclarant tout le fief & en indiquaht les portions des autres : autre-ment il encourroit la ſaiſie féodale à moins qu'il ne déclarât employer pour Aveu & Dénombre-ment celui qui auroit été donné par un ſeul pour tous les autres.

Il n'en eſt pas de même lorſque le fief domi-nant appartient à pluſieurs co-propriétaires ; le vaſſal ne doit ſon Aveu qu'à l'un d'eux pour tous les autres : & c'eſt à celui qui occupe le princi-pal manoir à le recevoir.

Quand l'uſufruit du fief ſe trouve détaché de la propriété, c'eſt au propriétaire & non à l'u-

---

(*) Les droits de contrôle des Aveux & Dénombrement ſont fixés par l'article 6 du tarif du 29 ſeptembre 1722, & cet article porte que ſi l'Aveu étoit fourni ſous ſignature privée, il ne pourroit être reçu qu'il n'eût été préalablement contrôlé.

Le contrôle des reconnoiſſances des cenſitaires eſt règlé ſur le pied de l'article 41.

Dans quelques provinces les greffiers & autres officiers des juſtices des ſeigneurs ſont dans l'uſage de recevoir les Aveux, Dénombremens & reconnoiſſances des vaſſaux & des cenſitaires. Le roi pour n'être point privé des droits de contrôle a ordonné par l'article 6 de la déclaration du 14 juillet 1699 que ces actes ſeroient contrôlés à la diligence de ceux qui les recevroient ou atteſteroient. Les diſpoſitions de ce règlement ont été confirmées par deux arrêts du con-ſeil, l'un du 16 ſeptembre 1710 & l'autre du 8 avril 1721.

fufruitier que doit fe donner l'Aveu, parce que cet acte eft encore plus intéreffant pour le propriétaire que pour l'ufufruitier.

Si le vaffal avoit perdu fes titres dans un incendie ou qu'il y eneût quelques-uns d'adhirés, il feroit en droit de réquérir le feigneur de l'aider des fiens, parce que ces mêmes titres doivent être communs entr'eux ; & faute par le feigneur de l'en aider, il eft certain que les omiffions qui s'enfuivroient ne feroient plus un motif pour blâmer le dénombrement donné, du moins quant à ces omiffions.

De la manière de faire recevoir l'Aveu. Lorfque cet Aveu eft rédigé dans la forme convenable, c'eft alors le cas de le préfenter au feigneur. Fréminville prétend d'après les arrêtés du préfident de Lamoignon, que le vaffal eft obligé de le porter en perfonne au principal manoir du fief avec les titres & pièces juftificatives pour les offrir en communication, mais la plûpart des feudiftes affurent qu'il n'en eft pas de l'Aveu comme de la foi & hommage, & qu'il fuffit d'un fondé de procuration à moins que la coutume n'en décide autrement. S'il ne fe trouve perfonne qui veuille le recevoir, on doit avoir la précaution de faire conftater la préfentation & le refus par un procès-verbal devant un notaire ou un huiffier avec des témoins. Si le manoir n'étoit point habité & qu'il y eût une juftice dépendante du fief, on pourroit préfenter l'Aveu au procureur fifcal l'audience tenant. Le feigneur a quarante jours francs pour l'examiner. Ce délai paffé il ne s'enfuit pas que l'Aveu foit de plein droit à l'abri de toute critique. Il faut qu'après les quarante jours le vaffal ait été le chercher ou qu'il y ait envoyé de fa part. On veut qu'il faffe cette démarche par lui ou par autrui afin de favoir fi le feigneur eft content ou s'il a des *blâmes* à propofer ; & cette démarche du vaffal doit être conftatée auffi autentiquement que la préfentation de l'Aveu.

Si le feigneur eft content du Dénombrement, il en met fa déclaration au bas de la copie qu'en retient le vaffal ; fi au contraire il a fujet de le blâmer il propofe fes griefs. C'eft alors au vaffal à favoir fi ces griefs font fondés ou non. Voici à peu-près quels font les motifs fur lefquels un Dénombrement peut être blâmé.

1°. Lorfqu'on a omis de comprendre des objets qu'on n'ignoroit point faire partie du fief.

2°. Lorfqu'on en a compris qui n'en dépendoient pas.

3°. Lorfqu'on a confondu les chofes en mettant en cenfive ou en arrière-fief ce qui étoit en féodalité directe, ou autrement en féodalité directe ce qui étoit en cenfive ou en arrière-fief.

4°. Lorfque les héritages ne fe trouvent pas défignés par leurs tenans & aboutiffans ni par leur qualité ou leur nature.

5°. Lorfque le fief a été partagé & que le Dénombrement n'en contient pas l'intégrité.

6°. Lorfqu'on a omis de détailler les arrièrefiefs & de donner copie des reconnoiffances fournies par les cenfitaires ou du moins de dater ces reconnoiffances, de défigner le notaire qui les a reçues & d'en offrir communication.

En un mot il y a lieu de blâmer un Dénombrement lorfqu'il manque par quelqu'une des formalités que nous avons indiquées pour qu'il foit jufte & régulier.

Si le vaffal ne veut point le réformer de bon

gré , le seigneur n'a que la voie de l'action pour
l'y contraindre sans pouvoir user de la saisie féodale , si ce n'est comme nous l'avons dit lorsque
le vassal a refusé de satisfaire au jugement qui le
condamne à cette réformation dans le délai prescrit ; temps après lequel le seigneur peut faire
saisir avec perte de fruits pour le vassal.

Lorsque le vassal prétend au contraire que le
seigneur n'a aucun moyen valable pour refuser
le Dénombrement, il faut de même qu'il prenne
la voie de l'action pour contraindre le seigneur
à le recevoir ou pour voir dire qu'il sera censé
reçu ; mais en attendant la sentence, le vassal doit
avoir par provision main-levée de tous les objets dénombrés , car ceux qui ne le seroient pas
demeureroient toujours valablement saisis.

Il ne faut pas croire que parce qu'un Dénombrement est conforme à ceux qui l'ont précédé il soit pour cela à l'abri de tout reproche. Le
seigneur a pu être indulgent dans une occasion
sans que cela tirât à conséquence pour l'avenir.
De-sorte que s'il se trouvoit des omissions ou
des irrégularités dans un Aveu antérieur, ces défauts ne serviroient nullement à justifier les fautes
que l'on auroit commises dans celui que l'on four-
niroit alors.

Mais rien de plus facile avec un peu de bonne
foi entre le seigneur & le vassal que d'être d'accord sur un Dénombrement. La coutume de
Paris veut qu'après l'Aveu donné , le seigneur &
le vassal se communiquent ce qu'elle appelle *les
titres de tenure du fief & qu'ils se purgent par serment s'ils en sont requis.* Il vaudroit bien mieux
qu'ils fussent obligés à cette communication
avant aucun Aveu, parce qu'alors ce seroit le vrai

moyen pour le vaffal de le donner exact, & pour le feigneur, de connnoître s'il eft jufte & régulier.

Quoi qu'il en foit comme cet Aveu n'eft point pour contracter une nouvelle obligation, mais fimplement pour être au fait de celles qui exiftent déja entre le feigneur & le vaffal, il s'enfuit que fi ce dernier avoit donné aux droits de fon feigneur plus d'extenfion qu'ils n'en devoient avoir, il feroit recevable pendant trente ans à les faire reftreindre fans même qu'il fût obligé de prendre des lettres de refcifion ; tout comme le feigneur pendant le même intervale feroit fondé à réclamer les droits qui fe trouveroient omis à fon préjudice, parce qu'enfin un Aveu donné & reçu n'eft jamais regardé comme un nouveau contrat. C'eft ce qui réfulte d'un arrêt du parlement de Rouen du 28 février 1682 rapporté par Bafnage.

Il a pourtant été jugé dans la coutume de Paris par arrêt du 12 décembre 1622 rendu contre les chartreux, que lorfqu'un feigneur a procédé par voie de faifie féodale contre le nouvel acquéreur d'un fief, cet acquéreur étoit obligé d'avouer ou de défavouer le feigneur faififfant fans pouvoir demander aucune communication de titres, quand même par le contrat d'acquifition le fief feroit dit mouvant d'un autre feigneur & que l'acquéreur eût donné à celui-ci fon Aveu & Dénombrement. Cet arrêt peut paroître fingulier, mais on croit qu'il eft dans la décence que le vaffal s'explique de lui-même : autrement fi le feigneur étoit obligé de commencer par montrer fes titres, il n'en eft aucun de qui on ne les exigeât & envers lequel on ne cherchât à éluder l'Aveu à la faveur de mille chicanes contre ces mêmes titres.

A l'égard des fiefs qui relèvent immédiatement du roi, il y a des règles particulières qu'il
est bon d'expliquer ici. Lorsque le vassal a été
reçu à faire la foi & hommage entre les mains
de M. le chancélier ou à la chambre des comptes,
il doit avoir trois copies de son Aveu & Dénombrement l'une pour la chambre des comptes,
l'autre pour la chambre du domaine & la troi-
siéme pour lui.

Lorsque la chambre des comptes a reçu la
copie qui lui étoit destinée, elle rend arrêt par
lequel elle renvoie le Dénombrement sur les
lieux pour en faire faire la vérification. Lorsque
le fief est situé dans la généralité de Paris elle
renvoie devant les baillis & sénéchaux pour cette
vérification, mais si c'est dans une autre généralité que se trouve la situation du fief, c'est au
bureau des finances dépendant de cette généralité que le renvoi est ordonné.

Pour que les officiers commis s'acquittent de
leur fonction avec connoissance de cause, il est
dit par deux arrêts de la chambre des comptes
rendus en forme de règlement, l'un du 15 septembre 1744 & l'autre du 12 août 1746, que
les sentences de vérification des Aveux & Dénombremens présentés au roi seront expédiées
en parchemin & que la publication de ces Dénombremens dans les bailliages, sénéchauffées
& bureaux des finances ne se fera qu'après qu'ils
auront été préalablement envoyés par les officiers de ces sièges aux paroisses dépendantes du
chef-lieu du fief où sont situés les objets dénombrés pour y être lus & publiés par trois diman-
ches consécutifs à l'issue de la messe de paroisse.

Le dernier de ces règlemens porte que les

publications faites par les curés feuls feront fuffifantes avec leur fimple certificat , & que le
miniftère des huiffiers ne fera néceffaire que lorfque le curé aura des empêchemens de faire ces
publications, lefquelles en ce cas feront faites à
l'iffue de la meffe paroiffiale par un huiffier qui
fera mention dans fon certificat de l'empêchement furvenu (*).

Les oppofitions qui peuvent furvenir fe dif-
cutent & fe jugent au bureau du domaine , &
s'il y a appel des fentences rendues fur ces oppofitions l'appel fe porte en la grand'chambre du
parlement ; le tout enfuite eft renvoyé à la chambre des comptes en conformité d'un règlement
du confeil du 19 janvier 1668.

Les eccléfiaftiques qui ne poffedent des fiefs
qu'à caufe de leur bénéfice ne doivent qu'une
fimple déclaration de leur temporel, laquelle fe
renvoie devant les baillis & fénéchaux des lieux
où font fitués les bénéfices (**).

_____

(*) On peut encore confulter fur ces publications deux
arrêts du confeil en forme de règlemens, l'un du 19 janvier 1668 & l'autre du 16 juin 1688.-Il y a auffi à ce fujet
un arrêt de la chambre des comptes du 5 avril 1686.
La vérification fur les lieux eft d'un ufage fort ancien ;
cet ufage remonte à l'époque d'un arrêt de la chambre des
comptes du 4 février 1511. Deux arrêts, l'un du 4 feptembre 1742, & l'autre du 7 août 1743, fuivant lefquels des
Aveux ont été rejetés faute d'avoir été vérifiés fur les lieux,
nous atteftent que cet ancien règlement eft même dans toute
fa vigueur.
(**) Il y a à ce fujet une déclaration du 29 décembre 1673,
une autre déclaration du 18 juillet 1702, & un arrêt du
confeil du 24 juillet 1735. On peut voir cet arrêt dans le
rapport fait par les agens généraux du clergé lors de l'affemblée de 1740.

Pour ce qui eſt des terres titrées telles que
les duchés, comtés, marquiſats, baronnies,
&c. qui relèvent du roi, les Aveux & Dénombremens doivent s'en donner aux chambres des
comptes à l'excluſion des bureaux des finances.

Quant aux autres fiefs ceux qui en ſont poſſeſſeurs peuvent à leur choix fournir leurs Aveux
ou aux bureaux des finances ou à la chambre
des comptes. Mais les bureaux des finances ſont
toujours obligés d'envoyer aux chambres des
comptes les Aveux qu'ils ont reçus (*) pour y
demeurer en dépôt.

C'eſt au procureur du roi du tribunal où les
Aveux ſont renvoyés à examiner s'ils ſont exacts
ou réguliers. La chambre du tréſor juge enſuite
les conteſtations qui peuvent naître à ce ſujet,
& s'il y a appel c'eſt à la grand'chambre du parlement que cet appel doit être porté parce qu'il
ne ſeroit pas naturel que la chambre des comptes
qui doit recevoir l'Aveu fût en quelque façon
juge & partie.

Si le vaſſal a quelque droit d'uſage dans les
forêts du roi ou de pêche dans les rivières na-

_____

(*) On peut voir là deſſus la déclaration du 18 juillet
dont nous venons de parler en la note précédente, elle contient règlement ſur cette matière.

Par une ordonnance particulière du 20 janvier 1672 les
commiſſaires du conſeil ont règlé la forme en laquelle les
Aveux & Dénombremens des fiefs du Languedoc doivent
être fournis. Cette ordonnance a été interprétée depuis par
une déclaration du 23 ſeptembre 1713 regiſtrée en la chambre des comptes & finances de Montpellier, & cette déclaration ſe trouve dans un petit recueil pour le Languedoc imprimé en 1749, page 524; mais il faut voir auſſi les articles
3, 4 & ſuivants d'une déclaration du 19 juillet 1757, regiſtrée au parlement de Toulouſe le 8 août de la même année.

vigables

vigables ou même fi quelques-uns des héritages
du Dénombrement defquels il s'agit ne font éloignés que de cent perches des bois de fa majefté,
l'Aveu doit être communiqué au procureur du
roi de la maîtrife où le fief eft fitué : c'eft ce qui
réfulte de l'article 8 du titre 27 de l'ordonnance
des eaux & forêts.

Le procureur du roi en la maîtrife fait ou fait
faire telle vérification que bon lui femble après
quoi il donne fon certificat au bas de chacune
des trois copies du Dénombrement.

Lorfqu'il s'agit d'une grande feigneurie le vaffal eft encore obligé de communiquer fes trois
copies au fermier ou receveur du domaine du
roi du diftrict de la fituation du fief & d'y faire
mettre fon certificat portant déclaration qu'il n'a
aucun moyen pour empêcher la réception du
Dénombrement.

Quand tous ces préliminaires ont été obfervés
& que l'Aveu fe trouve enfin exact & régulier il
eft reçu par la chambre des comptes.

Voilà en général ce qui concerne l'Aveu &
Dénombrement de la part du vaffal envers le
feigneur féodal qu'on appelle *feigneur dominant* :
mais comme le vaffal eft feigneur lui-même à
l'égard des particuliers poffeffeurs des héritages qui compofent le fief, ceux-ci lui doivent
à leur tour une efpèce d'Aveu & Dénombrement
qu'on appelle *reconnoiffance.*

Ces particuliers font appelés tantôt *emphi-
téotes* à caufe du bail qu'ils ont ou à perpétuité
ou à longues années, ou fimplement à vie
des fonds qu'ils poffèdent : tantôt *tenanciers* à
caufe de ces mêmes fonds dont ils font déten-

teurs : tantôt & même le plus fouvent *cenfitai-res* , à caufe des cens, rentes, droits & devoirs feigneuriaux qu'ils font annuellement obligés d'acquitter ; tantôt enfin on les appelle *arrière-vaffaux* , parce qu'ils dépendent du vaffal du feigneur dominant.

Il eft fans difficulté que tout cenfitaire eft obligé d'avouer à fon feigneur immédiat qu'on appelle plus communément *feigneur direct*, tout ce qu'il tient & poffède dans fa directe ou dans fa juftice, foit en bâtimens, terres ou autres héritages, & de déclarer les cens, rentes, droits & devoirs auxquels il eft affujetti à raifon de cette detention. C'eft la collection de toutes ces déclarations ou reconnoiffances qui compofent le volume qu'on appelle *papier terrier* ou fimplement *terrier* d'une terre ou feigneurie.

Le feigneur eft en droit de faire renouveler fon terrier tous les vingt ans pour prévenir la prefcription de fes droits , & chaque cenfitaire eft obligé de payer les frais de fa reconnoiffance (*).

_____

(*) Ce n'eft pas que le cenfitaire puiffe prefcrire contre fon feigneur la directe ni les droits qui y font naturellement attachés, parce qu'il en eft d'un cenfitaire comme d'un fermier qui ne jouit qu'à titre de bail, avec cette feule différence que celui-ci n'eft fermier que pour un temps, au lieu que l'autre l'eft à longues années ou même à perpétuité ; & comme il eft de principe que perfonne ne peut changer les caufes de fa poffeffion , le cenfitaire ne peut pas plus prefcrire contre fon bail que le fimple fermier ne le peut contre le fien.

A l'égard de ces droits qui ne fe trouvent point émanés

Lorfqu'il y a changement de cenfitaire autrement que par fucceffion en ligne directe, le feigneur peut exiger du nouveau tenancier une nouvelle reconnoiffance aux frais de celui-ci.

Quand la mutation arrive de la part du feigneur, le cenfitaire n'eft obligé à une nouvelle reconnoiffance qu'autant que ce feigneur veut en faire les frais.

Cette reconnoiffance doit être détaillée & circonftanciée de la même manière que nous l'avons dit de l'Aveu & Dénombrement : elle doit être elle-même un Dénombrement exact

---

naturellement de la directe, & qui dans l'origine ont été arbitrairement conftitués, comme ils font fufceptibles de prefcription, il eft naturel que le feigneur puiffe en faire renouveler la reconnoiffance. Voilà ce que porte l'arrêt des grands jours de Clermont du 9 janvier 1666 au fujet des frais de ces reconnoiffances. *Article 25.* « Et fi les feigneurs » veulent faire de nouveaux terriers, faire paffer nouvelles » reconnoiffances à leurs tenanciers, ne fera payé pour cha- » cune déclaration contenant un feul article que cinq fous, » & s'il y a plus d'un article, fera augmenté deux fous fix » deniers pour chacun des autres jufqu'au nombre de 5 arti- » cles, mais s'il y en a plus & quelque nombre qu'il y ait » au-delà ne pourra être prétendu que quinze fous, le tout » payable par les feigneurs quand lefdites reconnoiffances » auront été faites dans les vingt années des précédentes & » qu'il n'y aura mutation de tenanciers; & s'il y a mutation » de tenanciers, ou que du jour de la précédente reconnoif- » fance il y ait plus de vingt années, en ce cas & non au- » trement, les frais defdites déclarations feront fupportés » par lefdits tenanciers ». Cet article fait voir que le fei- gneur n'eft pas obligé d'attendre les trente ans, époque de la prefcription, puifqu'il a le droit de faire reconnoître tous les vingt ans aux frais du cenfitaire.

de tout ce que le cenfitaire peut poſſéder & devoir.

Comme un aĉte pareil eſt en même-tems une eſpèce d'hommage que le cenfitaire fait à ſon ſeigneur, il eſt obligé de l'aller faire au châtcau du ſeigneur, ou de le faire faire par un fondé de procuration : quelques feudiſtes ont prétendu que cet endroit n'étant pas un lieu de liberté, le cenfitaire n'étoit point obligé de s'y rendre, & que c'étoit même un motif pour réclamer contre la reconnoiſſance ; mais c'eſt une erreur, 1°. parce qu'on ne doit pas préſumer que le ſeigneur uſe de contrainte ni de violence, ni que le notaire qui eſt un officier garant de la foi publique prête ſon miniſtère à l'iniquité ; 2°. parce qu'une reconnoiſſance n'eſt pas une nouvelle obligation, mais fimplement l'Aveu d'une ancienne obligation : à quoi on peut ajouter qu'on a trente ans pour faire reformer cette reconnoiſſance ſi elle eſt exagérée, ſans qu'on ſoit même obligé comme nous l'avons dit de prendre des lettres de reſciſion ; 3°. parce qu'enfin la choſe a été ainſi jugée au parlement de Grénoble le 6 mai 1638, ſuivant un arrêt rapporté par la Roche-flavin, & par un autre arrêt du 19 juin 1728 par lequel la dame Chauſſat veuve d'un tréſorier de France fut condamnée à paſſer nouvelle reconnoiſſance au profit des chanoines de l'égliſe de Lyon dans le château d'Abigny.

Lorſque la directe eſt indiviſe entre le roi & un ſeigneur particulier, celui-ci ne peut point ſe faire faire de reconnoiſſance par ſes cenfitaires, que le procureur du roi du ſiège le plus

AVEU

prochain n'y ait été appellé ; il y a à ce sujet une déclaration du 15 juillet 1671 qui y eſt préciſe.

Il arrive quelquefois que les ſeigneurs à la fin des reconnoiſſances ſe font des réſerves générales d'arrérages de droits qu'ils prétendent leur être encore dûs ; mais il eſt aujourd'hui bien décidé que ces réſerves générales non plus que celles qu'on ne manque pas ordinairement de faire dans des quittances n'empêchent point le cours de la preſcription , & qu'elles ne donnent ouverture à rechercher les cenſitaires pour ces mêmes arrérages qu'autant qu'ils ſe trouvent encore dûs , tout de même que l'omiſſion de ces réſerves ne ſauroit nuire au ſeigneur lorſqu'il n'eſt pas entièrement payé.

Il en ſeroit différemment ſi la réſerve portoit nommément ſur tel objet & ſur telle quotité reſtée due , le ſilence du cenſitaire vaudroit une reconnoiſſance expreſſe capable d'interrompre la preſcription , excepté dans quelques coutumes comme dans celle de la Marche où il ne ſuffit pas qu'on reconnoiſſe devoir des arrérages , mais où il faut les avoir demandés dans le tems , lequel paſſé ils ne ſont plus exigibles.

On verra plus particulièrement ce qui a rapport à ce que nous venons de dire , aux articles *Cenſitaire, Reconnoiſſance, Terrier* , &c.

De l'effet de l'Aveu & Dénombrement. Il eſt maintenant queſtion d'examiner quels ſont les effets que peuvent produire des Aveux & Dénombremens entre le ſeigneur & le vaſſal & ce que ces mêmes actes peuvent opérer à l'égard

LI iij

des perfonnes fans la participation defquelles ils ont été donnés.

D'abord entre le feigneur & le vaffal ces actes comme nous l'avons dit ne font pas à proprement parler de nouvelles obligations; ce ne font que des déclarations énonciatives de certains droits anciennement établis. De forte que toutes les fois que le vaffal peut juftifier par le rapport des anciens titres conftitutifs que fes obligations ont été induement furchargées, il eft en droit de les faire réduire à ce qu'elles étoient anciennement, & ces obligations font toujours regardées comme contenant une furcharge indue, lorfque cette furcharge eft gratuite & fans aucun fondement.

Il en eft de même des reconnoiffances des cenfitaires. Il a été jugé par arrêt du parlement de Touloufe du 28 mars 1663 rapporté par Catelan, qu'un cens caractérifé *quérable* par le titre conftitutif de ce cens n'avoit pu devenir *portable* par des reconnoiffances géminées de cent ans ni par la longue poffeffion dont elles avoient été fuivies (*).

(*) Anciennement c'étoit une efpèce de délit de la part d'un feigneur que d'exiger de plus forts droits que ceux qui lui étoient acquis. La Rocheflavin nous apprend qu'un préfident qu'il ne nomme point, parce qu'il vivoit de fon tems, fut non-feulement privé de fon fief pour un fait pareil, mais encore degradé en pleine audience : dégradation cependant de laquelle le roi voulut bien le relever.

Le même auteur ajoute que par arrêt du 25 février 1538, le vicomte de Serre fut privé de fa juftice & des rentes que lui devoit Pierre de Simeore. Il nous apprend enfin que par arrêt du 10 avril 1571 un emphitéote en pareil cas fut dé-

Mais si au lieu d'une surcharge il y avoit une diminution le seigneur seroit-il de même en droit de faire revivre l'obligation primordiale ? Il sembleroit qu'on pourroit plus facilement lui opposer la prescription pour avoir négligé de réclamer dans les trente ans, attendu qu'étant dépositaire des titres anciens, il devoit plus particulièrement veiller à la conservation de ses droits, mais la loi doit être égale pourl'un & pour l'autre ; parce que le seigneur est censé n'avoir dans l'origine adopté une reconnoissance qu'en la croyant conforme au premier titre , tout comme le vassal & le censitaire sont présumés avoir entendu déclarer tout ce qu'ils devoient suivant ce même titre. C'est pourquoi comme les uns & les autres ont entendu s'en rapporter à ce titre, que d'ailleurs il est de maxime que personne ne peut prescrire contre son propre titre, il s'ensuit qu'il n'y a point de prescription à opposer à cet égard.

Il n'en est pas de même lorsque le titre primordial ne peut se découvrir. Si le dernier Dénombrement a eu son exécution pendant trente ans, cet acte fait loi entre le seigneur & le vassal quand même il ne se trouveroit point conforme aux Dénombremens antérieurs , parce qu'on peut présumer que ces anciens Dénombremens étoient fautifs & qu'on a cherché lors du dernier à se rapprocher du titre primitif.

---

claré exempt de rien payer pendant sa vie. Sur quoi nous réfharquerons qu'une jurisprudence pareille n'auroit rien d'extraordinaire de nos jours si un seigneur avoit usé de contrainte & de mauvaise foi pour tromper son vassal ou son censitaire.

Cependant si les nouveaux droits étoient ex-traordinaires, comme si l'on avoit établi une servitude mainmortable qu'on ne connoissoit point anciennement, & qu'il n'en fût pas fait mention dans les Dénombremens antérieurs, il est certain que ceci paroîtroit une surcharge à réformer, parce qu'alors on ne pourroit présumer qu'un droit si particulier eût été oublié dans les anciens Aveux s'il avoit été originairement établi.

A l'égard des personnes tierces, ces Dénombremens peuvent quelquefois s'employer contr'elles, & d'autres fois ils ne signifient rien. On sait que les vassaux & les censitaires cherchent souvent à distraire leurs héritages d'un fief ou d'une directe pour les transporter dans une autre, ce qui occasionne de fréquentes contestations entre les seigneurs ; & comme il est de maxime que la prescription peut avoir lieu de seigneur à seigneur, les Aveux & Dénombremens dont l'un cherche à s'aider contre l'autre peuvent beaucoup servir à décider ces sortes de contestations. Lorsqu'un Dénombrement est en bonne forme & qu'il a été suivi de possession constante & sans trouble pendant un espace de tems suffisant à prescrire, cet acte doit trancher toute difficulté contre le seigneur qui a été négligent de réclamer.

Il en seroit autrement si ce seigneur avoit continué son ancienne possession parce qu'alors il auroit eu juste sujet d'ignorer ce qui se passoit à son préjudice. On prétend même qu'à supposer qu'il eut perdu sa possession il ne suffisoit pas de lui opposer sur sa réclamation un seul Dénombrement, & qu'il en faudroit au moins trois

donnés dans des tems éloignés les uns des autres (*) : mais en cela on confond une réclamation du feigneur contre le vaffal , ou du vaffal
contre le feigneur, avec une réclamation de feigneur contre feigneur & la différence eft totale.
Le feigneur & le vaffal ne peuvent , comme
nous l'avons dit, prefcrire l'un contre l'autre.
Il faut toujours en revenir au titre , ou à défaut
de titre aux anciens Aveux & Dénombremens ,
au lieu qu'il n'en eft pas de même de feigneur
à feigneur ; chacun doit veiller à fes intérêts ,
& celui qui s'oublie eft dans le cas de la prefcription, peine introduite autant pour affurer à
chacun fa poffeffion que pour punir celui qui
néglige fes droits.

Le feul cas où de feigneur à feigneur on pourroit exiger des titres ou d'anciens Aveux feroit
celui où il y auroit de l'équivoque fur la poffeffion ou de l'obfcurité dans le Dénombrement dont on voudroit faire ufage : ce feroit
alors le cas de fuivre les anciens Aveux ou an-

(*) On tient pour maxime fur-tout en provence (fuivant que
l'obferve M. Durand de Maillane en fon dictionnaire canonique au mot *Dénombrement*) qu'une feule reconnoiffance
fupplée au défaut du titre primordial en ce qui concerne le
roi, le feigneur haut-jufticier, l'églife, l'ordre de Malthe ,
les hôpitaux & les communautés eccléfiaftiques ; & qu'à
l'égard des autres feigneurs ou poffeffeurs de directes il en
faut deux. Le même auteur obferve encore d'après Cochin
au fujet des poffeffions de temps immémorial , que quand
l'églife a une fois reconnu , elle doit toujours reconnoître
& acquitter les droits feigneuriaux , & que s'il ne paroît aucun Aveu ni reconnoiffance de fa part, elle eft cenfée pof-
féder *en franche aumone* , c'eft-à-dire, avec exemption de
toutes redevances.

ciennes reconnoiſſances & de ſe décider par
les titres les plus apparens.

Voilà les principes généraux en fait d'Aveux
& de reconnoiſſance. Au ſurplus voyez *le traité
des fiefs de Dumoulin & les notes de M. Henrion
de Panſey ; Dargentré ſur la coutume de Bretagne ;
Chopin & Auzannet ſur celle de Paris ; Coquille
ſur celle de Nivernois ; Banage ſur celle de Normandie ; Loiſel & le Prêtre ; Guyot & Renaudon
en leurs traités des fiefs ; de la Place en ſon dictionnaire des fiefs ; la Roche-Flavin en ſon traité des
droits ſeigneuriaux ; Mainard & Catelan en leurs
arrêts ; Henrys & Bretonnier ; Freminville en ſa
pratique des terriers ; la collection de juriſprudence ;
l'ordonnance des eaux & forêts ; les arrêts de règlemens de la chambre des comptes de Paris , des
4 Février 1511 , 5 avril 1686 , 15 ſeptembre 1744,
12 août 1746 ; une déclaration des 15 juillet 1671 ,
une autre du 29 décembre 1673 , une troiſième du 8
juillet 1702 ; les arrêts du conſeil d'état des 19
janvier 1668 , 26 juin 1688 , 24 juillet 1735 ;
le règlement particulier fait au conſeil d'état entre
le parlement de Dijon & la chambre des comptes
du 27 août 1727 , &c.* Voyez auſſi les articles
Foi & Hommage, Vassal, Seigneur, Mineur , Blame , Reconnoissance , Cens ,
Terrier, Censitaire, Chambre des Comptes, Bureau des finances, Directe, &c.
(Cet article eſt de M. Dareau , avocat au parlement , de la ſociété littéraire de Clermont-
Ferrand.)

AUGMENT. On comprend quelquefois ſous
ce nom les différens gains nuptiaux & de ſurvie qui ſont en uſage dans les pays de droit
écrit ; mais l'Augment de dot proprement dit,
& dont il s'agira dans cet article , eſt un gain

nuptial que la femme prend en récompenfe &
à proportion de fa dot fur les biens de fon mari
prédécédé.

L'Augment de dot eft établi tant en faveur
des enfans que de la femme : celle-ci n'en a
même ordinairement que l'ufufruit, & ceux-là
en ont la propriété : cepéndant lorfque la femme
ayant des enfans refte en viduité jufqu'à fon décès, elle gagne en propriété une portion de
l'Augment qui eft qualifiée de *vírile*, & qui eft
égale à une part d'enfant.

Comme les provinces de droit écrit où l'augment de dot eft en ufage, font principalement
régies par les loix romaines, il eft néceffaire
d'examiner fi c'eft par ces loix qu'il eft établi,
ou du moins s'il y a quelque chofe dans le droit
romain à quoi il ait rapport.

Il faut d'abord éviter de confondre l'Augment
de dot avec *l'augmentum dotis* dont parle le droit
romain : cet *augmentum dotis* n'étoit point une
donation du mari à la femme, c'étoit au contraire
l'augmentation de dot que la femme apportoit à
fon mari pendant le mariage; c'eft ainfi que l'explique la novelle 97 qui porte que la donation à
caufe de noces doit être augmentée à proportion de ce que la dot a été augmentée pendant
le mariage : elle appelle cette augmentation de
dot *augmentum dotis* ; ce qui n'a comme l'on
voit aucun rapport avec l'Augment de dot des
pays de droit écrit, & fi quelques praticiens ont
nommé en latin cet Augment *augmentum dotis*,
ce n'a été que par un ufage mal entendu, comme
de Laurière l'a remarqué dans fon gloffaire. Auffi
Cujas qui parle de l'Augment dot, évité l'équivoque en l'appelant non *augmentum dotis*, mais

incrementum dotis , ce qui caractérife bien mieux l'Augment de dot , parce qu'en effet ce n'eft pas une augmentation de dot, mais un profit que la femme tire de fa dot, & qu'elle prend fur les biens de fon mari.

Il y auroit plutôt lieu de croite que l'Augment de dot tire fon origine des donations à caufe de nôces des Romains : pour en juger il faut rappeler ici les différens progrès du droit fur les donations en faveur de mariage.

Avant la tranflation de l'empire romain à Conftantinople , il n'y avoit aucune différence entre les donations en faveur de mariage & les donations ordinaires : on n'admettroit point encore cette condition tacite que l'on fupplée toujours aujourd'hui dans les donations en faveur de mariage, qu'elles n'auront lieu qu'en cas que le mariage s'accompliffe : auffitôt que les fiancés s'étoient fait une donation, même en confidération du futur mariage, elle avoit irrévocablement fon effet comme toute autre donation entre vifs, & cela quand même le mariage n'auroit pas eu lieu , à moins que dans la donation il n'y eut une claufe expreffe portant qu'elle feroit révoquée fi par l'évènement le mariage ne fe faifoit pas.

Conftantin le grand fut le premier qui commença à traiter plus favorablement les donations en faveur de mariage : il ordonna qu'elles feroient révoquées de plein droit dans le cas où le mariage n'auroit pas lieu ; & comme dès-lors tous les avantages entre vifs étoient prohibés entre conjoints, que par conféquent les conjoints ne pouvoient depuis le mariage fe faire aucune donation , ni ajouter à celles faites avant le mariage, celles-ci furent appelées *donations avant les nôces, donationes ante nuptias.*

Dans la fuite Juftin I, oncle & prédéceffeur de Juftinien, ayant confidéré que fouvent pendant le mariage la dot de la femme étoit beaucoup augmentée, il permit d'augmenter auffi pendant le mariage la donation faite à la femme à proportion de l'augmentation de dot qui feroit furvenue.

Enfin Juftinien par fon code, autorifa de plus en plus les donations en faveur de mariage : non-feulement il permit de les augmenter depuis le mariage à proportion de l'augmentation faite à la dot de la femme, il permit même aux conjoints de fe faire de telles donations quand même il n'y en auroit eu aucun commencement avant le mariage, & pour donner à ces donations un nom plus convenable à leur nature, il ordonna qu'à l'avenir elles feroient appelées *donations à caufe de nôces, donationes propter nuptias.*

Il n'eft point parlé de ces donations à caufe de nôces dans le digefte, parce qu'elles étoient abfolument inconnues aux anciens jurifconfultes dont les livres fervirent à former le digefte : cette matiere n'eft traitée qu'au code, aux inftitutes & dans les novelles de Juftinien.

Les principales règles établies par ces différentes lois font 1°. que toute dot mérite une donation à caufe de noces.

2°. Que la donation doit être réciproque, c'eft-à-dire que la donation faite à la femme n'eft qu'en confidération de la dot qu'elle apporte à fon mari.

3°. Que la donation à caufe de noces doit être égale à la dot.

4°. Que le mari furvivant en certains cas gagne la dot de fa femme, de même que la femme
furvivante gagne la donation à caufe de noces
fur les biens du mari.

5°. Que le gain de furvie appartient en pleine
propriété au furvivant des conjoints s'il n'y a
point d'enfans ; & s'il y en a le furvivant n'a que
l'ufufruit de ce gain de furvie. S'il refte en viduité, il a outre l'ufufruit une virile en propriété ; mais s'il fe remarie il perd tout droit de
propriété dans les gains nuptiaux & eft réduit
au fimple ufufruit.

Tel étoit l'ufage des Romains fur les donations
à caufe de noces ; voyons maintenant ce qui fe
pratiquoit anciennement dans les provinces que
nous appelons aujourd'hui pays de droit écrit.

Lerfque Jules-Céfar fit la conquête des Gaules, il ne contraignit point les peuples qu'il avoit
foumis à fuivre les lois romaines ; mais dans la
fuite les Gaulois qui habitoient les provinces les
plus voifines de l'Italie connoiffant la juftice des
lois romaines s'accoutumèrent d'eux-mêmes à
les fuivre ; & depuis lorfque les Francs eurent
conquis les Gaules, ils laiffèrent aux Gaulois la
liberté de fuivre leurs lois & fe firent eux-mêmes
honneur de fe conformer aux mœurs des Romains ; en forte que les donations à caufe de
nôces des Romains furent en ufage dans le pays
de droit écrit, & du tems des Gaulois & encore
pendant quelque tems depuis l'établiffement de
la monarchie françoife.

Mais lorfque ces donations à caufe de noces
tombèrent en défuétude chez les Romains, elles
ceffèrent auffi d'être ufitées dans les pays de
droit écrit où l'on fe conformoit exactement aux

lois & aux ufages des Romains ; & en effet les auteurs qui parlent de ces anciennes donations, ne difent pas feulement qu'elles ceffèrent d'être pratiquées par les Romains ; ils difent indiftinctement qu'*elles ont ceffé abfolument d'être ufitées :* ce qui doit s'entendre de tous les pays où elles avoient lieu.

Ainfi il n'y a aucune apparence que l'Augment de dot des pays de droit écrit defcende des donations à caufe de noces des Romains.

Il y a bien quelque rapport entre les donations à caufe de noces & l'Augment de dot, en ce que l'Augment eft accordé à la femme en récompenfe de fa dot comme les donations à caufe de noces, mais il y a entre ces donations & l'Augment quatre différences effentielles.

La première eft que la donation à caufe de noces des Romains, pouvoit être faite ou augmentée pendant le mariage ; au contraire l'Augment de dot ne peut être conftitué ni augmenté par aucune convention poftérieure au mariage.

La feconde eft que la donation à caufe de noces devoit être égale à la dot ; l'Augment au contraire eft ordinairement moindre que la dot, & peut être plus fort.

La troifième eft que la donation à caufe de noces n'étoit due que lorfque la dot avoit été payée, au lieu que l'Augment eft du à la femme quoique fa dot n'ait pas été payée.

La quatrième enfin eft que la donation à caufe de noces ne fe payoit qu'à proportion de ce qui avoit été payé de la dot ; au lieu que l'Augment eft toujours du en entier quand même il n'y auroit rien de payé de la dot.

A toutes ces différences, il eft aifé de reconnoître que l'Augment de dot des pays de droit écrit, n'est pas la même chose que la donation à cause de noces des Romains.

On ne peut même pas prétendre qu'il soit fondé sur les lois qui régloient les donations à cause de noces; tous les auteurs modernes conviennent que l'Augment est un droit nouveau, lequel n'a jamais été établi par les lois qui traitent des donations à cause de noces, & que comme ces donations ont cessé d'être usitées sous les derniers empereurs, toutes les lois qui étoient faites sur cette matière sont devenues inutiles.

L'Augment de dot ressemble mieux à *l'hypobolon* des Grecs qui succéda aux donations à cause de noces des Romains.

En effet sous les derniers empereurs de Constantinople, les peuples quoique Romains de nom & d'origine s'écartant en plusieurs points des lois romaines pour suivre les mœurs des Grecs avec lesquels ils étoient confondus, laissèrent tomber en désuétude les donations à cause de noces, & s'accoutumèrent insensiblement à pratiquer à la place de ces donations, le don de survie qui étoit usité chez les Grecs sous le nom d'*hypobolon*.

C'est de cet *hypobolon* dont l'empereur Leon surnommé le sage parle dans ses novelles 22 &, 85 où il déclare que le conjoint survivant qui reste en viduité, gagne une virile en propriété dans cette sorte de donations à cause de noces.

Il est vrai que les novelles de cet empereur ne sont parmi nous d'aucune autorité, & que ce sont les lois de Justinien qui forment sur la matière des donations à cause de nôces, le dernier

état

état du droit romain *écrit*. Mais outre les lois écrites, les Romains en avoient encore d'autres qui ne l'étoient point & qui ne laiffoient pas d'être en vigueur, comme le dit Juftinien dans fes inftitutes. Ainfi quoique les novelles de l'empereur Léon n'aient pas eu par elles-mêmes la force d'abroger les lois de Juftinien, rien n'empêche qu'un long ufage n'ait établi cette autre forte de donation que les Grecs pratiquoient fous le nom d'*hypobolon*. Harmenopule auteur Grec qui vivoit dans le douzième fiècle attefte ce changement. Il obferve que fuivant le dernier ufage, ce gain de furvie accordé à la femme fe règle felon la convention ; & que lorfqu'il n'eft pas fixé par le contrat, il eft du en vertu d'une convention préfumée ; qu'autrefois on le fixoit à la moitié de la dot, mais que par le dernier ufage, il n'eft que du tiers.

Ce témoignage d'Harmenopule fe trouve confirmé par celui de plufieurs auteurs, & il y a lieu de croire que fi notre Augment de dot n'eft pas précifément la même chofe que l'*hypobolon* des Grecs, il en tire du moins fon origine. Cette opinion paroît d'autant mieux fondée que les Romains pratiquèrent cet hypobolon dès qu'ils eurent abandonné les donations à caufe de noces, & que les habitans des pays de droit écrit adoptèrent fans doute auffi l'ufage de l'*hypobolon*, pour imiter les Romains.

D'ailleurs quand cet ufage n'auroit pas été introduit dans les Gaules en même-tems que les lois romaines y furent établies, il ne feroit pas étrange qu'il y eut été apporté dans la fuite par les relations que les François eurent avec les peuples de l'orient. Dès l'an 1096, les François commencèrent leurs voyages d'outre-mer pour aller faire la guerre aux infidèles, & entre ceux qui eurent part à ces expéditions étoient les habitans d'Auvergne, de Provence, de Languedoc & de Gafcogne qu'on appeloit tous d'un nom commun *les Provençaux*, pour les diftinguer des autres habitans du refte de la France qu'on appeloit les François. Or ces peuples qu'on appeloit *les Provençaux*, & qui habitoient précifément les mêmes provinces que nous appelons aujourd'hui pays de droit écrit, ayant appris dans leurs voyages & féjours en orient, l'ufage du gain de furvie appellé *hypobolon*, ils rapportèrent chez eux ce même ufage qui s'établit infenfiblement fous le nom d'Augment de dot.

Au refte il ne faut pas s'étonner qu'on rapporte à l'*hypobolon* des Grecs l'origine de l'Augment de dot des pays de droit écrit, puifque la plupart des auteurs conviennent que c'eft de ce même hypobolon des Grecs que s'eft formé le douaire des pays coutumiers: c'eft même ce qui a fait dire à quelques-uns que l'Augment de dot eft le douaire des pays de droit écrit; ce qui n'eft pas tout-à-fait fans fondement, fi l'on entend par-là que ces deux droits ont entre eux quelques rapports.

Ces rapports confiftent 1°. en ce que le douaire & l'Augment de dot font un avantage que la femme furvivante prend fur les biens de fon mari prédécédé.

2°. En ce que la femme n'a que l'ufufruit de l'Augment non plus que du douaire & que la propriété en appartient aux enfans.

3°. En ce que les enfans n'y peuvent rien prétendre qu'après le décès de leur pere & de leur mere.

4°. En ce que c'eſt un troiſième genre de biens qui avient aux enfans par le bénéfice de la loi quoiqu'ils ne ſoient héritiers ni du pere ni de la mere.

5°. L'Augment ainſi que le douaire, eſt acquis du jour du contrat de mariage, ou du moins du jour de la célébration lorſqu'il n'y a point de contrat.

6°. Pour l'Augment comme pour le douaire, les biens du mari ſont engagés & affectés de telle ſorte qu'ils ne peuvent être aliénés ni hypothéqués au préjudice de la femme & des enfans.

7°. Les acquéreurs des biens du mari ne peuvent preſcrire ni l'Augment ni le douaire contre la femme & les enfans pendant le mariage.

8°. L'Augment eſt dû de plein droit & ſans ſtipulation comme le douaire, quoiqu'il n'y ait point de contrat de mariage ou que dans le contrat il n'en ſoit point fait mention.

Quoique ces règles communes à l'Augment & au douaire aient fait dire que l'Augment de dot eſt le douaire des pays de droit écrit, ce n'eſt toutefois pas la même choſe & il y a entre ces deux droits pluſieurs différences eſſentielles.

La première eſt, que l'Augment eſt un troiſième genre de biens qui n'eſt point compris ſous le nom de biens paternels ni de biens maternels, enſorte que la renonciation des enfans à tous les biens paternels & maternels ne comprend pas l'Augment, & néanmoins il ſe prend ſur les biens du pere ; & quand il s'agit de le ranger ſous une claſſe, c'eſt un bien paternel. Le douaire au contraire eſt toujours compris ſous le nom de droits paternels.

2°. L'Augment de dot appartient aux enfans, soit qu'ils soient héritiers de leur père ou qu'ils renoncent à sa succession, à la différence du douaire que les enfans ne peuvent plus demander lorsqu'ils se font portés héritiers de leur père.

3°. La mère qui ne se remarie pas a dans l'Augment une portion en propriété qu'on appelle *virile*, c'est-à-dire égale à celle d'un des enfans. Il n'en est pas de même du douaire, la femme n'en a que l'usufruit, soit qu'elle se remarie, soit qu'elle reste en viduité.

4°. Quand il n'y a point d'enfans du mariage ou qu'ils décèdent tous avant la mère, l'Augment entier lui demeure en pleine propriété; au-lieu qu'en pareil cas, le douaire retourne aux héritiers des propres paternels.

5°. L'Augment même coutumier est sujet au retranchement de l'édit des secondes noces; le douaire coutumier n'y est pas sujet.

6°. Il faut que la femme survive à son mari pour faire passer l'augment aux enfans, au-lieu que le douaire appartient aux enfans quoique leur mère n'ait pas survécu à leur père, & par conséquent n'ait pas recueilli le douaire.

Les pays où l'Augment de dot est le plus communément en usage, font les parlemens de Toulouse, de Bordeaux, de Pau, de Grenoble, les provinces de Lyonnois, Forêts, Beaujolois, Bugey, Gex & Volromey, quelques endroits de l'Auvergne & la principauté de Dombes.

Il y a encore quelques provinces comme la Bresse, le Mâconnois & la Provence où l'on voit quelquefois de ces sortes de stipulations; mais ce n'est pas l'usage ordinaire de ces provinces, & l'on y pratique au-lieu d'Augment de dot d'autres gains de furvie dont nous parlons ailleurs fous les noms qui leur font propres.

Dans la plupart des provinces où l'Augment de dot a lieu, ce droit n'y eft établi par aucune loi ni ftatut ; il ne s'y eft introduit que par un long ufage qui y a infenfiblement acquis force de loi.

Cet ufage n'a été recueilli & rédigé par écrit que dans deux coutumes.

La première & la plus ancienne eft celle de la ville de Touloufe confirmée en 1289 par Philippe-le-Bel.

L'autre eft celle de Bordeaux, Guienne & pays Bordelois rédigée en 1521.

Il faut diftinguer deux fortes d'Augment de dot ; favoir, le coutumier ou légal, & le préfix ou conventionnel.

L'Augment coutumier ou légal eft un gain nuptial & de furvie que la coutume ou l'ufage de certaines provinces accorde à la femme furvivante en récompenfe de fa dot fur les biens de fon défunt mari.

Lorfque la femme a ftipulé ce droit d'Augment coutumier fans'en fixer la quotité, elle ne laiffe pas de le prendre tel qu'il eft réglé par la coutume ou l'ufage des lieux : il n'y a dans ce cas aucune difficulté, puifque la volonté des contractans concourt avec la loi pour établir un Augment en faveur de la femme furvivante ; il n'eft pas néceffaire que le contrat explique quelle fera la quotité de l'Augment coutumier qu'on ftipule, cette quotité étant réglée par la coutume ou l'ufage de la province.

Mais on demande fi, pour que la femme furvivante puiffe profiter de l'Augment qui eft réglé par la coutume ou l'ufage , il eft néceffaire qu'il y ait une ftipulation d'Augment , du moins en général , ou bien s'il lui eft dû fans aucune ftipulation , même dans le cas où il y a un contrat de mariage & que le contrat n'en fait point mention ?

Si l'Augment de dot étoit fondé fur les loix qui établiffent la donation à caufe de noces , il feroit dû dans tous les pays de droit écrit fans aucune ftipulation , puifque la novelle 91 de Juftinien porte que *toute dot mérite une donation :* ainfi il fuffiroit felon la lettre & l'efprit de cette novelle , que la femme eût apporté une dot pour obtenir de plein droit & fans aucune ftipulation une donation à caufe de noces : mais comme on l'a déjà obfervé , l'Augment de dot n'eft pas fondé fur les loix romaines ; ainfi il ne faut confulter fur cette matière que l'ufage des pays de droit écrit ; ufage qui n'eft pas uniforme dans toutes les provinces.

Dans la coutume de la ville de Bordeaux , fénéchauffée de Guienne & pays Bordelois , l'Augment de dot coutumier ou légal eft dû à la femme de plein droit & fans ftipulation , en vertu de la coutume qui l'établit expreffément fous le nom de donation à caufe de noces , que l'on convient être la même chofe que l'Augment.

Et la jurifprudence du parlement de Bordeaux eft conforme à la coutume , fuivant le témoignage de Lapeirere & de plufieurs autres.

Par les coutumes de la ville de Touloufe , l'Augment de dot coutumier y eft pareillement dû de plein droit & fans ftipulation , en vertu de coutumes qui l'établissent en termes exprès. L'usage est conforme à cette disposition, suivant ce qu'attestent Despeisses, Bretonnier & d'Olive.

Dans tout le reste du ressort de ce parlement, l'Augment est aussi en usage ; mais il n'est dû que lorsqu'il est expressément stipulé par le contrat de mariage.

Le Bret en son histoire de la ville de Montauban, dit que cette ville jouit d'un droit coutumier touchant les mariages ; savoir, *du gain de la dot en tout ou en partie, de l'Augment, de toute donation & de pension aux veuves sur le bien de leurs maris quand elles ne se remarient point, qu'au surplus on y suit le droit écrit.*

La coutume générale d'Auvergne, pays coutumier, n'établit point d'Augment, & il n'est pas dû de plein droit, même dans les endroits de cette province qui sont régis par le droit écrit ; mais à la suite de la coutume générale, il y a plusieurs coutumes locales qui établissent un gain de survie pour la femme à proportion de sa dot sous le nom d'Augment ; telles sont les coutumes locales de la ville & châtellenie de Ritz, de Buffet, de Bullon & plusieurs autres. Dans certains endroits, cet Augment est de la moitié de la dot, & dans d'autres il n'est que du tiers.

Quoiqu'il n'y ait aucune loi, coutume, ni statut qui établisse l'Augment de dot dans les provinces de Lyonnois, Forez & Beaujolois, il ne laisse pas d'y être dû de plein droit & sans stipulation en vertu de l'usage seul suivant les témoignages de Bretonnier en ses observations sur Henrys.

La même chofe a lieu dans les provinces de Bugey, Valromey & Gex, comme l'atteftent Faber & Revel.

L'Augment de dot eft pareillement dû de plein droit & fans aucune ftipulation dans la principauté fouveraine de Dombes, quoiqu'il n'y ait aucune coutume qui en difpofe & qu'il n'y foit fondé que fur l'ufage.

A l'égard des autres pays où l'Augment eft en ufage, il n'y eft dû qu'en vertu d'une convention expreffe énoncée dans le contrat de mariage ; tels font les parlemens de Pau, de Grenoble, &c.

Quant à la quotité de l'Augment légal, elle ne fe règle pas comme le douaire coutumier à proportion des biens du mari ; elle fe règle en quèlques provinces felon la nature ou les forces de la dot, & en d'autres fuivant l'état & la qualité des conjoints.

Par les coutumes de Touloufe, l'Augment de dot eft de la moitié de la valeur de la dot, fans aucune diftinction de la qualité des biens qui la compofent.

Par la coutume de Bordeaux, l'Augment fe règle non-feulement à proportion de la dot, mais auffi eu égard à la qualité de la femme. Suivant l'article 47 de cette coutume, la fille qui fe marie gagne le double de fa dot quand elle furvit à fon mari ; & fuivant l'article 49, la femme veuve qui fe remarie doit gagner feulement le tiers de fa dot.

Dans les provinces du Bugey, Gex & Valromey, l'Augment de dot coutumier fe règle à proportion & fuivant la nature de la dot.

Si elle eft de valeur certaine, comme quand

elle confifte en deniers , l'Augment eft de la moitié.

Lorfque la dot eft de valeur incertaine & qu'elle confifte en héritages , meubles , vins , grains & autres denrées fujettes à eftimation , la quotité de l'Augment dépend de la prudence du juge ; on le règle ordinairement au tiers ou au quart de la valeur des biens , les dettes de la femme prélevées.

Et l'eftimation des effets qui compofent la dot fe fait eu égard à la valeur qu'ils avoient lors de la conftitution de la dot ; car fi la valeur eft augmentée ou diminuée depuis, le profit ou la perte concerne le mari feul comme maître de la dot.

Si la dot eft de valeur tout-à-fait incertaine , & qu'elle confifte en procès , droits & actions, il ne fera dû d'Augment qu'autant qu'il fera réglé par le contrat de mariage, à moins que le mari n'ait traité de ces droits litigieux pour une certaine fomme ou qu'il ne les ait cédés pour des héritages ou d'autres effets. Dans ces cas l'Augment feroit dû felon l'eftimation , après avoir déduit les dettes & les dépenfes nécef- faires.

Mais ce qu'il y a encore de plus fingulier dans l'ufage de ces provinces de Bugey, Gex & Val- romey , c'eft que l'Augment de dot coutumier n'eft dû qu'aux filles ; les veuves qui fe rema- rient n'en ont point.

Dans les provinces de Lyonnois , Forez & Beaujolois , l'Augment fe règle pareillement fuivant la nature & les forces de la dot ; mais il y a quelques ufages différens de ce qui fe pratique dans le Bugey.

Quand la dot confiste en argent, l'Augment de dot coutumier est de la moitié comme dans le Bugey.

Quand elle confiste en immeubles, l'Augment est du tiers de la valeur des immeubles.

Et si la dot confiste partie en argent, partie en immeubles, l'Augment est de la moitié de ce qui est en argent, & du tiers de la valeur de ce qui est en immeubles. La raison de cette diversité procède de ce que l'argent est plus utile au mari que les immeubles, surtout dans la ville de Lyon, à cause du commerce, dit M. Bretonnier.

L'usage n'est pas si certain pour la quotité de l'Augment lorsque la dot confiste en meubles meublans ou effets mobiliers, comme grains, vins, denrées & autres choses semblables.

Faber estime qu'il faut porter le même jugement des meubles que des immeubles, par la raison, dit-il, que cette forte de bien n'est pas à beaucoup près si avantageuse que l'argent comptant, les meubles ne rapportant aucun fruit & le mari n'en ayant que le simple usage.

M. Bretonnier en ses observations sur Henris rapporte deux arrêts qui ont jugé la question.

Par le premier rendu en la cinquième chambre des enquêtes le 6 mars 1697, il fut jugé qu'il étoit dû un Augment des meubles apportés en dot par la femme, & que cet Augment devoit être de la moitié de la valeur des meubles.

Le deuxième arrêt rendu en la première chambre des enquêtes, est du premier septembre 1702. Dans l'espèce de cet arrêt, la femme s'étoit constitué en dot tous ses biens tant meubles qu'immeubles, bestiaux, semences & denrées, fans néanmoins aucune eftimation de ces effets mobiliers ; elle prouvoit par une enquête qu'elle avoit réellement apporté tous ces effets & en demandoit l'Augment ; cependant il ne lui fut accordé qu'à proportion des immeubles ; enforte que cet arrêt eft directement contraire au précédent.

M. Bretonnier penfe que pour fe tirer de l'incertitude où jettent ces différens préjugés, il faut diftinguer fi les meubles, denrées & autres chofes données en dot ont été eftimés ou s'il n'y en a eu aucune eftimation.

Si les effets mobiliers donnés en dot ont été eftimés, foit par le contrat de mariage, foit par quelqu'autre acte poftérieur au mariage, pour lors, dit M. Bretonnier, le mari en doit l'Augment comme d'une fomme de deniers ; & il faudroit dire la même chofe fi le mari pour le payement de la dot promife avoit pris des meubles ou autres effets mobiliers pour un certain prix.

Mais fi la femme apporte des meubles fans aucune eftimation ou qu'il lui en vienne pendant le mariage, comme en ce cas la propriété de ces meubles demeure à la femme, il ne lui en eft pas dû d'Augment, du moins on ne doit le lui donner que jufqu'à concurrence de la valeur du tiers ; parce que les meubles ne rapportent pas plus de profit au mari que les immeubles.

Et pour régler la quotité de l'Augment des meubles ou immeubles, lorfque leur valeur n'eft point fixée par le contrat de mariage, on ne confidère que la valeur qu'ils avoient au temps du mariage ; ou s'ils font échus depuis, la valeur qu'ils avoient au temps qu'ils font échus , sans avoir aucun égard à la diminution · ou augmentation survenues depuis.

Si la dot consiste en actions ou droits litigieux pour qu'il en soit dû à la femme un Augment , il ne suffit pas que la somme ait été due au jour du mariage , il faut aussi qu'elle ait été exigible ; & même si le mari est décédé sans avoir reçu le payement des dettes actives qui composoient la dot & qu'on ne puisse lui imputer à cet égard aucune négligence , M. Bretonnier estime que dans ce cas il n'est dû à la femme aucun Augment.

Mais si la dette qui n'étoit pas exigible au temps du mariage l'est devenue depuis , l'Augment en est dû ; & de même toutes les fois que le mari a reçu quelque chose de la dot ou qu'il est obligé d'en tenir compte parce qu'il l'a laissé perdre par sa faute , l'Augment est dû à la femme à proportion de ce que son mari a reçu ou qu'il a pu recevoir. C'est le sentiment de Faber.

Quant à la quotité de cet Augment, Faber n'en parle point. Bretonnier dit que s'il se fût expliqué , il l'auroit vraisemblablement réduit au moins au tiers ; car du papier, dit-il , n'est pas de l'argent comptant ; le plus souvent le recouvrement en est difficile & le mari n'en retire le payement qu'après bien des années & des dépenses ; ainsi c'est faire grace à la femme que de lui donner l'Augment du tiers de ce que son mari a reçu.

C'est aussi le sentiment d'Auzanet dans ses mémoires pour les conférences tenues chez M. le premier président de Lamoignon , au titre des douaires , habitations & Augment de dot. Entre les différents projets d'arrêtés sur la matière de l'Augment, il propose comme un des plus nécessaires le suivant : *Si ceux qui ont promis la dot, ou les débiteurs sur lesquels elle a été assignée deviennent insolvables, l'Augment de dot sera réduit au tiers de ce qui aura pu être touché effectivement des deniers dotaux.*

A l'égard des successions, donations, legs universels ou particuliers échus à la femme pendant le mariage, il ne lui est point dû d'Augment si elle s'est réservé tous ses biens comme paraphernaux ; mais si elle s'est constitué en dot tous ses biens présens & à venir, l'Augment lui en est dû ; & la même chose a lieu quand elle ne s'est point expressément réservé comme paraphernaux ses biens présens ou à venir, parce que c'est aujourd'hui une maxime certaine en pays de droit écrit aussi-bien qu'en pays coutumier, que tous les biens de la femme sont réputés dotaux s'il n'y a point de stipulation au contraire.

L'Augment des biens adventifs se règle à proportion & suivant la qualité des biens, de même que pour les biens que la femme avoit au temps du mariage.

Il y a seulement un cas où la quotité de cet Augment paroît difficile à régler ; c'est lorsque les successions, donations ou legs échus à la femme depuis le mariage sont si considérables, que l'Augment qui lui en feroit dû à proportion emporteroit tous les biens du mari.

C'est ce que remarque Auzanet. On a vu, dit-il, à Lyon plusieurs exemples de femmes qui ont absorbé tous les biens de leurs maris au préjudice de leurs enfans & de leurs créanciers, sous prétexte de successions échues pendant le mariage ; & pour remédier à ces inconvéniens ; il propofe de régler que dans la liquidation de l'Augment de dot on n'ait aucun égard aux biens échus à la femme pendant le mariage, quand même elle auroit par le contrat conftitué en dot tous fes biens préfens & à venir.

Mais 1°. cet article d'Auzanet n'eft qu'un projet pour faire une loi nouvelle, & un projet qui n'a pas même été adopté dans les arrêtés de M. le premier préfident de Lamoignon, parce que fuivant ces arrêtés, il ne devoit dorénavant y avoir d'autre Augment que celui qui auroit été régié par contrat de mariage.

2°. Il ne feroit pas jufte non plus de refufer abfolument à la femme tout droit d'Augment pour les biens qui peuvent lui être échus pendant le mariage, puifque fouvent ces biens font plus confidérables que ceux qu'elle avoit d'abord apportés en fe mariant.

Il faut donc feulement modérer cet Augment & le régler plutôt fuivant la qualité des parties & les facultés du mari, que fuivant la quotité des biens échus à la femme pendant le mariage. C'eft le fentiment de Faber & de Bretonnier.

La raifon pour laquelle on doit régler l'Augment des biens échus pendant le mariage différemment de l'Augment des biens apportés lors du mariage, eft que les biens que la femme a apportés en dot lors du mariage étoient certains ; le mari en connoiffoit la quotité, & en les recevant il favoit quelle feroit la quotité de l'Augment qu'il en devroit à fa femme : d'ailleurs les fruits de cette dot lui ont aidé à foutenir les charges du mariage dès le commencement ; au-lieu que le mari n'étoit pas affuré qu'il échoiroit à fa femme quelques biens pendant le mariage ; il favoit encore moins quelle feroit la valeur de ces biens , & ne pouvoit par conféquent pas juger quelle feroit la quotité de l'Augment dont fes biens pourroient être chargés à raifon de ceux échus à fa femme pendant le mariage ; enforte qu'on ne peut pas dire qu'il ait promis tacitement telle ou telle quotité d'Augment pour les biens à venir ; & d'ailleurs il arrive le plus fouvent que le mari n'a point joui de ces biens nouvellement échus , ou du moins qu'il n'en a joui que peu de temps ; ainfi ils ne doivent pas produire à la femme un Augment auffi confidérable que ceux qu'elle apporte lors du mariage.

Telles font les règles que l'on fuit pour fixer la quotité de l'augment de dot coutumier dans les provinces de Lyonnois, Forez & Beaujolois.

Dans la principauté de Dombes la quotité de l'Augment fe règle comme à Lyon , c'eft-à-dire qu'il eft de la moitié de l'argent comptant & du tiers des immeubles.

Dans les parlemens de Grenoble & de Pau , la province d'Auvergne & les autres pays où l'Augment n'eft du qu'en vertu d'une ftipulation expreffe , il n'y a point de quotité coutumière due pour l'augment dans le cas où il feroit ftipulé en général fans être fixé ; parce que n'y ayant point d'Augment coutumier , il ne peut y avoir non plus de quotité coutumière de l'Augment.

La quotité conventionnelle la plus ufitée ne peut pas même paffer pour coutumière , ni être accordée dans le cas d'une ftipulation d'Augment non fixé. La femme ne peut dans ces pays pré-

tendre pour Augment que la quotité qui eft réglée par le contrat de mariage.

Et à plus forte raifon n'y a-t-il point de quotité coutumière d'Augment dans les provinces
de Breffe , Maconnois & Provence , puifque
non-feulement l'Augment n'y eft pas du de plein
droit , mais qu'il n'eft pas même d'ufage d'y en
ftipuler.

Au furplus dans toutes ces provinces où il n'y
a point d'Augment coutumier , fi l'on avoit ftipulé un Augment fans en fixer la quotité , on
tâcheroit de connoitre par les termes du contrat de mariage fi les parties ont eu intention
que la quotité de l'Augment fût règlée fuivant
l'ufage de quelques provinces où il y a Augment
coutumier ; ce qui vaudroit autant que fi l'Augment étoit fixé par le contrat ; ou s'il y avoit
de l'obfcurité dans les termes du contrat , l'Augment fe règleroit felon la prudence du juge.
C'eft ce que l'on va encore expliquer plus amplement en parlant des Augmens conventionnels.

L'Augment de dot préfix ou conventionnel eft
celui qui eft ftipulé , & dont la quotité eft règlée
par le contrat de mariage, à la différence de l'Augment coutumier ou légal qui eft dû fans aucune
convention , en vertu de la loi feule ou du moins
de l'ufage de la province qui l'établit de droit &
qui en règle la quotité.

Cet Augment de dot préfix ou conventionnel
a lieu non-feulement dans les pays où l'Augment
quoique d'un ufage ordinaire n'a lieu qu'en vertu
d'une ftipulation expreffe , comme dans les parlemens de Pau & de Grenoble ; mais il fe pratique auffi dans les pays où il y a un Augment
coutumier du fans ftipulation , comme dans les
provinces

provinces de Lyonnois Forez & Beaujolois ; parce que les contrats de mariage font fufceptibles de toutes fortes de claufes qui ne font point contraires aux bonnes mœurs , ni à aucun ftatut réel prohibitif abfolu. Or dans les pays où l'ufage a établi l'Augment coutumier , quoique cet Augment foit du fans aucune ftipulation & que la quotité & les conditions de ce droit foient auffi règlées par l'ufage ou la coutume , il n'y a néanmoins aucun ftatut qui défende de règler l'Augment de dot autrement qu'il eft établi par la coutume ou l'ufage de la province ; c'eft pourquoi les perfonnes qui contractent mariage peuvent faire fur l'Augment telles conventions qu'elles jugent à propos même contraires à l'ufage ordinaire.

Pour former ce que l'on appelle proprement un Augment conventionnel ou préfix , il ne fuffit pas qu'on ait ftipulé par le contrat de mariage un droit d'Augment en général , il faut que la quotité en foit fixée par le contrat de mariage , autrement la femme ne pourroit prétendre que la quotité réglée par l'ufage du lieu , ce qui reviendroit aux termes de l'Augment coutumier ; & fi par l'ufage du lieu il n'étoit point du d'Augment coutumier , comme il n'y auroit point non plus de quotité coutumière , il arriveroit que la ftipulation d'Augment dont la quotité ne feroit pas fixée deviendroit inutile & fans effet.

L'Augment préfix n'eft donc proprement que celui qui eft ftipulé & dont la quotité eft réglée par le contrat de Mariage.

Cette forte d'Augment eft fort ufitée même dans les pays où l'Augment auroit lieu de plein droit & fans ftipulation, parce que les conjoints ont un égal intérêt que l'Augment foit règlé par le contrat de mariage d'une manière fixe & invariable : le mari à intérêt qu'il foit règlé, afin qu'il n'augmente point à fon préjudice pendant le mariage ; la femme a intérêt que fon Augment foit règlé, & qu'il ne puiffe varier ni diminuer à fon préjudice par les différentes variations & diminutions qui pourroient furvenir à fa dot depuis le mariage ; & le mari & la femme ont encore tous deux intérêt de fixer la quotité de l'Augment, afin de prévenir & d'éviter les difficultés qui fe rencontrent prefque toujours dans l'Augment coutumier lorfqu'il s'agit de liquider la valeur de la dot & de règler l'Augment à proportion.

Il n'eft pourtant pas abfolument néceffaire que la quotité de l'Augment conventionnel foit fixée à une fomme certaine ; les contractans peuvent auffi le fixer à une quotité certaine, comme du tiers ou du quart de la dot, ou telle autre quotité dont ils jugent à propos de convenir entre eux.

Et ces fortes de conventions font valables dans toutes les provinces où l'Augment de dot a lieu, foit que la fomme ou quotité convenue foit moindre que n'auroit été l'Augment coutumier, foit qu'elle excède la quotité coutumière ; en quoi l'Augment conventionnel eft différent du douaire préfix qui dans quelques coutumes telles que celles de Tourraine, du Poitou & du Maine, ne peut excèder le coutumier.

M. Charles Revel fur les ftatuts de Breffe, ne difconvient pas que la condition de l'Augment coutumier ne puisse être faite meilleure par la convention ; mais il prétend qu'on ne peut diminuer l'Augment que donne la coutume & encore moins y renoncer entièrement. Il fonde son opinion sur ce que Faber dit que s'il étoit stipulé par le contrat de mariage qu'on ne payera d'Augment à la femme qu'à proportion de ce que son pere aura payé de sa dot, cette convention seroit nulle & l'on devroit tout l'Augment.

Cependant il est certain dans l'usage que non-seulement on peut par contrat de mariage diminuer l'Augment coutumier, mais aussi qu'on y peut renoncer entièrement, & que dans de telles Pactions il n'y a rien de contraire aux bonnes mœurs, puisque la même chose se pratique à l'égard du douaire coutumier.

Et ces sortes de conventions ont leur exécution tant contre les enfans que contre la femme ; parce que la femme a la liberté de renoncer au bénéfice que la loi lui accorde, & les enfans ne peuvent pas se plaindre qu'elle les frustre de leurs droits, puisqu'ils n'en ont dans l'Augment qu'autant que leur mere l'a d'abord recueilli.

Les enfans sembleroient même avoir plutôt sujet de se plaindre lorsque leur mere renonce au douaire à leur préjudice, parce qu'ils peuvent recueillir le douaire, quoique leur mere n'ait pas survécu à son mari ; cependant on ne fait point revivre le douaire en faveur des enfans lorsque la femme elle même y a renoncé par contrat de mariage ; & à plus forte raison en doit-il être de même de l'Augment dans lequel les enfans n'ont de leur chef aucun droit & auquel ils ne viennent que par la transmission que leur en fait leur mere lorsqu'elle l'a recueilli.

Tel eft le fentiment de Faber, de Bretonnier &
de Renuffon.

Lorfque l'Augment de dot eft fixé par le contrat de mariage à une certaine fomme ou quotité, la femme n'a pour tout droit d'Augment
que ce qui eft règlé par le contrat, & cet Augment préfix lui tient lieu du coutumier ; tellement qu'elle ne peut avoir enfemble le préfix &
le coutumier ni renoncer au préfix pour opter le
coutumier, à moins que par le contrat de mariage on n'ait expreffément ftipulé qu'elle aura
cette faculté.

Les futurs conjoints ne peuvent par leur contrat de mariage ftipuler que le mari aura la liberté d'Augmenter ou de diminuer pendant le
mariage l'Augment de dot préfix règlé par le
contrat ; parce que par le droit romain obfervé
dans les pays de droit écrit, les donations entre
conjoints ne font pas moins prohibées que par le
droit coutumier.

Il eft vrai que Juftinien dans fes inftitutes permet au mari d'augmenter & même de faire pendant le mariage une donation à la femme en
récompenfe de fa dot, ce qui, comme on l'a vu,
a fait appeler les donations de cette efpèce,
donations à caufe de noces, au lieu qu'auparavant
elles s'appeloient *donations avant les noces.*

Et Defpeiffes affimile fur ce point l'Augment
de dot des pays de droit écrit à la donation
à caufe de noces des romains conformément à
l'opinion fuppofée des jurifconfultes : il dit en
conféquence que le gain de furvie eft valable,
foit qu'il ait été ftipulé par le contrat de mariage
ou depuis la paffation de ce contrat, & que
comme la dot peut être conftituée non-feulement

lors du mariage, mais aussi augmentée ou entièrement constituée après le contrat ; de même
aussi le gain de survie peut nou-seulement être
stipulé dans le contrat, mais aussi augmenté &
même entièrement constitué par la suite suivant
ce qui est dit de la donation à cause de noces.

Guy Pape paroît être du même sentiment,
du moins dans deux cas particuliers qu'il croit
devoir être exceptés de la prohibition générale
de s'avantager entre conjoints ; sçavoir, lorsqu'un des conjoints est plus jeune que l'autre,
ou que l'un est noble & que l'autre ne l'est pas.

Ferrerius embrasse aussi l'opinion de Guy
Pape ; mais l'auteur du traité des gains nuptiaux
combat ces auteurs, par les raisons suivantes:

1°. Despeisses se trompe, dit l'auteur cité,
lorsqu'il suppose que nos docteurs estiment l'Augment semblable à la donation à cause de noces.
Tous nos jurisconsultes modernes conviennent
au contraire que les donations à cause de noces
ont cessé il y a long-temps d'être en usage ; qu'il
y a entre ces deux formes de s'avantager des
différences essentielles & qu'il ne faut point appliquer à l'Augment les loix qui ont été faites
pour les donations à cause de noces. Ainsi puisque les donations à cause de noces ne sont plus
en usage & que les loix faites sur cette matière
sont devenues inutiles & sans effet, il faut s'en
tenir au principe général du droit Romain qui
est que toutes les donations entre-vifs sont prohibées entre conjoints, & que par conséquent
l'Augment de dot préfix ne peut être constitué,
augmenté ni diminué pendant le mariage.

2°. A l'égard de ce que disent Guy Pape &
Ferrerius, outre que les considérations qui les

déterminent dans les deux cas particuliers qu'ils proposent n'auroient aucune application dans la thèse générale, elles ne paroissent pas être assez fortes pour donner atteinte à la règle même dans les cas particuliers dont il s'agit ; car si la prohibition de s'avantager entre conjoints est fondée en général sur la crainte que l'un des conjoints n'engage l'autre par caresses ou par menaces à lui faire quelque avantage ; il y a encore plus lieu de craindre ces sortes de suggestions & d'artifices entre des personnes d'un âge ou d'une condition inégale ; l'avantage de la naissance ou les agrémens de la jeunesse peuvent donner à celui des conjoints qui en est doué un ascendant assez puissant pour engager l'autre conjoint à lui faire quelque don considérable ; ensorte que les mêmes inconvéniens qui ont fait défendre toutes donations entre conjoints se trouvent également dans les deux cas que Guy Pape & Ferrerius croient devoir excepter de la règle générale.

D'ailleurs comment pourroit-on faire usage de l'exception que ces auteurs veulent tirer de la disproportion d'âge des conjoints ; il n'y a point d'âge fixé apres lequel l'un des conjoints soit réputé vieux relativement à l'autre à l'effet d'autoriser les donations qu'ils se feroient pendant le mariage.

Et à l'égard de la noblesse elle ne peut pas non plus former une exception. La prohibition de s'avantager entre conjoints est générale : elle est tant pour les nobles que pour les roturiers; & l'on ne peut pas dire que dès-lors qu'un des conjoints est noble & l'autre roturier, il y a une telle disproportion qu'elle habilite le conjoint noble à recevoir du conjoint roturier : la nobleſſe ne met point au-deſſus des loix.

Ainſi il ne paroît pas poſſible de ſuivre l'opinion de Guy Pape & de Ferrerius, & il doit demeurer pour conſtant que l'Augment de dot ne peut être conſtitué, augmenté ni diminué pendant le mariage.

Il n'y a qu'un cas où l'Augment ſemble pouvoir être conſtitué pendant le mariage ; ſavoir, lorſque la femme s'eſt conſtitué en dot tous ſes biens préſens & à venir, ou lorſqu'elle n'a promis en dot que les biens qui lui viendront pendant le mariage : le mari peut alors promettre de donner un Augment préfix à proportion de ce que la femme apportera en dot pendant le mariage, & cette convention conditionnelle eſt valable.

Mais il n'y a rien en cela de contraire au principe général que l'on vient d'établir, parce que quoique cette convention ſoit conditionnelle & ne ſe réaliſe qu'après le mariage, elle prend néanmoins ſa force du contrat, tellement que la femme pour cet Augment des biens apportés en dot depuis le mariage, a hypothèque ſur les biens de ſon mari du jour du contrat du mariage, quand même il y auroit un eſpace de temps conſidérable entre le contrat & l'échéance des biens dotaux ; à la différence de la donation à cauſe de noces pour laquelle la femme n'avoit hipothèque que du jour de l'acte de donation qui pouvoit avoir lieu après le mariage comme auparavant.

Il ne faut donc pas regarder l'Augment promis pour les biens dotaux à venir comme une donation faite depuis le mariage, ſoit que cet

Augment ait été fixé à une certaine somme
par le contrat, soit qu'on en ait fixé la quotité proportionnément & relativement à la dot,
comme si l'on a dit qu'il sera du tiers ou de la
moitié des biens à venir; car en l'un & l'autre cas
il est toujours certain que c'est par le contrat de
mariage que cet Augment est règlé; il depend
bien de l'événement de la dot que cet Augment
ait lieu ou n'ait pas lieu, mais supposé qu'il ait
lieu il est fixé dès le moment du mariage & il
ne peut plus être augmenté ni diminué.

Au reste quoique cette augmentation d'Augment de dot pour les biens échus pendant le
mariage soit de droit & n'ait pas besoin d'être
stipulée dans les pays où il y a un Augment coutumier; & que la femme en prenant son Augment coutumier pour les biens qu'elle avoit lors
du mariage prend aussi l'Augment coutumier des
biens qui lui sont échus depuis; il n'en est pas
de même lorsque par contrat de mariage l'Augment de la femme est fixé à une certaine somme
pour tout droit d'Augment : car quoique cet
Augment n'ait été règlé qu'en considération des
biens présens & qu'on n'ait point parlé des biens
dotaux à venir, la femme ne doit cependant
prendre pour tout Augment que la somme fixée
par le contrat, & elle ne peut prétendre aucun
Augment même coutumier pour les biens qui
lui sont échus pendant le mariage.

En effet c'est principalement pour exclure
l'Augment coutumier qui seroit dû pour les biens
dotaux échus pendant le mariage, qu'on a soin
communément de fixer l'Augment à une somme
certaine, de crainte que si on ne le fixoit qu'à
une certaine quotité, les biens nouvellement

échus à la femme ne fuſſent ſi conſidérables que l'Augment qui lui en ſeroit dû n'abſorbât tous les biens du mari.

Si par les termes du contrat de mariage il paroiſſoit que les conjoints en ſtipulant un Augment préfix n'ont pas eu intention d'exclure le coutumier pour les biens dotaux à venir , la femme pourroit prendre le préfix qui a été ſtipulé pour les biens qu'elle avoit lors du mariage , & le coutumier pour les biens dotaux échus depuis, ou un ſupplément d'Augment préfix proportionné à ces biens ; ſuppoſé que par les termes du contrat il parût que les conjoints ont entendu que la quotité ou ſomme de l'Augment préfix ſeroit augmentée à proportion de la dot nouvellement échue pendant le mariage.

L'Augment préfix auſſi-bien que le coutumier appartient de droit aux enfans, & la mère n'en a que l'uſufruit à moins qu'il n'y ait quelque ſtipulation contraire.

Mais on demande s'il eſt permis de ſtipuler que l'Augment coutumier ou préfix ſera ſans retour , c'eſt-à-dire que la femme ſurvivante en aura la propriété en entier même au cas où il y auroit des enfans ?

Il y a ſur cette matière les mêmes raiſons de douter que pour la clauſe du douaire ſtipulé ſans retour, à laquelle preſque tous les auteurs ſemblent ne donner aucun effet contre les enfans ; cependant quoi qu'il en ſoit du douaire, il eſt certain, du moins dans les parlemens de droit écrit, que l'Augment peut y être ſtipulé ſans retour , même au préjudice des enfans; c'eſt le ſentiment de Faber, & celui d'Expilly qui dit que la queſtion a été ainſi jugée par un arrêt du parlement de Grenoble du 5 juillet 1566. Il y apporte seulement l’exception, *au cas que la mère se remarie.*

Henrys & Ricard prétendent néanmoins qu’il en est autrement dans les pays de droit écrit du ressort du parlement de Paris : suivant ces auteurs, la jurisprudence de ce parlement relativement au conjoint survivant qui se remarie, lorsqu’il a des enfans de son premier mariage, est de le priver de tout droit de propriété dans les gains nuptiaux sans aucune espérance de retour à cette propriété, quand même les enfans viendroient à décéder avant lui. Pour prouver cette jurisprudence on cite deux arrêts, l’un du mois d’août 1672, & l’autre du 6 mars 1697 qui ont à la vérité jugé que la mère remariée ne recouvroit point la propriété de l’Augment, même en survivant à tous ses enfans.

Mais on peut croire que des circonstances particulières ont donné lieu à ces arrêts, & que si la question se présentoit au parlement de Paris dégagée de circonstances, on accorderoit au survivant la propriété comme on la lui accorde dans les autres parlemens. En effet, pourquoi par un second mariage le conjoint survivant seroit-il privé de la propriété des gains nuptiaux dès qu’il n’y a plus d’enfans du premier mariage? Ce second mariage n’est point un délit puisqu’il est permis : aussi n’est-ce pas par forme de peine que le survivant qui se remarie est privé de la propriété des gains nuptiaux, c’est uniquement l’intérêt des enfans du premier mariage qui a fait rétablir la réserve de cette propriété en leur faveur dans le cas d’un second mariage. Cela est si vrai que quand il n’y a point d’enfans vivans lors du second mariage, le survivant qui se remarie continue de jouir comme auparavant de tous les droits de propriété qu'il avoit dans les gains nuptiaux.

La femme & les enfans ont une hypothèque subsidiaire pour l'Augment sur les biens substitués au défaut de biens libres ; tel est l'usage le plus général des pays de droit écrit, & singulièrement du parlement de Paris pour les pays de droit écrit qui sont de son ressort.

Au parlement de Toulouse on juge que cette hypothèque n'est acquise que quand la substitution est faite par les ascendans.

Au parlement de Grenoble on ne donne point d'hypothèque pour l'Augment de la dot sur les biens substitués.

Par l'article 5 de la déclaration du 20 mars 1708, il est dit que toutes donations, même celles par forme d'Augment, agencemens, gains de noces & de survie, &c. dans les pays où ils sont en usage, ensemble toutes donations, soit par contrat de mariage ou autrement seront insinuées & enregistrées dans le temps & sous les peines portées par l'article 2 de l'édit des insinuations laïques du mois de décembre 1703.

Les fermiers des insinuations ayant prétendu qu'en conséquence de cette déclaration les dons d'Augmens & autres gains nuptiaux stipulés par contrat de mariage étoient absolument nuls faute d'avoir fait insinuer le contrat dans les quatre mois, qui est le délai fixé par les anciennes ordonnances pour l'insinuation ; les parlemens dans lesquels ces sortes de donations sont usitées firent des remontrances au roi sur les inconvéniens qu'il y auroit à les déclarer nulles faute d'insinuation, & par une autre déclaration du 25

juin 1729 il a été ordonné que ces fortes de donations ne pourroient être arguées de nullité
faute d'avoir été infinuées ; & que ceux qui auroient négligé de fatisfaire à cette formalité feroient feulement fujets aux autres peines prononcées par les édits & déclarations ; ce qui ne
concerne que les droits d'infinuation que l'on
peut payer en tout temps lorfqu'on pourfuit
l'exécution du contrat de mariage.

Cette déclaration a été expreffément confirmée par l'article 21 de l'ordonnance du mois de
février 1731 concernant les donations, & par
l'article 6 de la déclaration du 17 février de la
même année concernant les infinuations.

Au parlement de Paris les intérêts de l'Augment font dûs de plein droit à la femme fans
demande : il en eft de même à l'égard des enfans, lorfqu'ils agiffent contre les héritiers du
père : mais quand ils agiffent contre un tiers acquéreur, ils ne font dûs que du jour de la demande : cela a été ainfi jugé par un arrêt du 10
avril 1598 rapporté par Louet & le Prêtre. La
même chofe a été jugée par un autre arrêt rendu
en la cinquième chambre des enquêtes le 28
août 1716.

Albert & Catelan difent qu'au parlement de
Touloufe les intérêts de l'Augment ne font dûs
que du jour de l'interpellation judiciaire.

Il en eft de même des intérêts de la portion
virile de l'Augment due au fils légitimaire fur
les biens de l'hérédité. Védel fur Catelan rapporte un arrêt qui l'a ainfi jugé.

Les intérêts de l'Augment de la feconde femme
ne font dûs qu'après les légitimes & les intérêts
des enfans du premier mariage.

M. Raviot rapporte un arrêt du parlement de Dijon qui adjugea à une femme dont le mari étoit abfent depuis dix ans fon Augment avec les intérêts feulement du jour de la demande. Mais il faut obferver que ce n'étoit pas après le décès du mari.

L'auteur des maximes journalières qui paroît bien inftruit de la jurifprudence du parlement de Bordeaux, dit que les intérêts de la dot & de l'agencement ftipulé dans un contrat de mariage font dûs au furvivant du jour du décès de l'autre conjoint fans interpellation ; mais il obferve que les enfans ne jouiffent de ce privilége que pour la dot, & qu'à légard de l'agencement l'intérêt ne leur eft dû que du jour du commandement fait après le décès du père ou de la mère qui avoit gagné cet agencement.

L'auteur des additions fur la Peirère cite un arrêt du 23 juillet 1701 qui a jugé que l'intérêt n'eft dû aux enfans que du jour du commandement.

Il feroit jufte ce femble de faire produire de plein droit, des intérêts à l'Augment au profit de la femme & des enfans contre les héritiers du mari, depuis que la femme a ceffé d'être nourrie & entretenue aux dépens de la fucceffion de fon mari, afin de rendre l'Augment femblable en cela au douaire dont les fruits & les intérêts courent du jour du décès du mari. Voyez *le gloffaire de Laurière ; Cujas, dans fes obfervations ; le code, les inftitutes & les novelles de Juftinien ; le promptuarium juris d'Harménopule ; les novelles de l'empereur Léon ; Balfamon, ad nomocanon Photii ; Salmafius, de modo ufurarum ; le gloffaire de Ducange ; Gregorius Tolofanus, in fin-*

tagm. juris univerſi ; Brodeau ſur Louet ; les coutumes de Toulouſe & de Bordeaux ; les queſtions alphabétiques de Bretonnier ; les déciſions de la Peirère ; d'Olive, en ſes arrêts du parlement de Touloufe ; le Bret en ſon hiſtoire de la ville de Montauban ; les obſervations de Bretonnier ſur Henrys ; Revel en ſes remarques ſur les uſages de Breſſe ; Faber , cod. de donat. ant. nupt. les mémoires d'Auzanet ; les arrêtés de Lamoignon ; Argou , inſtitutions au droit François ; Guy Pape , queſtion 363 & Ferrerius ſur cette queſtion ; les œuvres de Deſpeiſſes ; Ricard ſur l'édit des ſecondes noces ; le traité des gains nuptiaux ; les œuvres de Henrys ; les arrêts de Catelan ; l'édit des inſinuations laïques du mois de décembre 1703 ; les déclarations des 20 mars 1708 & 25 juin 1729; l'ordonnance du mois de février 1731 & la déclaration du 17 du même mois ; le journal des audiences ; les arrêts de Boniface, &c. Voyez auſſi les articles DONATION, DOT, MARIAGE, CONTR'AUGMENT, DOUAIRE, VIRILE, GAINS NUPTIAUX, MEUBLES, IMMEUBLES, PARAPHERNAUX, &c.

Fin du Tome troiſième.

ADDITIONS ET CORRECTIONS.

TOME SECOND.

Page 81, ligne 9, coutume de donner à cens; lisez coutume de donner de cette manière.

Page 81, ligne 31, voies de fait; lisez voies de nullité.

AMIRAUTÉ. Depuis l'impression de cet article inséré dans le second volume, le roi par son édit du mois de juillet 1775 a révoqué celui du mois de juin 1771 par lequel le siège général de l'Amirauté de Paris avoit été supprimé, comme nous l'avons dit page 224.

L'article premier de l'édit de juillet porte que l'édit de juin 1771 sera regardé comme non avenu : en conséquence sa majesté par l'article 2 du nouvel édit rétablit dans l'exercice de leurs fonctions ceux qui étoient pourvus d'offices dans le siège dont il s'agit avant l'édit de 1771, pour en jouir comme par le passé. *Voyez sur cette matière l'article* TABLE DE MARBRE.

Il y a à la page 289, après la douzième ligne une transposition, & au lieu de lire, de probation prise de ce que pendant cet an la preuve de l'interruption de l'année née, lisez, la preuve de l'interruption de l'année de probation prise de ce que pendant cette année on l'avoit, &c.

Page 295, ligne 14, après ces mots *a été mis à exécution*, placez un renvoi à la note suivante :

On observe en Lorraine une jurisprudence toute opposée. La main-levée de la saisie & annotation des biens d'un accusé prisonnier ne peut être obtenue que par un jugement qui anéantisse l'effet du décret de prise de corps. Cela est fondé sur l'article 18 du titre 5 de l'ordonnance criminelle du duc Léopold de Lorraine du mois de novembre 1707.

Après l'article ARGENT, lisez ce qui suit :

ARISTOLOCHE. Sorte de drogue du commerce des épiciers, qui selon le tarif de 1664 doit pour droit d'entrée une livre par cent pesant. *Voyez le tarif cité & les articles* ENTRÉE, SORTIE, MARCHANDISE, SOU, &c.

TOME III.

Après l'article ARRIÈRE FIEF, lisez ce qui suit :

ARSENIC Sorte de substance minérale qui selon le tarif de 1664, doit pour droit d'entrée une livre cinq sous par cent pesant. *Voyez le tarif cité & les articles* ENTRÉE, SORTIE, MARCHANDISE, SOU, &c.

Après l'article ARTOIS, lisez ce qui suit :

ASARUM. Sorte de substance du commerce des épiciers, qui selon le tarif de 1664, doit pour droit d'entrée cinquante sous par cent pesant. *Voyez le tarif cité & les articles* ENTRÉE, SORTIE, MARCHANDISE, SOU, &c.

Après l'article ASILE, lisez ce qui suit :

ASPALATUM, ASPHALTUM, ASSA-FETIDA. Ce sont

trois substances du commerce des épiciers, qui selon le tarif de 1664 doivent pour droits d'entrée, savoir, l'Aspalatum, trois livres, l'Asphaltum, cinq livres; & l'Assa-fœtida, trois livres par cent pesant. *Voyez le tarif cité & les articles* ENTRÉE, SORTIE, MARCHANDISE, &c.

Page 453, ligne 22, révolations, lisez révolutions.